新世纪高等学校教材

普通高等教育“十一五”国家级规划教材

教育技术学专业主干课程系列教材

（第3版）

网络教育应用

WANGLUO JIAOYU YINGYONG

祝智庭 王 陆 编 著

北京师范大学出版集团
BEIJING NORMAL UNIVERSITY PUBLISHING GROUP
北京师范大学出版社

图书在版编目(CIP)数据

网络教育应用／祝智庭，王陆编著.—3版.—北京：北京师范大学出版社，2012.8 （2019.8重印）
(教育技术学专业主干课程系列教材)
ISBN 978-7-303-14679-6

Ⅰ. ①网… Ⅱ. ①祝…②王… Ⅲ. ①网络教育-高等学校-教材 Ⅳ. ① G434

中国版本图书馆 CIP 数据核字(2012)第 125395 号

营销中心电话　010-58802181 58805532
北师大出版社高等教育分社网　http://gaojiao.bnup.com
电子信箱　gaojiao@bnupg.com

出版发行：北京师范大学出版社 www.bnup.com
北京新街口外大街 19 号
邮政编码：100875
印　　刷：天津中印联印务有限公司
经　　销：全国新华书店
开　　本：730 mm × 980 mm 1/16
印　　张：24
字　　数：420 千字
版　　次：2012 年 8 月第 3 版
印　　次：2019 年 8 月第 4 次印刷
定　　价：39.00 元

策划编辑：王安琳　　责任编辑：范　林
美术编辑：毛　佳　　装帧设计：天泽润
责任校对：李　菡　　责任印制：马　洁

内容简介

本书是在“高等师范教育面向21世纪教学内容和课程体系改革计划”项目中所属“教育技术学专业改革的研究与实践”子项目的研究成果《网络教育应用》(修订版)(2004年版)的基础上，从网络教育应用的形式与技术等多方面进行了较大修改与补充后而形成的。选择实用专题，带有丰富案例，注重学习体验设计，乃是本书的显著特色。

本书包括八个单元，分为知识准备层、核心应用层与技术开发层三个层次。其中知识准备层包括两个单元：第一单元“课程的准备”及第二单元“网络教育基础知识”；核心应用层包括五个单元：第三单元“网络教育环境的构成”、第四单元“网络化教室及其应用”、第五单元“校园网及教育城域网的应用”、第六单元“网络远程教育”及第七单元“网络教育资源的开发与利用”；技术开发层处于第八单元，聚焦于“网络教育应用开发技术”。

本书可作为教育技术专业本科生及研究生的教学参考书，也可以作为中小学教师及大学教师的培训教材或参考书，以及从事教育技术学或教育信息化企业人员的参考书。

第三版前言

计算机网络(以下简称网络)已经成为现代教育技术中最迅速发展的媒体，网络教育应用因此也成为当今教育技术的主要研究领域。我们曾经于2001年编写出版了《网络教育应用》一书，被许多院校采用作为教材。2004年做了较多修订后又出了第二版。多年过去了，国内外网络教育应用无论从形式和技术方面均有很大发展，因此有必要对教材进行再次内容更新和版本升级。

此第三版教材无论从内容和风格上均有较大变化：内容上更为充实，力图反映近几年国内外网络教育应用的最新成果；风格上更注重实用和学习体验设计，各章既有许多精选的案例，又有精心设计的练习，而且还为本书建立了专门的课程网站(http：//www.etkeylab.com/naie)，便于提供动态资源和交流教学经验。全书包括八个单元，各单元之间的关系如下图所示，其中第八单元(网络教育应用开发技术)是拓展学习内容，视情况可以选学部分内容或从略。

本书可用作高等院校教育技术及相关专业的教材，也可作为从事网络教育工作的教师和专业人员的参考书。

本书由祝智庭教授和王陆教授做总体设计和审订工作，吴永和、吴战杰、杨卉、张敏霞、司治国、孙洪涛、王陆、马如霞、冯红承担了各章节的编写和修订工作。冯涛、马晔、杨乐、郭玮、黄双庆、马娟、吴庭婷、熊莉莉等参加了编写辅助工作。

本书参考与引用了国内外大量的资料，其中的主要来

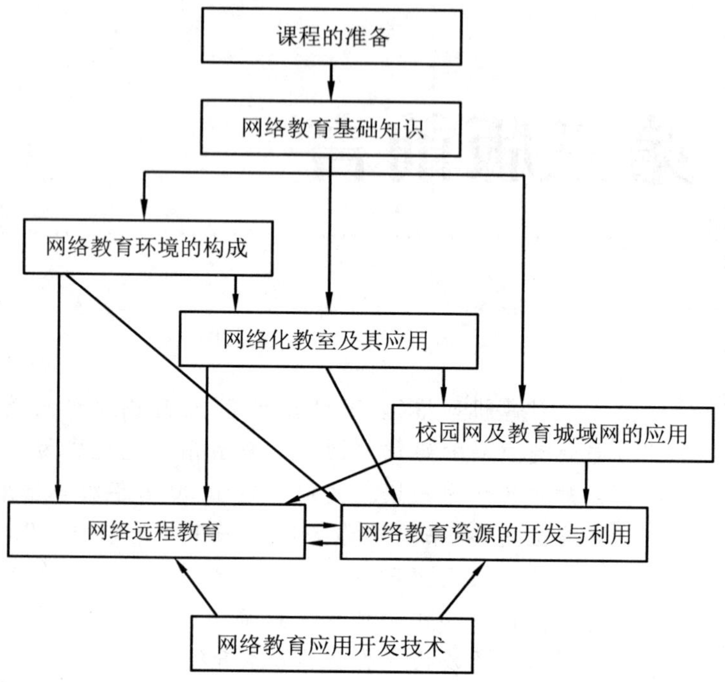

源已在参考资料目录中列出，若有遗漏，恳请原谅。由于作者学识与经验所限，书中谬误之处在所难免，欢迎读者指正。

作　者
2012 年 3 月

目 录

第一单元　课程的准备

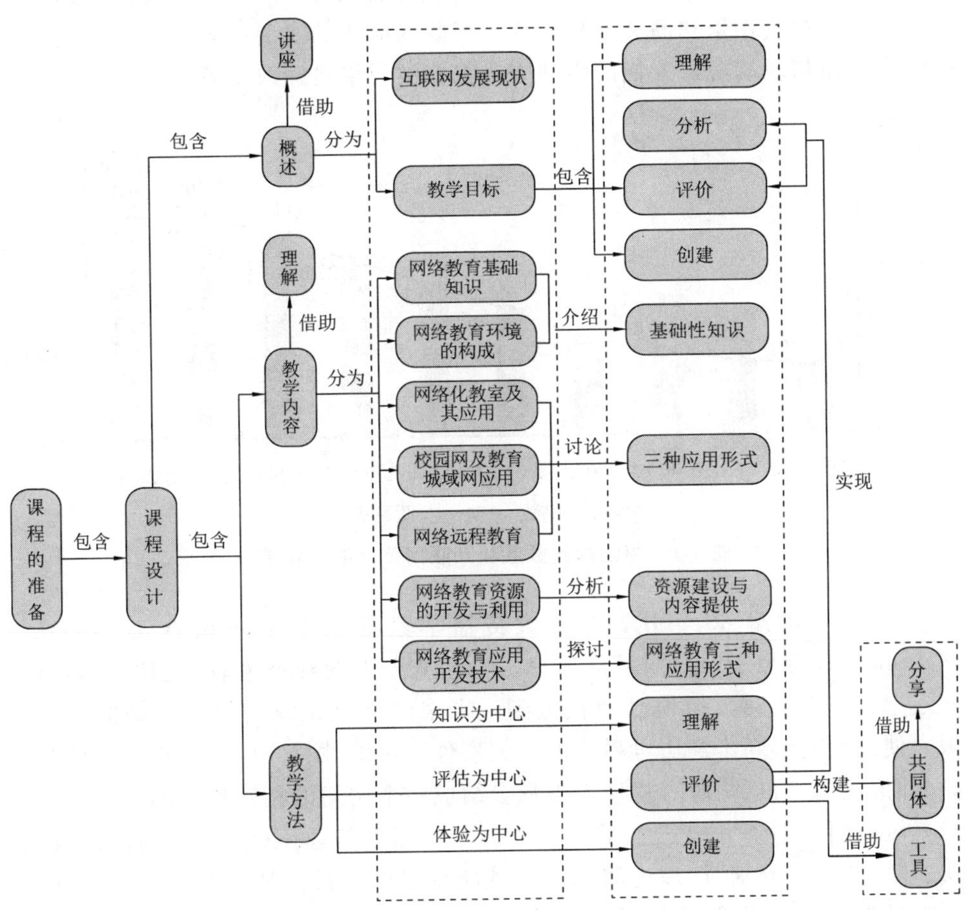

专题一　网络教育应用课程的设计框架

讲座：网络教育应用课程概述

信息技术对教育发展具有革命性影响，必须予以高度重视。

——国家中长期教育改革和发展规划纲要(2010—2020 年)

新技术的进步，将学习带入了一个新纪元。

——Roy Pea，The 2010 US National Educational Technology Plan

2010年7月，中国互联网络信息中心(CNNIC)的《第26次中国互联网络发展状况统计报告》显示，中国网民规模达到4.2亿，占全体人口的31.8%。网民每周上网时间持续增加，人均周上网时间达到19.8个小时。信息获取、交流沟通、在线娱乐和商务交易构成了互联网应用的主要内容。一个全民互联网时代已经初现端倪，人们的生活方式正在被网络迅速改变着。

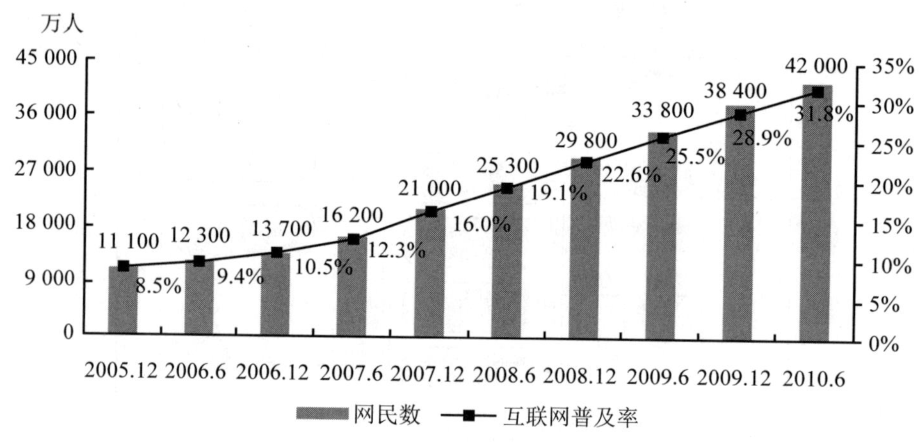

图1-1　中国网民数量和互联网普及率变化情况

早在20世纪60年代，加拿大传播学家马歇尔·麦克卢汉(Marshall McLuhan)就提出了“地球村”的概念。虽然从今天的标准来看，当时的科技水平还远称不上发达，但他已经预见到，未来的信息化媒介可以突破时空的局限，使人们能够同步经历世界上的重大事件。在地球村当中，人类的生活将回归“部落化”，信息化媒介将使人类社会结成一个密切的相互作用的小社区。

转眼间，半个世纪过去了，技术正在以惊人的速度改变着我们的生活方式。随着“六度分割”从理论演化成各种应用平台，我们从另一个方向验证了：原来世界真的比我们所知的“小”很多。社会网络服务(Social Network Services)，即时通信工具(Instance Message Tools)，微博客(Micro Blog)等新技术开始重新定义我们的生活和交往。研究者开始用社会网络分析为代表的研究方法解读互联网时代的人类交互方式。人类的文化、习惯与生活环境在技术影响之下不断地变革着，我们也在不断地思考着：在以网络技术为代表的信息与通信技术影响之下，教育将面临怎样的机遇与挑战。

顾明远先生将信息技术和互联网对教育的影响称为“一场革命”(顾明远，2005)。的确，技术为教育带来了前所未有的机遇。当技术在为我们提供着大量的工具、内容和服务之时，我们如同站在一个多岔路口，面对着技术带来的种种可能，既满怀欣喜，又感到困惑。一个被技术塑造的新世界已经出现，但技术影响下的教与学体系却仍在形成之中。

教育的变革始于思维方式。网络不仅进一步延伸了人脑，更拓展了思维活动的形式和范围。维基百科(Wikipedia)的建立过程和Google搜索引擎的优化过程都证明了集体智能(Collective Intelligence)的强大。联通主义在网络时代的背景下重新诠释了学习。联通主义表述了一种适应当前社会结构变化的学习模式，学习不再是内化的个人活动。联通主义的起点是个人，个人的知识组成了一个网络，这种网络被编入各种组织与机构，反过来各组织与机构的知识又被回馈给个人网络，提供给个人以继续学习。这种知识发展的循环方式(个人对网络和对组织)使得学习者通过他们所建立的连接在各自的领域得以持续进步。联通主义表达了一种"由关系学习(Learning by Relationships)"和"分布式认知(Distributed Cognition)"的观念。贝尔(Philip Bell)和温(William Winn)认为：新的、高度交互的、高度网络化的媒介，推动人们探讨一种对有意义的交互和远程协作反应灵敏的框架，例如分布式认知(王佑镁，祝智庭，2006)。联通主义把学习解释为互联的过程，学习交流网络构建的过程。这一理解正在深入影响教育的各个方面。

教育观念、内容、方法和结构随着网络与信息技术的发展产生着巨大变化。网络为教育提供了全新的学习环境和丰富的教学资源。在其影响之下，教与学的方式有了更多选择。教师与学习者的角色也随之发生了变化。技术的优化设计和合理运用，可以更好地激发学习者的学习动机。在网络的支持下，学习者有条件进行主动学习，使其成为教学活动的中心有了更大的可能。与此同时，教师的角色和地位也在转变之中。教师不再是知识的主要源头，而是转变成了学习过程和策略的指导者、学习活动的设计者和学习者的学习伙伴。在网络技术的影响下，学习者的学习过程正发生着改变，感知、理解、巩固和运用学习内容的过程都在变化之中。对学习者的评价方式也发生着巨大变化，从传统的标准化测量，逐渐向以知识、能力为基础的项目反应技术方向发展，绩效技术在评价领域发挥着越来越大的作用。

教育的途径和范畴也在网络影响之下日益扩大。非正式学习、终身学习在人类的学习活动中扮演着更加重要的角色。教育正越来越贴近并深刻影响着人类的日常生活。

以网络为代表的信息技术给教育变革带来的可能性是空前的。然而，将技术所提供的可能性真正转化为变革仍需要长期的探索和实践。如何把握技术的特质和趋势，不断解决应用性问题，并总结教育实践的模式与规律，是教育研究者和实践者需要为之不懈努力的问题。网络教育应用课程也正是依据这些内容展开的。

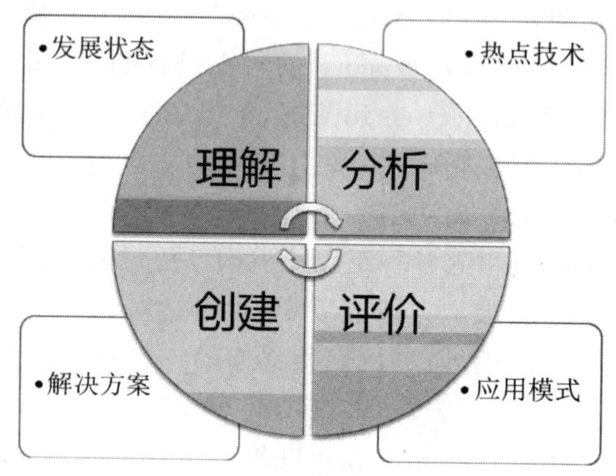

图 1-2 网络教育应用课程教学目标

本课程着眼于理论与实践的结合，通过网络教育应用课程的学习，学习者将在理论水平、技术视野和实践能力等方面获得发展。按照学习者的认知和实践发展规律，本课程的教学目标包括理解、分析、评价和创建四个层次。

• 理解：网络教育应用的发展状态，网络教育应用的重要问题和网络教育应用的发展趋势。

• 分析：在网络教育应用中，各种技术的适用范围和技术应用案例。

• 评价：教育生态观视角下的网络教育环境的建设和资源设计、开发与应用模式。

• 创建：网络教育应用系统化的解决方案。

理解：网络教育应用课程的教学内容和教学方法

一、网络教育应用课程的教学内容

本课程涵盖了网络在教学、科研、管理等诸多方面的应用。课程的教学内容按单元进行了划分，具体内容包括：网络教育基础知识、网络教育环境的构成、网络化教室及其应用、校园网及教育城域网的应用、网络远程教育、网络教育资源的开发与利用以及网络教育应用开发技术等。

在本教材中，“网络教育基础知识”单元介绍了网络教育应用的基础性知识；“网络教育环境的构成”单元介绍了网络“硬”环境和“软”环境；“网络化教室及其应用”“校园网及教育城域网的应用”和“网络远程教育”讨论了网络教育中三种不同规模的具体应用形式；“网络教育资源的开发与利用”分析了网络教育应用的资源建设与内容提供；“网络教育应用开发技术”探讨了网络教育应用的技术与工具。

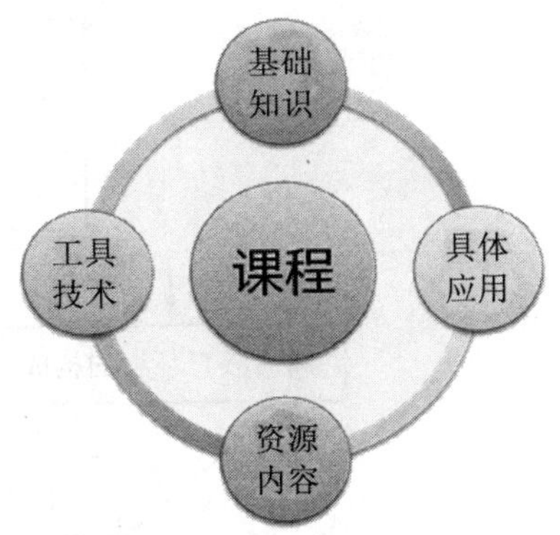

图 1-3　网络教育应用课程的内容结构

其中，“网络教育基础知识”单元中“网络系统结构与功能”部分介绍了网络系统的基础知识，“教育网络的基本类型”部分讨论了网络教育应用的内涵和外延，分析了网络教育应用的现状和发展趋势。

“网络教育环境的构成”部分在教育生态观的统领下，分析了网络教育环境的构成及其对教师、学习者、学习共同体构建、知识管理等的影响，并概括介绍了网络教育环境下的技术、资源和教学应用案例。

根据应用范围的大小，本课程将“网络教育环境的构成”分为基于网络化教室的应用、基于校园网和教育城域网的应用和基于互联网的教育应用三种类型。

“网络化教室及其应用”“校园网及教育城域网的应用”和“网络远程教育”三个部分，介绍了不同规模的网络教育应用。“网络化教室及其应用”部分介绍了不同类型的应用网络的教室环境及其教学应用案例。“校园网及教育城域网的应用”部分分析了校园网和城域网的教育功能、数字校园的构建方式，以及基于网络的校园文化建设等。“网络远程教育”部分则以更加广阔的视角，探讨了远程教育教学系统、虚拟学习社区、教育游戏、绩效系统和电子档案袋的应用。

“网络教育资源的开发与利用”部分从网络教育资源的设计、开发与应用等角度，介绍了网络教育资源建设标准、资源设计原则、资源开发流程和资源应用案例。

“网络教育应用开发技术”部分介绍了近年来的热点技术，如 Web Service 技术、流媒体技术、网络协同技术、数据挖掘技术、虚拟现实技术、搜索引擎技术、P2P 共享技术、Ajax 技术、云计算技术、社会计算与社会性软件等，并且在介绍技术的基础上提供了相应的应用案例。

全书各单元结构与关系如图 1-4 所示。

二、网络教育应用课程的教学方法

本课程借鉴了网络教育的优秀理论与最佳实践，根据学习环境设计的思

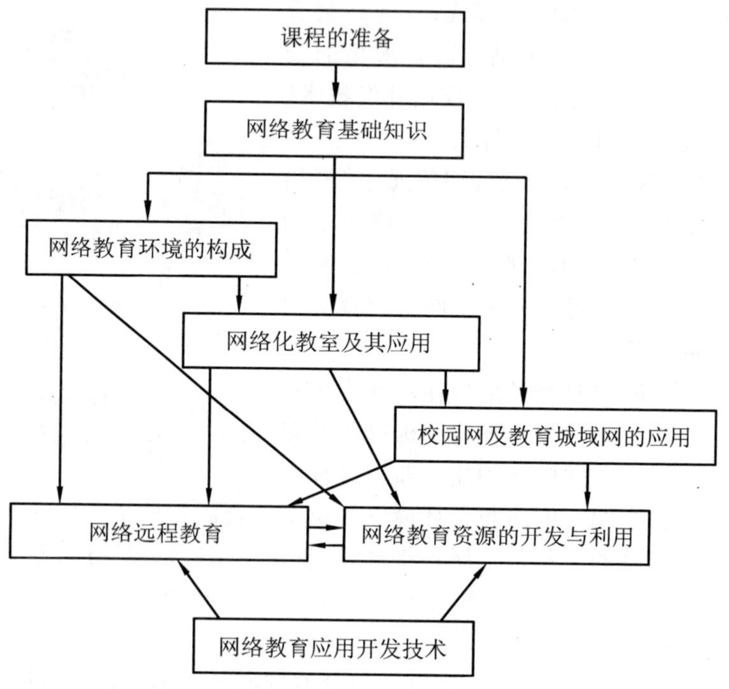

图 1-4　网络教育应用课程各单元结构图

想，采用学习者、知识、评价和共同体构建的不同视角对学习过程进行了设计。

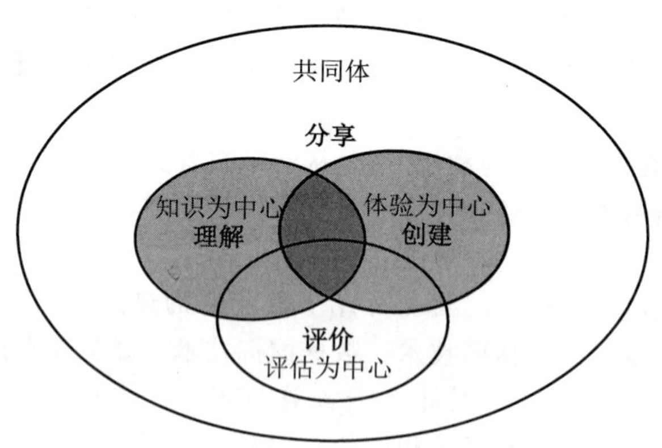

图 1-5　教学方法设计(祝智庭，2007)

在以知识为中心的视角下，本课程着眼于帮助学习者理解网络教育应用的定义、原理和重点问题，通过学习活动的设计，帮助学习者建立起结构完整合理的知识体系。

在以评价为中心的视角下，本课程着眼于培养学习者对网络教育应用案例和方案进行分析和评价的能力，通过学习活动的设计和评价工具的提供，使学习者有能力评价一个网络教育应用课程的优劣。

在以体验为中心的视角下，课程重视学习者的积极参与，并构建问题解决的情境，通过多种活动让学习者主动创建报告、制订解决方案，开展实践活动。

在各种视角下，共同体(Community)的构建是整个课程教学的重要环节。在Moodle教学平台支持下，学习者在课程学习的过程中将不断进行交流、分享、协作与共建。网络为协作提供了良好的支持条件，课程中结合Moodle平台的特性，对在线学习活动进行了设计。不但有助于学习目标的实现，更有助于学习者在学习过程中体验在线交流协作的过程，从而更深入地理解网络教育的特质。

根据上述分析，结合课程教学目标，本课程的学习活动划分为讲座、理解、评价、创建、分享和工具等类型，根据各单元和主题的具体教学内容予以选取。其中"讲座"和"理解"部分对应实现教学目标中的"理解"部分；"评价"活动实现教学目标中的"分析""评价"部分；"创建"活动则着眼于教学目标中的"创建"部分；"工具"部分提供各部分学习所需的量规、工具和学习支架等内容。

参考文献

[1]Toby Segaran. Programming Collective Intelligence：Building Smart Web 2.0 Applications[M]. O'Reilly Media，2007.

[2]George Siemens. Connectivism：A Learning Theory for the Digital Age [J]. Instructional technology & distance learning，2005，2(1)：3-10.

[3] Christine L. Borgman，Hal Abelson，Lee Dirks，et al. Fostering Learning in the Networked World：The Cyberlearning Opportunity and Challenge[DB/OL]. http：//nsf. gov/attachments/117803/public/Xe-Fostering _ Learning _ in _ Networked _ World. pdf.

[4]Roy Pea. National Education Technology Plan 2010[EB/OL]. http：//www. ed. gov/technology/netp－2010.

[5]国家中长期教育改革和发展规划纲要(2010－2020年)[EB/OL]. [2010-07-29]. http：//www. gov. cn/jrzg/2010－07/29/content _ 1667143. htm.

[6]中国互联网络信息中心．中国互联网络发展状况统计报告[EB/OL]. http：//www. cnnic. net. cn/uploadfiles/pdf/2010/7/15/100708. pdf.

[7]布兰思福特，等．人是如何学习的——大脑、心理、经验及学校[M]．上海：华东师范大学出版社，2005.

[8]麦克卢汉．理解媒介：论人的延伸[M]．何道宽，译．北京：商务印书馆，2000.

[9]祝智庭．教育技术培训教程(教学人员版．中级)[M]．北京：北京师范大学出版社，2007.

[10]顾明远．全球化视野中的远程教育[J]．中国远程教育，2005(1S)：13-15.

[11]王佑镁，祝智庭．从联结主义到联通主义：学习理论的新取向[J]．中国电化教育，2006(3)：5-9.

第二单元　网络教育基础知识

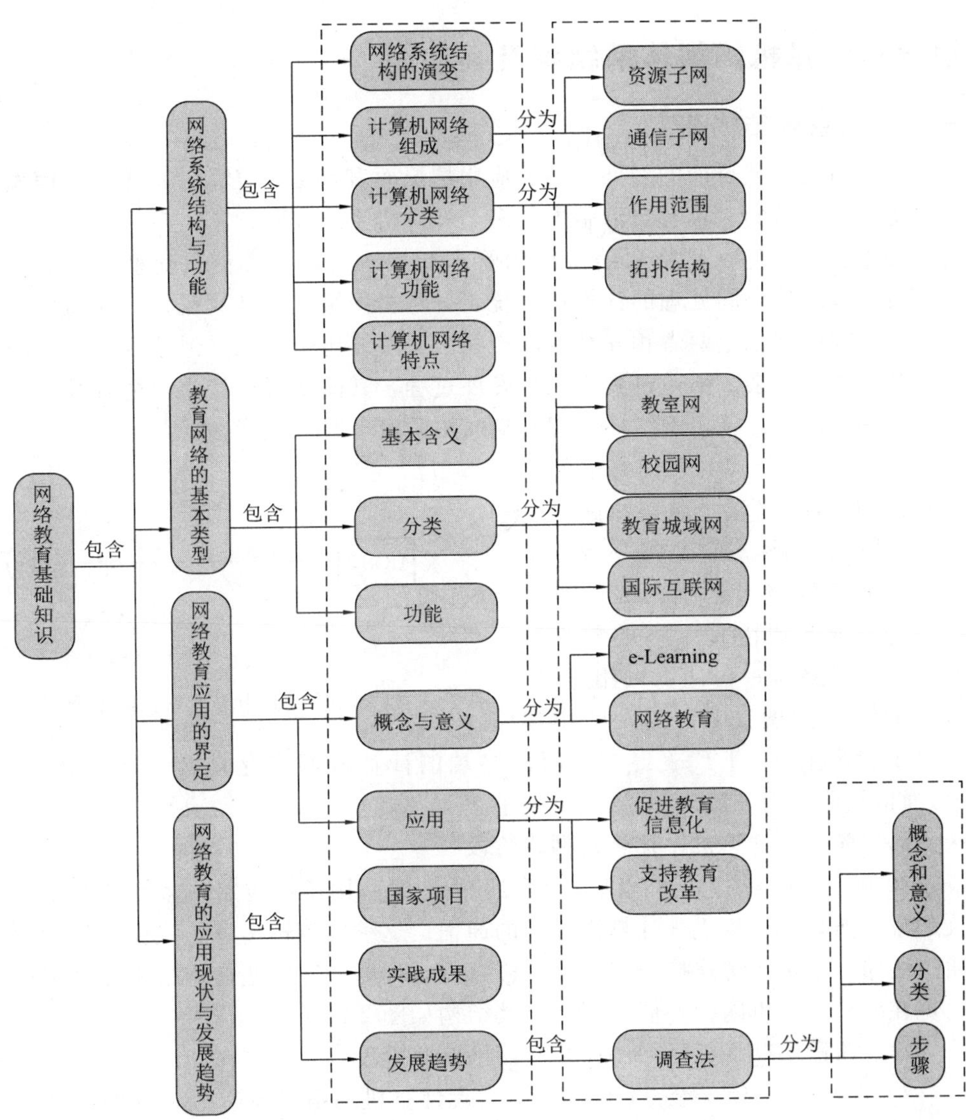

专题一　网络系统结构与功能

讲座：计算机网络体系结构及其功能

一、网络系统结构演变

计算机网络就目前的发展水平和应用情况而言，可以定义为：通过通信设施将地理上分散的、具有自治能力的多个计算机系统互联起来，在网络操作系统、网络管理软件及网络通信协议的管理和协调下，实现信息交换、资源共享、可互操作、协同处理的计算机系统。计算机网络是在计算机技术和通信技术高度发展的基础上两者相互结合的产物。其发展历史不长，但速度很快，经历了从简单到复杂、从单机到多机的发展过程，其演变可概括为四个阶段。

第一阶段：计算机网络—远程终端联机阶段

20 世纪 50 年代为面向终端的计算机网，即“终端—通信线路—计算机”联机系统。它是将一台计算机经通信线路与若干台终端直接相连，或者说由多个终端共享一条通信线路与一台计算机相连，其典型结构如图 2-1 所示，图中 HOST 代表主机，T 代表终端。面向终端的计算机网络存在两个严重缺点：(1)通信线路利用率低；(2)主机负担重。

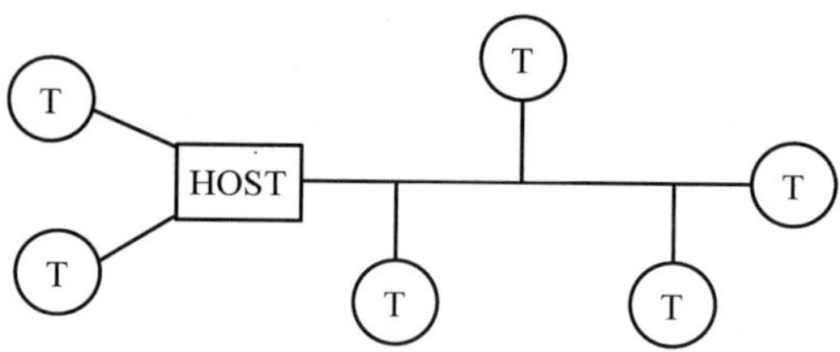

图 2-1　以单计算机为中心的联机终端网

第二阶段：计算机—计算机网络阶段

20 世纪 60 年代为“计算机—计算机”网，即利用通信线路将多台计算机连接起来，实现了计算机—计算机之间的通信。这种以传输信息为主要目的而用通信线路将主机系统连接起来的计算机群，也称为计算机通信网络。这种网络是现在所称计算机网络的低级形式，其结构如图 2-2 所示。

第三阶段：计算机网络—计算机网络互联阶段

20 世纪 70 年代末至 90 年代的第三代计算机网络是具有统一的网络体系结构并遵循国际标准的开放式和标准化的网络。ARPAnet 兴起后，计算机网络发展迅猛，各大计算机公司相继推出自己的网络体系结构及实现这些结构的软硬件产品。由于没有统一的标准，不同厂商的产品之间互联很困难，人们迫

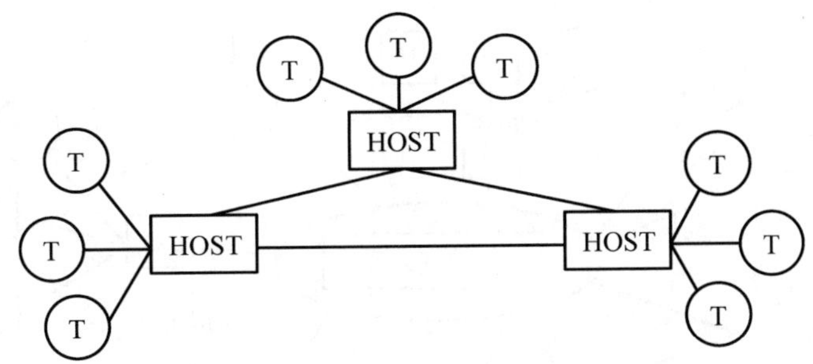

图 2-2　主机直接互联的计算机通信网

切需要一种开放性的标准化实用网络环境，这样应运而生了两种国际通用的最重要的体系结构，即美国国防部制定的 TCP/IP 体系结构和国际标准化组织制定的 OSI 体系结构，前者因其先入为主和简单易行成为通行的国际互联网(Internet)工业标准。

第四阶段：计算机网络—国际互联网与信息高速公路阶段

20 世纪 90 年代末至今的第四代计算机网络，由于局域网技术发展成熟，出现光纤及高速网络技术、多媒体网络、智能网络，整个网络就像一个对用户透明的大的计算机系统，发展为以 Internet 为代表的互联网。

二、计算机网络的组成

计算机网络的基本功能可归结为数据通信和数据处理，按照这两种功能，计算机网络在逻辑功能上可划分为两个子网，即承担数据处理任务的资源子网和负责数据通信的通信子网，这样就组成两级的网络结构。如图 2-3 所示，图中 C 代表集中器，H 代表主机，T 代表终端。资源子网提供全网的数据处理和向网络用户提供网络资源及网络服务的能力。通信子网提供网络的通信功能，承担全网的数据传送、交换、加工和变换等通信处理工作，即将一个主计算机的输出信息传送给另一个主计算机。资源子网按照通信协议与通信子网紧密地结合在一起，以充分发挥计算机网络的效能。

1. 资源子网

资源子网由主计算机系统、终端、终端控制器、联网外设、各种软件资源与数据资源组成。资源子网负责全网的数据处理业务，向网络用户提供各种网络资源与网络服务。

(1)主计算机

在网络中主计算机(HOST)可以是大型机、中型机、小型机、工作站或微型机。主计算机是资源子网的主要组成单元，它通过通信线路与通信子网的通信控制处理机相连接，普通用户终端通过主计算机入网。主计算机要为本地用

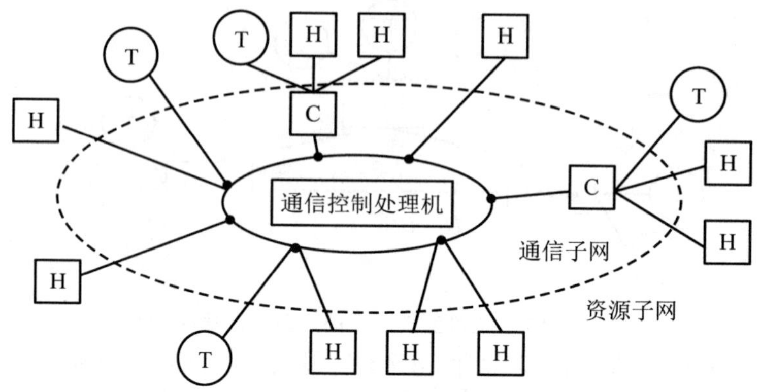

图 2-3　计算机网络典型结构

户访问网络其他主计算机设备共享资源提供服务，同时要为网中其他用户(或主机)共享本地资源提供服务。随着微型机的广泛应用，联入各种计算机网络的微型机数量日益增多，它可以作为主机的一种类型，直接通过通信控制处理机联入网内，也可以通过联网到大、中、小型计算机系统，间接联入网内。

(2)终端

终端(Terminal)是用户访问网络的界面。终端可以是简单的输入、输出终端，也可以是带有微处理机的智能终端。终端的种类很多，如键盘、显示器、智能终端、会话终端等。智能终端除具有输入、输出信息的功能外，本身具有存储与处理信息的能力。终端可以通过主机联入网内，也可以通过终端控制器或通信控制处理机联入网内。

2. 通信子网

通信子网由网络通信控制处理机、通信线路与其他通信设备组成，完成全网数据传输、转发等通信处理工作。

(1)通信控制处理机

通信控制处理机(CPP)是一种在数据通信系统与计算机网络中处理通信控制功能的专用计算机，一般由小型机或微型机配置通信控制硬件和软件构成，按照它的功能和用途，可以分为：存储转发处理机、集中器、网络协议变换器和报文分组组装/拆卸设备等。通信控制处理机在网络拓扑中被称为网络节点，它一方面作为资源子网的主机、终端的接口节点，将主机和终端联入网内；另一方面它又作为通信子网中的报文分组存储转发节点，完成报文分组的接受、校验、存储、转发功能，实现将资源主机报文准确发送到目的主机的作用。目前在很多广域网中，路由器成为一种典型的通信控制处理机。

(2)通信线路

通信线路为通信控制处理机与通信控制处理机、通信控制处理机与主计算机之间提供通信信道。计算机网络采用了多种通信线路，如架空明线、双绞线、同轴电缆、光纤电缆、无线通信信道、微波与卫星通信信道等。光纤通信是利用光导纤维(简称光纤)传递光脉冲来进行通信，已成为现代通信技术的一个十分重要的领域。

除物理组成外，计算机网络还应具有功能完善的软件系统，以支持资源共享功能。网上通信双方还必须有一套能彼此了解、全网一致遵守的规则或约定。如：数据传送的方式、数据起始和终止标志、传送速度、校验方式、出错处理等，这些称为网络协议。

三、计算机网络的分类

1. 从网络的作用范围来划分计算机网络

从网络的作用范围进行分类，可将计算机网络划分为个人区域网(PAN)、局域网(LAN)、城域网(MAN)、广域网(WAN)、网间网(Internet)。表 2-1 给出了这种分类。

表 2-1　按作用范围划分的计算机网络

网络类型	处理机位于同一	分布距离(量级)	数据传输速率
个人区域网	房间	10 m	54 Mbps～1 Gbps
局域网	房间	10 m	4 Mbps～10 Gbps
	建筑	100 m	
	校园	几千米	
城域网	城市	10 km	50 Kbps～10 Gbps
广域网	国家	100 km	9.6 Kbps～22.5 Gbps
网间网	洲或全球	1 000 km	

个人区域网是在个人工作地方把属于个人使用的电子设备(如便携式计算机等)用无线技术连接起来的网络，因此也常称为无线个人区域网 WPAN，其覆盖范围一般在 10 m 半径以内。WPAN 设备具有价格便宜、体积小、易操作和功耗低等优点。

局域网是最常见的计算机网络，因其灵活、可靠、成本低而被广泛使用。局域网的通信线路通常使用同轴电缆、双绞线和光纤等。

城域网是一种崭新的物理网络技术，覆盖范围为中等规模区域(相当于一座大城市)。

广域网又叫长距离网，用于长距离通信。它在地理上可以覆盖一个地区、国家甚至洲际范围。这种网的通信设备通常使用公用通信设备、地面无线电通信及卫星通信设备等。

网间网是指广域网的互联，如今家喻户晓的国际互联网(Internet)就是这种形式的代表。

表 2-1 中还大致给出了各种网络的数据传输速率范围。在网络的距离、速率和技术细节三大因素中，通常存在这样的依赖关系：距离影响速率，速率影响技术细节，这是以距离划分计算机网络的一大原因，一定程度上可反映网络的技术本质。

2. 从网络的拓扑结构来划分计算机网络

计算机网络的拓扑结构，是指网络中的通信线路和各节点之间的几何排列，它是解释一个网络物理布局的形式图，主要用来反映各个模块之间的结构关系。它影响着整个网络的设计、功能、可靠性和通信费用等方面，是研究计算机网络的主要环节之一。

计算机网络的拓扑结构主要有总线型、星型、树型、环型、网状型与混合型等，图 2-4 为几种计算机网络的拓扑结构图，表 2-2 大致介绍了这几种拓扑结构的特点。

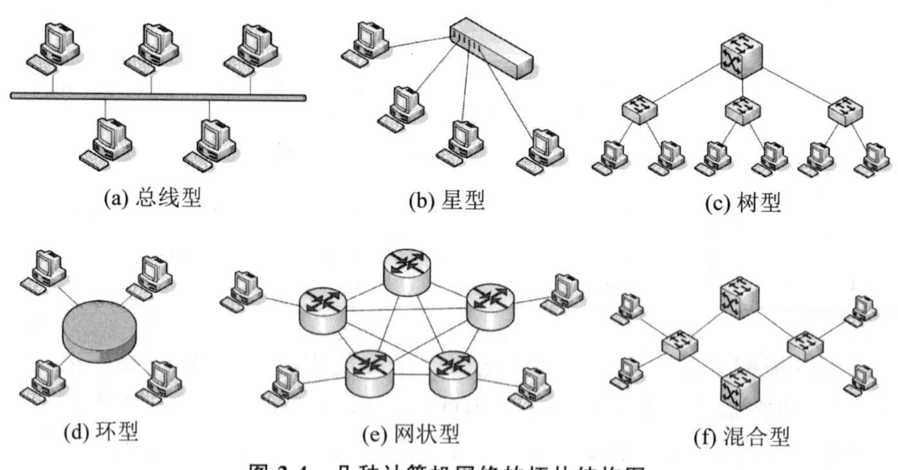

图 2-4　几种计算机网络的拓扑结构图

表 2-2　几种计算机网络拓扑结构的特点

拓扑结构	优点	缺点
总线型	节省电缆，介质便宜，易于扩充	传输距离有限，故障诊断和隔离困难，可靠性不高
星型	结构简单，故障诊断和隔离容易，便于管理	中央节点负担较重，形成瓶颈，各站点的分布处理能力较低，电缆长度和安装工作量可观
环型	结构简单，控制简便，结构对称性好	节点故障会引起全网的故障，故障难检测，环中节点的加入和撤出过程复杂
树型	通信线路连接简单，易于扩展，故障隔离较容易，网络管理和维护较方便	可靠性不高，节点对根依赖性太大，若根发生故障，则全网不能正常工作
网状型	两个节点间存在多条传输通道，有较高的可靠性	结构复杂，建设成本高，不易管理和维护
混合型	故障诊断和隔离方便，易于扩展，安装方便	电缆长度会增加

四、计算机网络的功能及特点

1. 计算机网络的特点

(1)实时集中管理

对地理上分散的组织，实现实时集中管理。如飞机订票系统、列车运行指挥系统、军事指挥系统等。

(2)共享系统资源

可共享和调剂数据(数据库)、软件(如系统程序和应用程序)、硬件等系统资源。

(3)分担负荷

网络内各主系统之间可分担负荷，均衡系统负荷，调节忙闲不均匀，或者调剂由于时差产生的计算机使用不均匀现象。

(4)易于扩展

在扩展现有系统规模时，只要接入更多的处理机，即可增强系统的处理能力。

(5)提高系统的可靠性

当网中某一台处理机系统发生故障时，可由别的路径传送信息或转到别的系统代为处理，从而保证了这些用户的正常操作，不会因局部的故障而导致系统的瘫痪。另外，能克服局部地区所遭受的意外破坏，保证信息的安全性。

(6)提高巨型机和特殊系统的经济效益

某些巨型机和某些特殊系统，只有在用户数目增加到一定数量时，经济上才能获得较大的效益。

(7)选择与所要处理的问题相适应的系统

由于网络中各用户的计算机各具特色，用户可根据所要处理的问题的性质、类型和规模去选用网上的最适宜的计算机。

2. 计算机网络的功能

计算机网络的实现为用户构造分布式的网络计算提供了基础，它的功能主要表现在以下五个方面。

(1)快捷的数据传送

数据传送是计算机网络的最基本功能，也是实现其他几个功能的基础，用以实现计算机与终端或计算机之间传送各种信息，从而使地理位置上分散的信息能进行分级或集中管理与处理。例如，通过计算机网络传递电子邮件，收集、交换和处理气象资料，监测环境信息，为用户提供教育、新闻、金融、交通及社会服务信息。

(2)广泛的资源共享

资源共享包括计算机软件、硬件和数据资源的共享，这是计算机网络最有吸引力的功能。资源共享指的是网上用户能部分或全部地享受这些资源，使网络中各地区的资源互通有无，分工协作，调剂余缺，充分发挥网络中资源的效用，并且提供处理能力，降低数据处理的平均费用。例如，某一系统软件装在网内某一台计算机中可供别处调用，或用来处理远处送来的数据，然后把结果送回原处；网络打印机可供全网共享；教育资料中心的学习资源可供全网络中的教师和学生查询使用。

(3)较高的系统可靠性

计算机联网运作有助于提高系统的可靠性，因为在计算机网络中的各台计算机可以通过网络彼此互为后备机，一旦某台机器出现故障，此时故障机的任务就可由其他计算机代为处理，避免了单机无后备情况下，某台机器出现故障而导致整个系统瘫痪的现象。还可在网络的某一些点上设置一定的备用设备，作为全网的后备资源，以抵御战争、自然灾害或其他突发情况造所成的网络局部破坏。

(4)易于进行分布处理

在计算机网络中，用户可根据问题的性质和要求选择网内最适合的资源来处理，以便能迅速而经济地得到解决。对于综合性的大型问题可以采用合适的算法，将任务分散到不同的计算机上进行分布处理。另外，利用计算机网络技术还可将许多小型机或微型机连成具有高性能的分布式计算机系统，使它具有解决复杂问题的能力，而费用大为降低。

(5)综合信息服务功能

通过计算机网络向广大用户提供各种信息服务，目前应用已经十分普遍。正在迅速发展中的综合网络，不但可以传送数据，而且可同时在网络中传送图像、语音、实时电子邮件和电视会议等。

计算机网络在以上五个方面所具有的功能，也是其他系统所不可替代的，因此也为用户带来了高可靠性、更高的性能价格比和易扩充性等好处，使得它在工业、农业、交通运输、邮电通信、文化教育、商业、国防以及科学研究等各个领域、各个行业日益获得越来越广泛的应用。我国有关部门已制定了“金桥”“金关”和“金卡”三大工程，以及其他的一些金字号工程(如教育部组织实施的面向教育管理的“金教”工程)，这些工程都是以计算机网络为基础设施，促使国民经济早日实现信息化的主干工程，也是计算机网络的具体应用。

专题二　教育网络的基本类型

讲座：教育网络的基本类型

一、教育网络的基本含义和功能

计算机网络用于教育就形成了教育网络。教育网络除了具有一般计算机网络的基本功能如共享网络中的软件硬件、电子邮件服务、文件传输服务、网上聊天、BBS和Web浏览等之外，还具有以下基本功能。

(1)教学服务功能：首先，教育网络使得教学形式从传统的“口传身授”的课堂教学模式走向现代的“远程授课”的网络教学模式，实现了教学模式的多样化。其次，教育网络有助于促进个性化教学服务功能的实现。最后，教育网络使得校内教师之间、与外校的教师之间、学生与学生之间、学生与教师之间的联系更密切。通过开设网上学校，实现远程授课，学生可以在家里或其他可以将计算机接入计算机网络的地方利用多媒体交互功能听课，并可以随时提问和讨论。学生可以从网上获得学习参考资料，通过网络交付作业和参加考试。

(2)学校管理服务：计算机由于其巨大的数据存储与处理的能力而成为学校机构建立现代化学校管理系统的物质基础。计算机可以为学校在人事、财务、教务、日常办公和后勤管理等方面提供一个先进的管理系统，从而提高管理效率，达到事半功倍的效果。建立在校园网基础上的学校信息管理网络系统将会使原有的管理模式，从原来的纵向、单通道、主要依靠个人的经验、判断和决策的简单模式，发展成为现代化的多向的、多通道的网络状的复杂模式。

(3)科研服务功能：在科研方面，教育网络可以使用户共享各类计算机的软件资源和硬件资源，为科学研究服务。教育网络一方面能提高科研的效率，另一方面可以降低科研的费用。科研人员可以通过网络方便地交流学术思想和交换实验资料，甚至可以在教育网络上进行国际合作研究项目，还可以利用教育网络检索世界各地的信息资料，及时了解相关领域的最新研究动态。

二、教育网络的几种类型

教育网络根据地理范围划分，主要有教室网、校园网、教育城域网和国际互联网四种类型，各种形式的网络教育活动就在其基础上进行。

1. 教室网

(1)教室网简介

教室网是指在一个物理教室范围内的计算机局域网，主要服务于课堂教学，是网络化教室的基础设施。教室网一般是交换式局域网，即使用多个集线器(HUB)或交换机(Switch)和网线把教室里的所有计算机联在一起，其中选择一台或两台配置较好的计算机做服务器，用来存放教学资源库，供各个客户机共享资源，以及进行用户管理等。服务器也可以兼做教师机使用。有的教室网还配备投影仪、电子白板、扫描仪、打印机和视频捕捉卡等多媒体设备。

教室网一般有一个外部出口连接到外部网络，如连接到校园网或直接连接到互联网。较小的教育机构通常只有一个教室局域网，而没有校园网或内部网，一般是通过有线连接和无线连接的方式与外部网络相联，常用的有线连接方式有 ISDN、Cable Modem、ADSL 以及以太网连接等，无线连接可通过 Wifi 热点覆盖等。

(2)教室网案例

针对农村中小学现代远程教育工程模式三(扩展模式)的配置要求，联想公司推出了三种不同的计算机教室系统方案，其中一种为 NC(网络计算机)教室系统方案，两种为计算机(无盘 PC 和 PC)教室方案。它们均可配合卫星接收系统，能够通过中国教育卫星宽带传输网，快速、大量地接收优质教育资源，通过播放教学光盘对学生授课和辅导，同时为学生提供初步的网络条件下的学习环境(图 2-5)。实现的主要功能包括：①远程教育内容接收：接收、播放、存储和回放中国教育卫星宽带传输网(CEBsat)传输的农村现代远程教育节目，省、地市等通过卫星宽带传输网传送的 IP 数据广播节目，及中国教育电视台空中课堂等电视节目和语音广播节目。②互联网接入：支持以拨号或宽带的方式接入互联网，可主动浏览更多信息，访问辅助教学网站。③计算机网络教室：网络教室实现局域网组播，共享卫星和网络教育资源，满足多人同时学习和个性化学习，也可供其他教学使用。④实现多媒体教室：扩大远程教育节目的收视与使用规模。⑤具备文件打印服务。⑥学生机具备本地存储功能。

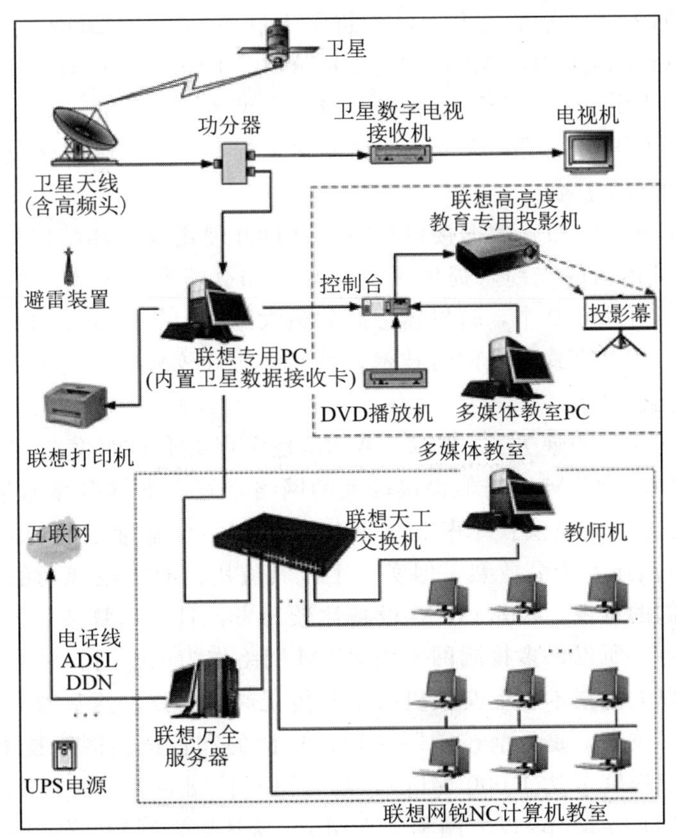

图 2-5　教室网的案例

(来源：http：//media. ccidnet. com/media/cce/577/m2901. htm)

2. 校园网

(1)校园网简介

校园网是指校园范围内的计算机网络系统的总称，它所覆盖的范围不但超过了一两幢大楼局部网络的范畴，而且涉及多幢楼内的计算机局域网互相连接的问题。校园网往往是由多个局域网组成的，同时，它又与外部的计算机网络相联，如 Internet。

校园网由于校园面积较广，往往要建立多个局域网，同时考虑到网络扩展性，一般采用“主干加分支”的结构。在这种方式中，利用高速网络技术构筑整个校园的主干网，主干网中包含一个或一个以上的出口连接到外部网络，学校里各个部门的局域网或其他计算机系统则作为校园网的分支通过交换设备或集中设备连接到校园网主干部分，进而形成一个统一的校园网。

校园网的关键部分是主干网，构筑主干网主要有：FDDI(Fiber Distributed Data Interface)技术、ATM(Asynchronous Transfer Mode)技术、千兆以太网(Gigabit Ethernet，GE)技术和万兆以太网(10 Gigabit Ethernet，10GE)技术。其中 FDDI 和 ATM 为传统的高速网络技术，千兆以太网技术和万兆以太网技术应用较为广泛。

①FDDI(光纤分布式数据接口)技术：FDDI 使用令牌环结构的以 100 Mbps 以上的速率传输的光缆，提供了双环结构和链路恢复等容错功能，物理站点的最大数目可达 500 个，转发器之间的最大距离为 2 km。FDDI 技术比较成熟，但它是一种共享式宽带网络技术，其网络协议较复杂，安装和管理较为困难，价格也比较昂贵。

②ATM(异步传递方式)技术：ATM 是实现 B-ISDN(宽带综合业务数字网)的关键技术。ATM 网络能提供较大的网络带宽，支持多媒体信息的传输。ATM 技术是在电路交换技术和报文交换技术相结合基础上的信元交换技术。ATM 技术虽然还不十分成熟，但实际上，其应用已有了较成功的范例，它正日益受到人们的重视。虽然 ATM 设备比较昂贵，且技术复杂，但是 ATM 拥有众多的优点，所以许多校园网采用 ATM 网络作为主干网。

③千兆以太网技术：在交换机技术和传统局域网技术的基础上发展起来的一种高速网络技术，是目前校园网使用最广泛的和首选的网络技术。带宽大，承载力强，其速度可达 1 000 Mbps，具有流量控制能力，而且能方便地与传统的局域网(如 10 Mbps 以太网和 100 Mbps 快速以太网)互联，传统的局域网较容易升级到千兆以太网，其成本较低。

④万兆以太网技术：万兆以太网技术与千兆以太网类似，仍然保留了以太

网帧结构，通过不同的编码方式或波分复用提供 10 Gbps 的传输速度。就其本质而言，10 G 以太网仍是以太网的一种类型。现在 10 Gbps 的以太网标准已经由 IEEE 802.3 工作组于 2000 年正式制定，10 G 以太网仍使用与以往 10 Mbps和 100 Mbps 以太网相同的形式，它允许直接升级到高速网络。10 G 以太网具有的高数据率和长距离特性大大扩展了校园、企业网骨干网的带宽，也对简化城域网起到了促进作用。但由于 10 G 以太网技术的复杂性及原来传输介质的兼容性问题，还有这类设备造价太高，所以这类以太网技术目前还处于研发的初级阶段，还没有得到实质应用。

校园网在高层运用上一般采用流行的 Intranet(内联网)技术，以 TCP/IP 协议为基础，以 Web 为核心应用，构成统一和便利的信息交换平台。它使用 WWW 工具，采用防止外界侵入的安全措施，为学校内部服务，并有连接国际互联网接口的学校内部网络。Intranet 还提供了与 Internet 类似的通信手段，让学生和教师能够在网络上进行方便交流。目前很多学校正在建设的校园网都采用了 Intranet 的结构。

(2)校园网案例

中小型校园网络结构相对比较简单，用户数量从几百到几千，网络的通信系统以内网交换和 Internet 连接为主。对于这种网络，既要充分考虑网络建设成本，还要考虑网络的扩展性和网络的安全性。图 2-6 显示了针对中小型校园网的解决方案(来源：北京大学电子政务知识网)。

在网络中心机房采用 S4603 或 S3552 路由交换机，完成所有用户流量汇聚和数据转发。用户接入层采用多业务分组平台 M8000 和 S2000 M/S2205A 组网，通过 ESR 环网可以把地理位置相对比较集中、用户接入量比较多的接入点如教学区、实验楼、行政楼组成一个环网。其他比较分散的节点通过光纤组成星型网络。S4603 路由交换机在校园网核心层完成部分校园网内部 Intranet 访问和 Internet 访问路由转发、NAT(网络地址转换)和用户认证，以及外部用户访问校园网内部资源的路由转发。

如果网络中数据流量比较大，接入用户比较多时，可以在核心设备 S4603/S3552 下面通过 S3101 或 S3528 进行连接。用户的大量流量先汇聚到 S3101/S3528 上进行处理，然后需要上传的流量才转发到核心 S4603/S3552 上，通过两级处理有效地分担核心层设备的流量，避免所有用户的流量都经过核心层，减轻核心层设备的工作压力，提高网络的工作效率和性能。

3. 教育城域网

教育城域网是把同一地区或同一城市内所有学校、研究机构、本地的教育

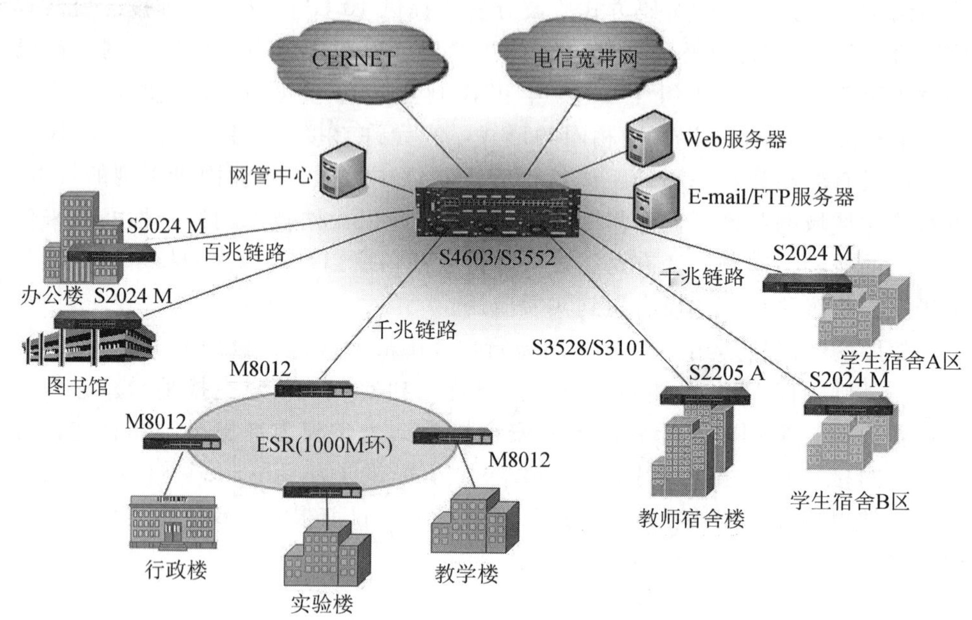

图 2-6 中小型校园网案例

机构通过宽带骨干网与教育局内部网和校园网互联，使教育资源整合、开放、共享，达到整体信息化集成运用的宽带网络。其主要作用就是将本地区的教育机构全部联到网络中，最终形成一个区域性的互联、互动、信息交换、资源共享和远程教育的教育网络。教育城域网的建立，将使各学校的信息网络不再孤立存在，而是完全融入区域信息网络体系中，成为区域信息网络体系的重要组成部分。教育城域网建设一般包括三个层次，第一层次是教育城域网网络中心的建设；第二层次是宽带城域网络互联；第三层次是各级各类学校的校园网络和建设。通过这三个层次的建设，可形成一个完整的教育城域信息网络。图2-7显示了教育城域网的一种拓扑结构（来源：http：//www.eedduu.cn/20050725/3144604.shtml）。

4. 国际互联网

(1)国际互联网简介

国际互联网(Internet)是由分布在世界各地的大量计算机网络采用共同的传输控制协议/网际协议(TCP/IP)来利用丰富的图案、文字、声音、多媒体来进行通信的全球性计算机网络，也被称为“网间网”“互联网”或“国际网”。互联网提供了一个全球性的平台，为全球竞争带来了新的契机。

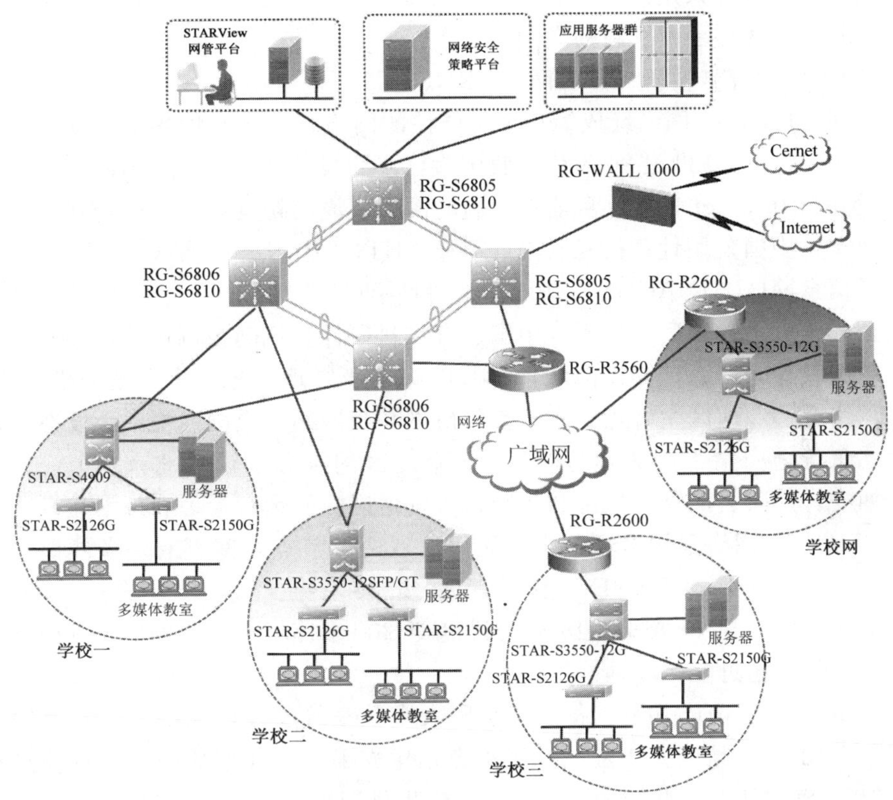

图 2-7　教育城域网拓扑简图

互联网的发展初期主要是提供电子邮件、文件传输以及远程登录的服务。利用这些服务，用户可以冲破不同的地理空间的限制，让信息的普及与流通更加便利。互联网便利的特性吸引了大量的人，无形中也促使厂商投入更多的人力，致力于开发更多的互联网服务，拓展更广的应用范围。

到 20 世纪 90 年代初期，Internet 在学术界、政府与研究部门获得了广泛的应用，一种新的应用——WWW 改变了 Internet 的应用方式。WWW 服务通过在一台 Internet WWW 服务器中建立一系列信息页，它可以包含文本、图形、语音与视频图像，也可以嵌入链接到其他的信息页中。现在很多公司、大学、研究部门都有自己的主页，用户可以通过主页进入该公司、大学或研究所的信息系统中，查询、检索用户关心的信息。很多其他类型的主页可以方便地从网上获得，其中包括地图、市场信息、图书馆目录、著作、报刊文章与新闻。同样，很多个人用户在 Internet 上也拥有自己的主页。WWW 技术及其应用使 Internet 达到了一个新的高潮。

(2)中国教育与科研计算机网(CERNET)

现在，Internet 网已经成为一个全球性的网络，它遍及世界上 170 多个国家和地区。进入 20 世纪 90 年代，我国就已开始投入巨资发展国内的计算机网络建设并与 Internet 连接。目前，中国的网络建设已初具规模，已经建成的网络主要有：中国公用计算机互联网(CHINAET)、中国科技网(CSTNET)、中国金桥信息网(GHINAGBN)、中国教育和科研计算机网(CERNET)等，现已覆盖全国绝大多数地区。下面以中国教育和科研计算机网为例进行详细介绍。

中国教育与科研计算机网(CERNET)分四级管理，分别是全国网络中心、地区网络中心和地区主节点、省教育科研网和校园网。全国网络中心设在清华大学，负责全国主干网的运行管理。8 个地区网点分别设在北京、上海、南京、西安、广州、武汉、成都和沈阳，负责地区网的运行管理和规划建设。

CERNET 网络采用多环结构，使得任意两个节点之间都有多条线路。截至 2009 年 12 月，CERNET 主干网连接 38 个主节点，传输速率达到 2.5 Gbps～20 Gbps，覆盖全国 31 个省市近 200 多座城市，与国内外其他互联网互联总带宽超过 50 G。

CERNET 目前已基本具备了与全国大多数高等学校联网的能力，并完成了 CERNET 8 大地区主干网的升级扩容，建成了一个大型的中国教育信息搜索系统。CERNET 为联网的广大高校师生提供网络基本服务，包括电子邮件、Web 浏览、资源共享、学术研究与讨论、IP 电话、IP 视频等，同时还支持了一批国家教育信息化重大应用。

①中国教育和科研计算机网门户等系列重要教育网站：CERNET 承担建设了以 www.edu.cn 为代表的系列权威、重要的教育科研网站，面向全球互联网用户提供丰富的中国教育信息资源与服务。目前，仅该网站的日均页面访问量就达到 970 万次，最高达到 2 500 万次；日均独立访问 IP 地址数达到 60 万个，日均流量达到 150 Mbps。

②中国高等教育文献保障系统(CALIS)：依托 CERNET 网络保障建设的 CALIS 是 211 工程高等教育公共服务体系的重要组成部分，已经建成了由全国管理中心和 4 个全国文献中心、8 个地区中心、15 个省中心、22 个数字图书馆基地、100 家 211 工程院校图书馆组成的三级全国高校文献保障和服务体系。CALIS 已建成了分布式“中国高等教育数字图书馆(CADLIS)”支撑和服务平台，包括书目数据量达 270 万、馆藏数据量达 2 000 万的全国联机编目系统

和联合目录数据库，在 50 多所高校之间形成馆际互借与文献传递网络。

③中国教育科研网格(ChinaGrid)：依托 CERNET 基础网络建设的 ChinaGrid，是 211 工程高等教育公共服务体系建设的重要内容，自主研发了网格公共支撑平台 CGSP，集成了分布于全国 13 个省市 20 所重点高校的计算、存储、数据、软件等信息资源，建立了聚合计算能力达到 16 万亿次、存储能力达到 180 TB 的网格环境，并开发部署了一系列具有重要影响的典型网格应用，为重大科学研究和学科建设提供了先进的技术手段和重要的基础平台。

④重点学科信息资源系统：由 CERNET 牵头承担建设的重点学科信息资源系统是 211 工程高等教育公共服务体系建设内容，已经建成重点学科信息服务体系支撑平台和重点学科信息服务体系，建成分子生物等 14 个重点学科信息资源系统，信息资源总量达到 6.3 TB。

⑤高等学校招生网上录取系统：从 2001 年起依托 CERNET 网络保障的高考网上录取系统正式投入使用，目前已在内地 30 个省市全部普通高等学校以及香港地区 6 所高校运行，每年处理的考生人数超过 1 000 万人，录取高校新生数超过 600 万人，是世界上规模最大的网上招生录取应用。

⑥远程教育系统：是教育部实施"现代远程教育工程"的重要建设内容，全国共有 68 所高校被批准设立网络学院，设置了 3 000 多个校外学习中心，实现了优质教学资源远程输送，成为我国终身学习体系的重要组成部分。

理解：不同教育网络的特征及其教学支持属性

活动一：调查研究你所在的学校或区域教育网络的特征等相关信息

<table>
<tr><td colspan="2">时间：70 分钟
内容：结合讲座所学内容，以小组为单位，了解并详细分析你所在的学校或区域教育网络的特征以及教学支持属性，更好地理解讲座中教学网络的类型、特征及教学支持属性</td></tr>
<tr><td>步骤：
□ 明确所要调查的教育网络(以两个为基础)
□ 教育网络特性分析
□ 小组分工负责、协作完成
□ 以二维表格形式展示成果</td><td>学习作品：
□ 小组分工、协作报告
□ 二维表格</td></tr>
</table>

➡ 步骤一：明确所要调查的教育网络

小组成员可以从可行性、必要性的角度来考虑、讨论并确定所要调查的教育网络。

➡ 步骤二：教育网络特性分析

结合讲座内容，小组成员讨论并确定从哪些维度进行调查研究教育网络，以活动提供的内容方面为主。另外，还可以在讲座内容的基础上进行发散思维。

➡ 步骤三：小组分工负责、协作完成

小组成员进行讨论、分工具体的模块，然后提炼，从而形成小组作品，并且每位成员都要形成自己详细的任务总结报告，以给其他成员提供相应的参考和评价。

➡ 步骤四：小组之间交流，最后以二维表格形式展示成果

各个小组通过与其他组交流后完善本组的理解，以小组为单位绘制教育网络的二维表格(表 2-3)，来描述对“不同教育网络的特征及其教学支持属性”的理解。

分享：教育网络的教学支持属性

各个小组将调查的教育网络的二维表格进行共享，然后小组之间进行互评，也可以进行修改，这样及时地体现出知识的协作交流。具体二维表格形式如表 2-3 所示。

表 2-3 教育网络的教学支持属性调查表

教育网络类型	地理范围	服务对象	网络结构	教学功能
教室网(某具体实例)				
校园网(某具体实例)				
教育城域网(某具体实例)				
国际互联网(某具体实例)				

专题三　网络教育应用的界定

讲座：网络教育应用的基本概念与意义

一、网络教育应用概念

本书所说的网络教育应用是指网络在教育中的应用，这是一个广义的

概念。

网络教育应用越来越广泛，随着网络及相关技术的发展，特别是随着现代远程教育工程的实施和网络教育的试点工作的进行，出现了一些与网络教育应用相关的概念。明确相关概念以及内涵，便于更好地把握网络教育应用。在当前“e”时代中，不断出现各种新事物，如“e-Business”“e-Commerce”等，这些“e”时代的名词使我们感受到时代的变革。“高效”“快捷”和“方便”成了“e”时代的象征。同时，教育领域也出现了很多新名词，如网络教育、电子化学习、在线学习等。网络教育是当今国际国内教育发展新的生长点，也是现代教育技术的主流发展方向。对于网络化教育，国外有多种不同称呼，如 e-Learning，Network-Based Education，Online Education，Virtual Education，Web-Based Instruction，Web-Based Learning，Cyber-Education 等，它们虽不完全同义，但都与网络运用相关；国内则喜欢用“网络教育”“网上教育”和“现代远程教育”之类的称呼。

1. e-Learning 概念辨析

e-Learning 是近几年来国内外使用非常普遍的一个名词。国内外正在把以 Internet 为基础的网上学习称为 e-Learning，并在国内外一些公司和教育机构中进行实践。对“e-Learning”一词目前有多种不同的译法，如网络化学习、电子化学习和数字化学习等，本书选择其为“网络化学习”。

对于 e-Learning，一个由 Vaughan Waller 和 Jim Wilson 给出的定义：e-Learning 是一个将数字化传递的内容同(学习)支持和服务结合在一起而建立起来的有效学习过程。特别强调了三个要求：一是有效学习。强调的是学生在利用网络的时候可以分为有效学习和无效学习两种情况。例如学生把所有的时间都花在了浏览商业网站和各种娱乐新闻方面，这样的学习过程就是无效的。二是结合。强调的是内容和学习支持服务两个方面的结合，二者缺一不可。也就是说，在开展各种 e-Learning 教育活动的时候，除了要注意教学内容要求以外，还要注意必须通过适当的技术来提供学习者学习上的支持和各种服务，以提高学习的效率。三是数字化传递的内容。也就是说，e-Learning 是采用数字化的技术来传递各种内容。这又区别于幻灯投影、模拟电声电视技术。近年来 e-Learning 概念对我国的影响在逐渐加大，我国一些学者也对其含义提出了自己的看法。例如我国著名学者何克抗教授在 2002 年给 e-Learning 所做的定义为：e-Learning 是指通过互联网或其他数字化内容进行学习与教学的活动，它充分利用现代信息技术所提供的、具有全新沟通机制与丰富资源的学习环境，实现一种全新的学习方式；这种学习方式将改变传统教学中教师的作用和师生之间的关系，从而根本改变教学结构和教育本质。

除了以上两个定义内涵比较丰富以外，在网络上还可以找到更多的e-Learning定义，其中，维基百科是从e-Learning 2.0的角度出发，而传统的e-Learning系统只是基于互联网技术来传递学习内容给学生，学生通过阅读和完成作业来进行学习，教师评估作业完成的质量。

关于e-Learning的定义还有很多，下面着重从两个角度来给出具体的定义。

(1)从技术和形式上定义

e-Learning是使用网络进行学习的传送、交互方式，学习者可以是个人或作为在线课堂中的一部分人。作为一种适应性很强的全新学习方式，e-Learning可以实现各种通信模式的交流和学习。e-Learning内容主要包括：

①任何时间、任何地方使用网络、卫星等通信手段获得媒体内容；

②学生和教师之间的交互，使用E-mail、讨论板、Chat、虚拟教室、blog等；

③学生间的小组在线合作，使用Moodle、Sakai、Wiki等；

④评价和反馈以测定和表现个人学习路径，使用电子学档；

⑤评定学习者需求的反馈；

⑥在线指导，使用视频教学、即时在线聊天工具等；

⑦教育和训练的管理，跟踪个人和群体的进程和教育差距，跟踪个人进程提供了各部门、学习者的教育可测定性。

e-Learning提供了更快捷的学习方式和相对少的费用、学习的更多和对所有参与者在学习过程中清晰的责任。在今天的快节奏文化中，e-Learning能使人们获取最大利益，跟上时代需求，实现终身学习。e-Learning主要功能特征如下：

①时空泛在性：任何人(anybody)可以在任何时间(anytime)和任何地方(anywhere)进行网上学习，教师对学习内容的更新及师生交流也是发生在任何时间和任何时候。教育从有围墙的大学扩展到社会上有网络连接的任一角落，更加快捷和方便，可实现“泛在学习”的要求。

②资源无限性：由于互联网络的开放性，通过有效的超链接列表的搜索，我们能快速到达全世界我们需要的信息站点，并通过站点和其他Web服务如E-mail联络各类专家教师，实现灵活的学习。

③电子促进性：e-Learning有能力超越传统的教育和训练，能鼓励学生为中心的学习交互、合作和评价的参与。学生为中心的学习允许学生随意地进行

愉快学习，导致最大的学习理解和持久力。

④自我驱动性：e-Learning 绝不只是一种简单的信息传送和管理的电子化，而且能提供一个动态和参与的学习者自我驱动的经历，是新时代的学习机会、教学方法和思维的改变。

⑤自主和协作性：通过 e-Learning，既可实现个别化的自主学习，也可随时加入网上各种实时和异时的讨论组，进行交流，实现协作学习。

(2)从学习过程定义

对 e-Learning 的理解还可以从过程的角度进行分析，下面以概念图的方式来说明 e-Learning 的主要要素及其关系，见图 2-8。e-Learning 是一个学习过程，它利用数字技术来传递内容和服务，加强学习者内部之间以及学习者和辅导者之间的交互。它允许采用各种学习方法，提供一个更适合当前要求的反应。作为一个结果，该过程可以获得学习的灵活性、效率和效果。

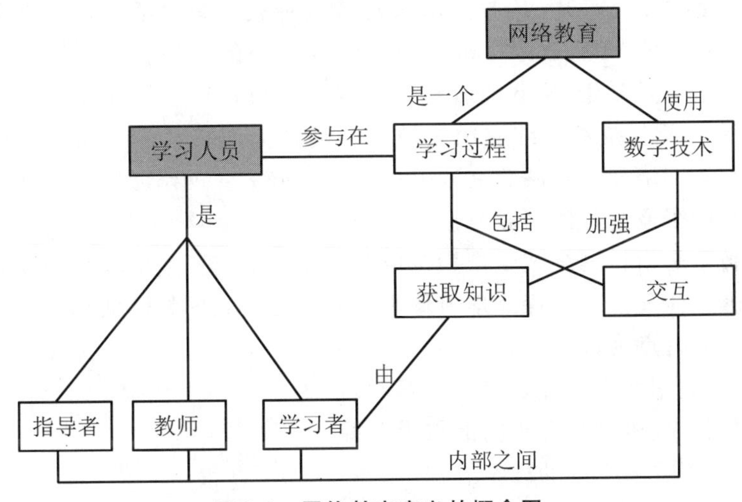

图 2-8　网络教育定义的概念图

几个关键的要素说明如下：

①学习过程：它是一个持续活动的时间段，涉及多种行为主体(包括学习者、教师、辅导者等)，他们合作活动，目标是传递、建构知识和发展技能。

②数字技术：数字技术可以统一处理不同的媒体，实现最灵活和最有价值的存储、传递、检索、索引和重新生产。

③灵活性：通过提供各种同步和异步的工具来解决时空限制问题，使得学习过程更加灵活。

从以上定义来看，学习过程是网络教育研究的核心点。我们不仅要关心网络教育的形式和结果，还要关注其过程。

2. 网络教育相关概念

同网络教育相关的名词很多，分别是：网络教学、基于 Web 的教学(WBI)、基于 Web 的学习(WBL)、基于 Web 的训练(WBT)、e-Learning、现代远程教育等。

计算机在教学中的应用称为计算机辅助教学(Computer Assistant Instruction)，或者叫基于计算机的教学(Computer Based Instruction)。如果是计算机网络在教学中的应用，则称为网络教学。网络教学涉及面很广，如局域网在教学中的应用、各种 Internet 技术在教学中的应用等。其中 Web 技术在教学中的应用最为引人注目，称为“基于 Web 的教学”(Web Based Instruction)。伴随着出现了 WBL(Web Based Learning)、WBT(Web Based Training)和 WBE(Web Based Education)等名称。虽然有这些名称上的不同，含义却是基本相同的，归根到底都是使用 Web 技术来支持各种教育教学活动，只是侧重点有所不同而已。Web 技术是计算机网络中最为核心的一项技术，因此，现阶段网络教学指的就是基于 Web 的教学。在我国，教育这一概念比教学这一概念范围更广泛，Web 技术单纯应用于教学活动称为网络教学，而更为广泛的教育应用则称为网络教育，两者之间的关系可明确为：网络教学是从属于网络教育这一概念的子概念，网络教育涵盖了网络教学。

网络教学是指将网络技术作为构成新型学习生态环境的有机因素，充分体现学习者的主体地位，以探究学习作为主要学习方式的教学活动。

网络教学特点为：

(1)充分利用网络媒介开展教学互动。

(2)利用计算机网络上丰富的教学资源。

(3)以学习者为中心的教学过程。

(4)更突出地体现了协作学习的重要性。

(5)教师在教学过程中主要扮演导学者、助学者、评学者、促学者角色。

网络教育是开放教育中的一个重要组成部分，是开放教育的一个必然发展阶段，从概念的覆盖范围来看，开放教育包含了网络教育。因此，开放教育、网络教育、网络教学、计算机辅助教育和计算机辅助教学之间的关系如图 2-9 所示。

• 网络教育

我国著名教育技术学家南国农教授于 2001 年给出网络教育的一个定义：“网络教育是主要通过多媒体网络和以学习者为中心的非面授教育方式。”这一

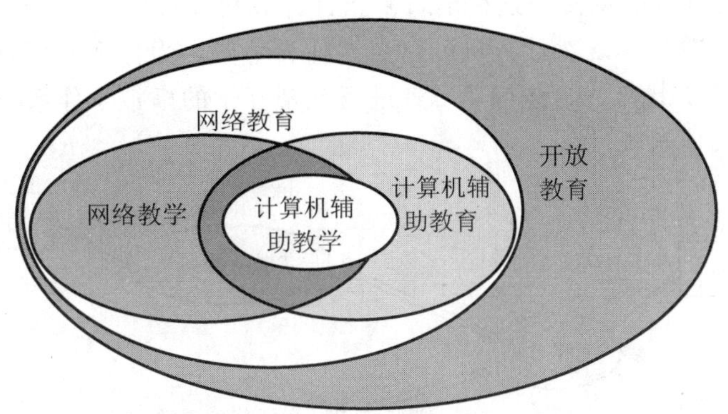

图 2-9　网络教育及相关概念之间的关系

定义说明了网络教育是一种什么样的教育教学方式。再综合国内诸多学者的观点，可以界定网络教育的基本内涵：网络教育是在计算机网络系统为支撑，以现代教育思想和学习理论为指导，充分发挥灵活的互动功能和利用丰富的教育资源，开展以学习者为中心的非面授教育活动。

• 现代远程教育

1999 年 11 月，教育部在《现代远程教育资源建设指南》中指出："现代远程教育是利用网络技术、多媒体技术等现代信息技术手段开展起来的新型教育形式，发展现代远程教育是扩大教育规模、提高教育质量、增强办学效益、建立终身教育体系、办好大教育的重大战略措施。"2002 年，教育部在其发布的教技[2002]1 号文件中指出："现代远程教育以计算机网络以及卫星数字通信技术为支撑，具有时空自由、资源共享、系统开放、便于协作等优点。"前文"网络技术、多媒体技术等现代信息技术"指的是计算机网络以及卫星数字通信技术。

因此，现代远程教育通常指的就是网络教育，而从远程教育发展的历史来看，现代远程教育源自早期的远程教育或者是远距离教育，而远程教育的发展经历了函授教育、广播电视教育和网络教育等几个阶段。现在我们正处在网络教育这一阶段。

二、网络在教育中的应用

当早期人们用计算机辅助教学时，第一个直接的想法是让计算机扮演导师的角色，从程序式教学发展到后来的智能导师系统。麻省理工学院的 S. Papert 教授提出一个截然不同的见解，他认为应该让计算机扮演学员的角色，而让学生充当导师来教计算机做事，并为此设计了一种适合于儿童使用图形程序语言

LOGO，使儿童可以从使用这种语言来指挥计算机作图绘画开始，逐步进入程序设计的抽象殿堂。既然计算机可以当导师和学员，为什么不可以当学伴和助手呢？现在已经出现了能够与学习者进行互帮互学的虚拟学伴系统和充当助手角色的智能代理系统(图 2-10)。

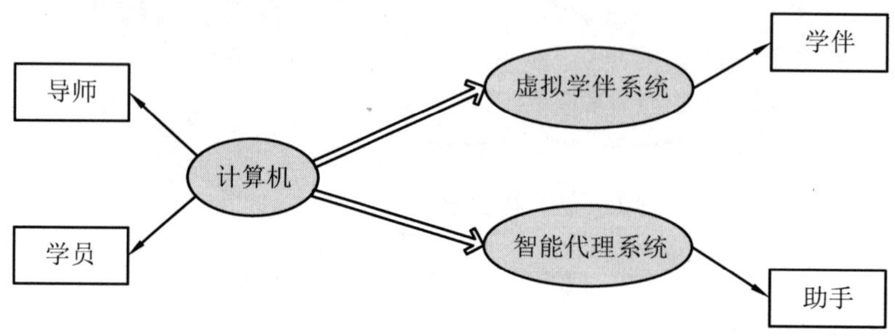

图 2-10　计算机在教育中的角色转变

在网络教育环境中，我们不但可以实现计算机提供的全部教学功能，而且可以创造更为多姿多彩的教学情境，如微型世界、虚拟实验室、虚拟学社和虚拟教室等。利用网上资源丰富的特点，我们可以发展基于资源的学习。更自然的做法是让教师和学生使用信息工具，包括效能工具、认知工具和通信工具，支持他们的教与学活动。图 2-11 较好地刻画了计算机网络在教育中所起的作用，一方面是拟人作用，作为导师、学员、学伴和助手的角色；另一方面是拟物作用，作为情境、资源、教具、学具等。显然，随着以学生为主体的教育思想日益深入人心，教育网络的拟物作用和拟人作用越来越重要。

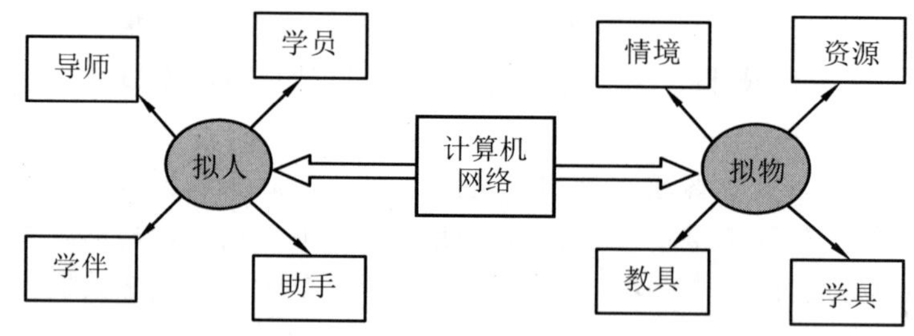

图 2-11　计算机网络在教育中的作用

1. 促进教育信息化

发展网络教育的第一个直接效果是促进教育信息化。教育信息化的概念是在 20 世纪 90 年代伴随着信息高速公路的兴建而提出来的。美国克林顿政府于 1993 年 9 月正式提出“国家信息基础设施”(National Information Infrastructure，NII)，俗称“信息高速公路”(Information Superhighway)的建设计划，其核心是发展以 Internet 为核心的综合化信息服务体系和推进信息技术(Information Technology，IT)在社会各领域的广泛应用，特别是把 IT 在教育中的应用作为实施面向 21 世纪教育改革的重要途径。美国的这一举动引起世界各国的积极反应，许多国家的政府相继制定了推进本国教育信息化的计划。

值得指出的是，“信息化”这一概念基本上是东方语言思维的产物，我们是在 Internet 上进行信息搜索时发现这一现象的。西方国家的文献中极少使用“信息化”之类的说法，而在许多东方国家，包括中国、日本、韩国、俄罗斯等，则大量使用“信息化”的概念，并且出现了三种不同的英译法：Informatization，Informationalization，Informationization，本书作者赞成第一种译法。然而，西方人并不认可“信息化”这一概念。笔者曾经就“信息化”的这三种译法请教过多名英国教授，但都不被认可。与信息化教育相对应的译法应该是 IT-Based Education，但在西方的文献中也不普遍。西方人似乎不喜欢像“教育信息化”或“信息化教育”之类高度概括的概念，他们用了许多不同的名称，例如 IT in Education(教育中的信息技术)，e-Education(电子化教育)，Network-Based Education(基于网络的教育)，Online Education(在线教育)，Cyber Education(“赛博”教育)，Virtual Education(虚拟教育)等。笔者认为 IT in Education 与教育信息化的意义相近，e-Education 与信息化教育的意义相近，而其他四个名词主要与网络化教育相关，代表着信息化教育实践的主流。

(1)教育信息化的特征

从技术属性看，教育信息化的基本特征是数字化、多媒体化、网络化和智能化。

①数字化使得教育信息技术系统的设备简单、性能可靠和标准统一。

②多媒体化使得信媒设备一体化、信息表征多元化和复杂现象虚拟化。

③网络化使得信息资源可共享、活动时空少限制和人际合作易实现。

④智能化使得系统能够做到教学行为人性化、人机通信自然化和繁杂任务代理化。

从教育属性看，教育信息化的基本特征是开放性、共享性、交互性和协作性。

①开放性打破了以学校教育为中心的教育体系，使得教育社会化、终身化、自主化。

②共享性是信息化的本质特征，它使得大量丰富的教育资源能为全体学习者共享，且取之不尽、用之不竭。

③交互性能实现人—机之间的双向沟通和人—人之间的远距离交互学习，促进教师与学生、学生与学生、学生与其他人之间的多向交流。

④协作性为教育者提供了更多的人—人、人—机协作完成任务的机会。

(2)信息化教育的显著特点

我们把教育信息化看做一个追求信息化教育的过程。

①教材多媒体化：教材多媒体化就是利用多媒体，特别是超媒体技术，建立教学内容的结构化、动态化、形象化表示。随着网络线路带宽的不断提升，现在几乎大多数网上课件都实现了多媒体化，它们不但包含文字和图形，还能呈现声音、动画、录像以及模拟的三维景象。

②资源全球化：利用网络，特别是 Internet，可以使全世界的教育资源连成一个信息海洋，供广大教育用户共享。网上的教育资源有许多类型，包括教育网站、电子书刊、虚拟图书馆、虚拟软件库、新闻组等。对于我国教育来说，面临的一大问题是网上中文信息资源的严重不足。开发网上教育资源，不但是教育部门的任务，也是社会各部门以及知识者的义务，美国的网上基础教育资源体系就是依靠社会各界的协同努力建立起来的。

③教学个性化：利用人工智能技术构建的智能导师系统能够根据学生的不同个性特点和需求进行教学和提供帮助。为了做到这一点，学生个性的测定，特别是认知方式的检测，将成为教育研究的重要研究课题。

④学习自主化：由于以学生为主体的教育思想日益得到认同，利用信息技术支持自主学习成为必然发展趋向。事实上，超文本/超媒体之类的电子教材已经为自主学习提供了极其便利的条件。

⑤活动合作化：通过合作方式进行学习活动也是当前国际教育的发展方向。信息技术在支持合作学习方面可以起重要作用，其形式包括通过计算机合作(网上合作学习)，在计算机面前合作(如小组作业)，与计算机合作(计算机扮演学生同伴角色)。

⑥管理自动化：利用计算机管理教学过程的系统叫做 CMI(计算机管理教学)系统，包括计算机化测试与评分、学习问题诊断、学习任务分配等功能。最近的发展趋向是在网络上建立电子学档(Learning Portfolio)，其中包含学生身份信息、活动记录、评价信息、电子作品等。利用电子学档可以支持教学评价的改革，实现面向学习过程的评价。

⑦环境虚拟化：教育环境虚拟化意味着教学活动可以在很大程度上脱离物理空间和时间的限制，这是电子网络化教育的重要特征。现在已经涌现出一系列虚拟化的教育环境，包括虚拟教室、虚拟实验室、虚拟校园、虚拟学社、虚

拟图书馆等，由此带来的必然是虚拟教育。虚拟教育可分为校内模式和校外模式。校内模式是利用局域网开展网上教育，校外模式是利用广域网进行远程教育。在许多建设了校园网的学校，如果能够充分开发网络的虚拟教育功能，就可以做到虚拟教育与实体教育结合，校内教育与校外教育贯通，这是未来信息化学校的发展方向。

⑧系统开放化：在网络平台上可以建设一个开放性的教育系统，支持按需学习、弹性学习和终身学习。

2. 支持教育改革

网络教育为我们展示了教育信息化的美好前景。但是，我们必须清醒地认识到，网络作为一种教育信息技术，它不会自然而然地创造教育奇迹，它可以被用于促进教育革新，也可以被用于强化传统教育，因为任何技术的社会作用都取决于它的使用者。我们的观点是，教育技术变了，教学方法也相应得变革。而教学方法的选择是由教师的教育观念所支配的。如果说信息技术是威力巨大的魔杖，那么教师就是操纵这个魔杖的魔术师。因此，对于我国广大教师来说，面临教育信息化浪潮，认清教育改革的大方向，懂得如何利用网络支持教育改革和促进教育发展，是十分必要的。

网络对于教育变革有何作用？我们认为可以从两方面来分析。一方面是由于网络在社会各领域的广泛应用带来了信息的多源性、可选性和易得性，学生可以轻易获得大量信息，这就使得教育者的权威受到削弱，从而改变了原有的教育关系。由此迫使教育者采取两种姿态：一是趋向于比较民主的教育模式，二是教育者本身也得利用信息来强化自己。这是一种在信息技术刺激下顺应教育变革的姿态。另一方面是出于对现行教育状态的不满而千方百计地寻求教育变革之路，其中有一种思路就是相信以网络为基础的现代化信息技术可以成为当代教育改革的强大支持力量。这是一种利用信息技术来谋求教育变革的姿态。当然，在多数情况下这两种思路是互相交织的。

并非任何教育变革都是合理和有效的。为了有效地进行教育改革，首先必须认清当前世界教育改革的大方向，清楚地认识传统教育的弊端是什么，革新的教育有什么特征。1993 年，美国教育部组织了十多位资深专家(米因斯，B. Means 等)产生了一份题为《用教育技术支持教育改革》的报告，为如何运用现代化教育技术进行基础教育改革提供了指导性框架，在很大程度上反映了国际教育界关于面向 21 世纪教育改革的共识，值得我们借鉴。报告提出了革新教学的若干特征，从表 2-4 中可以看出革新的教学与传统的教学之间的明显差别。

表 2-4　传统教学与革新教学之特征对照表

传统教学	革新教学
教师指导	学生探索
说教性的讲授	交互性的指导
单学科、脱离情境的孤立教学模块	带务实任务的多学科延伸模块
个体作业	协同作业
教师作为知识施予者	教师作为帮促者
同质分组(按能力)	异质分组
针对事实性知识和离散技能的评估	基于绩效(面向过程)的评估

如何利用信息技术来改革教育？首先有个策略问题。按照米因斯等人的观点，现代教育改革的核心是使学生变被动型的学习为投入型的学习(Engaged Learning)，让他们在本真的(Authentic)环境中学习和接受挑战性的学习任务。在教育中应用技术的未来目标是促进教学形态由低投入(被动型)转向高投入(主动型)。而用于教育的信息技术从性能上讲有高低之分(为方便起见，以下简称高技术与低技术)。显然，计算机网络是属于高技术。

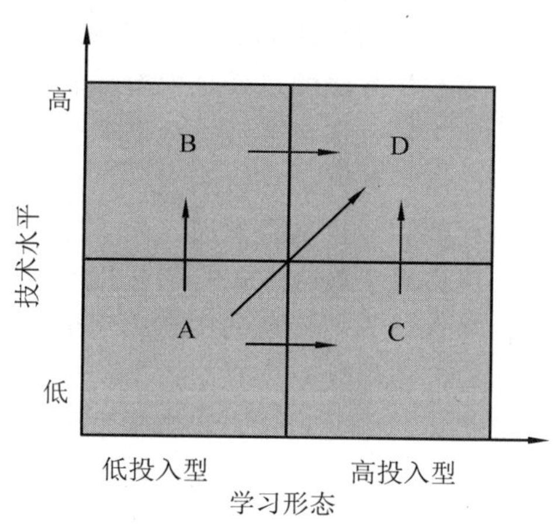

图 2-12　利用技术支持教学改革的策略空间

在这些认识的基础上，我们可以建立一个关于利用技术支持教学改革的策略空间。如图 2-12 所示，我们目前的教育状态基本上是属于低技术支持的低投入型学习(A)。选择教学改革策略如同下象棋，存在多种策略。

(1)一次性简单策略

A→B：用高技术支持被动型学习。假定教学模式无根本变化，教学过程中较多地使用高技术来替代教师的教学授递功能。学生仍然处于被动的学习状态。

A→C：用低技术支持投入型学习。假定教学模式有重大改革，贯彻了以学生为主体的思想，教学中应用一些比较普通的媒体技术作为辅助手段。

A→D：用高技术支持投入型学习。假定在教学中以高技术为重要教学手段，并且教学模式有重大改革，体现了革新教学的许多特征。

(2)二次性简单策略

A→B→D：先用高技术支持被动型学习，而后转向投入型学习。

A→C→D：先用低技术支持投入型学习，而后进化为用高技术支持投入型学习。

(3)综合性策略

上述策略分析是以线性思维为基础的，而事物的实际发展一般不可能是直线式的。我们假设可以采取综合性策略，在不同的教学阶段，针对不同的教学目标和学生特点，而采取不同的教育技术应用模式。为了能够合理地选择技术应用模式，我们首先必须认清不同改革方案的教育价值。

方案B假定与传统的课堂教学模式无大差异，正如人们通常批评的那样，传统课堂教学是一种灌输式的教学，那么，我们可以说方案B的作用是以“电灌”代替“人灌”，应该具有提高教学效率的作用。此外，好的媒体化教学还应该具有激发学习者兴趣，增强学习动机的作用。

方案C假定在没有高技术条件下进行教学改革，充分发挥人的积极因素，可以在教师作为帮促者、异质分组、协同作业、基于绩效的评价等方面体现革新教育的特征。

综合刚才的讨论，我们承认每一种技术应用方案都有其特有的教育价值，并且是难以相互替代的。我们把方案B看做用技术强化传统教学，把方案C和方案D，特别是方案D，看做用技术革新教学。

对于教学来说，技术与方法(特别是教学模式)既可相互独立又可相互联系。例如，对于上述方案A可以说是技术变了而方法没变，方案B则是方法变了而技术没变，而方案C是技术与方法都变了。

对于具体的教学技术来说，它本身是媒体与方法的结合。然而，当你把技术用于课堂教学时，你还可以通过不同的授递环境改变其预定的教学模式，这是教育技术的实用学问题。例如，一个具有高度交互功能的微世界软件，如果在一人一机的网络环境中，那么学生与机器(计算机)之间就有良好的互动效果，他们可以“做中学”(Learning by doing)。但是，如果你把它放在一个计算机多媒体播放系统中，由教师一人操作，学生只能观看，他们就变为“看中学”(Learning by seeing)。做中学与看中学代表两种截然不同的教育哲学和教学方法。

我们的观点是，在使用技术时，应做到人机优势互补，把机器(各种媒体技术)所擅长的事让机器去做，把人(教师)所擅长的事留给人做。

关于如何选择适当的技术来支持教学改革，当然有许多复杂的因素需要加以考虑，有主观方面的(如教育观念)，也有客观方面的(如人、财、物、设备条件等)。但是，在你进行这类考虑前，必须懂得各类技术在支持教育改革方面的不同作用。米因斯等人曾提出一些建议，结合现代教学支持技术特征概括于表 2-5，对我们有一定参考作用。

表 2-5　教学技术对教学改革的支持作用

教学改革的特征 支持技术	学生异质分组	基于绩效的评估	务实的多学科任务	协同作业	交互式指导	学生探索	教师作为帮促者
电子参考工具			√			√	
超媒体	√	√	√	√	√	√	√
智能 CAI					√		√
智能工具					√	√	√
基于微机的实验室			√	√		√	√
多媒体工具与手段	√	√	√	√		√	√
网络及其应用	√	√	√	√	√	√	√
网络远程学习	√	√	√	√	√	√	√
虚拟课堂仿真实验学习	√	√	√	√	√	√	√
移动学习工具		√	√	√	√	√	√

有人可能会很自然地提出这样的疑问：既然如图 2-12 中的方案 C 那样，用低技术也能支持教育改革，那么方案 D 有必要吗？这涉及对教育技术，特别是媒体技术的教育作用的认识问题。按照行为主义的观点，教学就是通过提供一定的刺激来激起预期的学生反应，可以说利用任何媒体都可以产生满足这种需要的刺激，教学中起作用的是方法而不是媒体，这就是以克拉克(美国著名的教育技术专家)为代表的学媒无关说的要义。但是，按照当前国际流行的建构主义教学观，则认为媒体与方法同样重要，因为没有适当的媒体很难创设允许学生自由探索和建构的学习环境。也就是说，以计算机网络为基础的现代信息技术在教育中的作用具有不可替代性。因此，我们要特别注意开发利用网络环境支持学生探索性学习的应用模式。

理解：网络教育应用的基本概念和意义

活动一：了解和梳理网络教育应用的概念知识

<table>
<tr><td colspan="2">时间：70 分钟
内容：网络教育应用的相关概念包括：e-Learning、网络教育、网络教学、现代远程教育等。以小组为单位，每组从上述相关概念中选择两个概念，利用网络搜索相关资源，结合本节讲座内容，绘制出你所理解的概念图，然后与全班同学分享与交流，促使达到充分了解网络教育应用的概念和意义的学习目标</td></tr>
<tr><td>步骤：
□ 资料查找与学习
□ 小组讨论，完成文献综述
□ 绘制概念图
□ 进行共享交流</td><td>学习作品：
□ 小组为单位的文献综述
□ 个人绘制的概念图
□ 评论交流后改进的概念图</td></tr>
</table>

➡ 步骤一：资料查找与学习

结合讲座内容，再通过网络、图书馆等资源的查找和学习，对所选概念进行深入的了解和梳理。

➡ 步骤二：小组讨论，完成文献综述

小组成员针对每个人查找的文献展开具体的讨论，从而确定文献的有效性，然后根据有效的文献资源协作完成一份文献综述。

➡ 步骤三：绘制概念图

为了进一步加深对网络教育应用概念的理解，在文献综述的基础上，根据每个人的理解，绘制网络教育应用的概念图(可选用 Visio 或 Inspiration 等绘图软件)。

➡ 步骤四：进行共享交流

各个小组成员之间进行共享与交流，进一步完善网络教育应用的概念图，从而更好地促进对网络教育应用的理解和掌握。

创建：我所理解的网络教育应用电子演示稿

在前面活动的基础上，每个小组创建一份以网络教育应用为主题的电子演示稿，可以利用活动中绘制的概念图来帮助阐述自己的观点和看法。

分享：我所理解的网络教育应用

每个小组展示制作的电子演示文稿，并在全班进行陈述。

评估：对网络教育应用的理解

教师与学生可以利用小组陈述评价量规进行组间互评。

工具：小组陈述评价量规

根据本章节需要掌握的重难点内容以及加强培养的相关方面的能力等，进行评价量规的制定。具体格式可参见附录2-1。

专题四　网络教育的应用现状与发展趋势

讲座：网络教育的应用现状与发展趋势

一、网络教育的应用现状与发展趋势

中国发展网络教育的目标是与中国推进教育信息化的进程密不可分的。早在1998年，教育部开始推出《面向21世纪教育振兴行动计划》，从而开始了我国网络教育的开展日程，这个计划为我国的计算机教育事业勾画出了一个鲜明的轮廓。2000年6月召开的全国教育信息化工作会议，则提出要在3年内构建我国现代远程教育网络框架。2010年发布的《国家中长期教育改革和发展规划纲要(2010—2020年)》提出了两项与网络教育相关的重大建设任务：基本建成覆盖城乡各级各类学校的数字化教育服务体系；建立开放灵活的教育资源公共服务平台。

中国发展网络教育的指导思想是：统筹规划，需求推动，扩大开放，提高质量。

统筹规划，就是要由国家教育行政部门提出发展方针、政策、目标任务和实施方案；充分合理地利用现有的信息网络资源，优化教育资源配置，发挥综合优势，避免各种形式的重复和浪费。

需求推动，就是要从经济社会发展及结构转型对人才的需求出发，根据不同地区的经济社会发展条件，分地区、分层次地推进，充分论证，避免一哄而上，盲目发展。

扩大开放，就是要用现代教育思想作指导，逐步实现教育对象、教育时间、空间、教育内容、形式和教育手段的开放，突破传统的模式，多快好省地发展教育事业。

提高质量，就是要充分利用我国良好的教育资源。将先进的教育思想和方法与信息技术相结合，建立让学生自主地、创造性地学习的环境，防止单纯追求升学率和乱发文凭。

以信息化带动教育现代化，是我国实现教育现代化的重要战略举措。从2001年起，我国开始在全国中小学普及信息技术教育，全面实施“校校通”工程，以信息化带动教育现代化，努力实现基础教育的跨越式发展。2003～2007年间，国家实施了农村中小学现代远程教育工程，以“三种模式”搭建一个遍及全国农村的现代远程教育网络，实现优质教育资源共享，提高农村教育质量与效益，促进义务教育均衡发展。这两项重大战略举措使我国基础教育信息化跨入了全面、快速发展的新阶段。随着农村中小学现代远程教育工程建设的结束，我国基础教育基本实现了“校校通”，基础教育信息化建设取得了阶段性的成果。“校校通”工程结束后，“班班通”成为基础教育信息化发展的新阶段。图2-13为我国基础教育信息化建设路线图。

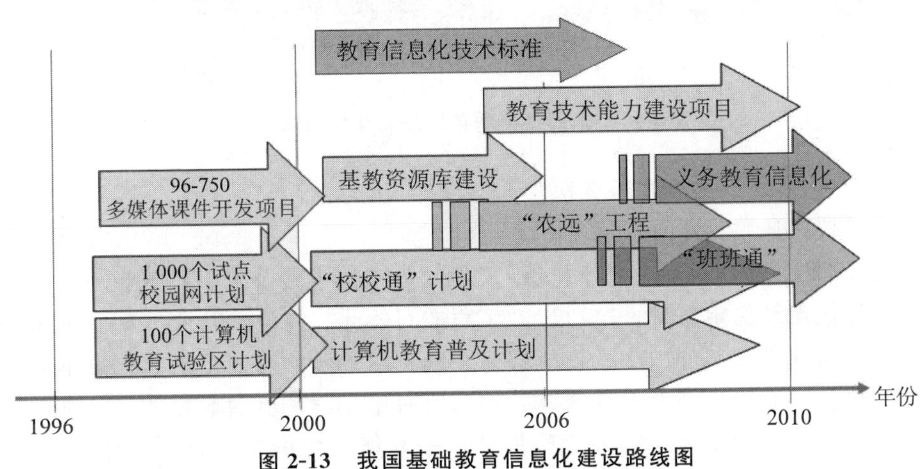

图2-13　我国基础教育信息化建设路线图

1995～2010年间，高等教育信息化的研究也取得了很大的进展，学者们不仅从微观的角度，如高等院校的信息基础设施建设、教学资源建设、人才队伍建设、管理制度建设等，而且从宏观的角度，涉及高等教育机构的管理、教学、科研和社会服务等领域加以研究，这些方面相互影响、相互联系、相互促进、相互制约，共同构成了一个多维度、多层次的高等教育信息化研究蓝图。其中中国教育科研网(CERNET)始建于1994年，在十多年的发展中，以“网络服务教育、创新开拓未来”为宗旨，形成了团结协作、奋力拼搏的联合体，在互联网技术领域具有明显的群体优势，已经成为国家技术创新的重要力量。

随着"金教工程"的全面实施，全国教育系统信息化公共服务和管理体系将被逐步建立和完善，教育电子政务的快速发展也将得到积极推进，从而为加强公共管理、提高教育质量奠定良好信息工作基础。图 2-14 为我国高等教育信息化建设路线图。

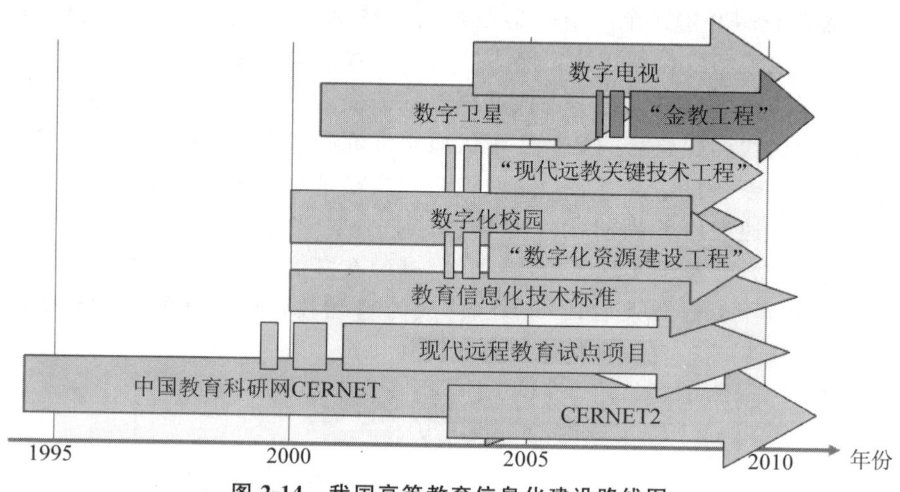

图 2-14　我国高等教育信息化建设路线图

1. 网络教育相关的国家项目

(1)"校校通"工程

教育部全面启动中小学"校校通"工程，为中小学普及信息技术教育、推动教育信息化建设奠定基础。"校校通"工程的目标是：用 5～10 年时间，使全国 90％左右的独立建制的中小学校能够与互联网或中国教育卫星宽带网联通，使中小学师生都能共享网上教育资源，提高所有中小学的教育教学质量，使全体教师能普遍接受旨在提高实施素质教育水平和能力的继续教育。具体目标是：2005 年前，争取东部地区县以上和中西部地区中等以上城市的中小学都能与互联网联通；西部地区及中部边远贫困地区的县和县以下的中学及乡镇中心小学与中国教育卫星宽带网联通。2010 年前，使全国 90％以上独立建制的中小学都能与互联网或中国教育卫星宽带网联通。条件较差的少数中小学校也可配备多媒体教学设备和教育教学资源。

(2)中小学信息技术教育

为了进一步贯彻落实邓小平同志提出的"教育要面向现代化，面向世界，面向未来"和"计算机的普及要从娃娃抓起"的战略指导思想，落实党中央的精神，深化教育改革，全面推进素质教育，适应 21 世纪的需要，培养具有创新精神和实践能力的高素质人才和劳动者，教育部决定，从2001年开始用5～10年的时间，在中小学(包括中等职业技术学校)普及信息技术教育，以信息化带动教育的现代化，努力实现我国基础教育跨越式的发展。在中小学开设信息技术必修课的阶段目标是：2001年，全国普通高级中学和大中城市的初级中学开始开设信息技术必修课。2003年，经济比较发达地区的初级中学开设信息技术必修课。2005年，所有的初级中学以及城市和经济比较发达地区的小学开设信息技术必修课，使全国90%以上的中小学开设信息技术必修课。2020年，基本建成覆盖城乡各级各类学校的数字化教育服务体系，促进教育内容、教学手段和方法现代化。

(3)高校网络教育试点

1996年，清华大学王大中校长率先提出发展现代远程教育；1997年，湖南大学首先与湖南电信合作，建成网上大学。清华大学则在1998年推出了网上研究生进修课程。1998年9月，教育部正式批准清华大学、北京邮电大学、浙江大学和湖南大学为国家现代远程教育第一批试点院校。2000年7月，教育部颁布了《教育网站和网校暂行管理办法》，同时将现代远程教育试点院校范围扩大到31所，并颁布了《关于支持若干所高等学校建设网络教育学院开展现代远程教育试点工作的几点意见》，根据这个文件，31所试点院校具有很大的自主权：可以自己制订招生标准并决定招多少学生，可以开设专业目录之外的专业，有权发放国家承认的学历文凭等。教育部针对现代远程教育试点过程中出现的问题进行总结并颁发了教高厅[2003]2号文："教育部办公厅关于印发《现代远程教育校外学习中心(点)暂行管理办法》的通知"和教育部教高司函[2003]173号文："关于规范现有现代远程教育校外学习中心(点)管理工作的通知"，以促进并加强网络教育学院规范管理、提高教学质量。至今全国现代远程教育试点院校范围扩大到68所。

2. 网络教育建设的实践成果

(1)中国教育科研网的建设

中国教育科研网(CERNET)是由国家投资建设，教育部负责管理，清华大学等高等学校承担建设和管理运行的全国性学术计算机互联网络。它主要面向教育和科研单位，是全国最大的公益性互联网络。CERNET目前已基本具备了连接全国大多数高等学校的联网能力，并完成了CERNET 8大地区主干网的升级扩容，建成了一个大型的中国教育信息搜索系统。详见本单元专题二相关内容。

(2)国家精品课程建设

2003 年 4 月，教育部下发了《教育部关于启动高等学校教学质量和教学改革工程精品课程建设工作的通知》(教高[2003]1 号)，计划 5 年(2003～2007 年)时间建设 1 500 门具有一流教师队伍、一流教学内容、一流教学方法、一流教材、一流教学管理等特点的国家级精品课程，以网络为载体，以现代化的教育信息技术为手段实现优质教学资源共享，来缓解不断增长的教育需求同优质教育资源供给不足的矛盾，最终全面提高我国高等学校教学质量和人才培养质量。2003 年度评出 151 门国家精品课程。截至 2008 年年底，全国共评审出 2 439 门国家精品课程。截至 2010 年年底，已累计建设国家级精品课程 3 700 余门，覆盖了全国 31 个省、自治区、直辖市的近千所高校，并带动起近 10 000门省级精品课程和校级精品课程。

国家精品课程建设采用学校先行建设，省、自治区、直辖市择优推荐，教育部组织评审，授予荣誉称号，后补助建设经费的方式进行。教育部在网站上设立“全国高等学校精品课程建设工作”网页，发布与高等学校精品课程建设相关的政策、规定、标准、通知等信息，整个国家精品课程建设工作主要分为三个阶段：一是申报阶段，二是评审阶段，三是公布结果阶段。

(3)教育信息技术标准化的建设

近年来，随着教育信息化建设的不断深入，对教育信息化的标准化研究日益增加。教育部于 2001 年年初成立了现代远程教育技术标准化委员会，2002 年年初更名为教育部教育信息化技术标准委员会(Chinese E-Learning Technology Standardization Committee，CELTSC)，2002 年经国家标准化管理委员会批准成为全国信息技术标准化技术委员会教育技术分技术委员会(http://www.celtsc.edu.cn/)，负责组织全国教育技术相关标准的研制、标准符合性测试认证和应用推广工作，以及对应国际标准化工作。

我国现有的标准体系包括了网络教育技术系列标准和教育管理系列标准，以及其他与教育信息化相关的标准。网络教育技术系列标准主要包括指导类标准、学习资源类标准、学习者信息标准和学习环境标准(图 2-15)。但是标准体系仍不完善，没有完全覆盖教育信息基础设施建设、优质教育资源开发与应用、国家教育管理信息系统的构建这几个方面。

随着互联网技术的发展，我国的网络教育出现了许多新事物，如虚拟学校、网校、网络学院、网上大学等形式。现在，你可以在网上发现许多国内网络教育教学网址，充斥着许多网上教育的内容，其中有大学主办的，也有中小学主办的，有学校与公司合作推出的，甚至有个人或组织机构推出的，其内容

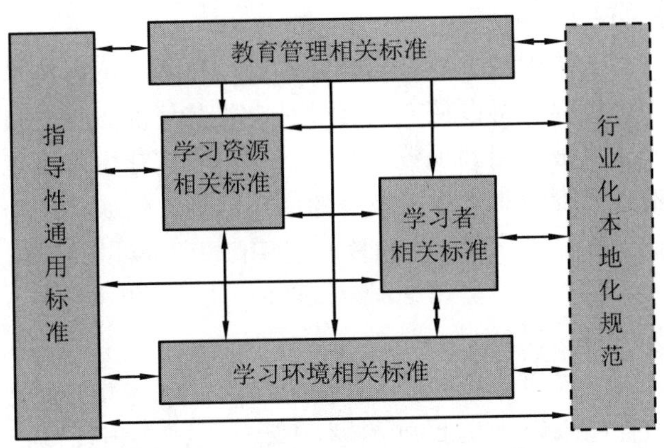

图 2-15　中国教育信息化技术标准体系

有与中小学教育有关的，有针对有关专业的，也有关于教育信息的。从国内开办网络教育的站点数量来看，网络教育作为现代远程教学的一种重要形式，正显示出强劲的发展态势。越来越多的教师、学生及其家庭购置了计算机并联上了互联网，成为网络教育应用的基本用户。

3. 网络教育技术的发展趋势

网络应用技术日新月异，给网络教育的发展带来许多新的可能性，建议特别关注以下技术发展趋向。

(1)网络多媒体技术广泛应用

早期 Internet 的浏览器只能用来查询、检索互联网上的信息，看到的也只是静态页面的效果。而在 1995 年，美国 SUN 公司在 Internet 上推出了"www 浏览器 HOTJAVA"，它是 SUN 用 JAVA 语言开发的一种全新的可动态执行的浏览器。它具有独特的动画功能，可向用户提供超文本格式的图形、图像、语音、动画与卡通等多媒体(Multimedia)信息；并能把静态文档变成可动态执行的代码，以便用户可以看到整个仿真的动态页面。更重要的是，用户还可以与之进行交互。它对于教育的意义十分重大，不仅仅是浏览器的重大革新，也为多媒体技术与网络通信技术的结合找到了最理想的结合点。后来，表现力更强的富媒体(Richmedia)技术被开发出来，并在网络教育中得到有效应用。"富"的概念包含两方面：一是数据丰富性，使用户界面可以显示和操作更为复杂的嵌入在客户端的数据模型，它可以操作客户端的计算和非同步的发送接收数据；二是界面控制元素的丰富性，这些控制元素可以很好地与数据模型相结合。因此，富媒体把桌面程序及网络程序的优点融合到一起，大大提高了多媒体的表现力。

(2)网络虚拟现实走向实用

“虚拟现实”(Virtual Reality，VR)是多媒体技术与仿真技术相结合而产生的一种交互式人工世界，可以使人获得一种身临其境的感觉。目前VR设备比较昂贵，其技术还只被应用到少数高难度的军事与医疗中。但是，在教育领域中VR技术有不可代替的非常令人鼓舞的应用前景。例如，近几年国际上对于“二度人生”(Second Life)VR软件的教育应用颇为重视，经常作为国际学术会议的主题。

(3)网络智能正在兴起

虽然计算机人工智能及其教育应用由来已久，但将人工智能研究及应用与网络信息技术结合起来则是从2000年才开始的，研究领域包括数据挖掘、信息检索、语义网络、数据仓库、自适应网站等。在网络教育中可以利用这些技术开发个性化学习服务、课程自动评估、教育预警等创新应用。

二、常见网络资源的获取方法

在当今的网络信息时代，在网络上获取信息和资源已成为人们学习和生活重要的一部分，然而，如何在海量的网络信息资源中，能够快速而又方便地获取网络资源已成为大家共同关心的问题。下面简单介绍一些实用的网络信息资源的获取方法。

(1)搜索引擎：搜集信息文档资料，高效率地使用知识问答搜索引擎，高效率地使用搜索引擎(综合引擎、图片与图像搜索引擎、视频资源搜索引擎)。

(2)门户网站：按照分类信息进行所需资源的搜索。

(3)论坛、社区。

(4)专门资源的专门网站。

专栏：调查法知识简介

一、调查法的基本概念与意义

调查研究法是教育科研最经常使用的方法之一。所谓调查，就是通过搜集资料，了解事物的情况；所谓研究，就是分析搜集到的资料，揭示事物的规律，找出解决问题的办法。因此，教育科研中的调查研究，就是在一定教育理论、思想的指导下，通过各种手段，搜集资料，对教育某方面问题的现状做出比较客观的分析，或提出具体的解决方案的一种研究方法。

调查法具有下列作用：

(1)为教育科学研究人员提供既定研究课题的第一手材料和数据，揭露教育发展中现实存在的问题，暴露矛盾，通过不断解决教育内外部的各种矛盾促进教育的发展。

(2)为教育行政部门制定教育政策、教育规划、教育改革提供事实依据，为实现不同层次和不同要求的教育管理和教育预测服务。

(3)明了教育的现状，发现新的研究课题、先进的教育经验或教育上存在的问题，并提出解决问题的新见解、新理论。

二、调查法的分类

调查法可以按照多个角度进行分类。从调查对象的取样范围分类，可以分为全面调查、抽样调查、个案调查。

从调查的目的分类，可以分为现状调查、区别调查、相关调查、发展调查。

按调查的手段分类，可以分为口头访问、开调查会、填写调查表、问卷调查、测量评定。

三、调查法的步骤

调查法的主要步骤包括：

(1)调查的准备工作；

(2)具体实施调查；

(3)对材料进行研究分析；

(4)总结报告。

理解：网络教育应用的个案现状及其原因分析

活动一：具体实例分析(以中国教育科研网门户网站为例)

<table>
<tr><td colspan="2">时间：70 分钟
内容：以小组为单位，每组首先确定所要研究的网络教育应用案例，然后针对所选择的案例进行研究和分析，可以利用网络搜索相关资源，再结合本节讲座内容，充分了解网络教育应用的现状</td></tr>
<tr><td>步骤：
□ 资料查找与学习
□ 小组协作，完成现状调查表
□ 小组讨论，完成对现状调查的分析报告
□ 设计一个网络教育应用的案例架构
□ 进行共享交流</td><td>学习作品：
□ 现状调查表
□ 现状调查分析报告
□ 网络教育应用的具体案例设计架构</td></tr>
</table>

➡ 步骤一：资料查找与学习

结合讲座内容，再通过网络、图书馆等资源的查找和学习，对所选网络教育应用的个案进行较为深入的了解和分析。

➡ 步骤二：小组协作，完成现状调查表

小组成员根据查找的文献以及调查的具体结果展开具体讨论，并进行合理分工，从而完成现状调查表。

➡ 步骤三：小组讨论，完成对现状调查的分析报告

针对现状调查表中反映出的具体问题，小组成员进行深入的分析，并能够提出相应的改善意见，进而完成一份现状调查的分析报告。

➡ 步骤四：设计一个网络教育应用的案例架构

根据现状调查的分析报告，可以选择在原有的网络教育应用的个案架构上进行完善，或者重新设计出更加合理的网络教育应用的案例架构。

➡ 步骤五：进行共享交流

各个小组成员之间进行共享与交流，每位同学可以对其他同学的现状调查分析报告以及设计的网络教育应用的案例架构进行评价或修改，逐步完善网络教育应用的设计架构，达到学以致用的教学目标。

创建：网络教育应用的调查表及分析报告

以中国教育科研网门户网站为例，设计网络教育应用的调查表及分析报告。

第一步，进入 CERNET 门户网站首页。

通过 http：//www.edu.cn/地址进入 CERNET 门户网站首页。

第二步，浏览 CERNET 发展的相关信息。

进入“CERNET”栏目，浏览下一代互联网、CERNET 介绍、CERNET 动态等，从中可了解 CERNET 的建设背景、设计原则、网络结构、拓扑结构、各地区网络中心等信息。

第三步，浏览国内教育信息化相关信息。

进入“教育信息化”栏目，可以浏览业界动态、信息化应用、城域教育网、中小学校园网、大学校园网等多个栏目信息，从中了解中国各级学校教育信息化发展的情况，包括政策文件、联络研究、重大项目、厂商信息等。

第四步，撰写调查报告。

分享：网络教育应用调查报告

各小组展示调查报告，促进对网络教育应用的深入理解。

评估：对网络教育应用的调研结果

运用附录 2-1 作为评估量规，开展组间互评。

工具：搜索引擎、调查表模板、评价量规

(1)搜索引擎：指根据一定的策略、运用特定的计算机程序从互联网上搜集信息，在对信息进行组织和处理后，为用户提供检索服务，将用户检索的相关信息展示给用户的系统。搜索引擎可分为：全文索引、目录索引、元搜索引擎、垂直搜索引擎以及其他非主流搜索引擎。

(2)调查表模板。

(3)调查报告评价量规(可参见表 2-6)。

表 2-6　小组陈述评价量规

陈述小组		评价小组	
内容与主题	□优　□良　□中　□差		
技术与操作	□优　□良　□中　□差		
交流和其他	□优　□良　□中　□差		
总体印象	□优　□良　□中　□差		

参考文献

[1]雷震甲．计算机网络[M]．北京：机械工业出版社，2010.

[2]沈鑫剡．计算机网络[M]．北京：清华大学出版社，2008.

[3]谢希仁．计算机网络[M]．北京：电子工业出版社，2008.

[4]刘冰．计算机网络技术与应用[M]．北京：机械工业出版社，2008.

[5]孙建华，刘总路，李春强．网络互连技术教程[M]．北京：人民邮电出版社，2005.

[6]萧文龙，林松儒．计算机网络技术与应用[M]．北京：科学出版社，2000：190-204.

[7]周光礼，张文静．国家精品课程建设七年回望——一个政策评价框架的初步运用[J]．高等工程教育研究，2010(1)：36-45，52.

[8]赵海兰，孔素真，张淋江．高职高专院校网络教学资源的建设与研究[J]．教育信息化，2006(1)：31-33.

[9]马进宝．多媒体教室建设和管理的问题与对策[J]．引进与咨询，2005

(3)：64-65.

[10]张勇，张剑平．高校实验室 ISO9000 质量管理体系实践探索[J]. 实验技术与管理，2005(1)：142-145，149.

[11]李俊平．大规模多媒体教室的建设与管理[J]. 科技创新导报，2008(36)：180.

[12]刘庆全，蒋珉，陈章其，等．基于计算机网络的多媒体教室远程中央监、管系统的研究与实现[J]. 实验技术与管理，2006(1)：60-62.

[13]曹婕，王耀青．网络中控系统中以太网接口的设计与实现[J]. 微计算机信息，2006，10(Z)：235-237.

[14]汪千松，胡慧敏，陈阳．基于校园网的数字化网络多媒体教室设计[J]. 中国现代教育装备，2005(8)：42-44.

[15]中国教育和科研计算机网 CERNET(http：//www. edu. cn/edu).

[16]101 远程教育网(http：//www. chinaedu. com/).

[17]师库网(http：//www. chinaschool. net/).

[18]华东师范大学网络教育学院网站(http：//www. ecnudec. com/).

[19]新东方在线(http：//www. koolearn. com/).

[20]华南师范大学的远程教学系统[DB/OL]http：//www. scnu. edu. cn/physis. html.

[21]上海市教师教育网(http：//www. 21shte. net/main/index. asp).

[22]中国教育信息化技术标准规范[DB/OL]http：//www. celtsc. edu. cn/.

[23]Convert traditional training to e-learning[EB/OL]. http：//www. academyinternet. com/e-learning/conversion. php.

[24] e-Learning[EB/OL]. http：//en. wikipedia. org/wiki/E-learning.

[25]在线学习[EB/OL]. http：//zh. wikipedia. org/wiki/E-learning.

[26]Electronic Learning[DB/OL]http：//www. dsv. su. se/.

第三单元　网络教育环境的构成

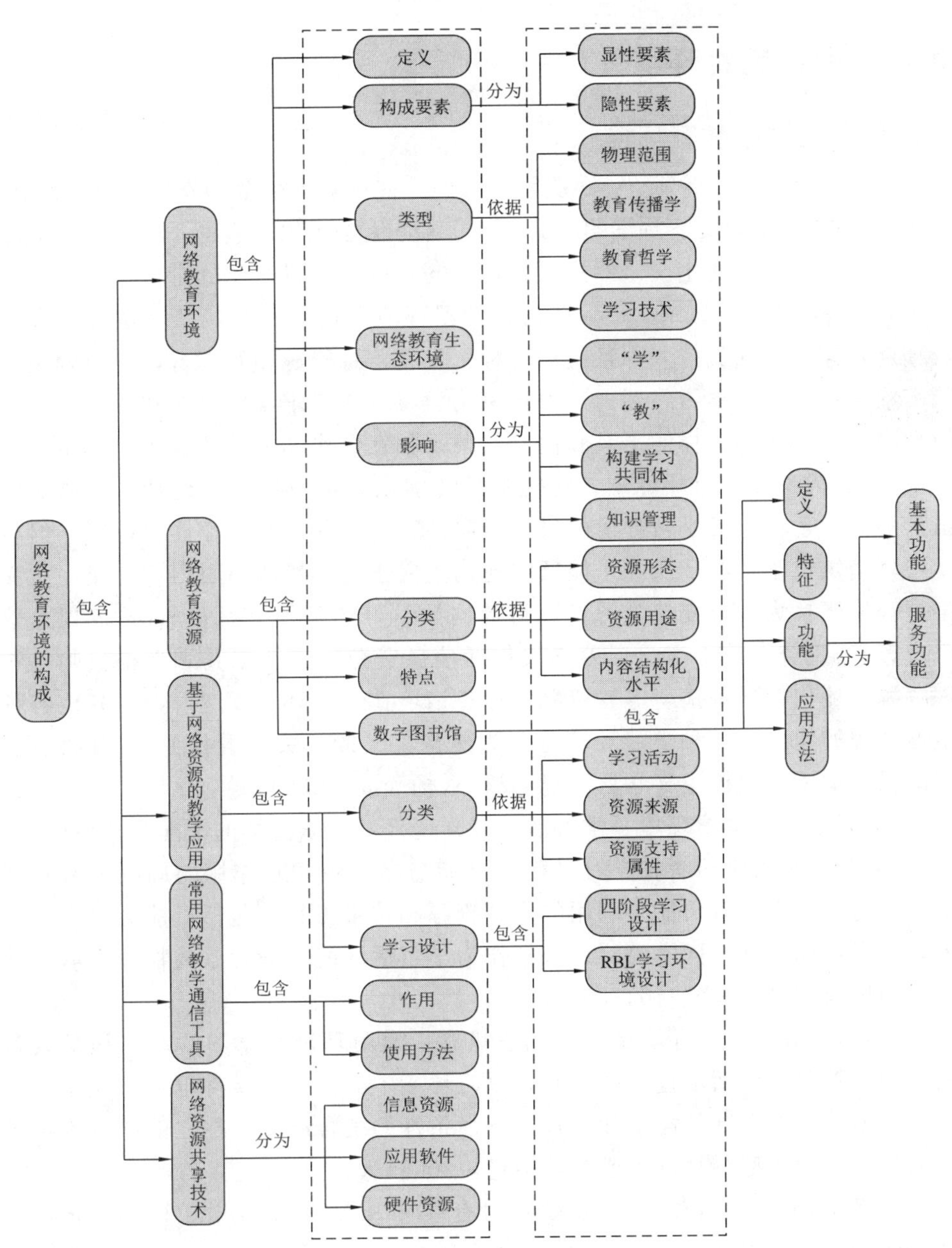

专题一　网络教育环境

讲座：网络教育环境

一、什么是网络教育环境

环境是指人生活于其中，围绕在人的周围并影响人生存和发展的重要因素，一切活动的展开都离不开周围的环境，学习活动也是如此(李盛聪，杨艳，2006)。

关于教育环境的定义，专家学者从不同角度对其进行了界定。

(1)场所观：Wilson(1995)认为，学习环境是这样一个场所，学习者在这里相互合作、相互支持，并且使用多种工具和信息资源相互支持，参与解决问题的活动，以达到学习目标。学习环境是学习者在追求学习目标和解决问题的活动中，可以使用多样的工具和信息资源并相互合作和支持的场所。

(2)建构主义学习环境观：建构主义特别强调学习环境的设计，而场所观虽然强调了建构主义学习环境的目标定向性、基于任务和协作性等特征，但将学习环境定位于学习场所，未能反映建构主义学习环境的核心内容。建构主义学习环境概括为一种支持学习者进行建构性学习的各种学习资源(不仅仅是信息资源)的组合。其中学习资源不仅包括信息资源、认知工具和人类教师等物理资源，还包括任务情境等软资源。任务情境在学习环境中起着集成其他各种学习资源的作用。一种学习环境是否为建构主义的，关键看任务情境的性质。因此任务情境是建构主义学习环境的核心(杨开成，2004)。

(3)因素观：学习环境是学习活动展开过程中赖以持续的情况和条件(武法提，2000)，是指学习者在学习过程中可能与之发生相互作用的周围因素及其组合，它包括学习者可能要利用的内容资源和技术工具，包括可能会发生交往关系的人，如教师、同学等，也包括作为学习活动的一般背景的物理情境和社会心理情境(陈琦，张建伟，2003)。

(4)动态观：学习环境是一个动态概念，学习环境与学习活动进程是共存共生的，随着学习活动进程的展开，学习环境中的情况和条件也不断变化。反之，根据学习者发展的需求和各种支持性条件的统合结果，往往就产生各种各样的教学活动类型/模式(李盛聪，杨艳，2006)。

网络学习环境用英文表达常见的有 Web-Based Learning Environment、Online Learning Environment 和 Virtual Learning Environment 等。与传统的

学习环境相比，网络学习环境为网络教育活动提供了实现师生间跨时空双向交互、个性化学习、教育资源高度共享等条件，现代远程教育活动已经成为学历教育和非学历教育的重要途径。

网络学习环境的界定应在学习环境概念的基础上，考虑网络因素和上述特点。

(1)网络学习环境是一种开放和分布式的学习环境，这种环境使用互联网和万维网等网络技术来支持教学，并通过意义丰富的学习活动和交互来促进学习和意义建构(Nada Dabbagh & Brenda Bannan-Ritland，2005)。

(2)网络教学环境是引入网络因素后学习活动展开过程中赖以持续的情况和条件。这些条件包括硬件资源、软件环境、人员支持、教学设计、教学模式、教学设备和教学管理等(焦名海，超越，2002)。它以学习者为中心，支持其学习活动的显性与隐性因素的总和，它与学习者构成一个整体，处于不断变化、发展之中。网络学习环境中，显性环境和隐性环境彼此相互影响、相互依赖，构成不断运动的整体。显性环境由处于学习个体周围的、可见的一切物质要素构成，是一种物化环境。而隐性环境是指学习者个体的观念、学习动机、情感、意志等心理因素，人际交互(包括自我交互)以及蕴涵在学习活动中的教学策略、学习策略等成为影响学习的无形环境。显性环境的不断改善导致隐性环境的变化，而隐性环境则借助于显性环境来体现(钟志贤，2005)。

综上所述可对网络教育环境进行定义，如图 3-1 所示。

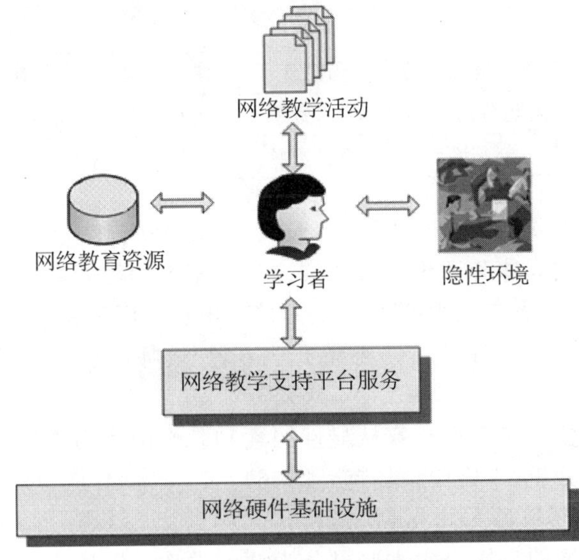

图 3-1 网络教育环境的构成

在图 3-1 中，网络环境的最底层主要指构成网络环境的物理设施部分；网络教育资源主要为各种类型的能为教育目的所利用的资源；教学支持平台通过各种工具、手段(如教学通信工具、共享技术等)对学习者的学习活动提供支持，是显性的环境。而隐性环境则体现在人际交互方面，以及蕴涵在学习活动中的教学策略、学习策略等无形环境。

二、网络教育环境构成要素

国际上对学习环境构成要素的认识存在多种观点和倾向(钟志贤，2005)。

四要素观：情境、资源、工具和支架(Oliver & Hannafin，1999)；

五要素观：信息库、符号簿、建构工具、任务呈现情境和任务管理者(Perkins，1991)；

六要素观：问题/项目空间、相关案例、信息资源、认知工具、学习共同体和社会性支持六个要素构成(Jonassen，1998)；

认知学徒：内容、方法、序列和社会性(Collins，Brown & Newman，1989)；

学习生态观：外部社会文化环境层、学习社群、信息资源、技术和学习活动(陈琦，张建伟，2003)。

表 3-1 不同学习环境要素观的共性认识(改编自钟志贤，2005)

共同要素 / 各种要素观	情境	资源	工具	支架	学习共同体
四要素观	情境	资源	工具	支架	
五要素观	任务呈现情境	信息库	建构工具	任务管理者	
六要素观	问题/项目空间	信息资源	认知工具	相关案例	学习共同体
学习生态观	学习活动	信息资源	技术		学习社群

钟志贤教授还提出了“7＋2”学习环境构成要素：活动、情境、资源、工具、支架、学习共同体和评价七大要素。各要素与学习者和教师具有密切的内在联系。教师/学习者与七大要素相互关联、相互作用和相互维系，不断互动，形成合力，以促进学习者发展。离开了学习者/教师，学习环境便没有存在的意义。

关于网络教育环境，有专家从显性因素和隐性因素两方面对网络教育环境构成要素进行了分析(李盛聪，杨艳，2006)。

1. 网络教育环境的显性要素

网络教育环境的显性要素主要可分为两大类物质性环境：一是硬环境，二是软环境。硬环境是实现网络化学习的支撑平台，是整个网络学习的基础(天网、地网或两者的结合)。软环境可分为保证网络学习环境正常运行的基础软件和网络学习系统两部分。

2. 网络教育环境的隐性要素

隐性环境构成要素主要包括有交互环境、学习氛围、教学策略和学习策略等。交互环境主要有：学习者与学习内容的交互、人际交互，以及学习者的自我交互。学习氛围是学习环境中的主题(内容)，学习者间不同的信念、学习风格和行为，指导者细心的引导等综合因素形成学习氛围和学习导向，是激励学习者学习的重要条件。教学策略即以一定的教学目标为导向，在某个教学情境中对教学活动进行调节和控制的一系列措施和行为执行过程。在网络学习中，教学策略、学习策略是学习者在知识、能力建构中内在化的进程与方式，涉及学习者如何与学习资源交互，构建自己的知识体系，从而实现认知结构改变的问题。它影响着学习者学习活动的决策，引导其进行自主、协作学习，促进学习者主动完成意义建构。目前，在基于网络的学习环境中主要的教学策略有三大类：主动性策略、社会性策略和情境性策略。每类策略又包括了不少子策略，例如，主动性策略包括教练策略和建模策略等；情境性策略包括抛锚策略和学徒策略等。

三、网络教育环境的类型

本单元分别从物理作用范围、教育传播学、教育哲学和学习技术角度对网络教育环境进行分类。

1. 从物理作用范围的角度进行分类

就教学的物理作用范围来讲，大致有课堂、学校、社会三种。按此划分，网络教学环境可分为教室网、校园网、互联网(Internet)三大类教学环境，现在还出现了新兴的外联网(Extranet)环境。它们之间既有区别也有联系，构成了多种层次上的教学环境。我们来分析几种教学环境的特点。

(1)教室网教学环境

教室网是典型的局域网。在教室网教学环境中，我们主要是开展计算机网络支持的课堂教学活动，学生和教师之间的交流不只是面对面的交流，更多的是学生与教师通过网络的相互交流。在教室网的集中环境下，学生可进行集体、个别化和小组等教学活动，教师可随时控制学生的学习活动。教学资源虽不丰富但能明确地组织起来供学生课堂学习，适合同步教学。利用教室网，我们还能有效地实现多媒体网络教学的优势。

(2)校园网教学环境

随着 Internet 的发展，随之而来的就是企业和各种组织利用互联网技术建立的专用的(而不是像 Internet 那样通用)网络，称为 Intranet(内联网)，在一个内联网中的用户能够以一致的操作方式和知识结构共享信息。目前很多学校正在建设的校园网大多采用了 Intranet 的结构，一个校园网能够把学校内部的各种资源共享起来，并提供了支持管理和教学的一些专门的应用，无论学生还是教师都能够使用这些应用工具创作、使用和管理这些资源。Intranet 还提供了与 Internet 类似的通信手段，让学生和教师能够在网络上进行交流。它能够提供丰富的教学环境，加强了学校内外部的信息交流，有利于提高教学效率和质量，革新教学观念。

Intranet 的结构和思想都非常符合教育系统动力学模型，因为在 Intranet 上，人人都能成为系统的参与者，能够完成模型中的每个功能，这样也就促进了知识内容的发展和整个系统的有效循环。

(3)互联网教学环境

互联网教学环境中的信息资源非常丰富，可为全球的学习者建立一个有效的学习环境，在作为资源学习的教学环境时可发挥重要的作用。不过，互联网的信息资源是一个比较分散和混乱的体系，尽管人们想尽办法(例如采用标准化的资源描述格式、建立搜索引擎等)，还是无法真正将各种信息很好地组织起来。而教学是一种有组织、有规划的社会活动，教学中的目标非常明确，教学的内容分类也非常标准。所以目前的互联网和 WWW 还不适合作为标准的教育信息系统支撑平台和环境。

(4)外联网教学环境

Intranet 的共享范围只能局限在一个校园内部，虽然可以通过通信线路的发展把 Intranet 开放到互联网上，以 Web 等形式发布出来。但是如果众多的学校都采用这种建设模式，网络上的用户必然陷入和今天互联网上的资源一样的混乱程度。而且因为各个学校的知识分类结构非常相似，所以，必然导致重复性建设。这时候，外联网(Extranet)成为必然的解决方案。

Extranet 从一个更全面的角度(除了满足教育动力学模型，还考虑到统一性、投资的有效性等问题)考察一个组织和一个组织群之间的资源共享和互操作性的问题。Extranet 不等于简单地将多个 Intranet 连接起来，而是采用相同的计算模式和信息结构，利用分布式的计算技术(一个是微软公司的 DCOM 技术，另一个是由 IBM，NOVELL 等公司共同组成的 CORBA 技术，最新的还有 Web Service 技术)，让各个 Intranet 之间能够进行相互操作(在一定的权限下)和共享资源，如图 3-2 所示。例如，在一个学校中的教师能够在使用备课工具备课时，不但能够在自己所在的学校得到教学媒体资源(如一个例题分析、一段动画演示等)，还能够自动“漫游”到一个 Extranet 上的其他学校的资源库中查找符合条件的资源，并直接用到自己创作的教案中。这对于简单的 Web 共享是不可能实现的。在一个 Extranet 中的用户能够在各个 Intranet 中被识别，所以用户能够跨越局域网络，根本就不必关心他现在在哪个网络上，从而实现在范围更大的信息资源中共享和通信。

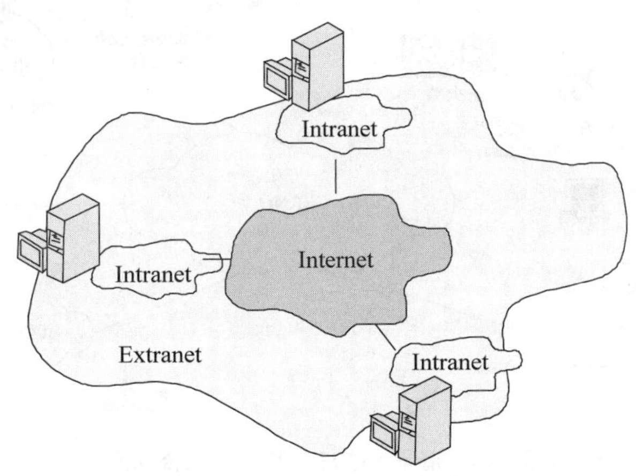

图 3-2　Extranet 将 Internet 和 Intranet 连接的原理

(5)网络教育环境的综合视图

从教室 LAN 到 Internet，由 Internet 到 Intranet 和 Extranet，整个发展过程都是人们在实际运用网络时的自然演化过程，也是网络教学环境的自然优化过程。综合这些不同的网络模式，可以构成一个比较完善的信息化教育大系统，有些规模较大的远程教育系统会呈现这种综合模式。例如，清华大学构建的远程教育系统综合了 LAN、Intranet、Internet、Extranet 四种模式(图 3-3)。

2. 从教育传播学的角度进行分类

计算机网络是一种高效的、多功能的信息传播媒体。它提供的电子通信工具可以支持多种传播结构模式。

不同的学习目标和学习策略需要不同的传播模式加以支持。所谓学习策略就是达成学习目标的方法，为了便于从传播机制的角度来考察网络化学习，我们可以根据学习活动的参与者与其他参与者或环境之间的信息互动方式将这些学习传播方式划分为四个类型，从而形成四种类型的网络教学环境。

(1)自主的传播环境：学习者主要从在线的学习资源中获取信息，基本上

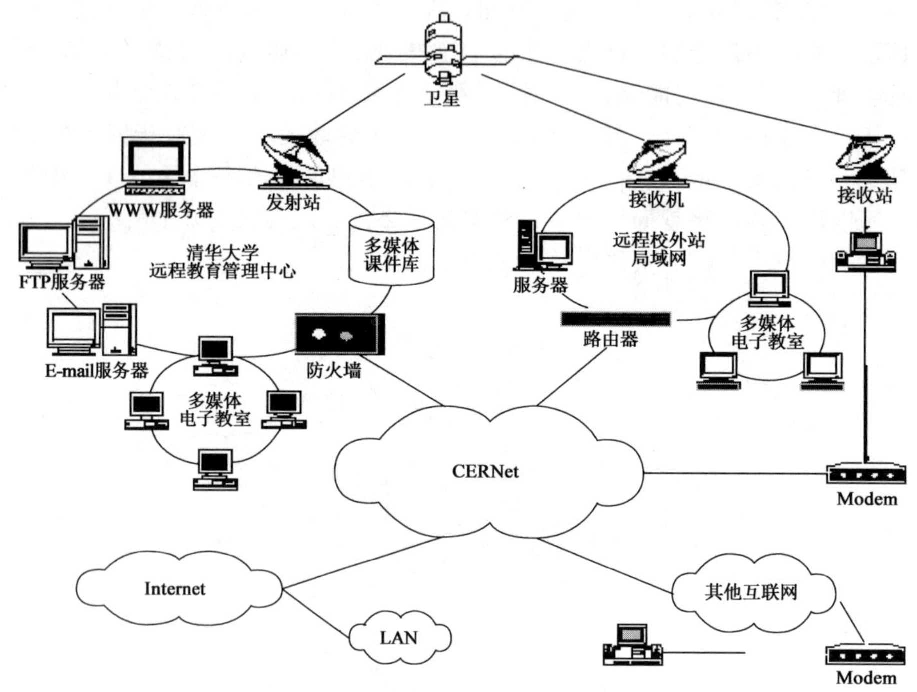

图 3-3　清华大学远程教育网综合视图

在不与教师或其他学习者发生交流的情况下达到学习目标。

(2)一对一的传播环境：典型应用是教师与学生之间，或者学习者之间通过电子邮件这样的一对一传播方式完成学习活动。

(3)一对多的传播环境：典型应用是一人通过电子公告牌或电子邮件列表等通信工具向多人进行模拟课堂的教学过程。

(4)多对多的传播环境：最具魅力同时也最具挑战的网络学习环境，其典型应用如利用电子会议系统实施的合作化学习、利用多用户空间技术实现的协同实验室等。

我们可以试着将各种可供选择的网络信息交互机制按照其对以上四类网络学习环境的支持程度加以归类，就得到了下面这个网络学习的应用传播模型(图 3-4)。

3. 从教育哲学的角度进行分类

本书第一作者祝智庭从教育哲学的角度考察网络时代计算机教学应用的发展全貌，提出一个能兼容诸多网络化学习应用模式的分类框架(祝智庭，1996)，从两个不同维度考察 CAI：一个是认识论维度，另一个是价值观维度。

从认识论角度来看，存在着两种比较对立的观点：客观主义与建构主义。

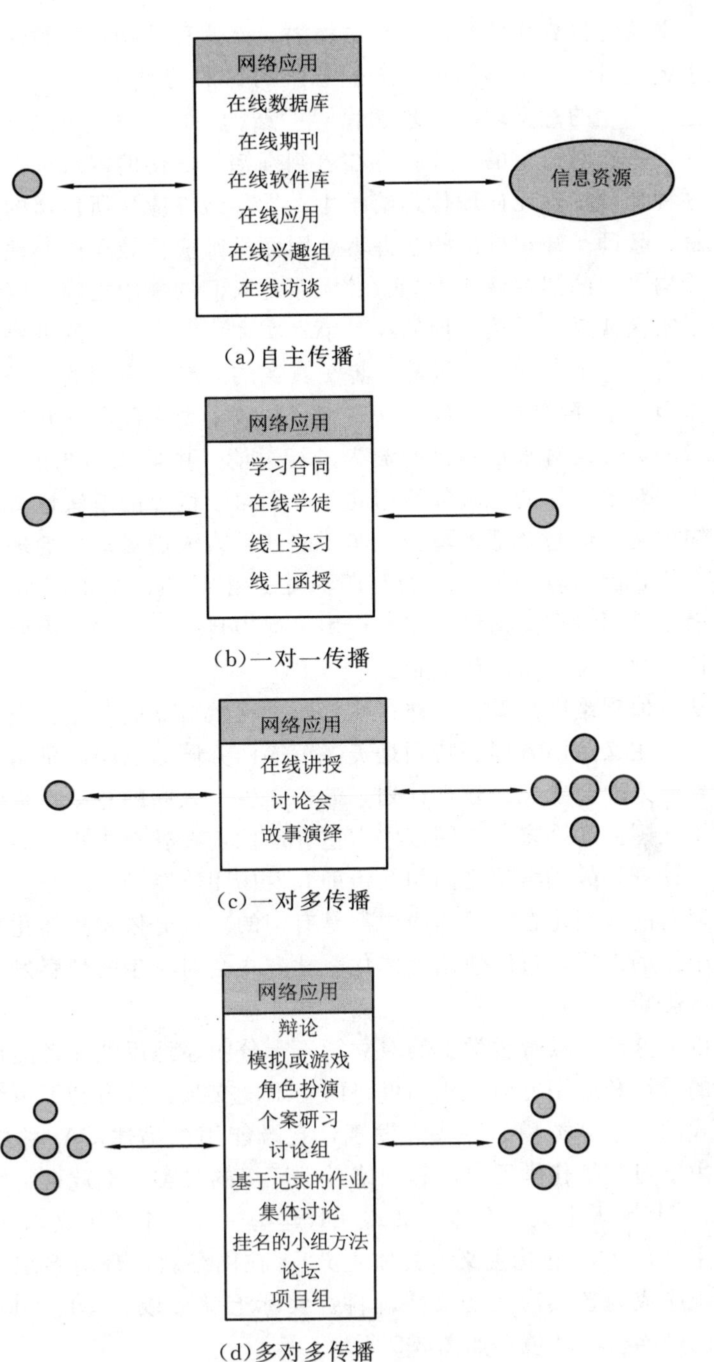

图 3-4　网络教学环境的传播模式

客观主义认为世界是实在的、有结构的，而这种结构是可被认识的，因此存在着关于客观世界的可靠知识。人们思维的目的乃是去反映客观实体及其结构，由此过程产生的意义取决于现实世界的结构。由于客体的结构是相对不变的，因此知识是相对稳定的，并且存在着判别知识真伪的客观标准。教学的目的便是将这种知识正确无误地传递给学生，学生最终应从所传递的知识中获得相同的理解。教师是知识标准的掌握者，因而教师应该处于中心地位。

建构主义的学习观认为“实在”无非是人们的心中之物，应该是学习者自己构造了实在或至少是按照他的经验解释实在。每一个人的世界都是由他自己的思维构造的，不存在谁比谁的世界更真实的问题。人们的思维是工具性的，其基本作用是解释事物和事件，这些解释构成了因人而异的知识库。在做这些解释的时候，思维对来自外界的输入进行过滤。由此而得出的一个重要结论是，由于人们对于世界的经验各不相同，人们对于世界的看法也必然会各不相同。

知识是个体与外部环境交互作用的结果，人们对事物的理解与个体的先前经验有关，因而对知识正误的判断只能是相对的；知识不是通过教师传授得到，而是学习者在与情境的交互作用过程中自行建构的，因而学生应该处于中心地位，教师是学习的帮助者。

从价值观维度来看，同样存在着两种比较对立的观点：个体主义与集体主义。个体主义是西方国家特别是美、英等西方国家的核心价值观，在教育中表现为普遍采取个别化的教学计划，鼓励学生个人间的竞争。集体主义价值观在社会主义国家和许多东方国家中占主导地位，在教育中表现为普遍采取集体化的教学计划，鼓励学生之间相互帮助和发扬团体精神。应当指出，这两种不同价值取向的极端化在教育实践中都是有害的。过分依赖集体化教学方式会妨碍学生个性的发展，过度使用个体化教学方式会对学生的情感发展和社会技能产生不利影响。

以上这两组教育哲学上的对立统一十分明显地反映在各类计算机教育应用系统的设计和应用方面。我们可将两个维度交叉，就得到了一个计算机教学应用模式的二维分类模型。我们发现，它既能用来描述 CAI 的应用情形，同样也适用于对网络化学习应用和网络教学环境的分类。据此可将网络化学习分为四类：OI(客观主义—个体主义)，CI(建构主义—个体主义)，OC(客观主义—集体主义)，CC(建构主义—集体主义)。在网络教学环境系统中，教学信息资源系统应成为各类应用的支持部件。实际上就形成了 OI、CI、OC、CC 四种类型的网络教学环境，如图 3-5 所示。

这里，我们只在这个二维分类框架里放入了一些典型的网络教学应用模

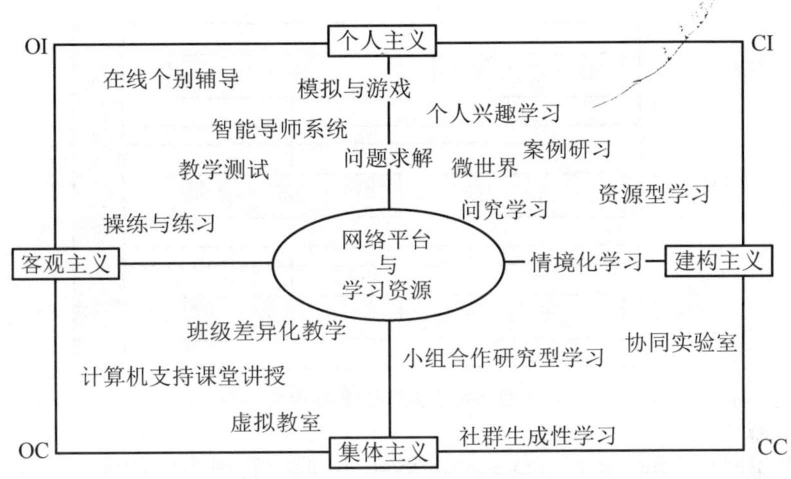

图 3-5 网络教学环境的分类模型

式，并依据其认识论取向和价值观取向，将它们在这个二维空间上进行了定位，借以说明问题。而实际应用中的网络化学习模式种类当然远不只此。不过有一点可以肯定，无论是什么样的具体应用形式，总可以在这个二维分类模型中找到它的位置。在这样一个分类的教学环境内可容纳任一种网络教学应用。

以上几种网络教学环境分类对于不同的需求有不同的适应，具有一定的代表性。例如，级别较高的教育管理单位可以从物理作用范围上进行网络教学规划；教育理论工作者可以从哲学的高度进行网络教学环境的研究；具体进行网络教学活动组织的工作者则可以从通信的角度来设计教学的类型。

4. 从学习技术的角度进行分类

学习技术(Learning Technology)是用于加强教、学和评价的技术应用，包括计算机辅助学习和多媒体材料以及支持学习的网络和通信系统的使用等方面。从学习技术的角度划分网络教育环境的类型包括内容管理、学习管理、学习发送(传递)、学习支持四个部分，分别实现学习的提供、相关服务的使用与管理，包括教学、合作和评价在内的学习发送，支持内容的开发与管理等功能，学习技术架构如图 3-6 所示，表示出学习技术模型及内容管理、学习管理、学习发送和学习支持四个部分之间的关系。

(1)学习内容管理系统

LCMS(Learning Content Management System)即学习内容管理系统，LCMS 是一套允许学习(培训)者及学习(培训)管理者对培训进行管理及与学习(培训)内容相关的建立、存储等功能的软件应用程序。LCMS 是 LMS 课程管

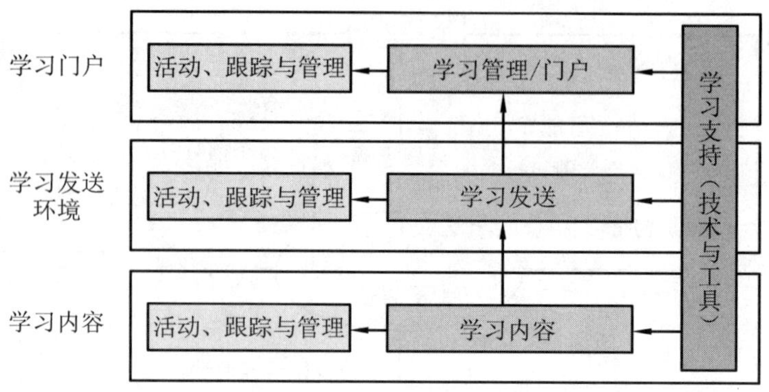

图 3-6　学习技术架构

理功能与 CMS(Content Management System)课程管理系统的课程建立与存储的功能的集合。

LCMS 包括学习对象库、自动著作应用、动态传递界面和管理应用等部分。

①学习对象库：储存和管理学习内容的中央数据库，学习内容可通过各种媒体传递(Web、CD-ROM、印刷材料等)，或者作为单个对象或者一个课程结构的部分。通过 XML，实现内容和程序设计分离。

②自动著作应用：允许非程序员创建新的或者重用已存在的学习对象。

③动态传递界面：安排基于学习者档案、事先测试或用户问询等方式进行动态内容传递。

④管理应用：管理学生记录、启动课程、追踪学生进度。管理应用也可以与分离的 LMS 交互。

⑤LCMS 功能：学习在一个上下文环境中；保留隐性知识；使用一个应用去教授不同的用户；重复利用相关的内容；确保在一个全球环境中的学习一致性。

(2)学习管理系统

LMS(Learning Management System)是一套自动操作学习(培训)管理的软件。LMS 包括注册用户、跟踪课程并且记录学习者的数据的功能；同时也提供管理报告的功能。学习管理系统的发展趋势是向基于绩效评价和特征能力(Profile)等方向发展。

LMS 特点：基本特点是对于管理者、对于教师和对于学生的支持；高级特点是具有注释性(Annotation)、自然语言集成、实时多媒体交互、质量控制、自发的群组形成和其他结构化交互等特点。

LMS 功能是使用动态的工具来管理学习过程：

①对于管理者的支持：管理在线注册、学生课程选择、创建班级与分配教师、查看学生记录(如注册信息、过程报告)、查看学生与教师的绩效。

②对于教师的支持：通过各种工具如邮件、讨论板等与学生进行交流、发布课程和班级信息、作业发布和修改、查看学生记录、进行考试。

③对于学生的支持：与教师和同学进行交流、查看作业、查看学习进度、接受反馈等。

(3)学习发送系统

学习发送系统是将学习内容发送(传递)到学习管理系统，这样学习者便能够在学习管理系统中学习到所需的有关内容。从时间序列和传播范围两个维度看学习发送(教学授递)环境，包括同时、异时和个人、小组、众体等。先按传播范围大小分为同地和异地；再按教学受众的大小划分为个人学习型、小组学习型、群体教学型和众体教学型；最后按时间序列可以有同步和异步之别。

表 3-2 显示了各类学习发送(教学授递)环境的类型。其中的群件(Groupware)是指在网上用于群体信息交流与协作活动的软件系统，MUD/MOO(Multiple-Users Dimension 或 Multiple Object Oriented)是网上多用户虚拟会话系统，虚拟教室是在网上建立的授导型教学环境。

表 3-2　学习发送环境的类型

		同时	异时
同地	个人	PC-CAI、放像机、虚拟现实	电子笔记本
	小组	放像机	录音机
	群体	多媒体教室、教室局域网	电子阅览室
	众体	电影院、报告厅	图书馆、学习资源中心、活动广告牌
异地	个人	电话、可视电话	E-mail、图文传真(Fax)、网上信息检索系统
	小组	聊天室(Chat)	群件、MUD/MOO、E-mail、语音信箱
	群体	视频会议	虚拟教室、计算机会议、电子公告牌
	众体	电视(有线、无线)，广播，Internet 视频会议系统	Internet 万维网、虚拟图书馆、电讯新闻组

(4)学习支持系统

学习支持系统为内容管理、学习管理、学习发送(传递)部分提供技术支持和相应工具，包括学习工具和评价工具，通过它们进行学习、咨询与服务、分析和诊断学习情况。其中学习工具包括各种效能工具、信息获取工具、交流/通信工具和认知工具等。

效能工具：帮助学习者提高学习或工作效率的工具。这类工具主要包括文字处理软件、作图工具、数据处理工具、计算机辅助设计软件等。

信息获取工具：各种搜索引擎(工具)及搜索策略和方法，为学习者提供个性化的、丰富的信息资源。

交流/通信工具：通过各种同步通信和异步通信技术，学习者就某一个学习问题(主题)开展协作/合作、商讨式的学习。常用的交流/通信工具有E-mail、BBS、Chat、Netmeeting。

认知工具：帮助学习者发展批判性思维、创造性思维和综合思维能力的软件系统。这类工具主要包括数据库、电子报表、语义网络工具、专家系统、计算机通信工具和超媒体工具等。

评价工具：注重学习过程和作品的评价，如电子绩效评估系统(Electronic Performance Support System，EPSS)、电子学档(e-Learning Portfolio，ELP)等，记录学习者的学习过程、学习时间、学习方式和学习结果，帮助学习者反思，总结学习经验，调控学习进程或学习策略。

讲座：网络教育环境的生态观

“生态”是由生物及其周围所赖以生存的非生物构成的生存空间和状态。在一定的时间和空间范围内，生物与生物之间、生物与非生物之间通过不断的物质循环和能量流动而相互作用、相互依存，这就形成了生态系统，它是自然界最重要的功能单位(李振基等，2000)。在任何情况下，群落都不是孤立存在的，总是和环境密切相关、相互作用着的。任何一个个体也不可能脱离周围的社会环境而独自存在。因此，在生态学中非生物构成的生态环境，是生物赖以存在的基本条件。

将生态学理论运用到教育领域，解释教育现象和解决教育相关问题于20世纪70年代就开始了，当时教育学界兴起一门边缘科学——“教育生态学”，采用生态观点分析教育系统；而将网络与生态学联系在一起则是在1998年4月中旬，美国商务部发表了一份《浮现中的数字经济》的研究报告，称赞“由互联网增长所驱动的信息技术进步，对创造这个比预期更健康的经济作出了贡献”。鉴于互联网经济的迅速增长以及它与许多行业广泛的相关性，这项研究提出了“互联网生态”(Internet Ecology)的概念(沈丽冰，孙涛，戴伟辉，2006)。因此，下面我们将从生态学的视角来审视网络教育的“生态环境”。

一、网络教育系统是一个生态系统

生态学家E. P. 奥德姆在1971年指出，生态系统就是包括特定地段中的全部生物和物理环境的统一体。只要有主要成分并能相互作用和得到某种机能上的稳定性，即使是短暂的，这个整体就可视为生态系统。具体地说，生态系统又可定义为一定空间内生物和非生物成分通过物质的循环、能量的流动和信息的交换而相互作用、相互依存所构成的生态学功能单位。类似地，我们可以把网络生态系统看成是由生物成分和非生物成分两部分组成。生物成分由生产者、分解者和消费者组成，其中生产者主要从事网络产品制造，分解者主要从事废物分解，而消费者主要从事网络产品的消费。网络营运商、内容供应商、网络设备提供商、网络用户是网络生态系统的主要种群。非生物成分主要由三部分组成：网络信息资源、网络基础设施和社会环境。网络信息资源主要是指各种结构化和非结构化的信息资料；网络基础设施主要是指构成网络必须有的计算机、输入输出设备、调制解调器、网络接入设备等；社会环境主要是指网络法律法规、社会教育、科学技术和经济的发展情况。需要说明的是，生产者、分解者、消费者之间的关系并不是一成不变的，有时候也可以相互转化。生产者主要从事网络产品的生产，在网络世界里主要指生产各种各样的信息。分解者主要整理网络世界中的各种信息，删除无用、非法信息。而消费者主要是利用信息产品。网络内容供应商主要充当生产者的角色，他们制作各种各样的Web数据库；而一般网民则上网浏览新闻，检索自己所需的信息，这样他们就充当了消费者。当然如果他们在网上发布一些有价值的信息，他们也可以成为生产者(沈丽冰，孙涛，戴伟辉，2006)。

教育传播系统是一种人、媒体和社会三者之间通过能量流动和物质循环而相互作用的一个统一整体，也就是所谓的生态系统(王陆，2007)。对于网上教育系统同样具有生态系统的生物成分和非生物成分。生物成分的生产者、分解者和消费者分别是：生产者是提供网络教育资源者，如教师、培训者、产生网络教育资源制品的教育软件公司、教育单位等。消费者是浏览、购买或下载网络教育资源者，如学生、网络受训者等。分解者则是网络资源的管理和维护者。如论坛的版主、网络教师、Wiki管理者等。在网络教育系统中生物成分也是动态变化的，如教师在网上分享他的课件等教学资源时，他可以作为生产者，而他在网上下载课件时，就转变为教育资源的消费者。非生物成分主要由三部分组成：网络教育资源、网络基础设施(如校园网)、社会环境(如虚拟社区、网络学习共同体等)。

二、网络教育生态环境的独有特征

在信息时代，网络学习已成为现代生活的一部分，网络教育环境同其他环境一样，已经成为人类生存环境的组成部分，且具有生态环境特征，并且网络教育生态环境作为一种人工环境，具有自己的独特特征。

1. 网络教育环境中学习资源的开放性

网络技术和通信技术的发展和应用使世界变小了，网络学习环境中的信息资源对所有人都是开放的，千里之外的信息瞬间可得。网络学习充分利用信息技术把丰富的学习资源传递给学习者，为学习者营造了宽松、开放的学习环境，从而使学习者从狭窄的学校环境中解放出来，学习者的活动范围不再局限于课堂，而是延伸到了社会。

2. 网络教育环境提供了虚拟学习世界

“虚拟的”活动是网络学习环境的一个重要特征。计算机网络技术特别是虚拟现实技术在教育领域的应用，从根本上改变了人们对传统学习环境的概念：我们在真实世界中看到的校园、实验室、图书馆、教师和面对面的学习方式，取而代之为虚拟课堂、虚拟实验室、虚拟图书馆、虚拟辅导、虚拟研讨等。

3. 网络教育环境提供了多样化的互动环境

网络学习环境的互动性特征主要包括三个方面：学习者—学习内容、学习者—助学者、学习者—学习者之间的交互。在传统教与学中，人与人之间的交互是面对面的，学生与教师处于同一场所中。而在网络学习环境中的交流活动是以计算机和网络为媒介，学习者与助学者都是分布在不同的场所，通过BBS、网络聊天、E-mail、新闻组等形式形成人机互动、互相交流的操作环境以及身临其境的场景。在网络学习环境中，通过具有交互性学习材料、学习方式和交流方式，可以令整个网络学习环境具有极强的交互性，真正培养学生的自主学习能力和自我调节学习能力。

4. 网络教育环境提供了基于情境的学习环境

基于情境的学习是指学习是在一定的情境中发生的，不同情境中的学习是不同的，情境学习有利于知识和技能的迁移。在传统学校教育中经常强调的是抽象的、与生活背景无关的知识，这很难迁移到真实生活环境中去，使学习和实践脱节。

5. 网络教育环境提供了人文环境

人文环境是指网络学习环境的文化氛围和人际交往因素等。在网络学习环境的建构过程中，需要建构虚拟校园、虚拟社区、学习共同体等学习型组织，从而促进交流合作和集体知识的构建，更重要的是它能建构一种自身特有的网络文化氛围。

理解：网络教育环境与传统教育环境的不同

网络教育环境的上述特征表明了其与传统的教育环境在教育情境、互动环境、学习活动的时空范围等方面具有明显的区别。请大家通过下列活动进一步理解网络教育环境与传统教育环境的不同。

活动一：了解网络教育环境与传统教育环境的主要区别

时间：70 分钟 内容：利用网络搜索相关资源，结合本节讲座内容，充分了解网络教育环境与传统教育环境的主要区别	
步骤： □ 资料查找与自主学习 □ 小组讨论 □ 撰写小组报告	学习作品： □ 小组报告

➡ 步骤一：资料查找与自主学习

个人通过网络搜索引擎、数字图书馆或者查阅书刊，查找与网络教育环境特点相关的资料，并了解典型的网络教育环境(如虚拟学习社区)，建议登录一些教育网站(如 Moodle 官方网站：http：//moodle. org)，亲自去体验网络教育环境，特别是体验网络教育环境对学习者的自主学习、探究学习、个性化学习和协作学习的支持作用。

➡ 步骤二：小组讨论

个人学习任务完成之后，小组长组织大家进行讨论，互相分享自己对网络教育环境与传统教育环境不同特征的认识。

➡ 步骤三：撰写小组报告

在小组成员统一认识的基础上，用自己的理解、亲身感受表达网络教育环境与传统教育环境的区别并进行描述，建议使用表格和实例进行描述。

活动二：分析实例，加深认识

<table>
<tr><td colspan="2">时间：70 分钟
内容：结合对网络教育环境的了解和认识，分析网络教育环境实例，加深对其与传统教育环境区别的认识</td></tr>
<tr><td>步骤：
□ 分析网络教育环境实例
□ 讨论实例功能特点</td><td>学习作品：
□ 分析报告</td></tr>
</table>

➡ 步骤一：分析网络教育环境实例

登录进入某个网络教育环境的支撑平台，分析网络教育环境的实例。

实例：本网站是一个基于 Moodle 的课程网站，请登录该网站。

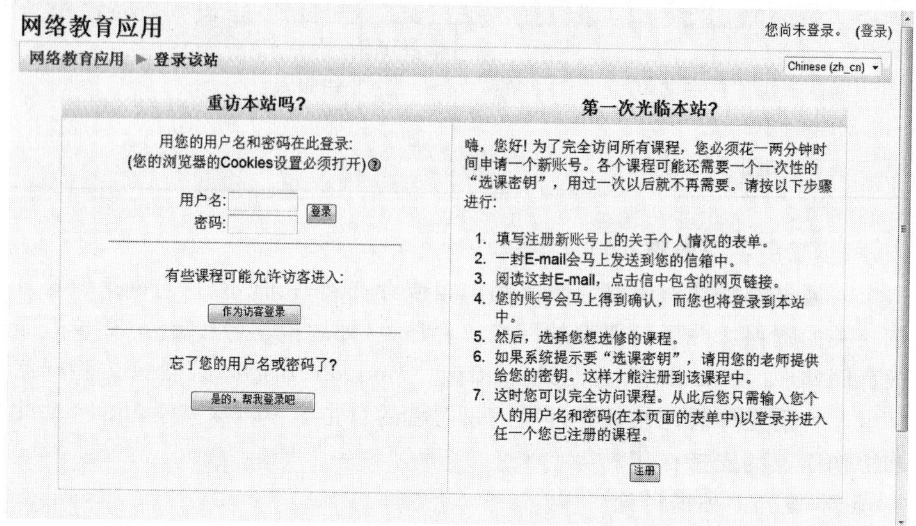

图 3-7　网站首页

➡ 步骤二：讨论实例功能特点

登录成功后，进入各个栏目进行体验，并验证你所总结的关于网络教育环境与传统教育环境区别的观点。

理解：网络教育环境的构成要素

目前，学者对网络教育环境的构成要素存在着多种观点，不同学习环境要素观存在共性认识，即情境、资源、工具、支架和学习共同体。请同学通过系列活动理解网络教育环境构成要素的含义和关系。

活动一：了解网络教育环境的主要构成要素

时间：70 分钟 内容：利用网络搜索相关资源，结合本节讲座内容，充分理解网络教育环境的主要构成要素	
步骤： □ 资料查找与自主学习 □ 小组讨论 □ 撰写小组报告	学习作品： □ 小组报告

步骤一：资料查找与自主学习

首先，个人通过网络搜索引擎、数字图书馆或者查阅书刊，查找与网络教育环境相关的资料，搜索了解网络环境构成要素的含义及其在网络教育中的作用。

步骤二：小组讨论

然后，个人学习完成之后，小组长组织大家进行讨论，互相分享自己对网络教育环境构成要素的认识，并举例说明。

步骤三：撰写小组报告

最后，小组长指定专人整理讨论内容，形成小组报告。

活动二：理解网络教育环境构成要素之间的关系

时间：70 分钟 内容：利用网络搜索相关资源，结合本节讲座内容，充分理解网络教育环境构成要素之间的关系	
步骤： □ 资料查找与自主学习 □ 体验和小组讨论 □ 撰写小组报告	学习作品： □ 分析报告

步骤一：资料查找与自主学习

首先，个人通过网络搜索引擎、数字图书馆或者查阅书刊，查找与网络教育环境要素相关的资料，搜索各类典型的网络教育环境的要素特点以及之间的关系。

➡ 步骤二：体验和小组讨论

其次，在本课程网站，以小组为单位组织一次“专题”学习网络活动，学员体验网络环境下学习所涉及的关键要素。

小组长组织大家进行讨论，互相分享自己对网络教育环境的要素的构成和作用的认识。

➡ 步骤三：撰写小组报告

在小组成员统一认识的基础上，用自己的理解和自己的语言描述对网络教育环境的要素及其关系的理解。

理解：网络教育环境对“学”的影响

网络教育环境给学生的学习带来的变化主要体现在学生的学习范围、学习方式、合作学习支持环境等方面，并由此使学生在自主学习能力、学习兴趣、合作能力、创新能力等方面得到提高。下面我们从学生的两种学习模式“自主学习”和“合作学习”出发，通过下列活动理解网络教育环境对学生“学”的影响。

活动一：体验网络教育环境对学生的探究学习和合作学习的影响

时间：70分钟 内容：结合网络教育环境的特点和构成要素等知识，分析和理解网络教育环境对学生探究学习的影响	
步骤： ☐ 资料查找与自主学习 ☐ 小组讨论 ☐ 合作探究活动 ☐ 撰写小组报告	学习作品： ☐ 小组报告

学习环境设计最高目标是通过创设支持学习者进行高阶学习的条件，以促进学习者高阶能力、高阶知识和高阶思维的发展，通过高阶学习，亦即有意义的学习来实现。有意义的学习的典型特征是主动的、意图的、建构的、真实的和合作的(钟志贤，2005)，符合合作性探究学习特征，因此，网络教育环境的设计应对学生合作性探究学习创设支持性条件。

➡ 步骤一：资料查找与自主学习

根据研究性学习的特征和有意义的学习的五个基本特征，分析网络教育环境对合作性探究学习的支持作用。

➡ 步骤二：小组讨论

个人学习完成之后，小组长组织大家进行讨论，互相分享自己关于网络环境对研究性学习的影响的认识。

➡ 步骤三：合作探究活动

小组合作，学员体验在网络环境下进行合作性探究学习。

➡ 步骤四：撰写小组报告

经历小组在网络环境下合作性探究学习及小组讨论后，写出关于网络环境对合作性探究学习影响的研究报告。

理解：网络教育环境对“教”的影响

随着网络教育的发展，人们对教师的远程支持服务功能越加重视，且教师对学生提供的学习方面的支持与传统教育中教师的支持具有本质的区别，教师的指导强调以学生主体性的发挥为前提，变“教学”为“导学”(王国清，2007)。因此，教师在网络教学中成为导学者、助学者、促学者、评学者。下面通过系列学习活动让我们体验和理解网络教育环境下的“导学”作用。

学习共同体是指由学习者及其助学者(包括教师、专家、辅导者)共同构成的团体，他们彼此之间经常在学习过程中进行沟通、交流，分享各种学习资源，共同完成一定的学习任务，因而在成员之间形成了相互影响、相互促进的人际关系(张建伟，2004)。网络学习共同体是在网络教育环境支持下构建的，因此具有跨时空特点，使其在构建、规范、执行和发展过程与面对面的学习共同体具有本质的区别。下面通过系列活动让我们体验和深入理解网络教育环境对构建学习共同体的促进作用。

活动一：体验网络教育环境中的学习共同体

<table>
<tr><td colspan="2">时间：70 分钟
内容：利用网络搜索相关资源，结合本专题讲座内容，理解网络教育环境对构建学习共同体的影响</td></tr>
<tr><td>步骤：
□ 资料查找与自主学习
□ 小组讨论
□ 体验活动
□ 撰写小组报告</td><td>学习作品：
□ 小组报告</td></tr>
</table>

➡ 步骤一：资料查找与自主学习

个人通过网络搜索引擎、数字图书馆或者查阅书刊，查找与网络学习共同体相关的资料。阅读和学习这些资料，理解网络环境对学习共同体构建的影响。

➡ 步骤二：小组讨论

进入本课程所提供的网络平台中，开辟小组空间，分成若干组，组长组织在小组论坛中进行简单的自我介绍，相互认识。然后小组讨论建立小组规则，设计 LOGO 等，促进小组文化氛围的形成。

➡ 步骤三：体验活动

小组长组织大家进行讨论，互相分享自己关于网络环境对学习共同体构建的影响问题的理解。小组成员选择教师给出的研究问题，进行角色和任务分配，体验学习共同体成员进行合作学习活动。

➡ 步骤四：撰写小组报告

通过小组讨论以及小组学习共同体构建活动，小组成员总结反思网络学习共同体的体验活动，撰写小组研究报告。

理解：网络教育环境对知识管理的影响

《辞海》中将“知识”定义为“人们在社会实践中积累起来的经验”，并指出，“从本质上说，知识属于认识的范畴”。知识划分为两大类别：显性知识和隐性知识。所谓显性知识，是指可以通过正常的语言方式传播的，可以录存于书本、磁带和光盘等媒体介质中的那一部分信息。显性知识是可以表达的，有物质载体的，可确知的。隐性知识是难于表达、难于发觉的，如个人经验等。知识管理中的一个重要观点，就是隐性知识比显性知识更完善，更能创造价值，隐性知识的挖掘和利用能力，将成为个人和学习组织成功的关键。

知识管理是将可得到的各种信息转化为知识，并将知识与人联系起来的过程。知识管理的基本活动包括对知识的识别、获取、开发、分解、使用和存储。在教育领域，知识管理就是将各种教学资源转化为显性或隐性的相互之间网状联系的知识集合，并对这些知识提供开放式管理，以实现知识的生产、利用和共享。知识管理有三个原则：积累原则、共享原则和交流原则。

知识管理工具不仅具备数据和信息管理工具的全部功能，而且能为使用者提供理解信息的语境，以及各种信息之间的相互关系。它包括三类：知识生成工具、知识编码工具和知识转移工具。知识生成工具包括知识获取、知识合成和知识创新三大功能。知识工具的作用是通过标准的形式表现知识，将这些知识有效地存储，使学习者和学习组织的知识更容易让其他人使用。知识编码工具一般可以分为知识仓库和知识地图两种，知识编码工具促进知识能够方便地被共享和交流。知识转移工具能够有效地促进知识流动和使用，促进数量众多的学习者相互利用各自的经验和知识，从而产生巨大的效益。

对于教育来说，知识管理的实施在于建立激励学习者积极参与知识共享的机制，培养知识意识，增强学生个体和集体创造力的培养(陈天，余胜泉，2002)。网络教育环境的资源丰富，跨时空交流等特点为教育中的知识管理提供了条件以及多形式的知识管理工具。因此，让我们通过活动来体验和深入理解网络教育环境如何最大限度地促进知识的积累、共享和交流。

活动一：了解在网络教育环境中有哪些知识管理工具，以及它们对知识管理的影响

时间：70 分钟 内容：利用网络搜索相关资源，结合本专题讲座内容，了解网络教育环境能够提供哪些工具促进个人或学习共同体的知识构建和创新	
步骤： □ 资料查找与自主学习 □ 小组讨论 □ 体验活动 □ 撰写小组报告	学习作品： □ 小组报告

➡ 步骤一：资料查找与自主学习

个人通过网络搜索引擎、数字图书馆或者查阅书刊，查找与知识管理有关的资料，搜索国内外基于网络的知识管理系统，反思网络教育环境中哪些工具能够支持知识管理、知识编码和知识流动。

➡ 步骤二：小组讨论

小组长组织大家进行讨论，小组成员互相分享各自对基于网络的知识管理系统的体验，以及对知识管理途径的理解和认识。

➡ 步骤三：体验活动

个人选择进入具有典型特点的基于网络的知识管理系统，了解其功能和使用方法。

➡ 步骤四：撰写小组报告

小组成员按轮流承担责任原则，记录和整理小组讨论内容，形成报告上传学习社区供分享。

专题二　网络教育资源

讲座：网络教育资源

Internet 是当今世界上最大的信息网络系统，它是全球信息资源的公共网，受到用户的广泛使用。Internet 上的资源五花八门，门类众多，涉及政治、经济、科学、文化、法律、体育和医学等部门。Internet 已经成为人类智慧的海洋、知识的宝库，其中的网络教育资源是指为教学目的而专门设计的或者能被用于为教育目的服务的各种资源。这是一种广义的系统化概念，包括了各种形态、不同使用目的、多种类型的各类资源。既包括教学内容，也包括网络教与学环境。既包括“有形资源”，也包括“无形资源”。有形资源包括教学内容、教材、教学案例、师资队伍、教学方法、教学管理制度等。无形资源则是蕴涵在课程建设中的教学理念与教学思想等，可以通过有形的网络教育资源方式表现出来。

一、网络教育资源的分类

1. 按照资源形态划分

网络教育资源大致分为三类：教育环境资源、教育信息资源、教育人力资源。

(1)教育环境资源：指构成网络物理空间的各种硬件设备，如计算机设备、网络设备、通信设备等，以及形成网络正常运行空间的各类系统软件、应用软件、工具软件和教学软件等；在教学应用中，可利用在线的软件库为学生提供有关的教育软件来支持学生的线上或线下学习。

(2)教育信息资源：指在网络中蕴藏着的各种形式的能够为教育过程所用的知识、资料、情报和消息等的集合。

(3)教育人力资源：包括网络教育教学机构人员、任课教师、教辅人员和行政管理者，以及能通过 Internet(如 E-mail)联系到的各个领域的专家、学者。

2. 按照资源用途划分

网络教育资源可分为三类：学习资源、科研资源和备课资源。

(1)学习资源：供学习者使用的，有网上各个学科的课程、讨论组、试题库、教学软件、网络教程和招生就业信息等。

(2)科研资源：供教育管理部门和教育科研人员使用的，有教育方面的政策法规、各种教育新闻和教育统计信息等，如中华人民共和国教育部主页(http：//www. moe. edu. cn/)，其中有教育部领导、机构设置、教育法规、教育新闻、教育部政策、教育事业统计和教育大事记等内容。一般由政府教育机构提供。Internet 上的丰富资源及其强大的查找工具为科研人员查找信息具有节省时间、内容准确和信息新的优势。

(3)备课资源：供教师使用的，有各种课程资料、课件、教案、指导刊物、学术会议资料和交流心得等。教师在教学准备过程中，需要搜集大量的资料，Internet 为教师制作各种类型的教材提供了丰富的教学资源，以优化教学设计，提高备课效率。

3. 按照内容结构化水平划分

Internet 已经遍及世界，连接的计算机网络、计算机主机、大型图书馆、学术文献库及其他信息源逐年快速递增。Internet 上信息资源的种类繁多，地理分布异常广泛。面对 Internet 包含的这么大的教育信息资源，为了便于查找有必要对它们进行分类。网络教育信息资源按结构化水平可分成下列六大类：网络课程、电子期刊、数字图书馆、电子百科全书、学习资源库以及 Web 2.0 社会性网络软件(图 3-8)。下面简要地介绍每一类资源的含义和特点。

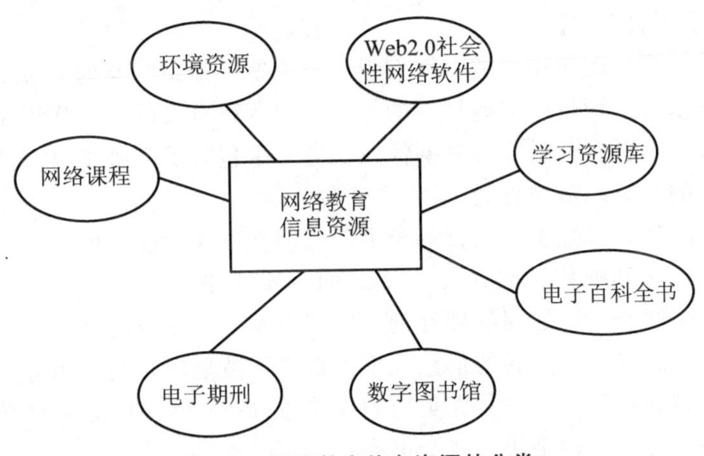

图 3-8　网络教育信息资源的分类

(1)网络课程

网络课程是内容结构化水平最高的教育资源。教育部自 2003 年开始实施国家精品课程计划，到 2007 年已经审定了 3 700 多门国家级精品课程。同时省级精品课程和校级精品课程建设也纷纷展开，全国产生了约 2 万门各级各类精品课程。精品课程建设的目的是通过网络平台实现优质教学资源共享，提高高等学校教学质量和人才培养质量。

(2)电子期刊

电子期刊也具有良好的内容组织结构。网上主要有三种类型的电子期刊，分别是电子报纸、电子杂志和期刊、电子新闻和信息服务(NIS)。电子期刊现在已经成为主要的网络信息资源，其内容与印刷期刊的内容相同。其制作和发行成本比较低，因而读者人数会越来越多。现在各专业期刊不仅建立了自己的期刊网，提供刊物各期目录内容，而且将其文章在专业化电子期刊网上发布。目前，用于科研的主流的各类期刊网有数千种之多。读者可以访问复旦大学图书馆中文电子期刊导航网站(http://202.120.227.59/navigator/ejournals_cn/ejournals.asp)，从那里可以得到各类电子期刊链接地址。

(3)数字图书馆

数字图书馆是指利用先进的数字化技术，将图书馆馆藏符号信息数字化，通过国际互联网上网服务，供师生等用户随时随地地查询，使分散于不同地理位置的师生能够方便地查阅大量的、分散于不同存储处的信息。

此类虚拟图书馆由于有专业人员对信息进行筛选和组织，信息质量比较高，具有很高的参考价值。

(4)电子百科全书

百科全书是概要记述人类一切知识门类或某一知识门类的工具书。百科全书在规模和内容上均超过其他类型的工具书。百科全书的主要作用是供人们查阅必要的知识和事实资料，其完备性在于它几乎包容了各种工具书的成分，囊括了各方面的知识，常被誉为“没有围墙的大学”。

最近几年，大多数主要的百科全书都已经在不同程度上电子化，电子百科全书还可以包含各种传统媒体无法承载的多媒体格式，例如动画、音像或视频。概念有关联的文章之间的相互动态链接也是一个重要的优势。在线的百科全书更拥有动态的优点，新的信息几乎可以立即被呈现，而不用等到下一次的出版。最著名的百科全书——大英百科全书在1996年6月份的时候就已经有了在线服务。常见的网络版百科全书有：

• 大英百科全书 http://www.britannica.com/
• 哥伦比亚百科全书 http://www.bartleby.com/65/
• 百科全书网 http://www.encyclopedia.com/
• 自由辞典 http://www.thefreedictionary.com/
• 加拿大百科全书 http://www.thecanadianencyclopedia.com/

• 维基百科 http：//wikipedia. jaylee. cn/
• 中国大百科在线 http：//ecph. cnki. net
• 智慧藏百科网 http：//www. wordpedia. com/

(5)学习资源库

学习资源库包含多种类型的学习对象，例如素材、试题、试卷、案例、文献资料、课件、常见问题解答、资源目录索引、网络课件等，其系统管理包括安全管理、性能管理、计费管理、故障管理等功能。图 3-9 显示出了学习资源库管理系统的功能结构。

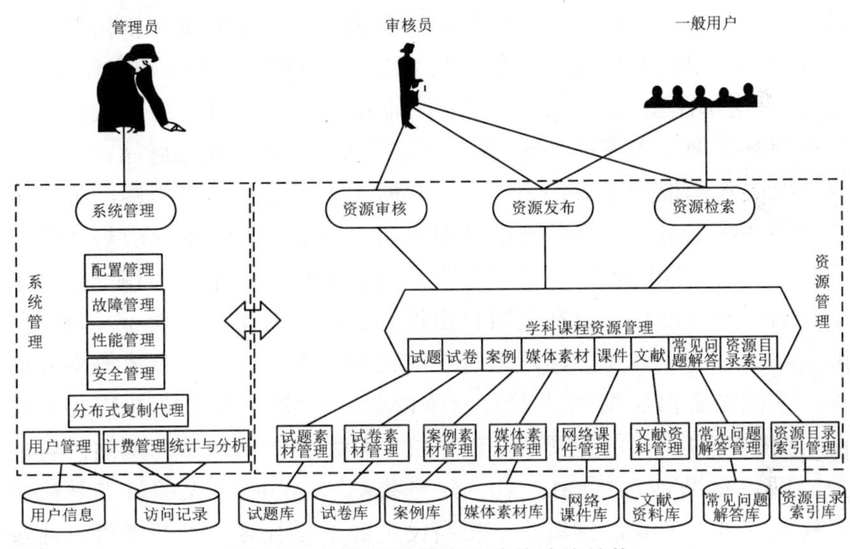

图 3-9　学习资源管理系统的功能结构

对于教育资源管理系统的形式由于其服务目的不同而有多种，如主题资源网站和各种学科资源网站等。

(6)Web 2.0 社会性网络软件

Web 2.0 以 Blog、TAG、SNS、RSS、Wiki 等技术应用为核心，实现了互联网的新一代模式。Web 2.0 之所以区别于 Web 1.0，关键在于以下四个重要的特性。

①从关注软件到关注服务：Web 2.0 最大的特征之一就是更加注重 Web 服务的开发，用户想获得某些服务的话，直接登录到目标网站即可，而不必在客户端安装任何其他的软件或插件，从而加强了互联网的可用性、易用性。

②以用户为中心：Web 2.0 是以人为中心组织数据的，如 Blog、BBS 都强调的是人人参与，而前者强调的是人，后者却以物(主题)为焦点。

③可重用的微内容：微内容是指用户创造的各种数据，如一则网志、评论或论坛发言等，都属于微内容的范畴，在 Web 2.0 中这些微内容却是可以重用的，例如我们可以使用 RSS 等工具来聚合、管理、分离和迁移这些微内容，而不必局限于原始网页的束缚，从而实现数据的可重用和去中心化，满足不同用户的需求。

④强调用户的参与：Web 1.0 到 Web 2.0 最大的转变之一就是从单纯的"读"向"写"和"共同建设"发展。在 Web 2.0 中，用户不再仅仅是信息的消费者，同时也是信息的创造者。"草根"之间的交流非常容易，由他们共同参与信息的创建，更容易实现信息的多样化，满足更多用户的需求。网络服务的对象可以形容为一条很长的曲线，它包括代表主流市场的主干和非主流市场的"长尾"。人们一向都注重主流，而对"长尾"却有心无力，如此多的人参与网络内容的构建使互联网为更多的处于"长尾"的"草根"们服务成为可能。

Web 2.0 技术催生了 e-Learning 2.0 的产生，并势必成为网络教育将来的发展趋势，并将创造出更多的新的学习机会。例如，博客(Blog)解决了可读写网络的技术障碍，同时也因为学习者表达自己想法的愿望，为用户提供了一个属于个人的空间，用户可以在上面自由地表达自己的想法，发布文章，同时又不局限于作者一个人，还能倾听来自于其他学习者、教师或专家等多方面的不同声音，这使得获得反馈和读者发表评论变得非常便利。又如 Wiki，它是指一种面向社群的协作式的超文本写作系统，可由多人共同参与网站内容的更新和维护。Wiki 的精神是"自由开放、共建共享"，Wiki 最大的特点是使用方便并且开放，它可以为我们营造一个相当民主的学习社区，参与者可以通过浏览器很轻松地浏览、创建、更新、维护 Wiki 文本。目前，已经有不少基于 Wiki 的教育项目取得了成功，其中比较知名的有维基百科、先得教育维客和 Wikiville 等。此外，还有一些 Web 2.0 应用，如 Media Sharing、Social Networks、DOPA(Deleting Online Predators Act)等都有在 e-Learning 方面发挥出巨大作用的潜能。

Web 2.0 技术用于 e-Learning，将会使 e-Learning 呈现出一些新特征：

• 提供一个开放的服务聚合平台，并为学习者营造一个个性化的学习环境。

• 学习对象的动态化，集中体现在自治、多样、开放、交互四个方面。

• 强调以学习者为中心，降低准入门槛，同时鼓励学习者贡献自己的价值，提供实时的资源。

• 关系社会化，学习互动关系不再局限于学习者和数字内容之间，而是由学习者、教师和动态学习内容等构成的个性化、社会化的学习环境。

二、网络教育信息资源的特点

网络教育信息资源是人们从事网络教育活动的条件和产物。网络信息是人工信息，“不同于表征自然界物质运动及其属性的自然信息，人工信息是指人类在长期的认识世界、改造世界的实践中所加工、发射的一种信息”。而信息要成为网络信息，必须要借助于多种技术手段，如计算机技术、多媒体技术、网络技术等进行加工处理，使之电子化、数字化、网络化，因而信息承介媒体所具有的特性对其上所承载信息的特性也产生了巨大的影响，所以 Internet 信息资源作为一种信息资源除了具备一般信息资源的属性如依附性(即媒介性)、转换性、传递性、共享性、时效性、无限性、增值性、有用性、有限性和可选择性等外，Internet 信息主要有以下几个特点。

(1)多样性。Internet 信息内容以多媒体、多语种的形式表现，极大地丰富了信息内容的表现力。信息形式的多样性有助于人们知识结构的更新和重构。

(2)便捷性。Internet 信息可通过网络终端随时随地获取，这就避免了其他媒体信息在查找时所受时间、空间等因素的限制。

(3)共享性。Internet 信息除了具备一般意义上的信息资源的共享性外，还表现为一个 Internet 网页可供所有的 Internet 用户随时访问，不存在传统媒体信息由于复本数量的限制所产生的信息不能获取现象。

(4)时效性。网络信息的时效性远远超过其他任何一种信息，网络媒体的信息传播速度及影响范围使得信息的时效性增强。同时网络信息增长速度快，更新频率高，也是其他媒体信息所不能企及的。

(5)互动性。交互性是网络的主要特点之一。网络信息一改以往书籍报刊等印刷信息以及广播电视等电子信息的单向传递方式，也不同于电话的必须同步的双向交流方式，网络信息一般具备双向传递功能，即用户在接收到相关的网络信息后可针对该信息随时向该信源提供反馈，一般表现在网页上提供相关的 E-mail 地址。网络用户既是网络信息的使用者，也可以是网络信息的发布者。

(6)丰富性。教学材料极为丰富，为一线教师的互相借鉴和交流提供了广阔的天地。Internet 提供了异常丰富的教育资料，如最新的教学大纲与构思、教学资料、众多模式的教学软件、网络教程、丰富的课程参考文献、课程开发工具和图像资料和一线教师的教学经验，以及世界各地的各级学校的概况、各个国家和地区教育管理部门的各种教育政策、措施、研究项目、网络期刊、各级印刷物以及各种动态性信息如每日新闻、快讯、动态报道、会议通知、各种消息等。

(7)生成性。在网络教育平台中，用户是资源的消费者，也是资源的生产者，因此，网络教育资源应该是不断生成的。例如，学生的典型错误制成的生成性资源，教师的课堂视频案例等都是来源于用户的生成性教育资源，这些资源由于来源于教育教学实践，因此是对用户极为实用的优质教育资源。

讲座：数字图书馆

一、数字图书馆的相关概念

1. 数字图书馆的定义

数字图书馆是以数据库技术、全文检索技术等为支撑，以建设图书馆资源数字化加工、信息智能采集与整合、信息内容管理、信息发布与全文检索和个性化信息服务等应用系统为应用目的，构建数字图书馆信息采集、信息管理与信息服务平台，实现馆藏文献存储的数字化、知识服务的智能化和馆际资源共享的最大化。数字图书馆在高等教育和基础教育中也得到了越来越广泛的应用。

邹荣等认为中小学数字图书馆是指利用先进的数字化技术，将中小学图书馆馆藏符号信息数字化，通过国际互联网上网服务，提供师生等用户随时随地查询，使分散于不同地理位置的师生能够方便地查阅大量的、分散于不同储存处的信息(邹荣，荣曼生，2005)。从数字图书馆在教育中的应用角度出发，本书作者认为，数字图书馆是利用现代信息技术，对以数字形式的图书资源进行存储、过滤、加工、组织和管理，并为师生提供资源共享和教与学支持服务的新型虚拟图书馆。我国政府非常重视数字图书馆建设和在教育中的应用。2003年，教育部提出“加快数字图书馆公共服务体系建设”计划，因而数字图书馆已成为我国实施科教兴国和知识创新战略的有力信息保障。

2. 数字图书馆的特征

与传统的图书馆相比，数字图书馆拥有超大数字图书信息量，且具有较强的信息管理、信息共享、教与学支持等服务功能。具体体现在以下几个方面。

(1)图书文献信息资源数字化

文献信息资源数字化是数字图书馆的基本特性，也是数字图书馆与传统图书馆的最大区别之处。目前数字图书馆采用先进的文件压缩技术，占用磁盘空间少。一本书就是一个文件，只占几十千兆的空间。有了丰富的图书储备，同时还要有方便的数字图书阅读工具。目前，数字图书馆管理系统都提供了功能完善的图书阅读器。图书阅读器集电子书阅读、下载和收藏等功能于一身，有的图书阅读器还兼备 RSS 订阅功能，实现个性化推送服务。

(2)图书信息资源共享

图书信息资源共享是数字图书馆的重要特征之一。中小学数字图书馆的图书信息资源可以通过 Internet 和校园网实现资源共享。一般数字图书馆的一种图书有多个版本，供多人同时阅读，方便阅读者的使用。

(3)数字图书信息是组织化的优质资源

数字图书馆拥有的丰富的数字资源，都是经过筛选、加工、序化和重组，具有完整性和永存性的优质资源。它与当前 Internet 网络上信息的无序堆积现象形成了鲜明的对比。因此，中小学数字图书馆能够解除家长和教师对孩子上网接触不良内容的担心，数字图书馆是控制网络污染的有效途径。

(4)数字图书馆资源具有权威性和时效性

数字图书馆应以教育、科学、文化和历史等方面的图书为主，且由教育专家小组从具有教育资源特色的优秀出版社购买网络传播权，权威性较强。且其资源库的内容随教育教学改革的需要动态更新。

(5)从教育信息需求出发为教育教学提供全方位的服务

数字图书馆在为用户提供优质的信息资源的同时，还为师生提供各种服务以促进资源的方便使用。例如，北大方正推出的数字图书馆提供了包括全文检索在内的各种高级检索功能，可以大大提高图书查找速度。它所提供的图书圈注、加标签、自由画线、下划线、删除线、加亮、批注和字体放大等功能，可以支持学生做阅读笔记和阅读课上教师点评等。另外北大方正中小学数字图书馆还提供交流平台，支持师生之间、生生之间和教师之间的交流与协作。

(6)提供人性化的个人资源管理功能

数字图书馆提供了个人的资源管理功能，如添加个人图书分类、显示模式和在线借还图书等，方便建立个人虚拟图书馆，以便管理各自的图书、个人读书笔记等资料信息。

二、数字图书馆的建设

1. 数字图书馆的基本功能

数字图书馆的基本功能主要包括三大部分：数字资源加工、采集和整合平台，内容管理平台以及信息发布和检索平台，其功能结构如图 3-10 所示。

图 3-10 中数字资源加工、采集与整合主要完成纸质文献数字化，实现对 Office、PDF、HTML 等格式的电子文档进行预处理、编辑、标引和格式转换等标准化处理。系统支持编辑与标引好的信息资源自动上传、入库，实现数据的直接入库功能。互联网信息采集作为互联网信息内容快速获取的工具，支持

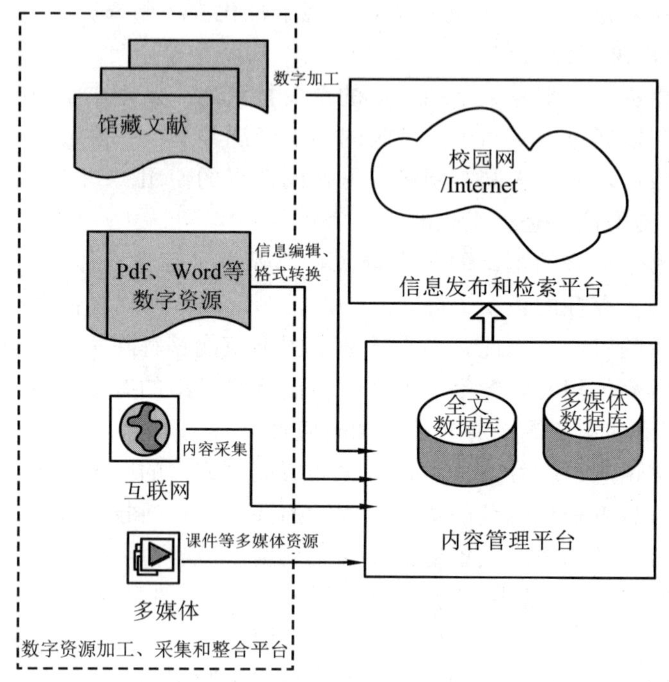

图 3-10　数字图书馆系统功能结构

各种标准格式信息资源的采集，如 HTML 页面、文本信息、图片、声音和视频等。对于采集下来的页面内容，系统可以进行内容分析、智能提取、过滤和分类，自动加载到后台全文及多媒体数据库中，丰富图书馆特色数据库信息资源。

内容管理平台作为后台管理系统，全面整合与管理各种标准的信息资源，如 Office、PDF、HTML、TXT、XML 等。系统具有强大的数据库管理及维护功能，如数据库定义、建立、备份、恢复、逻辑删除、物理删除、重组、增量备份、记录查重等功能。另外，数字图书馆后台还应具有用户管理、用户计费管理等功能。

信息发布和检索平台主要具有 Web 信息实时发布，页面动态生成与内容自动更新功能；系统提供全方位全文检索手段，支持多种检索运算符，支持包括外部特征与正文内容的各种逻辑组合检索、多字段复合检索等。检索平台还应该支持异构资源统一检索，系统实现将图书馆常用的各种异构资源，如人大复印资料、维普、CNKI、书生电子书、超星电子书、方正电子书和万方数据等，组织成一个有机的整体，在 Web 方式下为用户提供统一的信息检索服务。

系统允许用户可同时选择多个资源，从同一个检索入口对多个资源提交检索请求，检索结果统一显示。目前，很多数字图书馆还提供了关联检索功能，系统提供图、文、声、像多媒体关联检索功能，满足用户快速获取相关资源的需要；系统具备多数据库关联检索和跨服务器多数据库关联检索功能。

另外，数字图书馆还可以提供一些个性化服务，如专题信息订阅推送服务，用户自定义专题信息内容，系统根据用户设置信息要求，定时在图书馆自建数据库中搜索，把符合用户要求的全文信息自动推送到用户指定的邮箱中。

2. 中小学数字图书馆的服务功能

在具备数字图书馆基本功能的基础上，中小学数字图书馆的建设应具有其特殊服务需求。中小学数字图书馆是用来为中小学师生提供更多更好的图书资源，支持其开展形式多样的校内和校外活动，从而有效地为教育教学服务。因此，中小学数字图书馆的建设还应考虑如何使教师和学生能够有效地利用丰富的数字图书馆教育资源。我们认为，在中小学数字图书馆建设中提供有针对性的和个性化的学习支持服务应是解决中小学数字图书馆支持师生有效学习的关键。因此在中小学数字图书馆设计中应注意以下几个方面。

(1)学生服务：一方面，应依据学生不同的发展阶段，将数字资源平台设计开发为三个不同的版本，即小学、初中、高中；一方面，根据学习者在各个年龄阶段所具有的特点设计用户界面风格(白继芳，2008)，提供不同形式和认知水平的图书；一方面，要营造互动环境，即支持学生与教师互动、学生与学生互动以及学生与媒体内容互动，以使数字图书馆更好地为学生提供学习支持服务；最后，提供自主学习支持工具(如标注重点、注释工具等)。

(2)教师服务：数字图书馆应该为教师提供备课环境，而且为教师进行阅读课辅导或研究性学习课等提供支持。

(3)家长服务：家长是学生的第一任教师，也是对普通学校教育的个性化补充，家长在促进学生的阅读学习过程中起着十分重要的作用。有研究表明，父母参与儿童的早期识字、朗读和阅读活动，对培养子女阅读兴趣，形成阅读技能是十分有益的。因此，中小学数字图书馆应提供支持。

教育资源作为构成教育系统的基本因素，是指教育系统中支持整个教育过程达到一定的教育目的，实现一定的教育和教学功能的各种资源。用技术主义的观点来看，任何教育活动都是信息传递活动，教育的过程就是信息交互的过程，因此信息资源是教育系统的最根本的资源(杨改学，2009)。网络资源属于信息资源的一种形式，随着信息技术的迅猛发展和互联网的普及，计算机网络逐渐成为远程教育的主要媒体，于是网络资源的数量迅速增加。网络资源的不断丰富势必给教育教学带来新的发展契机和挑战。

从学习者角度看，使学生的心理、角色、认知策略等方面产生改变，促进学生的主体作用的发挥。好的网络资源能够激发学生在学习过程中的主动性、积极性与创造性。

而从助学者角度看，网络教育资源丰富了课堂教学的手段，使教学的时间和空间得到延伸。同时教师可以利用网络资源，引导学生进行探究性学习，教师也由知识的传授者，成为学生学习的指导者。

理解：网络教育资源的特点

活动一：理解网络资源给学生学习带来的变化

<table>
<tr><td colspan="2">时间：70 分钟
内容：利用网络搜索相关资源，结合本专题讲座内容，从教育视角理解网络资源给学生学习带来的变化。</td></tr>
<tr><td>步骤：
□ 资料查找与自主学习
□ 小组展示和实例分析
□ 撰写小组报告</td><td>学习作品：
□ 小组报告</td></tr>
</table>

➡ 步骤一：资料查找与自主学习

个人通过网络搜索引擎，查找教育资源相关资料，重点了解网络教育资源给学生带来的多种新的学习方式，并取得相应的实例。

➡ 步骤二：小组展示和实例分析

小组长组织大家进行讨论，互相分享自己关于网络资源给学生的学习带来的变化的观点和相应的实例。

➡ 步骤三：撰写小组报告

小组成员总结讨论的各种观点，撰写小组报告。并根据小组讨论结果，画出网络教育资源给学习带来变化的概念图。

活动二：从教师角度理解网络资源

时间：70 分钟 内容：利用网络搜索相关资源，结合本专题讲座内容，从教育视角理解网络资源给教师带来的多种新的教学方式和手段，以及在教学中教师地位的改变

续表

步骤：	学习作品：
□ 资料查找与自主学习 □ 小组展示和实例分析 □ 撰写小组报告	□ 小组报告

➡ 步骤一：资料查找与自主学习

个人通过网络搜索引擎，查找与教育资源相关的资料，重点了解网络教育资源给学生带来的多种新的学习方式，并取得相应的实例。

➡ 步骤二：小组展示和实例分析

小组长组织大家进行讨论，互相分享自己关于网络资源给教师的“教”带来的变化，并通过实例加以阐述。

➡ 步骤三：撰写小组报告

小组成员总结讨论的各种观点，画出网络资源给教师带来的变化概念图。

理解：网络教育资源建设存在的问题

在日益重视网络教育的今天，网络资源的建设和开发可谓热火朝天。但是在网络资源建设过程中仍然存在着一些值得注意，甚至亟待解决的问题。例如，网络资源共享问题、网络资源再生问题、网络资源建设标准的普及问题和如何提高网络资源的利用价值问题等。

活动一：了解目前网络教育资源存在的问题

时间：70 分钟 内容：利用网络搜索相关资源，并结合自己的经历，从多角度了解网络教育资源建设存在的问题	
步骤： □ 资料查找与自主学习 □ 小组讨论 □ 撰写小组报告	学习作品： □ 小组报告

➡ 步骤一：资料查找与自主学习

个人通过网络搜索引擎、数字图书馆或者查阅书刊，探讨网络资源建设多个方面（资源建设、共享、再生等）的问题，以及解决的方法和建议。

➡ 步骤二：小组讨论

个人学习完成之后，小组长组织大家进行讨论，互相分享自己的观点。

➡ 步骤三：撰写小组报告

在小组成员统一认识的基础上，撰写小组报告，陈述对目前网络教育资源建设、共享和资源再生等方面存在的问题和解决问题的建议。

理解：元数据与资源建设标准

随着网络教育资源数据快速增长和形式的复杂化和多样化，抽取数据的基本特征作为人们管理和使用网络教育资源数据的中介已经成为提高网络教育资源的利用率的重要手段，这种由基础数据衍生出来的连接基础数据和用户的数据就是元数据。元数据简单地说就是数据的数据，是对数据对象属性的描述。一个数据对象的属性有很多，究竟选取哪些属性作为元数据的元素呢？为了便于不同区域网络资源的共享和方便用户查询，建立一个有效利用网络教育资源的元数据标准是非常重要的。目前国内外开发了许多具有权威性的基于元数据的资源建设标准，下面通过学习活动了解国内外具有权威性的远程教育资源建设标准的内容和特点，并理解资源建设标准对于网络教育资源的开发和利用的现实意义。

活动一：了解远程教育资源建设标准

<table>
<tr><td colspan="2">时间：70 分钟
内容：利用网络搜索相关资源，了解远程教育资源建设标准</td></tr>
<tr><td>步骤：
□ 资料查找与自主学习
□ 小组讨论
□ 撰写小组报告</td><td>学习作品：
□ 小组报告</td></tr>
</table>

➡ 步骤一：资料查找与自主学习

个人通过网络搜索引擎、数字图书馆或者查阅书刊，查找与远程教育资源建设标准相关的资料，对于元数据概念、国际上流行的学习对象元数据标准(LOM 标准)以及我国教育部颁发的现代远程教育资源建设标准认真进行阅读和学习。

➡ 步骤二：小组讨论

个人学习完成之后，小组长组织大家进行讨论。

➡ 步骤三：撰写小组报告

在小组成员统一认识的基础上，对元数据及远程教育资源标准的构成、意义和作用进行阐述。

理解：数字图书馆的应用方法

数字图书馆在大学和中小学逐渐推广应用，深受教师和学生的欢迎。根据数字图书馆的服务功能，数字图书馆可以为用户提供的基本功能是各种资源的检索。另外，数字图书馆还可以提供一些个性化服务，如专题信息订阅推送服务，用户自定义专题信息内容，系统根据用户设置信息要求，定时在图书馆自建数据库中搜索，把符合用户要求的全文信息自动推送到用户指定的邮箱中。有的中小学数字图书馆还为用户提供了资源批注功能和研讨空间等。作为数字图书馆的用户有效地使用数字图书馆的服务功能，将大大提高学习的效率。

活动一：登录并体验一种数字图书馆的功能服务

时间：70 分钟 内容：利用网络搜索相关数字图书馆，登录并体验数字图书馆	
步骤： □ 搜索数字图书馆 □ 登录并体验数字图书馆的各项功能 □ 撰写体验报告	学习作品： □ 个人体验报告 □ 小组数字图书馆使用技巧集锦

➡ 步骤一：搜索数字图书馆

个人通过网络搜索引擎，查找到一个数字图书馆网站后，注册登录，了解数字图书馆的功能和服务。

➡ 步骤二：登录并体验数字图书馆的各项功能

个人学习完成之后，体验各种服务功能。

➡ 步骤三：撰写体验报告

个人将自己对数字图书馆的体验写成实验报告。小组内部展示各自的数字图书馆使用技巧，并总结为技巧集锦。

专题三　基于网络资源的教学应用

讲座：基于资源的学习

基于资源的学习(Resource-Based Learning，RBL)是一种以学习者的学习活动为中心的教育教学模式。在信息化教育中，基于资源的学习是指通过获取和运用各种资源以达到学科知识目标和信息素养(Information Literacy)目标的过程。也就是说，通过基于资源的学习，学生应该学会确定什么是学习目标，知道去哪里查找相关资料以及怎样查找，学会如何对查找到的资料做笔记，学会如何评价信息，学会如何与他人合作、交流，学会如何评价学习的进展、如何反映学习过程等(殷晓静，2008)。该学习模式的目的是：科学家用来解决和探究未知领域的方法应该教给学生，强调引导学生运用丰富多彩的资源经过探究过程去解决问题，包括查明某个主题，并确定回答或解决与主题有关问题所必需的信息。

一、资源分类

1. 按照学习活动进行分类

(1)知识类学习资源

基本学习资源包括课本、音像制品和图片等。基本学习资源主要用于学生在研究性学习活动中进行知识扩充和拓展。对于学生来说，充足的基本学习资源就是一个储备丰富的图书馆，学生可以根据自己要学习的主题去查找自己认为重要的知识信息。在信息化教育中，对基本学习资源的开发与利用已呈现出多种多样的形式，如数字化图书馆、电子阅览室、网上报刊和数据库、多媒体电子书和网络教科书等。

(2)辅助类学习资源

这些资源是为特别目的而设计的学习资源，包括练习、辅导和指导材料等。它所对应的是学生的有组织的学习，即学生选择遵循教师制订的学习路线或方式进行学习。为特别目的而设计的学习资源是基于资源的学习中的重要资源，目前可以提供为特别目的而设计的学习资源的途径有：个性化课件生成系统、智能练习系统、教学游戏系统和学习软件包等，这些途径应能够为教师提供资源生成工具，从而使教学一线教师进行适合学生需要的个性化学习资源，为学生的学习提供优质、高效、可控的学习资源。

(3)体验类学习资源

体验类学习资源主要采用虚拟现实技术来实现，也称为虚拟现实类学习资源。这种学习资源通过显示或模拟现实的问题情境，促进学生进行体验性学习，其中包括案例学习、问题解决学习、角色扮演、模拟学习和场地学习等。在体验性学习过程中学生亲自对学习过程中得到的数据与信息等进行处理，它反映的是学生自主建构的学习过程。网络技术和信息技术使虚拟现实类学习资源得以实现和应用，如虚拟实验室、虚拟学伴、网络教育游戏等。经验性的学习活动为学生提供了知识形成与应用的场所，并且由于这一场所极大程度地模拟了真实的情境，可以使学生获得问题解决的能力。

以上三类学习资源是在学生的基于网络资源的学习中需要开发与利用的三类基本的资源。

2. 按照资源的来源进行分类

(1)网络课程

按照《教育资源建设技术规范》中表述的“网络课程就是通过网络表现的某门学科的教学内容及实施教学活动的总和”(谢幼如，柯清超，2005)，网络课程既涉及教学内容，也涉及教学活动。

(2)专题学习网站

专题学习网站是指在互联网络环境下，围绕某门课程与多门课程密切相关的某一项或多项学习专题进行较为广泛深入研究的资源学习型网站。它通常包括以下四个基本组成部分：

①结构化知识展示：展示与学习专题相关的结构化知识，把课程学习内容相关的文本、图片、图像、动画等知识进行结构化重组。

②扩展性学习资源：将与学习专题相关的扩展性的学习素材资源进行收集管理，包括结合学科特点的不同学习工具(如字典、词典、计算工具、作图工具、几何画板、仿真实验室等)和对相关资源网站的链接。

③网上协商讨论空间：根据学习专题，构建网上协商讨论、答疑指导和远程讨论区域。

④网上自我评价系统：收集与学习专题相关的思考性问题、形成性练习和总结性考查的评测资料，并将其设计成基础性强、覆盖面广、难度适宜的题库，让学习者能进行网上自我学习评价(谢幼如，尹睿，2003)。

(3)教育资源库管理系统(教育资源网站)

教育资源管理系统是对存储于资源库介质中的教育资源进行管理、维护和更新的功能性设施，主要包括三个子系统：资源管理(媒体素材库管理、题库管理、案例库管理、课件库管理、文献库管理、常见问题解答库管理、资源目录索引库管理和网络课程管理等)；系统管理(安全管理、网络性能管理、计费管理、故障管理等)；资源建设与使用交流(资源更新、邮件列表订阅、资源定制、异步交流、同步交流)。这三个子系统提供了资源检索、资源发布、资源审核、权限管理、计费和用户信息交流等多个方面的服务。

目前中小学教育资源库建设日新月异，如国家基础教育资源网(http：//www.cbern.gov.cn)，浙江教育资源网(http：//www.zjer.cn/main.jsp)等。

这些教育资源网站提供了中小学各学科的各种教与学的资源，如素材资源、精品课件、优秀课例、名家讲堂和共享教案等。

(4)教育门户网站

门户网站是指通向某类综合性互联网信息资源并提供有关信息服务的应用系统。教育门户网站同其他行业的门户网站一样，经历了一系列发展历程，门户网站的服务逐渐从单一走向多元化服务。最早的检索服务阶段，主要提供搜索服务和网络接入服务，引导用户利用互联网的信息资源。第二阶段是内容服务阶段，主要侧重信息内容提供服务，凭借其“内容优势”，吸引用户从而提高网站浏览量。而现在的门户网站逐渐发展为多元化服务阶段，此阶段尽量满足用户的多元化需求，随着 Web 2.0 的推广与应用，门户网站将更加注重为用户提供个性化的服务，如博客、空间、播客、社区等。教育门户网站的承办主体可以是政府教育部门(如中华人民共和国教育部门户网站)、各级教育行政部门、学校(如校园网)和公司(如中国教育在线，http：//www.eol.cn，由赛尔网络有限公司建设、管理并发布各类教育信息)等。

3. 按照资源的支持属性进行分类

Maier 和 Warren 提出了一种按照资源的学习支持属性进行资源分类的模型(Maier & Warren，2000)，如图 3-11 所示。

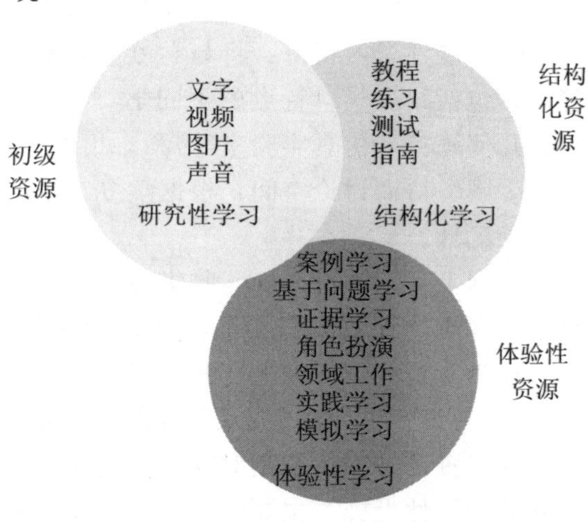

图 3-11　资源分类模型

图 3-11 所示的资源分类模型显示出：初级资源的学习支持属性是研究性学习，由于初级资源主要为素材性资源，资源具有非良构、非线性和大容量等特征，因而能够有效地支持学习者的研究性学习；同理，结构化资源的学习支持属性是结构化学习，而体验性资源的学习支持属性是体验性学习。图 3-11 所示模型的最大优点是将资源的属性与其能够支持的学习支持属性进行了清晰而有效地联结。这种联结实际上为教师提供了一种 RBL 学习设计的支架，可以使教师清晰地了解不同的资源，可以有效地支持不同的学习方式和学习活动。例如，教师欲设计一种研究性学习方式的 RBL，就可以采用初级资源做学习资源环境的支撑等。一般在 RBL 的初始阶段，多

采用结构化的学习方式，即使用结构化资源构建学习资源环境。当学生适应了结构化的学习方式后，教师就应当帮助他们转移到更具有体验性、研究性的环境中进行学习，即可以使用体验性学习资源或初级资源构建学习资源环境，而由此发展学生的高级思维技能，直至具备终身学习的能力(王陆，张敏霞，2007)。

二、基于资源的学习设计

1. 基于资源的四阶段学习设计

Billany 等人提出了一个基于开发方法的四阶段学习设计模型，包括：概念设计阶段、隐喻设计阶段、结构设计阶段和导航设计阶段。

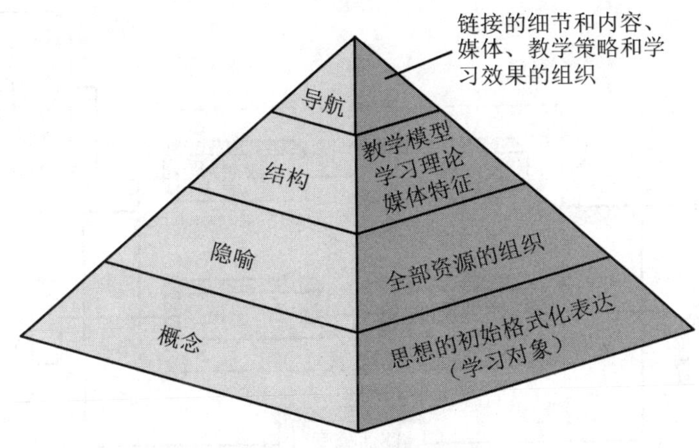

图 3-12　学习设计四阶段

王陆等(王陆，张敏霞，2007)基于上述模型提出了针对资源学习的教学设计。在图 3-12 所示的设计模型中，概念设计主要是把教与学的思想进行初始格式化的表达。隐喻设计是依据概念设计的结果，从学习主题的不同侧面，通过组织学习资源支持多种可能的学习途径；每一位学习者或教师都会在 RBL 中担任一种角色，而每种角色都会在 RBL 中开展学习活动或学习的支持活动，同时产生相应的活动结果；每一个隐喻，对应一种可能的学习内容和可能取得学习成果的学习方式或学习模式构想。结构设计阶段要根据隐喻阶段设计的结果，按照媒体特征和学习理论，以及具体的学习内容确定下来具体的教学模型。导航设计阶段要根据结构设计的结果，专门针对教学内容、教学媒体、教学策略和学习效果评价等设计各种细节的链接。

2. RBL 的学习环境设计

RBL 的学习环境设计模型是依据教学设计和学习设计的理论与实践而提

出的。教学设计中所包括的学习需要分析、学习内容分析、学习者分析和学习环境分析、确定学习目标、制订策略、选择媒体或资源、制订试行方案以及评价和修改等过程，均以学习环境的视角，被整合进了“学生模型”“领域知识模型”“策略模型”“执行模型”和“评估模型”五个结构化的子模型中(王陆，张敏霞，2007)。

图 3-13 所示的 RBL 学习环境设计模型中的五个子模型在设计过程中会相互影响和相互作用，如图中的箭头所示。子模型之间的相互影响与作用体现了学习环境设计是一个非线性的动态过程，一个子模型的改变会导致其他子模型的相应变化。在设计的时候可以参照如下的顺序进行：

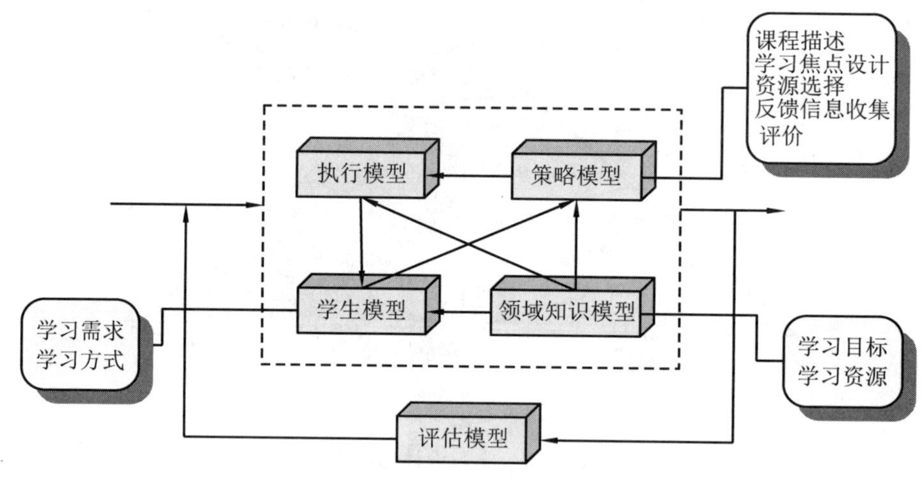

图 3-13　RBL 学习环境设计模型

学生模型主要解决“谁在学”的问题。主要描述学生需要和学生使用某种资源所需要的学习技巧，例如信息处理技巧和独立学习技巧等。领域知识模型主要解决“学什么”的问题。主要描述学生先前的知识水平，也即学生学习的进入水平；学生最终要掌握和理解的水平，也即知识目标水平；学生的实践。策略模型主要解决“怎么学”的问题，主要为课程的描述。它从领域知识模型中选择资源，构造结构化的，或研究性的，或体验型的学习方式或混合型的学习方式，继而开发细节资源。例如，初级资源的提问、测验等；策略模型中要考虑学生将要用资源做什么，即计划一个学习焦点，这是策略模型的核心；策略模型中一定要考虑到不同的学生应该使用不同的资源，以及最后学生将怎么整合这些资源，学习活动将产生什么样的学习成果，作为教师可以使用哪些互动手段。例如，“提问—回答”和“常见问题解答(FAQs)”等；同时，策略模型要求教师要通过学生反馈来管理资源并使教学过程构成一个闭合回路，教师要设计出能够反映学生掌握知识与能力水平的课堂评价方案等。执行模型主要解决“如何传递资源”的问题。主要需要确定选择一种技术途径去创造或引用或改造所拥有的资源；选择一种技术途径去传送你的资源，例如选择某项资源通过网络或网站传递等；教师需要尝试的是如何进入学习或尝试当教师自己需要获得帮助的时候是怎么做的？教师需要完成学生学习成果范例，并尽量采用本地方式或利用校园网将材料传送给自己的学生。评估模型的地位相对特殊，它对其他四个子模型都有作用，说明在 RBL 的学习环境设计中，非常重视评估的作用。其他四个子模型建立后，都要通过评估模型进行评估，其评估结果将直接引起某个模型的修改和完善，从而对整个环境设计起到不断改善和优化的作用。具体过程如图 3-14 所示。

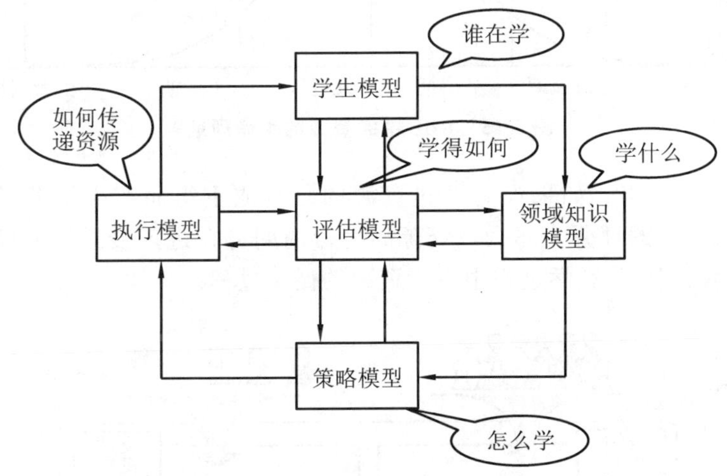

图 3-14　评估模型的作用示意图

三、RBL 中的资源生命周期

RBL 中资源的生命周期是伴随着教学过程，由资源的生成期、发展期、鼎盛期和衰退期等环节组成。由于早期的资源开发都是基于某一个单一的教学模式的，并且通常被制作为一种资源包的形式，因此，资源不具备可重用性，并且严重缺乏适应性，从而导致了资源开发成本很高，但资源的生命周期很短。为此，如何提高资源的可重用性，如何延长资源的生命周期就成为 RBL 中的关键性问题。

在荷兰开放大学（OUNL）的支持下，由 IMS（IMS Global Learning Consortium，IMS）全球学习联盟的学习设计小组提出一个 IMS-LD 学习设计规范标准，专门研究了资源的重用问题（Koper，Olivier & Anderson，2002）。其目标是：使学习资源与学习内容可以在不同的教学内容上被多次重用。其做法是：将学习资源与学习内容分割成不可分割的原子粒度，成为一种标准组件，即学习对象(Learning Objects)，资源的开发者只要利用这些学习对象组合或重组就可以创建一个新的学习资源环境了。这一学习设计规范标准与技术的运用，可以伴随教学过程，在原有的资源生命周期上增加出了一个资源的“再生期”阶段，从而可以有效地延长资源的生命周期，提高资源的应用效益，如图 3-15 所示。

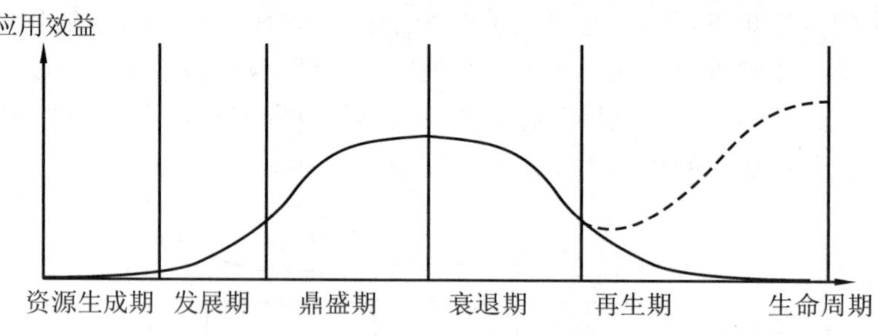

图 3-15　RBL 中的资源的生命周期

图 3-15 显示出，如果没有经过资源的组合或重组而产生资源的再生期，即图中虚线所示的部分，那么，资源的生命周期将在进入衰退期后就结束了。图 3-16 展示了 RBL 教学过程中再生资源的循环过程。

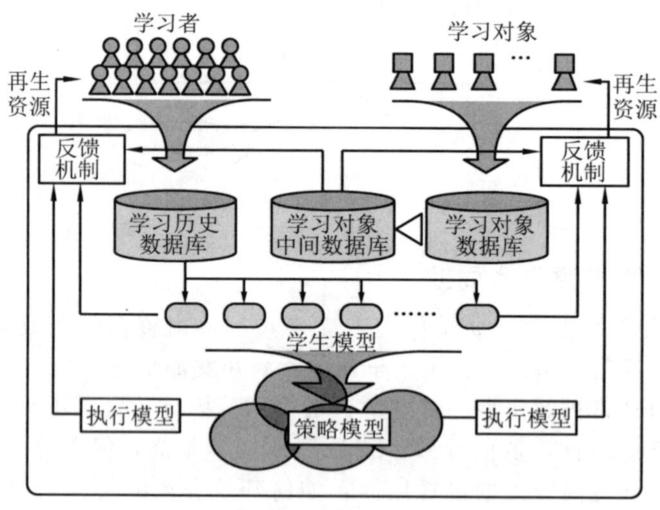

图 3-16　再生资源循环示意图

在 RBL 中，再生资源的产生要经过教师或具有智能性的网络教学支撑平台依据学习者特征、学生模型和存储在学习历史数据库中的领域知识模型，通过策略模型和执行模型后发生资源重组，形成再生资源，再经过一个反馈机制就推送给学习者了。同时，再生资源经过反馈机制后，变为新的学习对象，可以再进入学习对象数据库进行存储。再生资源被学习者再利用、形成新的学习对象的过程，就是图 3-16 所描述的资源再生期环节。

讲座：基于主题资源网站的学习

一、主题资源的相关概念

1. *主题学习*(Thematie Study)

主题学习即设定主题，采用探究的方法进行学习。它与新课程理念相符合，是适应新课改和个性化学习的学习方式。强调"师生广泛参与，资源建设与教学实验相结合的，充分体现了以'学生为主体，教师为主导'的资源建设新理念"。即主题学习往往基于主题资源(梁志华，王海波，2005)。

主题学习的主要形式之一是主题探究学习，它是指教师和学生围绕一个或多个问题开展探究学习的一种学习方式。主题探究学习具有以下特点：

(1)学习主题的明确性。主题是指从学科领域或现实社会生活中选择和确定的研究问题，它应贯穿于探究学习的全过程。学习的主题就要使学生明确干什么。学习内容的设计有问题化和具有可探究性的特点。

(2)学习过程的探究性。学生主动地获取网络上与主题相关的资料，在学习过程中，围绕着相关的问题进行自我探究或小组讨论，教师只是以平等的姿态参与和引导学生讨论。

(3)学习方式的广泛性。在学习活动中，改变过去学习内容主要来自于教科书的单一状况，注重学习方式的多样化，强调培养学生从网络资源中获取素材自我学习、处理、创造的能力，培养学生从网络获取信息的能力和习惯。

(4)学习的重构性和创新性。在主题探究学习活动中，强调学习者的个人知识构建与重构。

主题探究学习活动又形成了探究式学习模式和专题式学习模式两种常见模式(柯清超，2006)。探究式学习模式强调任务驱动，专题式学习模式则强调知识的整合，但是专题式学习过程也往往与主题项目结合，二者均具有促进学生知识建构和提高综合实践能力的目的，只是强调的重点和探究的层次不同。下面分别介绍探究式学习模式(Project-Based Learning，Inquiry-Based Learning)和专题式学习模式(Theme-Based Learning)。

(1)探究式学习模式

所谓探究性学习，就是根据知识学习的需要，从学科领域或现实生活情境中选择蕴涵学科知识的实践性问题或者探究性小课题，在教师的指导下，学生通过认真思考、主动探究和协作交流等探究活动，主动地去获取知识、应用知识、解决问题，从而促进学生更好地达到课标要求以及对知识的深化理解和迁移，培养学生的探索精神和创新能力(余胜泉，2005)。探究性学习通常包含五个环节，如图 3-17 所示。

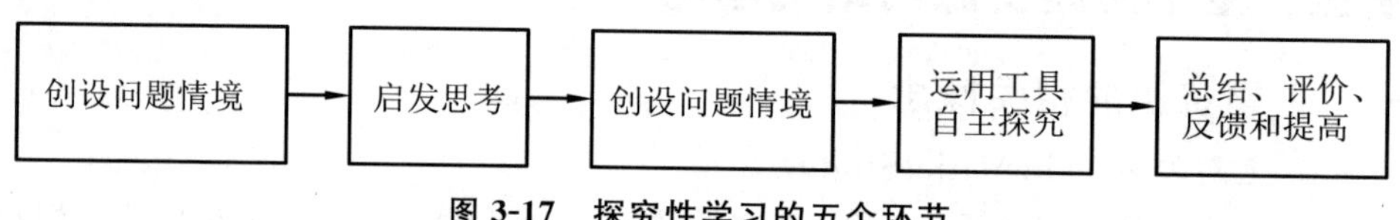

图 3-17　探究性学习的五个环节

一般来说，一个典型的探究性学习专题主要由资源区、任务区和交流区三个功能模块组成，如图 3-18 所示(余胜泉，袁华丽，2005)。

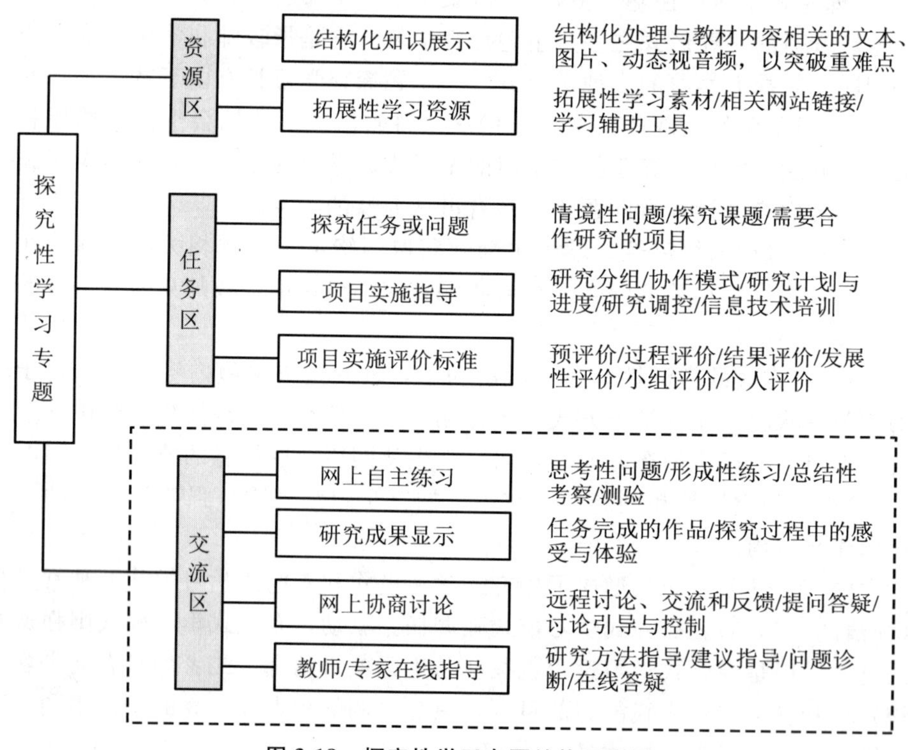

图 3-18　探究性学习专题结构示意图

• 资源区。这是该专题的知识结构体系，包括教材相关内容的结构化展示和拓展性学习资源，主要提供有助于突破教学重难点的、有助于促进学生思维的材料。

• 任务区。任务是探究性学习的载体，整个专题的学习主要都是围绕着研究任务的提出和完成来开展的。因此，需要针对学习专题的内容设计一些开放且具有激发探究和思考作用的任务，并提供解决这些任务所需活动过程的指导建议以及相应的评价方法。

• 交流区。在学习和任务解决的过程中，关于学生知识掌握程度的检测、协作交流、成果展示、专家指导等一系列支持工具，一般通过网络教学平台来实现，通过链接的方式实现与主题资源的完整结合。

这种模式的典型例子就是网络探究学习(WebQuest Learning)，WebQuest模式往往将一个需要解决的问题或一个需要完成的项目作为“任务”呈现给学生，引导学生利用网络资源开展信息查询与探索，通过对获得信息的综合分析给出相应的解决方案并完成“任务”。WebQuest 最早是由美国圣地亚哥州立大学的伯尼·道格(Bernie Dodge)和汤姆·马奇(Tom March)在 1995 年提出的。WebQuest 是一类探究导向的学习活动，其中学习者运用的信息部分或者全部来自互联网。WebQuest 是为了让学习者更好地利用时间，它聚焦于运用信息而不仅仅是寻找信息，并在分析、综合和评价的水平上支持学习者的思考(Bernie Dodge & Tom March，1995)。WebQuest 模式的理论基础是建构主义学习理论，它是建构主义在网络学习中的实践表现。

伯尼·道格提出，WebQuest 必须包括以下六个方面的内容模块：

• 一个构建“脚手架”的导言，提供某些探究背景信息。
• 一个可能完成的并且是有趣的任务。
• 完成任务所必需的信息资源。
• 一个探究性学习的过程描述。
• 对探究性学习效果可行性的评价。
• 完成这次探究性学习的结论。

此外，伯尼·道格还提出了撰写 WebQuest 的五项原则(FOCUS)：

F—找出精彩的网站(Find Great Sites)。

O—有效地组织你的学习者和学习资源(Orchestrate Your Learners and Resources)。

C—要求学生思考(Challenge Your Learners to Think)。

U—选用媒体(Use the Medium)。

S—为高水平的学习期望搭建脚手架(Scaffold High Expectations)。

基于 WebQuest 开展的探究活动一般以小组形式组织，也可以由学生个人独自探究学习。探究活动中通常采用“角色扮演”方式组织，可以激发学生的兴趣，如扮演自然科学家、记者、工人等，并将学生置身于相对真实的问题解决模拟场景或环境中开展探究活动，有利于学生在解决问题的过程中提高其高阶思维能力的发展和团队协作的能力。WebQuest 探究学习的内容可为学科教学单元的内容，也可以是交叉多学科的综合探究课程，大大地扩展了学习的外延空间，比传统的教学方式有着许多不可比拟的优势。该模式对应的主要学习资源为 WebQuest 资源。

(2)专题式学习模式

专题式学习模式是针对特定主题，培养学生整合及探索与该主题相关的知识(包括学科内单元间知识与跨学科知识)，训练其知识组织能力(柯清超，2006)。该模式对应的主要学习资源为专题学习资源。

专题式学习以综合课程的理念作为学习的发展方向，以学生为主体、以专题的学习目标和任务为导向引导学生参与学习过程。根据综合课程的设计理念和专题式学习的定义，有学者(L. C. Chen，2001)初步归纳出专题式学习的模型(王永固，李克东，2008)，如图 3-19 所示。专题式学习模型可分为外环和内环，外环为外显的学习活动，内环则是学生内心的思考及运作。当外环进行时，内环也同步进行。

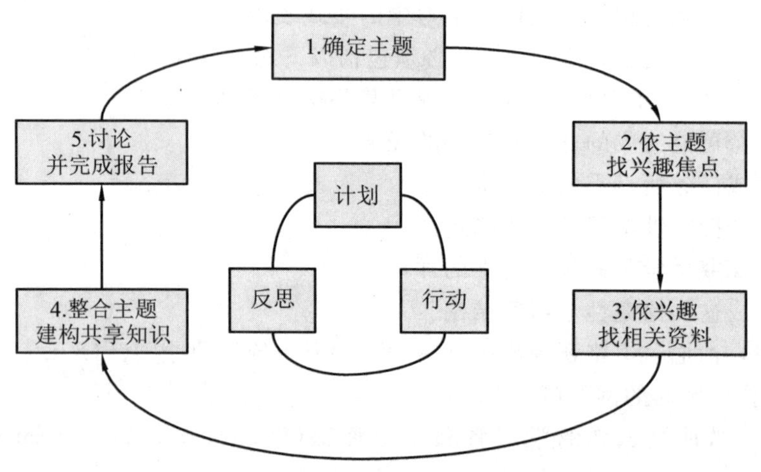

图 3-19　专题式学习的模型

在网络环境下开展小组合作式的专题学习，是把网络教学中的开放性、创新性、民主性等特点引入到专题式学习中来，最大限度地体现了学生学习的自主性，让学生在掌握知识的基础上，重点把握科学的思维方法。进行这种方式学习时，指导教师或专题学习设计者必须挖掘教学内容中的内涵，设计出有意义的学习专题，并在实施的过程中，通过电子公告牌等形式进行适当的调控、点拨或引导，启发学生积极思考，实现学习目标(刘兴红，张军翔，2005)。

专题式学习模式采用以小组合作学习的方式，要在指导教师的协助下拟定真实、复杂的专题项目，专题项目中含一系列更为具体的带有共性的“主题”，主题的分布构成了专题项目的多个方面的学习活动计划；学生可以互相分享相互之间的知识和见解。网络环境下基于小组合作的专题式学习模式具有如下特点。

• 小组成员打破班级、学校的限制，实现网络资源共享。

• 有利于学生综合能力的培养。

网络环境下的专题式学习更加重视学生在实践中进行综合能力的培养，知识的获取不仅仅依赖课堂中教师的传授；同时这种学习模式对于学习资源的要求更是课堂教学中难以达到的。在整个学习过程中，学生始终处于主体地位，教师则扮演着组织者、引导者的角色；通过引导、建议去鼓励学生的积极思考，提升学生的综合、分析和判断等高层次思维能力。

• 网络学习平台提供了多种形式的信息交互工具，有利于专题式学习小组成员的合作和交流。

例如，教师利用BBS论坛提供一个专题讨论，学生通过自己的自学之后，回到BBS论坛参与讨论，从而获得知识。教师也可以利用电子公告牌来张贴专题内容，并将各种有关资料都按专题式学习的要求，分门别类地进行整理，使学习者查起来非常方便。

网络环境下专题式学习模式对学生学习能力的培养体现在以下几个方面。

• 培养学生的独立思考以及团队合作精神。开展网络环境下的专题式学习，鼓励学生进行积极思维、充分讨论研究学习内容。采取这种学习方式的整个学习过程中，学生先是通过网络获得学习主题，然后单独进行分析思考、查阅资料，再进行分组讨论，因此非常重视小组合作交流，给学生提供了充分自主的活动空间和广泛交流的机会。由于非面对面交流，更有利于让学生充分施展自己的才能，大胆展开讨论，发表自己的见解。

• 培养学生的创新精神。通过网络开展小组合作的专题式学习给了学生充分地活动空间和时间，利用网络进行互动，采用参与式、讨论式、探讨式和发散式等不同的教学手段，以充分发挥学生的主体性和创造性。在合作学习中，组内成员必须资源共享，彼此交流，相互启发。小组合作学习的优越性在这里得以充分地体现，学生们在没有任何压力的情况下，一些大胆的设想会在小组中得到反驳或认可，并加以探讨。在网络中的交流更容易挖掘他们的创新性。

由此可见，无论是基于网络的专题式学习还是探究式学习，专题学习资源是必不可少的决定因素。如何建立主题学习网站，有效地支持专题式学习模式和探究式学习模式是我们研究的重要课题。

2. 专题学习资源

专题学习资源从狭义的角度看则可视为开展专题学习活动所需的学习光盘、专题学习网站、多媒体教学课件等数字化的教学资源。目前专题学习网站被中小学教师作为主题资源而被广泛开发和利用。专题学习网站是指有特定的受众者(如学生、被培训者等专题学习者)，围绕特定的学习主题、教科研主题，完成特定信息的搜索和提供、组织与发布，或者提供互动学习平台的教育网站。专题学习网站的建设主体既有教育行政部门、研究机构和企业，也有学校和教师个人。

(1)专题学习网站

李克东教授认为专题学习网站是信息技术与学科课程整合的一种新型形式，充分发挥了信息网络的开放性、交互性、共享性、超媒体、大容量等优势，具有以下特点。

- 是一个网站，具有网站的基本性能。
- 是一个供学习者开展研究性协作学习的平台。
- 是以专题知识为导向的建设和应用项目。
- 以培养学习者的创新精神、实践能力，提高学习者的信息素养为目标。
- 是师生广泛参与，资源建设与教学实践相结合的研究项目。

专题学习网站的结构如图 3-20 所示。

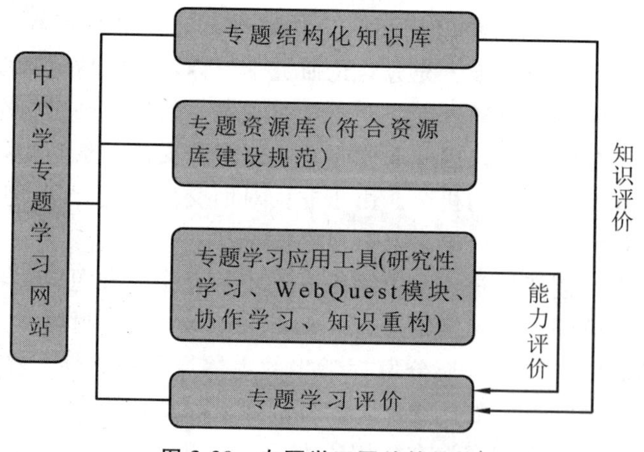

图 3-20　专题学习网站的结构

专题学习网站至少应包括专题结构化知识库、专题资源库、专题学习应用工具和专题学习评价四部分：

• 专题结构化知识库部分是指通过收集、整理、建设与本专题相关的文本、图片、动画、音频、视频等教学媒体，按一定的教学策略进行分类、组织，以网页形式制作的具有较强交互性的专题网络教学课件，也称为专题型课件。

• 专题资源库部分是指按有关的资源建设规范分类、整理与本专题相关的资源入库，并提供良好的资源上传、下载、资源维护、资源检索、资源应用等资源管理与应用功能。

• 专题学习应用工具部分是指学习者提供能应用专题知识和专题资源进行网络学习的工具。

• 专题学习评价部分是指为学习者提供自我学习测评的手段。

(2)支持探究式学习主题资源

网络环境下的研究性学习即“网络主题探究”是一种用网络教育资源进行的探究活动。探究性主题资源的建设最终是为探究性学习服务的，因此在资源建设方面必须体现出一定的探究性教学需要和教学要求，应该遵循如下原则(余胜泉，袁华丽，2005)：

• 提供完整性资源的原则。尽可能从章(单元)的角度出发，既提供与某知识点密切相关的资源，又注重各知识点之间的内在联系，提供本章完整的资源架构。尤其对于像理科这样逻辑性比较强的学科，各知识点间关联性很大，在建设探究性主题资源时更应以章来组织。

• 提供相关性丰富资源的原则。一个探究性主题资源应该提供与该知识点或主题密切相关的、丰富的教学资源。

• 体现探究性学习的原则。在资源建设时，要注意设置具体的、可操作的启发性问题，留给学生探究的空间，并且提供解决问题的资源、建议及支持等。

• 联系生活实际的原则。选择的所有任务、问题、活动，都应尽可能与实际生活密切相关，以便促进学生将所学知识与实际生活建立联系。

• 注重体现教学思路的探究活动设计的原则。要注重自主探究、小组协作等活动的设计，并为相关活动的开展给出建议、说明及支持工具(如几何画板课件、待填写的表格等)。

• 注重练习与检测的原则。探究性主题资源必须注重知识的综合运用，提供给学生练习与实践的机会。通过提供“实战演习”空间和单元综合运用，可以检测学生对整个知识的掌握情况，并促进学生对所学知识的迁移运用。

• 分段建构知识概念图的原则。要帮助学生建构有关每个知识点和主题的知识小结、归纳、提炼、概念图等，以帮助学生很容易抓住重点内容、突破难点内容。但要注意这些知识归纳和概念图不应直接给出而应留出一定的探究空间，让学生在教师的指导下进行阶段性自我建构。

• 提供完整性评价的原则。在大型探究性学习活动或研究性主题学习中，要提供全面的评价量表，尤其要有导向性评价量表。

• 提供学习指导的原则。通过清晰的研究指导、导航和帮助，减少学生探究中的迷惑，提高探究效率。

• 使用多种媒体呈现的原则。不同的学生有着不同的认知风格，多媒体可以提供多角度、多感官的资源展现方式，适应学生的不同需要。如可能，则应尽可能使用多媒体方式呈现。

有专家提出“探究教学”的如下三种层次(叶平，2006)：

• 有结构的探究：提供将要研究的问题、解决问题所需要的材料和方法，但不提供预期结果。学生根据自己收集到的资料进行概括，发现联系，找出问题的答案。

• 指导性探究：只给学生提供要研究的问题，有时也提供材料，学生必须自己对收集的数据进行概括，弄清如何回答探究的问题。

• 自由探究：探究教学活动中，学生必须自己独立完成所有的探究任务，当然也包括形成要研究的问题。

基于网络的主题探究属于第一层次或第二层次，通常以“工作单方式”进行“引导式探究活动”。

WebQuest 模式是常见的网络探究学习模式，是一种主题探究式的课程网站，课程遵循了建构主义“抛锚式”教学模式。WebQuest 资源首先是以精心设计的网站形式出现，它赋予学习者明确的方向，给学习者一个有趣且可行的任务，并提供必需的、能够指导他们完成任务的资源，还告诉他们评价的方法，以及概括和拓展学习的方式。

WebQuest 课程学习以探究为取向，学习者使用的多数信息来源于互联网。相对于收集信息而言，WebQuest 关注的重点是信息的使用，用来支持学生在“分析、综合和评价”级别上的思考，在布卢姆教育目标分类学(知识、领会、运用、分析、综合、评价)中处于最高的位置。在 WebQuest 资源设计中，往往直接给出“预设资源”或“相关资源”，而把设计重点和对学生的任务要求放在探究过程和评价等要素上。

讲座：基于学习对象的数字化资源

一、学习对象和特点

什么是学习对象？在教育技术领域学习对象是一种新型的资源组织形式，学习对象是任何能够被重用来支持学习的数字化资源(David A. Wiley，2003)。学习对象最初来源于计算机科学中的面向对象的设计思想，使一个对象能够在多种情境下重复有效地使用，这种思想被应用到教学设计中，设计者可以建立适当大小的能在不同学习情境下多次重复使用的数字化教学对象，它能够为许多人在不同时间、地点利用，而且那些由多个学习对象集成的教学信息可以相互组合并快速更新，这就是学习对象思想的最大特点。

学习对象有下列共同的显著特性(胡小勇，祝智庭，2002)：

(1)可重用性

所有关于学习对象的理论文献都将可重用摆到了突出的位置，可重用性是学习对象最根本、最重要的特性，也是统领其他特性的关键点。从某种程度上说其他特性都是为了保证学习对象可重用而加以突出的。可重用是一个含义广阔的范畴，它既包括不同人(资源利用者)出于不同目的对资源的重用，也包括在不同时间、不同空间上的重用，还有在同一情境内或不同情境间等多种情形下的重用效率和共享效果的问题。学习对象理念追求的是一个各种影响可重用因素间最优化组合的结构状态。

(2)数字化资源

学习对象的数字化可以使学习对象限定在符合相关标准并可以通过网络传输的各种不同大小的数字化实体之内。这些数字化学习对象小的可以是图像、照片、音频片断、小段文本、动画及小型网络传输应用程序，大的可以是课堂实时录像等。

(3)教学性

学习对象是针对教学而产生的特定构件，它为教学特别设计而存在。

(4)自足内聚

自给自足，自我包容，内聚的特性使学习对象成为一个能离散独立而又绝对具有应用价值的教学资源构件。一个自给自足的学习对象可以单独完成它自己的教学功能而无须过多地求助于其他教学资源或学习对象，这样使它可以独立高效地传输并共享给其他利用者，以使其在不同情境下重用。

(5)以元数据标识

元数据字面上的解释是关于数据的数据。它的作用在于描述数据资源的关键属性，以便于资源的检索查询。为学习对象建立各种重要的元数据(如标题、作者、版本、格式、内容描述、教学作用、可重用度等)有两方面的作用：一方面，保证教学资源的容易和高效检索；另一方面，保证并加速各个组织机构间不同学习对象的传输与交换，在标有关键的元数据属性之后不同机构、公司、学校间的学习对象资源可以互通有无，或进行相关兼容性的修改。

(6)可共享、可搜索、易接触

可重用的前提表现就是资源能够得到共享。一种不能共享的资源难以展开大规模的重用。保证资源共享的措施有多种，如标准规范开放化、格式统一化等。而共享网上教学资源的首要前提又在于能够检索到符合需求的资源，进一步则需要能高效搜索获取到相关度高的资源。这涉及一个资源有序化的问题，依照学习对象规则(如元数据等)来建立教学资源可以实现学习对象可共享、可搜索、易接触。

(7)可聚合

学习对象是一种有效的数字化教学资源构件，教学者可以将它快速高效地进行组合，可积聚性是指单个的学习对象可被聚合而重组成更大层次的学习对象，或编组成更大的学习内容序列。如教学模块、网络课程等。当然对学习对象的组合编列不能简单随意行事，而需要依照一定的教学设计原理、学习策略和相关编列理论来进行。

(8)跨平台、兼容性

为了让多个学习组织、著作工具、不同情境能够重用学习对象构件，学习对象还必须要能够在不同的环境、平台中兼容、互操作，以实现真正意义上的方便管理和互相沟通。

(9)目标指向

目标指向性即某个学习对象应该是针对某个特定学习目标的，它的建立是为了让学习者在不同层次上了解、掌握直至应用某类学习内容。学习者在学习这个学习对象之后，应该掌握其内含的教学内容，并达到教学目标。目标指向需要学习对象设计者在设计之初就确定学习者学习此学习对象后应能达到的学习水平，如“了解、记忆、掌握、评价、综合”等。再根据这个目标来对学习对象内部进行编列组建，内容与目标不符(过高或过低)都将导致学习对象的失效性或无效性。

(10)灵活性

学习对象应该具有一定的灵活性，为了满足学习者不同的学习需要，教学设计者一方面可能需要将学习对象进行改造重组(如果需要改造的力度过大，则新建学习对象)。另一方面还需要用它来为个体学习者自定义生成个性化的课程结构。

二、学习对象资源建设

学习对象作为一种新型的学习资源组建形式，目前被国际教育技术领域普遍认为是解决资源重用与共享的有效途径。

在资源库系统的建设中，主要关心的是学习对象元数据(Learning Object Metadata，LOM)标准。所谓元数据(Metadata)就是关于数据的数据，是对数据的属性描述。学习对象元数据就是描述学习对象的属性的数据集，它包含对学习对象名称、标志符、类型等属性的描述信息(张勇，王良辉，2008)。目前，比较权威的LOM标准有IEEE学习技术标准委员会的学习对象元数据标准，美国的IMS全球学习协会的LOM标准，以及我国网络教育技术标准委员会(CELTSC)的LOM标准。

1. LOM标准对可重用的学习对象的描述

学习对象元数据标准旨在为学习者或教育者对学习对象的查找、评估、获取和使用提供支持，同时也支持学习对象的共享和互换。

LOM模型是一个分层次的结构。最上层是一个根节点，根节点包含9个子元素。子元素还可以包含子元素。IEEE的LOM模型将学习对象的基本特征分成9个不同的类别，分别为：通用(General)、生存期(Life-cycle)、元—元数据(Meta-Metadata)、技术(Technical)、教育(Educational)、权利(Rights)、关系(Relation)、评注(Annotation)、分类(Classification)。以上的9个类别组成LOM模型的基本框架。最后一个类别，即分类，允许用户根据任意的分类结构对学习对象进行分类。由于任何分类法都能被引用，这个类别提供了一种简单的扩展机制(刘清堂，杨宗凯，付琴，2003)。

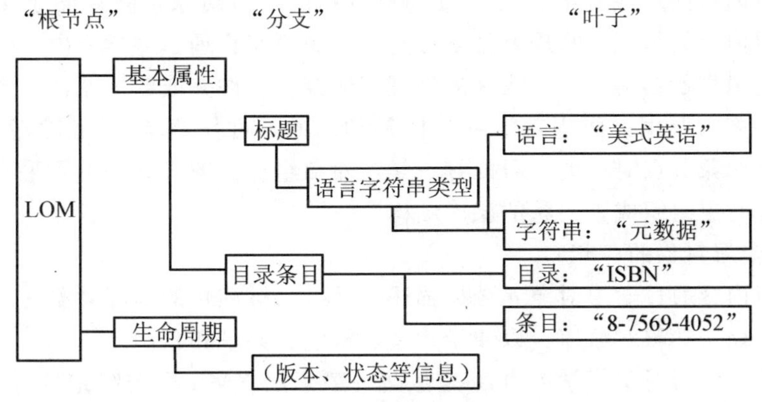

图3-21　LOM数据模型的层次结构举例

可重用的学习对象(Resuable Learning Object，RLO)的元数据描述符合LOM基本信息集并进行简单扩展，它包括：

通用信息：RLO标识符、RLO标题、目录项(课程、章节项等信息)、语言、关键字、内容描述信息；

生存信息：版本、创建者信息(关系、拥有者、作者名、创建日期、出版日期和完善日期)；

元数据信息：遵循的标准、语言信息；

技术信息：媒体格式、软件；

教育信息：RLO资源类型；

分类信息：RLO目标分类、学习目的；

评注信息：评价内容、评价日期、评价人；

扩展信息：前提知识描述、学习策略描述等。

2. 学习对象在教育资源开发中的应用

网络教育应用主要集中在两个方面，即教育资源(学习内容)的管理和学习的管理。可重用的学习对象应用于网络教学资源的开发，它包括学习对象的制作、学习对象的组织和集成、学习对象的存储和学习对象的动态发布(刘清堂，杨宗凯，付琴，2003)。

(1)学习对象的制作

学习对象的制作包含两个方面的内容，即学习内容的制作和学习对象的元数据描述。学习对象的内容来源于已经存在的学习内容和新的学习资源的开发。

(2)学习对象的组织

学习内容描述成标准化的、可共享重用的学习对象，并存储于学习对象库。学习内容的组织与管理就是学习对象的组织与管理。将学习内容的物理资源与其逻辑显示结构分开，实际的物理资源存在文件夹或数据库，可供内容开发者任意多次调用，而逻辑组织结构是动态的，可任意增加/删除对象节点，任意更新对象节点对应的学习内容。学习对象组织的逻辑结构主要采用层次结构，学习对象组织成为树状的层次结构。

(3)学习对象的存储

学习内容通过学习对象元数据描述，转换为标准化的学习对象，以学习对象形式存储于学习对象库，以便于管理、检索、共享和重用。

目前，学习对象或学习资源的存储一般采用XML数据绑定的存储方法，存储的策略一般有下列三种方案：

①将半结构化的 XML 数据通过一定的映射关系存储到传统的关系型数据库里；

②将 XML 文档映射成一个对象，存储在面向对象的数据库里；

③直接开发出专用于 XML 存储的 XML 数据库。

(4)学习对象的发布

采用可重用的学习对象技术的应用系统应提供动态发布接口，可以将学习对象发布成 CD-ROM、Print-Based 文本等形式，或者发布成 HTML 格式，用户可直接通过 IE 浏览器浏览。

专题四　常用网络教学通信工具

网络通信工具就是一个终端服务，允许两人或多人使用网络实时或非实时地传递文字信息、档案、语音与视频进行交流，是网络通信的主要手段。利用网络通信工具人们创造了许多新颖的网上教学模式，并出现了许多新的教育概念，如虚拟教室、虚拟大学等。“虚拟”一词表示网络教育突破了传统教育形式的时空限制，身处异地的师生哪怕远隔千里也能互相“看得见”“听得着”，即使在不同时间也能进行异步讨论。

实现网络教学，需要借助于一些通信工具软件，其中也包括 Internet 的多种社会性软件以实现各种信息服务。

我们将可用于教学的网络通信工具按照其功能不同分为 4 类：第一类，信息交互类。主要用于师生之间的信息交互，这类是目前师生使用频率较高的一种。第二类，信息发布类。主要用于师生个人或群体存储、记录和发布自己教学/学习的资料、心得。第三类，信息共享类。主要用于支持信息空间的共享，这类大多数就是 Internet 提供的信息服务工具。第四类，协同作业类。有些网络通信工具兼有前三类工具的功能，可以支持远程师生之间、生生之间的协同作业，通常称为“群件”(Groupware)。表 3-3 比较了常用的各类通信工具特性。

表 3-3　常见网络通信工具交互特性比较(张进良，汤仁斌，2007)

类型	名称	时间特性		空间特性			信息类型		
		同步	异步	一对一	一对多	多对多	文本	音频	综合
信息交互类	QQ，ICQ，MSN	√		√		√			√
	IP 电话等	√		√				√	

续表

类型	名称	时间特性		空间特性			信息类型		
		同步	异步	一对一	一对多	多对多	文本	音频	综合
信息交互类	BBS(论坛)		✓			✓	✓		
	语音会议系统	✓			✓	✓	✓	✓	
	视频会议系统	✓			✓	✓			✓
	USERNET，百度知道		✓			✓	✓		
	MUD/MOO多用户同步通信	✓				✓	✓		
	聊天室	✓		✓	✓		✓		
	E-mail		✓	✓		✓	✓		
信息发布类	Blog		✓		✓		✓		
	教学公告		✓		✓		✓		
信息共享类	远程登录(Telnet)	✓		✓					✓
	服务器文件共享(FTP)		✓	✓					✓
	检索服务系统(Gopher)		✓	✓					✓
协同作业类	Wiki	✓				✓	✓		✓

理解：网络教学通信工具的作用和使用

活动一：调研网络教学通信工具的类型与功能

时间：70分钟

内容：利用网络搜索相关资源，结合表3-3的内容，充分了解各类网络通信工具的概念，了解其主要功能、使用方法

步骤：	学习作品：
□ 资料查找与学习 □ 小组讨论 □ 撰写小组报告	□ 小组报告

➡ 步骤一：资料查找与学习

个人通过网络搜索引擎、数字图书馆或者查阅书刊，查找与网络通信工具相关的资料，开始的时候尽量找一些基础性的介绍和科普性质的资料。阅读和学习这些资料，对各种用于信息交互的网络通信工具概念进行充分的了解——了解其主要功能和使用方法。然后下载免费的典型的网络通信工具，学习其使用。

➡ 步骤二：小组讨论

个人学习完成之后，小组长组织大家进行讨论，互相分享自己对各类网络通信工具的理解和认识，最终目的是让每个成员对每类网络通信工具的功能和使用方法有正确的了解。

➡ 步骤三：撰写小组报告

在小组成员统一认识的基础上，用自己的理解和自己的语言描述对各种网络通信工具概念、功能和使用方法的认识，要求描述清楚，图文并茂。

活动二：分析各种网络通信工具在教学中的应用

时间：70 分钟 内容：结合对各类典型网络通信工具的了解和认识，分析其在各种网络教学模式中的作用	
步骤： □ 了解常见的基于网络的教学模式 □ 讨论网络通信工具在网络教学中的应用模式	学习作品： □ 分析报告

➡ 步骤一：了解常见的基于网络的教学模式

随着网络技术以及教育信息化的发展，基于网络的教学模式层出不穷，如个别指导型教学模式，基于资源的主题教学模式，基于案例学习的教学模式，基于网络协作学习的教学模式和基于问题的教学模式等，这些教学模式对网络通信工具的需求各异。请同学列出常见的基于网络的教学模式，并解释各种教学模式的要素和实施策略。

➡ 步骤二：讨论网络通信工具在网络教学中的应用模式

教学模式 1：____

____

教学模式 2：____

____

教学模式 3：____

____

教学模式 4：____

____

教学模式 5：____

____

教学模式 6：____

____

专题五　网络资源共享技术

讲座：网络信息资源共享、应用软件共享和硬件资源共享技术

计算机网络的主要目的就是在于实现网络资源共享。无论网络用户处在什么地方，也不论网络资源存在何处，都能方便使用网络中的共享设备、应用软件和网络上的信息资源。计算机网络使得用户使用千里之外的资源就像使用本地资源一样。

计算机网络由资源子网和通信子网组成，网络资源主要在资源子网部分。网络上可共享的资源主要有信息资源、软件资源和硬件资源。其中，可共享的硬件资源包括超大型存储器、特殊的外部设备以及大型机、巨型机等，共享硬件资源是共享其他资源的基础；可共享的软件资源有各种语言处理程序、各种软件工具和应用程序等；可共享的信息资源有网上各种数据库、电子书籍和电子报刊等。

一、网络信息资源共享技术

1. 文件服务器技术

文件服务器(FILE SERVER)使得联入局域网的网络用户可以共享文件服务器中存放的数据库文件或其他类型的文件。文件服务器的原理是用户对文件服务器上的文件提交读写等请求，文件服务器收到请求后搜索用户所需要的文件，并将数据发送到工作站或处理用户对文件的修改等要求。文件服务器的缺点是使网络负荷较大，致使网络工作站的效率降低。

文件服务器涉及许多方面的技术，其中目录服务、文件权限管理和共享磁

盘管理等技术是关键技术。

目录服务为网络管理员和网络用户提供了对网络的逻辑视图，隐藏了网络的物理结构和配置的复杂性。网络逻辑视图可以被组成有意义的形式，而且使网络用户容易识别，网络管理员和用户不需要知道网络的物理特征就可以方便使用网络。

文件权限管理包括用户注册和口令安全、文件目录的安全属性、用户对文件目录的存取权限等。只有登录到网络的合法用户才能共享服务器资源。只有经过网络管理员授权，才能改变相应文件或目录的安全属性。

共享磁盘管理技术可以最大限度地突破网络上数据交换的瓶颈，满足大量网络用户对文件服务器的并发请求。NETWARE 4. X 中采用目录缓存、文件缓存、目录 HASH 和后台写盘等共享磁盘管理技术。

2. 客户/服务器技术

在客户/服务器体系中，客户机的应用程序通过网络向服务器发送请求，网络将客户请求传送到服务器，服务器执行客户的请求，完成所要求的操作并将结果回送给客户。在这个过程中，客户机和服务器之间只需要传送服务请求命令和命令执行结果，而不需要传送整个文件。客户/服务器技术使得客户和服务器进行合理的分工和协同操作，可以充分发挥服务器和客户机各自的处理功能，大大减少了网络通信量，有利于改善网络性能，向客户提供高质量的网络服务。

客户/服务器的实现，要求服务器已经在运行，同时，客户机必须知道服务器的地址以及服务器的监听端口(Port)等信息，而后才能向服务器发出请求或命令。服务器是不会主动和客户联系的，它是被动地为客户服务的。

在 Internet 中大量运用了客户服务器技术来实现信息资源共享，如 WWW、E-mail、Telnet、Newsgroup 和 Gopher 等服务都是典型的客户/服务器模式。可以说，客户/服务器技术是 Internet 大厦的基石，没有客户/服务器技术，就没有 Internet。

3. 缓存服务器技术

缓存服务器(Cache Server)技术的本质是用空间来换取时间，它是一种临时性的信息资源共享技术。它一般和 HTTP 代理服务器集成在一起。其基本原理是 Web 页面一般变化不大，缓存服务器把用户访问频率较高的 Web 页面存在缓冲区中，如果用户(可以是其他用户)再次访问缓存服务器有过记录的 Web 页面，缓存服务器直接把缓存中的结果返回给用户，而不必到真正的网站去取页面内容，从而加快了服务反应时间，减少了网络上不必要的流通量。

为了保证用户通过缓存服务器能访问到最新内容，缓存服务器会在空闲的时候或根据管理员设定的时间去检查相应的 Web 页面是否已更新，如果是，则更新缓存中过时的内容。

二、网络应用软件共享技术

1. 应用软件共享技术概念

应用软件共享是指由一个群体的各成员通过各自的机器共同控制在一台机器执行的应用程序。应用共享的目的是扩展已有的大量单用户应用程序，使之可由多个用户共同控制，实现协作。应用共享的基本方法是把单用户应用程序的显示输出分发到各用户的机器上进行显示，并按一定策略合并各用户的输入对应用程序进行控制。应用共享是一种典型的计算机协同工作模式，应用共享技术可应用在远程教育中，教师和学生可在不同的地点操作同一个软件，完成某项任务，可视化交流，操作更直观，使用更方便。

2. NetMeeting 应用共享

Microsoft NetMeeting 是应用较为广泛的一套基于 Internet 和 Intranet 的实时多媒体通信系统。应用程序共享是 NetMeeting 提供给线上交谈的人士共享一套应用程序的功能。NetMeeting 可以在网络上共享程序，在屏幕上可见到操作的窗口，也会显示在对方的监视器上，特别适用于应用软件演示讲解和协同工作。NetMeeting 应用共享形式包含两种方式：一种方式是共享应用程序的对方仅能观看而无法操作应用，称为远观共享；另一种方式则为共享应用程序的对方不仅能观看且可共同执行该程序——即使在他的计算机中没有这个应用程序，称为协作共享。

(1)远观共享。启动“NetMeeting”，然后“呼叫”与会者，再启动要共享的“应用程序”，再切换到“NetMeeting”，进入“工具/共享应用程序”，然后选择要共享的“应用程序”，此时它会显示在每个与会者的“桌面”上，其他与会者就可以在自己的监视器上浏览和查看该共享软件，但他们不能参与编辑。

(2)协作共享。要让对方除了能欣赏到操作实况外，还可以实地操作到共享应用程序，这就要使用合作的功能。操作方法和前面的过程基本相同，区别就是开启共享的应用程序后，点击合作按钮，再选择要与大家合作的应用程序即可。要与其他用户合作，首先要打开应用程序并进行共享，然后按下列步骤操作：打开“工具/开始协作”，选择要协作处理的文档；多个用户协作处理文档时，每个参与者都可以控制光标，只要双击文档即可获取控制权。一个用户获取控制权时，所有其他用户看到光标显示控制人员的姓名缩写。多个用户协作处理文本的效果是积累的，每个用户都轮着编辑文档，就像在自己的计算机上一样。

3. PC Anywhere 应用共享

作为一个远程控制软件，PC Anywhere 允许连接到被管理的任何计算机上，通过屏幕共享技术看到被管理机器的屏幕，并可以对之进行任何操作。PC Anywhere 的应用共享实现过程是：

(1)在本地计算机与远程计算机上安装好 PC Anywhere，安装完毕后，本地机即可设为控制端，远程机即可设为服务端。

(2)由控制端向服务端发出共享控制请求，如果网络运转正常，服务端收到共享控制请求以后会给出一个响应信号，要求对控制端的合法身份进行验证，此时，控制端必须向服务端提供远程控制所需的合法用户账号及密码，如果服务端验证密码及账号无误，则控制端可以开始操纵服务端进行远程控制，否则，服务端拒绝控制端的控制请求。对于这一系列的认证过程，服务端的 PC Anywhere 都可自动完成，不像 NetMeeting 那样需要人为值守。

(3)操作远程机器进行各种活动。

类似 PC Anywhere 远程控制软件，还有 VNC(Virtual Network Computing)，Linux/Unix 下的服务器软件叫做 VncServer，Windows 下的服务器软件叫做 WinVNC；客户端软件叫做 VncViewer。

三、网络硬件资源共享技术

1. 远程登录

远程登录是为某个 Internet 主机中的用户与其他 Internet 主机建立远程连接而提供的一种功能服务。一旦用户使用 Telnet 与主机建立连接后，该用户就可以利用远程主机的各种资源和应用程序了。用户可在远程计算机启动一个交互式程序，可以检索远程计算机的某个数据库，可以利用远程计算机强大的运算能力对某个方程式求解。

用 Telnet 登录进入远程计算机系统时，启动了两个程序，一个叫 Telnet 客户程序，它运行在本地计算机上；另一个叫 Telnet 服务器程序，它运行在远程计算机上，本地机上的客户程序要完成如下功能：

• 建立与服务器的 TCP 连接。
• 从键盘上接收输入的字符。
• 把输入的字符串变成标准格式并送给远程服务器。
• 从远程服务器接收输出的信息。
• 把该信息显示在自己的屏幕上。

远程计算机的“服务”程序通常被称为“精灵”，一旦接到请求，它马上活跃起来，并完成如下功能：

- 通知用户的计算机，远程计算机已经准备好了。
- 等候用户输入命令。
- 对用户的命令做出反应(如显示目录内容，或执行某个程序等)。
- 把执行命令的结果送回给用户的计算机。
- 重新等候用户的命令。

2. 网络打印技术

运用网络打印技术，整个局域网可以共享一台或多台打印机，节省了计算机硬件投资，提高了硬件设备的使用效率。网络打印是最基本的硬件共享技术，许多操作系统，如NETWARE，Window NT都提供了强大的网络打印功能，Window 9x也支持基本的打印机共享。打印机的共享通常以串行的方式实现，这是由打印作业的特殊性决定的。每一个打印作业都是独立的不可分割的，只有在一个打印作业全部执行完毕后，才能开始打印另一个作业，否则，如果多个打印作业混合执行，用户将得到由不同打印作业的混合字符所组成的难以识别的打印结果输出。因此，打印作业必须在某一打印队列中等待。

3. 代理共享技术

为了尽可能地降低上网费用，许多单位都希望能够用一条电话线、一个Modem和一个ISP账号使多个用户同时访问Internet。网络代理技术可实现对一台代理(Proxy)服务器资源的共享。代理服务器的功能就是代理用户去取得资料回来。所有用户对外只占用一个IP，所以不必租用过多的IP地址，可降低网络的维护成本。由于对已服务过的资源，再次访问时，从代理服务器的本地得到服务内容，节省网络流量费用，同时提高了访问的速度。此外，采用代理技术，只有一台代理服务器对外，内部计算机采用内部地址获得服务，不容易受到攻击，提高了网络的安全。通常用户使用浏览器要去连接远方的站点取得资料时，须送出请求信号，然后取得回应，然后再一个字节、一个字节地传送回来。等到有了代理的设定以后，要求资料的信号会先送到代理服务器，而代理服务器就好像一个大储藏库，如果在用户要去的站点之前已经有人先一步上线过，代理服务器会将相关的资料(包含文字、图形、多媒体等)的备份传送给该用户。

以WinGate为例，它正是针对用户的这种需求设计的，设置简单，访问速度快。WinGate是一个多协议的代理服务软件，作为一种特殊的网络工具，允许多个用户在局域网中只通过一条电话线、一个Modem和一个拨入账号一起浏览网页、收发E-mail、查阅新闻组、进行文件的FTP传输。因此特别适合中小企业内部局域网中的PC用户同时在Internet上“冲浪”。使用代理共享技术的条件是：

• 系统必须要有一台用调制解调器连上ISP的PC，运行Windows 98。在此称为Gateway Machine。

• 其他PC必须和Gateway Machine以网卡相连接，在此称为Workstation。

• WinGate只在Gateway Machine上执行，在设置好Gateway Machine之后，要在各Workstation上设置Proxy。

4. 地址转换技术

NAT(Network Address Translation，网络地址转换)是一个IETF标准，允许一个机构以一个地址出现在Internet上。NAT将每个局域网节点的地址转换成一个IP地址，反之亦然。

利用一台路由器或防火墙设备，通过该设备进行IP地址转换(NAT)，使采用内部地址的计算机能够访问Internet。因为所有计算机对外只占用一个IP，所以不必租用过多的真实的IP地址，可降低网络的维护成本。由于它也可以充当防火墙，把内部IP地址隐藏起来不被外界发现，这样不容易受到攻击，提高了网络的安全。现在ADSL和有线的上网服务，就是由服务供应商为用户的计算机访问Internet提供IP地址转换的。

创建：个人学习成果主题资源网站

活动一：在Moodle环境下建立学习团队

时间：30分钟 内容：体验Moodle平台，在Moodle中尝试小组协作，建立学习团队
步骤： □ 注册Moodle用户 □ 建立学习团队 □ 形成团队文化

➡ 步骤一：注册Moodle用户

在访问Moodle中的课程之前，首先需要注册用户。Moodle采用邮件激活的方式进行注册。在完成了基本信息的填写之后，Moodle会把一封注册确认信发送到用户填写的邮箱中。在该邮件中会包含一个激活链接，点击即可完成注册。

➡ 步骤二：建立学习团队

教师对学生进行分组，每组4～8人，由学生选出小组长。教师根据分组结果在Moodle中将学生分配到相应的小组中。

同时可以进行一个"记住你的伙伴"的活动。活动内容如下：

小组成员围坐一圈，在一张纸条上写出一句话进行自我介绍，组长收起所有纸条。之后，小组成员依次说出自己的名字，并用这句话介绍自己。接下来，组员依次抽出一张纸条读出上面的文字，并说出这是谁的自我介绍。

➡ 步骤三：形成团队文化

教师在课程中添加一个Wiki，名为"我们的团队文化"，类型设为"小组"。各组进行头脑风暴，总结本组的团队文化。

团队成员设计团队"Logo"和自己的团队规范。

在个人学习成果主题资源网站上传自己的资源作品，与大家分享。

参考文献

[1]白继芳．面向服务对象的中小学数字图书馆平台建设[J]．中国信息技术教育，2008(9)：91-92.

[2]陈琦，张建伟．信息时代的整合性学习模型——信息技术整合于教学的生态观诠释[J]．北京大学教育评论，2003(3)：90-96.

[3]陈天，余胜泉．知识管理与网络学习[J]．中国电化教育，2002(5)：63-65.

[4]CELTS-31：教育资源建设技术规范[EB/OL]．http：//wenku.baidu.com/view/e44d331e964bcf84b9d57b02.html.

[5]胡小勇，祝智庭．学习对象——网络教学技术的新理念[J]．电化教育研究，2002(4)：22-28.

[6]焦名海．超越：从辅助教学到网络化学习环境的构筑[J]．中学语文教学，2002(10)：58-60.

[7]柯清超．主题学习资源设计探索[J]．信息技术教育，2006(8)：32-33.

[8]李盛聪，杨艳．网络学习环境的构成要素及特征分析[J]．电化教育研究，2006(7)：52-56.

[9]李振基，等．生态学[M]．北京：科学出版社，2000.

[10]梁志华，王海波．基于网络的主题资源学习社区研究[J]．开放教育

研究，2005(5)：44-48.

[11]刘兴红，张军翔．基于网络环境下的小组合作专题式学习模式研究[J]．现代远距离教育，2005(3)：35-37.

[12]李克东．专题学习网站的建设和应用项目研究[EB/OL]. http：//www. doc88. com/p-776471377330. html.

[13]沈丽冰，孙涛，戴伟辉．网络生态环境及其可持续发展分析[J]．科技进步与对策，2006(11)：156-158.

[14]武法提．基于WEB的学习环境设计[J]．电化教育研究，2000(4)：33-39.

[15]王陆．信息化教育软件资源的生态资源观及其成熟度模型[J]．电化教育研究，2007(9)：50-52，57.

[16]王国清．远程教育中基于自主学习的导学策略研究[J]．中国电化教育，2007(9)：33-36.

[17]王陆，张敏霞．RBL的学习设计[J]．中国电化教育，2007(10)：5-9.

[18]王永固，李克东．主题式网络协作学习模型及其案例研究[J]．中国电化教育，2008(2)：46-51.

[19]谢幼如，柯清超．网络课程的开发与应用[M]．北京：电子工业出版社，2005.

[20]谢幼如，尹睿．专题学习网站的教学设计[J]．电化教育研究，2003(1)：34-38.

[21]杨开城．建构主义学习环境的设计原则[J]．中国电化教育，2000(4)：14-18.

[22]杨改学．解读信息化教育资源[J]．电化教育研究，2009(3)：12-14.

[23]殷晓静．基于资源的学习：信息化教育的一种重要模式[J]．教育革新，2008(8)：5-7.

[24]余胜泉，袁华丽．探究性主题资源的设计[J]．中小学信息技术教育，2005(9)：43-47.

[25]叶平．《主题网站与探究性学习》赛项培训讲座②[EB/OL]．http：//xbyj. e21. edu. cn/e21web/content. php？id=16437.

[26]钟志贤．论学习环境设计[J]．电化教育研究，2005(7)：35-42.

[27]Zhu Z T. Cross-Cultural Portability of Educational Software：A Communication-Oriented Approach[M]. University of Twente，1996.

[28]张勇，王良辉．基于学习对象的教学资源库系统设计[J]．中国电化教育，2008(6)：106-108.

[29]张进良，汤仁斌．常见网络教学通讯工具的比较[J]．湘潭师范学院学报(自然科学版)，2007(2)：150-153.

[30]Nada Dabbagh，Brenda Bannan-Ritland. Online Learning：Concepts，Strategies，and Application[M]. New Jersey：Pearson Education，2005.

[31]Wilson B. Metaphors for instruction：Why we talk about learning environments[J]．Educational Technology，1995，35(9-10)：25-30.

[32]David A. Wiley. Connecting learning objects to instructional design theory：A definition，a metaphor，and a taxonomy[OB/OL]. http：//www. reusability. org/read/chapters/wiley. doc.

第四单元 网络化教室及其应用

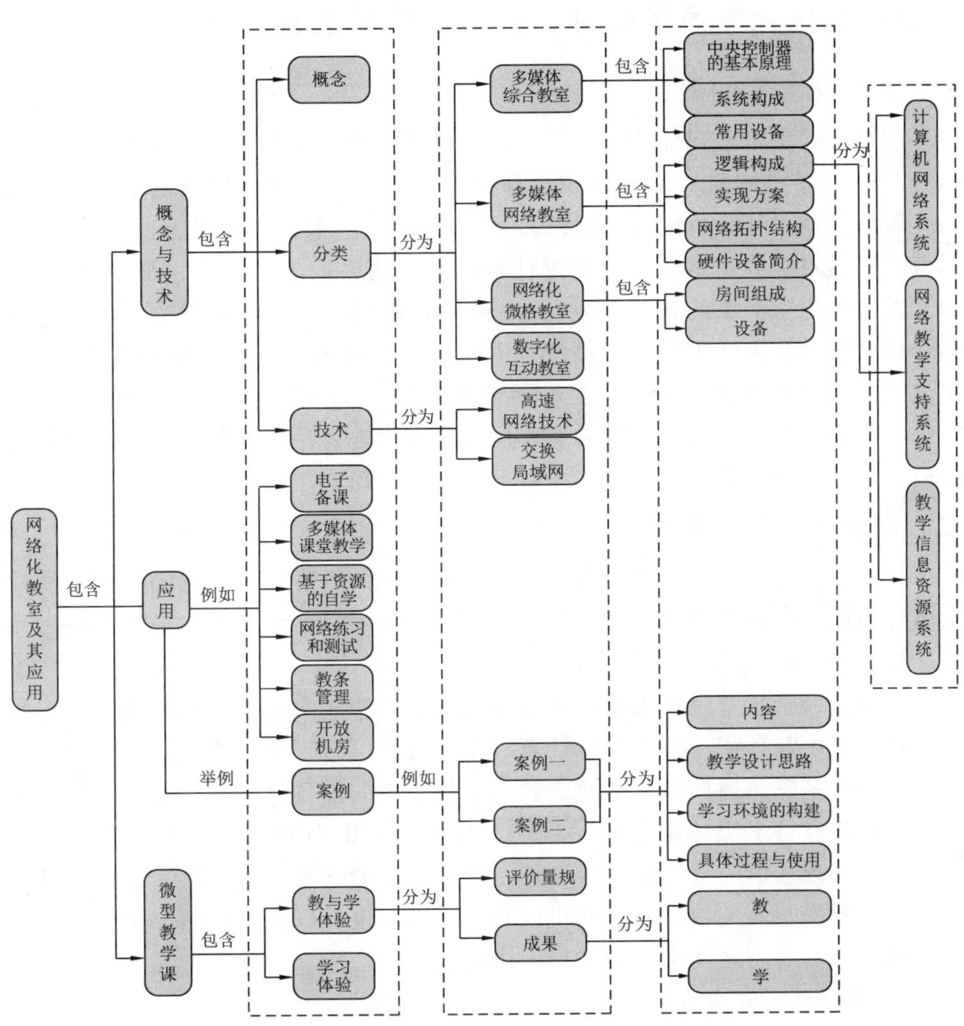

专题一　网络化教室的概念与技术

讲座：网络化教室的概念、分类、技术及其应用

一、网络化教室的概念

网络化教室是多媒体技术、智能技术、网络技术等与早期的CAI的结合，也是CAI软件、网络协同软件和全新的教学模式、教学管理方法的结合。网络化教室是基于计算机网络构建的多媒体教室，“一般具有广播、监看、辅导、示范、语音对讲等基本功能，通过计算机及其网络设施，建设一个丰富多彩、图文并茂和生动活泼的教学环境”。通过计算机网络，教师向学生讲解学习内容，也可实时监控学生的学习情况，并采取相应措施，可以实现在师生之间、生生之间交流信息和讨论。学生能够共享CAI课件库进行自学，利用所提供的练习题或试题库巩固和提高。所以网络化教室能有助于教师改变教育信息传递模式，提升课堂教学的效率和质量，创新教学模式。

二、网络化教室的分类

目前在国内兴建了许多多媒体化的、网络化的教室，按照它们的用途和性质可分为以下四种类型。

1. 多媒体综合教室

多媒体综合教室是从传统电化教室发展、演变而来的一类综合教室，它是在普通教室中配备了一台多媒体计算机及相应的信息管理设备，从而构成一个设备完善的多媒体播放系统。所以，此类教室中的设备也被称为集中式的多媒体演示系统。将多媒体综合教室用于演示教学，能由浅入深地展示重点和难点，充分表现教学的直观性和生动性，激发学生的学习兴趣和热情，也能显著提高教学效率。此类教室的计算机以及部分设备也可以联网使用，实现教室之间、教室与校园网之间的资源共享、协同工作。

2. 多媒体网络教室

在普通机房或普通教学网络(一般为20～50台计算机)的基础上，辅助以音/视频信号传输软硬件，以音/视频信号传输软硬件实现教师机和学生机间的相互连接，实现各计算机之间屏幕、声音的实时交互切换，并具有多种辅助教学组织管理功能的教学系统。在这样的教学环境下，学生不必面对黑板或投影仪，他们面对自己的计算机屏幕从而更加清晰直观；教学与实践相结合，教学

结束后可得到及时的实践，使学生对教学内容的印象更深刻，教学效果更好。网络教室具有多媒体、计算机和网络三者相结合的教学特点，其教学功能远大于多媒体＋计算机＋网络的功能。在教学过程中，既可将其作为教室，也可作为计算机实验机房，甚至还可以作为演播厅。

3. 网络化微格教室

微格教学是师范生和教师掌握教学技能的一种培训方法。微格教室为微格教学提供教室环境。微格教室的建设主要有两种类型。一种是普通教室兼做微格教室，另一种是能容纳 10 名学生的安装了固定设备的 30 平方米大小的专用微格教室。传统微格教室中使用的设备大多是采用模拟技术的电子设备，如普通的摄像机、录像机、录音机等。这类设备的电子信号传输、教学资源的查找和编辑都比较烦琐。目前，微格教室中的模拟设备大多被数字化设备所取代，如数码摄像机、硬盘录像机的使用等，在教学资源的存储方面，硬盘代替了传统的磁带，实现了数字化。通过计算机和计算机网络，教学资源的传输、查找、编辑也变得十分方便。

4. 数字化互动教室

随着技术的不断发展，互动教室以多媒体网络教室为基础，由“交互式电子白板”“投影仪”和“互动反馈系统”三大核心部分构成。教师可以在“交互式电子白板”上对教案进行修改或增加批注等。学生在课堂上如有疑问，可以通过“白板笔”与教师随时沟通，或者通过“互动反馈系统”提出自己的疑问或回答老师提出的问题。而交互式电子书包的加入则改变了学生学习的整体模式，成为未来网络教室的重要发展趋势。

三、网络化教室的技术

1. 高速网络技术

多媒体教学是基于计算机网络的一种应用，因此，高速宽带的计算机网络是开展多媒体教学的关键技术。而且在学习过程中，学生要通过视频点播多媒体课件、使用实时群件进行问题讨论都要在网络上传输多媒体数据。为了提高交互过程中信息服务的质量，必须提供高速宽带和高服务质量的通信网络。虽然 100 Mbps(每秒 100 兆)的以太网、令牌环网已能满足当前许多应用的需要，随着网络应用的深入，人们对现有网络的局限性有了新的认识，进而对高速数据网络(有时也简称“高速网络”)产生了一种迫切的需求。

什么是高速数据网络？目前比较一致的看法是，高速局域网是至少能支持 100 Mbps 以上数据传输速率的局部区域的网络。除了提供大的带宽之外，这些技术还能提供异步服务、同步服务或定时服务。

在建设网络化教室时，我们不应该被千兆以太网能够提供的高带宽所迷惑，而应该明白千兆位的速度只是它理论上可以提供的极限速度，在实际网络中会有种种因素导致它不能达到这个极限值。千兆位以太网的真正应用是在大学校园或建筑大楼内部的光纤互联交换链路(ISL)中，也就是说，对于大部分台式机应用，一般使用的是交换式 100 Mbps 连接，这些连接可以连到千兆位以太网上，而不同的千兆位交换设备则通过 ISL 连接起来。

2. 交换局域网

在传统局域网应用系统设计中，人们通过“缆段微化”的方法，将一个大型局域网分成多个子网，然后用网桥、路由器互连形成能够相互交换信息的系统。随着网络应用的扩展，缆段微化的方法能解除网络通信的瓶颈，已经不能满足用户的需求。解决的方法有两种：采用高速局域网和交换局域网技术，高速局域网是从提高缆段传输速率着手，而交换局域网是从多缆段连接中心集线器着手。

交换局域网中的关键设备是交换式集线器(Switching Hub)。交换式集线器为每个端口提供专用的带宽，网络总带宽为各端口带宽之和。例如，一个 10 Mbps 的交换式集线器连接了 1 台文件服务器与 8 台工作站。它分别为文件服务器与工作站提供 10 Mbps 的专用线路，因此交换式集线器的总吞吐量可以达到 90 Mbps。

交换式集线器采用了两种技术：直通式与存储转发式。直通式技术允许在完整的报文分组到达交换式集线器之前便开始转发。存储转发式则是在完整的报文分组到达后，经过差错检测后，再通过连接目的节点的端口转发。交换式集线器的交换技术可以分为动态端口交换、动态段交换、静态端口交换和静态模块交换。它具有以下主要功能：

(1)支持多个网段，允许多网段中节点之间通过交换式集线器实现数据交换。

(2)支持多协议，包括 Ethernet，Token Ring，FDDI 等。

(3)支持多种传输介质，包括双绞线、同轴电缆、光纤等。

(4)支持虚拟工作组。

(5)支持端口交换与模块交换。

(6)均衡负荷。

(7)容错与高级网络管理功能。

四、网络化教室的应用

1. 电子备课

教师在进行电子备课时遇到的最大的两个问题，一是相关资料不足，二是技术实现困难。而在多媒体网络教室中进行电子备课时，有电子阅览室提供的资源(如网上资源、本校信息资源库等)支持，也有课件制作室提供的技术支持，使得教师可以借助丰富的资源、多种软件及效能工具编写电子教案，达到图文并茂，更可反复修改，充分展现教师的教学意图。

2. 多媒体课堂教学

多媒体教学具体、形象、生动，易于提高学生的学习兴趣，不仅有利于知识的获取而且有利于知识的保持，它在教学上的优势已在教育界达成共识。在普通教室中也可以实现多媒体教学。但是普通教室的教学环境毕竟不是为实现多媒体教学专门设计的，如果要上一次多媒体教学课，教师不但要对设备、桌椅等进行物理位置上的改变，而且在操纵多媒体设备时也很不方便，很容易造成学生注意力的分散。另外，普通教室的多媒体教学内容通常是通过投影屏幕和小型音箱播放的，学生所坐的位置直接影响他的学习效果。而教师在网络教室中进行多媒体教学时，不但操作起来很方便、从容，而且还可以将教师机的屏幕画面等多媒体信息实时传送给选定的一个或多个学生。不论学生的座位远近，都可以从自己的计算机屏幕上得到清晰的视觉效果。使教师能够灵活监控，高效地完成教学任务，提高教学质量。另外电子举手、教师提问、学生回答、分组学习等课堂行为都可轻易地实现。

3. 基于资源的自学

学生可以通过多媒体网络教室的本地服务器资源进行学习，如知识库查询、视频点播、浏览图书馆服务器上的信息，这时的多媒体网络教室相当于电子阅览室。也可通过一条电话线、一个 Modem，整个教室所有学生机就都可以轻松进行 Internet 资源的浏览。在学习过程中，多媒体网络教室可为学生提供一个开放的学习环境，实现学生可根据自己的知识水平和能力层次控制学习的进度，选择不同的学习内容进行个别化和交互性学习。

4. 网络练习和测试

多媒体网络教学系统的同步通信功能，使得教学课件的网络化设计能够更好地实现即时反馈。网络练习和网络考试不但可以将教师从烦琐的印卷、发卷、收卷、改卷中解脱出来，而且可以在第一时间里得知学生对所学知识的掌握情况，及时采取相应措施。

5. 教务管理

网络化教室能够实现教务的计算机管理。这些管理包括档案管理、年级和班级管理、课件管理、教学管理、课程管理和群组管理。

(1)档案管理。对学校的教师、学生等信息进行管理，从而真正实现针对人而不是针对机器的个别化教学。

(2)年级、班级管理。对学校内的年级、班级信息进行管理。

(3)课件管理。对学校已有的辅助教学课件和自制的课件进行管理、归类，方便教师的使用。

(4)教学管理。对学校的教学情况进行统筹安排，方便管理。

(5)课程管理。对学校各年级所设课程进行管理。

(6)群组管理。根据不同的标准(成绩或性格等)对学生进行分组，以便对不同的组进行不同的教学。

6. 开放机房

在课余时间里，多媒体网络教室可以作为开放机房使用，为学校的师生提供计算机使用、Internet 上网等服务。利用指纹识别、IC 卡等身份验证技术，多媒体网络教室的管理计算机可以将学校的师生做多种分类，赋予不同的权限和计费方式进行管理。

讲座：网络化教室构成及其常用设备

一、多媒体网络教室

下面从网络教室的逻辑构成、实现多媒体网络教室的方案、网络拓扑结构等方面介绍多媒体网络教室的构成。

1. 网络教室的逻辑构成

多媒体网络教室的逻辑构成包括三大部分：计算机网络系统、网络教学支持系统、教学信息资源系统(图 4-1)。

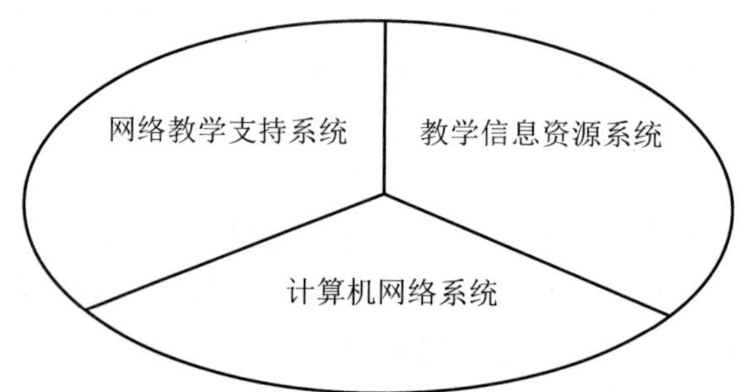

图 4-1　多媒体网络教室的逻辑构成

(1)计算机网络系统

多媒体网络教室中的计算机网络系统一般是教室范围内的局域网，有 Internet 出口，以便存取互联网上的信息资源。网络拓扑结构通常采用星型结构或总线结构。

(2)网络教学支持系统

网络教学支持系统是指基于计算机网络的，为网络教学提供支持的控制支持系统。网络教学支持系统包括核心控制系统和网络教学管理系统两大类。

①核心控制系统

核心控制系统是以计算机网络系统为基础，在教师机和学生机上增加了相应的硬件控制和软件控制，使多媒体网络教室的基本功能得以实现。核心控制系统只是为教学活动的开展提供许多基本控制功能，它本身并不涉及具体的教学活动。核心控制系统大致分为纯硬件型、纯软件型、软硬件结合型。但不论是哪种类型，其所涉及的核心技术都是相同的，即音视频信号和控制信号的传输技术。

②网络教学管理系统

网络教学管理系统直接支持网络教室的教学活动，如网络考试系统、集成学习系统等。

网络考试系统包括试卷自动生成、自动发卷收卷、计算机自动阅卷和考试成绩统计等功能，教师在考试过程中可对学生进行灵活有效的控制。它使教师从传统人工出考卷、人工批改考卷等烦琐劳动中解放出来，使教师有更多的精力放在教学上，加强学习结果的反馈，从而提高教学效率。

集成学习系统(Integrated Learning System，ILS)是个别化教学模式的典型应用，在美国中小学甚为流行。ILS提供一到数门功课的成套课件，能够提供个别指导、操作与练习以及联机测试。另外，ILS还配有计算机辅助教学管理系统，提供个别化教学管理，如分配学习任务，监测学生学习进程，为教师提供学生情况分析数据等。

(3)教学信息资源系统

教学信息资源系统是计算机网络教室系统不可缺少的组成部分之一。按功能可分为三部分：辅助备课资料库、网上学习资源库、资源搜索工具。

辅助备课资料库可包括多媒体教学资料库和微教学单元库。多媒体教学资料库主要由图、文、声、像等资料组成，是以知识点为基础，按一定检索和分类规则组织的素材材料。微教学单元库是由许多微教学单元组成的，每个教学单元又包含一定的教学过程和结构。教师在教学准备过程中，借助辅助备课资料库进行备课，制作多媒体教材。同时利用系统信息传输的双向性，教师制作的多媒体教材又可以随时存入辅助备课资料库中，以供教学时使用。

网上学习资源库供学生在自学、复习时使用。学生利用交互式的多媒体教学终端，不仅可以进行查询、补课、自学、复习，而且还可以利用各学科专用软件配上相应的设备开辟第二课堂，进行教学模拟仿真训练，提高学生分析问题和解决问题的能力。若该网络与校园网、Internet 网相连，学生可以登录到校园网、Internet 上，访问或下载相关信息。

无论是教师查询辅助备课资料库，还是学生访问网上学习资源库，都需要一种方便、快捷的搜索工具。所以资源搜索工具是教学信息资源系统中不可缺少的。

2. 实现多媒体网络教室的方案

网络教室的实现方案主要有纯硬件多媒体网络教室、纯软件多媒体网络教室和软硬件结合多媒体网络教室。

(1)纯硬件多媒体网络教室

纯硬件多媒体网络教室在每台机器上需要安装一块音视频传输卡，通过专用的音视频传输线来实现音视频传输。所有的多媒体数据如音视频等，都是通过专用音视频传输线传输到每台计算机，不依赖于计算机网络及其操作系统。因此，它操作简便、直观，音视频实时性、保真性好，对计算机及计算机网络的要求不高。但是，纯硬件的产品对于用户来说投资比较大、性能价格比低，而且升级和更新换代不容易，并且安装连接比较烦琐，易出故障，不易维护。

(2)纯软件多媒体网络教室

随着计算机及计算机网络性能的提高，为了解决纯硬件多媒体网络教室的不足，人们研制出了纯软件多媒体网络教室。例如红蜘蛛多媒体网络教室、速龙多媒体网络教室、塞思多媒体网络教室等。纯软件多媒体网络教室的实现方案如下：用计算机网络系统来实现音视频的传输，所有音视频信号以数字方式进行传输。因此，纯软件多媒体网络教室投资成本低、性能价格比较高；安装维护简单，易升级，且不受教室的物理空间限制。

(3)软硬件结合多媒体网络教室

由于计算机及计算机网络性能参差不齐，计算机中安装的软件各式各样，利用计算机网络传递实时性要求高的音视频信号，很难达到完美的程度。人们在纯软件多媒体网络教室的基础上添加少量传输视频信号的硬件，实现了软硬件结合多媒体网络教室。软硬件混合方案综合了纯硬件、纯软件方案的优点，具备了出色的多媒体功能。例如，清华同方云终端 VD1500，惠普多媒体电子教室和巨龙 IPBOARD 等。

3. 网络拓扑结构

(1)计算机网络拓扑结构

多媒体网络教室中的计算机网络系统一般是教室范围内的局域网，有 Internet 出口，以便存取互联网上的信息资源。网络物理上的连接通常采用总线拓扑结构或星型拓扑结构。总线拓扑结构如图 4-2 所示。总线拓扑结构采用单根传输线为传输介质，网络中所有的计算机都通过相应的硬件接口直接连接到传输介质(总线)上。任何计算机发送的信号都可以沿着介质传播，而且能被所有其他的计算机接收。该形式的网络多采用同轴电缆为网线，其中“T50”为接在同轴电缆两端的 50 Ω 终端匹配电阻。利用总线拓扑结构构成系统的材料成本低，但系统可靠性较差，会因为某个节点的故障甚至接触不良而造成整个网络无法正常通信。此外，总线拓扑结构采用广播式竞争型的传输方法，在传送大量数据时，将产生严重的延时，传输效率也急剧下降。

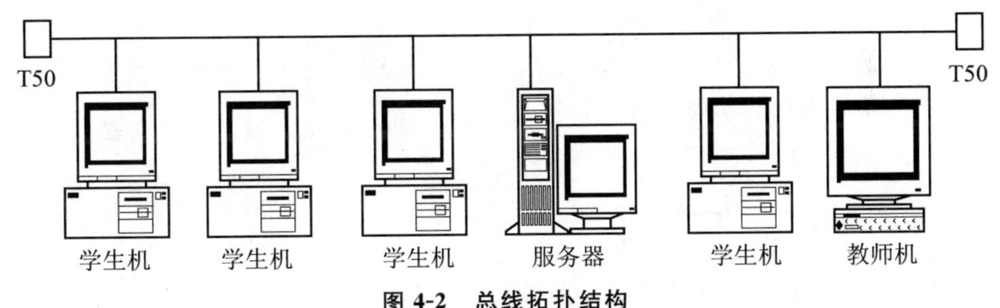

图 4-2　总线拓扑结构

星型拓扑结构如图 4-3 所示。星型拓扑结构的最大特点是将网络的交换和控制集中在唯一的中心节点上。在星型拓扑结构中，由中心节点和通过点到点

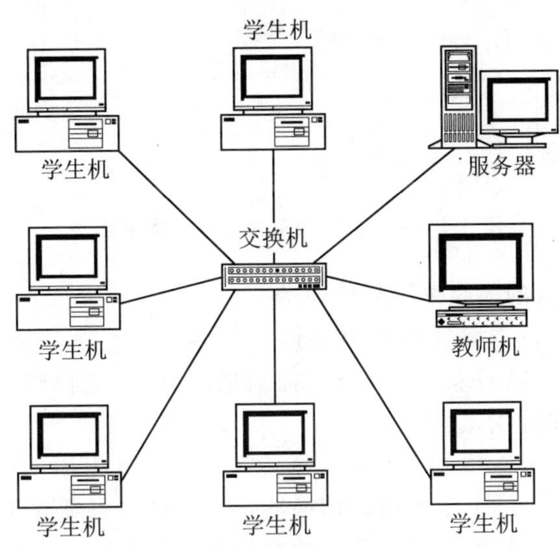

图 4-3　星型拓扑结构

链路连接各个节点，通过中心节点的转接，局域网中的每一台计算机可与其他任一台计算机建立连接，互相通信。中心节点执行集中式通信控制策略，因此中心节点比较复杂，早期的中心节点一般是大型主机，目前一般使用集线器或交换机。该结构的网络多采用双绞线做网线，系统可靠性高，不会因为一台微机的故障而造成整个网络瘫痪。

多媒体网络教室中的计算机网络可以通过路由器与校园网或 Internet 连接，利用路由器的 IP 地址转换功能(NAT)，可以实现整个网络教室中的计算机共用一个 IP 地址做出口，以节省 IP 地址资源。多媒体网络教室与校园网连接如图 4-4 所示。

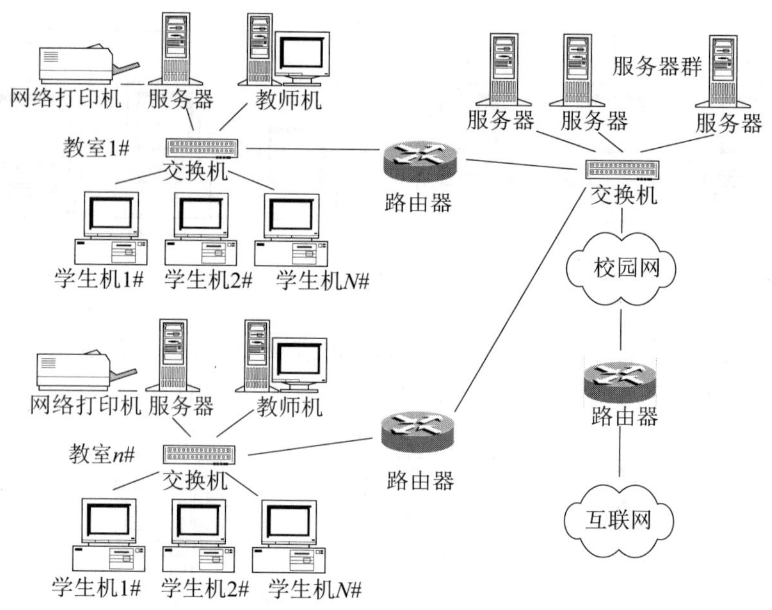

图 4-4 多媒体网络教室与校园网的连接

(2)软硬件结合的多媒体视频传输网

利用软硬件结合方案实现的多媒体网络教室中，通常使用一套专门传输 VGA 视频信号的传输网来传递视频广播信息。图 4-5 是以视频 HUB 为中心的 VGA 视频传输网结构示意图。

教师机主机显卡输出的 VGA 信号传送到视频 HUB，视频 HUB 将其放大、分配并传送到每一个学生机的切换器，学生机的切换器选择学生机显示器信号的来源。如果是教师广播状态，学生机显示器信号应来自教师机，否则来自学生机自己的主机显卡。

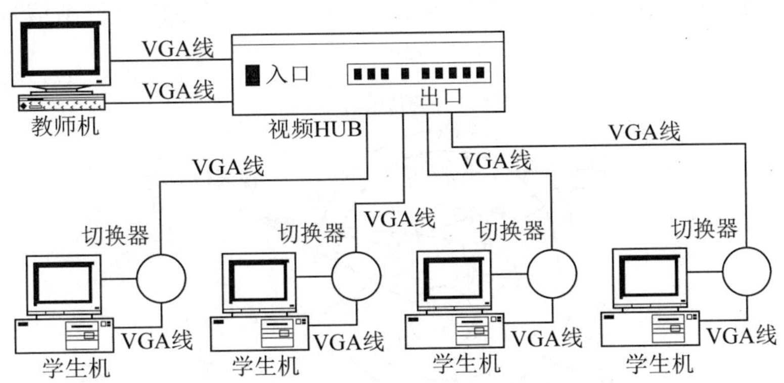

图 4-5　软硬件结合的多媒体视频传输网

(3)纯硬件的多媒体音视频传输网

利用纯硬件方案实现的多媒体网络教室中，需要在每一台计算机中安装一块音视频传输卡(图 4-6)，使用一套总线拓扑结构的专门传音视频信号的传输网来传递多媒体信息。图 4-7 是纯硬件的多媒体音视频传输网结构示意图。

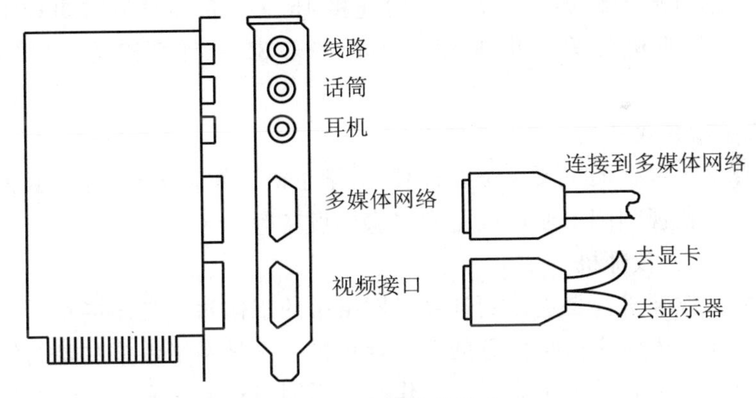

图 4-6　音视频传输卡

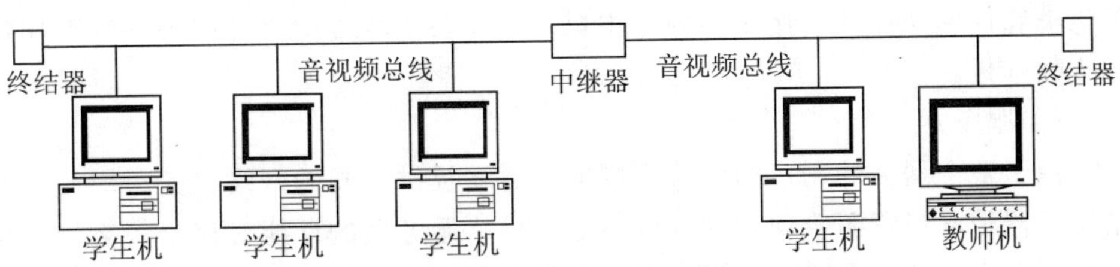

图 4-7　纯硬件的多媒体音视频传输网结构示意图

①音视频总线电缆：传输音频信号、视频 VGA 信号以及控制信号，如图 4-8 所示。

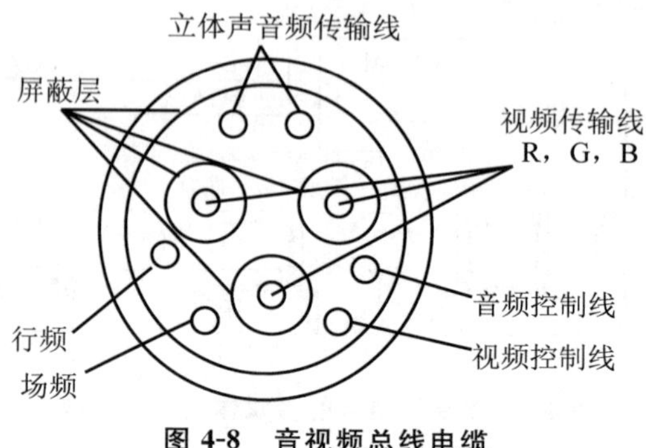

图 4-8　音视频总线电缆

②终结器：用来吸收线路上的反射信号。阻抗为 75 Ω。

③中继器：音视频信号多以模拟信号形式传输，信号会随线路和负载的增加而减弱。因此，当所接终端较多或线路较长时，需要在音视频总线中串接能放大音视频信号的中继器。原则上，每连接 15～20 台计算机需串接 1 个中继器。以 45 台计算机为例，可以在第 16 台和第 31 台计算机处各串接 1 个中继器。

4. 主要硬件设备简介

网络教室中包括的主要设备有计算机(学生机、教师机)、各种服务器、网络通信设备、音视频网络通信设备和多媒体设备等。

(1)学生机、教师机

学生机、教师机都是连接到计算机网络中的工作站，是连接到计算机网络中，并通过应用程序来执行任务的个人计算机。它是网络数据主要的发生场所和使用场所。学生和教师主要通过工作站使用网络资源并完成自己的任务。网络操作系统通过在个人计算机中增加网络功能，使之成为网络工作站。安装了学生端软件或硬件的工作站称为学生机，而安装了教师端软件或硬件的工作站称为教师机。

(2)服务器

由于整个网络的用户均依靠不同的服务器提供不同的网络服务，因此，网络服务器是网络资源管理和共享的核心。网络服务器的性能对整个网络的共享性能有着决定性的影响。人们通常会以服务器提供的服务来命名服务器。

文件服务器提供文件共享服务，打印服务器提供打印队列共享服务，收费管理服务器做网络教室的开机、关机和计时收费服务工作。

(3)网络通信设备

在网络教室中经常使用的网络通信设备有集线器、交换机和路由器等。

当网络中的信号沿着传输介质传输时，信号会逐渐衰减，如果要想将信号传得更远，需要在信号衰减到一定程度时将其放大。中继器可以放大网络信号并重新计时。中继器可以是单口接收和单口传送，但是一般具有多个接口，多口中继器就是常说的集线器(HUB)。

集线器是网络中使用的连接设备。它具有多个端口，可连接多台计算机。在局域网中常以集线器为中心，将分散的工作站与服务器连接在一起，形成外观类似星型拓扑结构而实际是总线拓扑结构的局域网。

集线器可以集中处理并放大网络信号，并能够重新计时，然后传送给多个使用者。集线器被视为第一层设备，因为它只处理比特信息，而不处理 OSI 模型其他层的任何信息。

交换机的外观很像集线器，其部分功能也跟集线器一样，即允许多个网络设备连接到一个网络设备上，但是它的功能要比集线器强。

交换机能够将连接集中，并且能够保证带宽，它既具有集线器的连接性，又具有网桥的信息流控制功能，用交换机实现的是星型拓扑结构的局域网。交换机使用 MAC 地址来选择交换的目的地，它被视为第二层设备。随着交换机价格的下降，在现在的局域网中，人们越来越多地用交换机来取代原来的集线器。

路由器是互联网中使用的连接设备。它可以将两个网络连接在一起，组成更大的网络。被连接的网络可以是局域网也可以是广域网。可以利用路由器将网络教室里的计算机连接到校园网。路由器根据第三层的网络地址来选择路径，因此被视为第三层设备。但是路由器也可以连接不同的第二层技术，如以太网、令牌环等。

(4)音视频网络通信设备

在软硬件结合的多媒体网络教室方案里，用专门的视频广播传输设备来做视频信息的传输，有时称这类设备为视频 HUB。视频 HUB 可以理解为受控制的视频信号放大器、分配器及切换器，图 4-9 为原理示意框图。控制信号决定开关的位置，当切换器的开关接通位置 1 时，学生机的屏幕显示教师机的内容，这时可以实现教师广播功能。当切换器的开关接通位置 2 时，学生机的屏幕显示学生机自己的内容。

视频 HUB 的扩充也十分方便，图 4-10 是用 3 个 8 口的视频 HUB 级连组

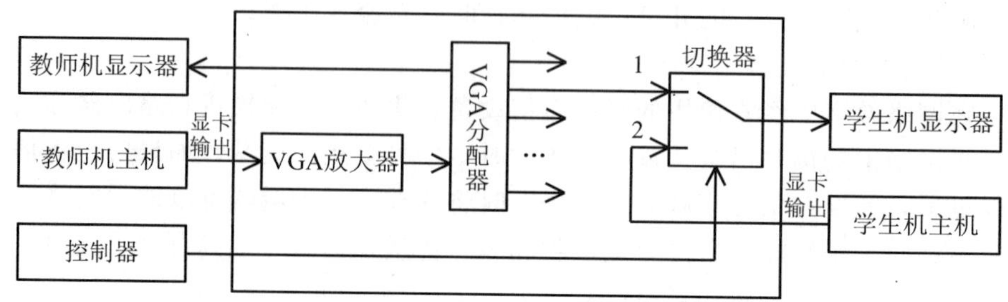

图 4-9 视频 HUB 原理示意框图

成可以连接 22 个学生机系统的示意图。

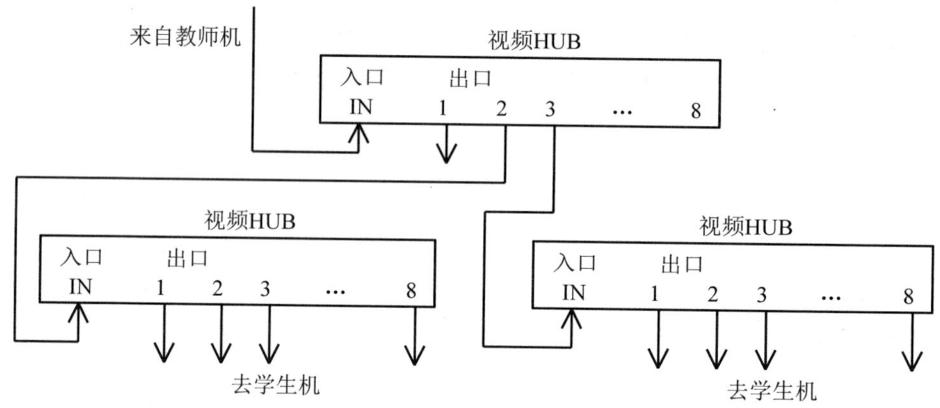

图 4-10 视频 HUB 级连的示意图

(5)多媒体设备

多媒体网络教室中一般还配备了诸如 DVD 机、录像机、视频展示台、摄像机以及电视接收机、广播接收机等多媒体设备。这些设备的信号一般通过教师机所配置的专用视频、音频卡转换为数字信号，然后传播到网络上。

多媒体网络教室中多媒体设备一般通过一台多媒体中央控制器连接到教师机上，如图 4-11 所示。多媒体中央控制器是一台音频、视频信号切换控制设备，其工作原理和多媒体综合教室中的多媒体中央控制器相同。

二、多媒体综合教室

1. 多媒体综合教室的系统构成

(1)多媒体综合教室的设备

现在的多媒体综合教室一般包括：视频输出设备、音频输出及处理设备、多媒体信号源设备、系统控制设备、教学设备以及其他辅助设备。

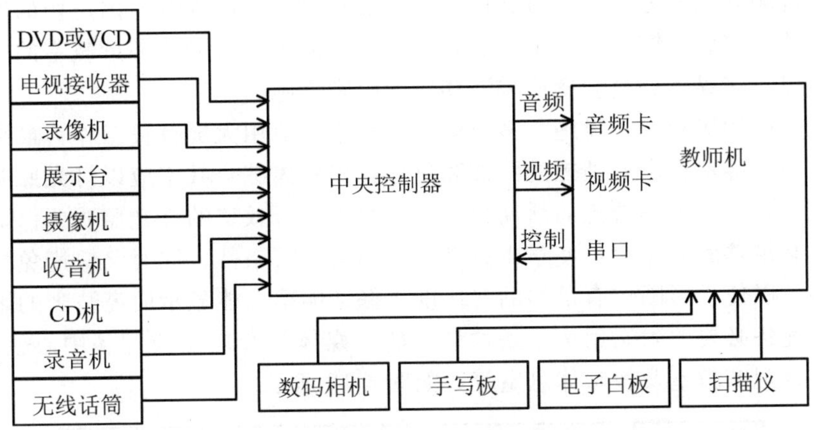

图 4-11　多媒体网络教室中的多媒体设备连接示意图

• 视频输出设备。多媒体投影仪、大屏幕电视机、等离子电视、幕布等；

• 音频输出及处理设备。功放、音箱、调音台、反馈抑制器等；

• 多媒体信号源设备。多媒体计算机、影碟机（VCD 或 DVD）、录像机、录音卡座、视频展示台等；

• 系统控制设备。中央控制系统、多媒体控制台等；

• 教学设备。电子白板、电动黑板、激光教鞭、无线话筒和有线话筒等；

• 其他辅助设备。教学监控、UPS 电源、采光控制、安全防护、考勤设备等。

(2)多媒体综合教室的环境

多媒体综合教室具有声、光、影、色的综合效果，设备多且复杂，因此，多媒体综合教室的环境一般具备以下几个特点：

①多媒体综合教室面积要比普通教室大，至少要有 100 个座位以上，最好是阶梯教室。

②良好的通风和防湿条件。多媒体综合教室最好应安排在二楼以上的楼层，自然通风和防湿性好。由于多媒体综合教室的窗户都装有窗帘，故应安装排风扇及吊顶电风扇，有条件的应安装空调。

③良好的声学环境。为了保证教师语音清晰度，将声音信息准确无误地传递给每一位学生，要合理选择教室混响时间。多媒体综合教室内的部分墙面、顶面要做声音的吸收、反射处理。例如，教室顶部和后部墙面采用吊装和敷设多孔纸面石膏板的方法，利用多孔石膏板的吸音特性，调整教室的吸音量，以减少混响时间并获得预期的声场效果。也有的多媒体综合教室运用电声技术进

行人工混响处理的方法，通过选取合适的混响时间，以控制室内声场的混响效果。在使用多媒体综合教室上课时，音箱发出的声音会影响邻近教室的正常教学。所以，多媒体综合教室应采取相应的隔音措施。

④良好的遮光采光设施。多媒体综合教室一般用大屏幕投影作为最终显示方式。为使屏幕投影有理想的图像和色彩，多媒体综合教室应以灯光照明为主要采光方式，安装不透光的活动窗帘。多媒体综合教室的灯光照明要保证学生座位区有足够的光照度，使学生有良好的阅读书写条件，同时又应避免灯光直射屏幕，以使投影图像有足够的对比度，保证屏幕上能显示明亮清晰的影像。

⑤配备必要的附属用房。条件较好的多媒体综合教室应配备中心控制室、器材室、观摩教室及教师休息室等，如图 4-12 所示。

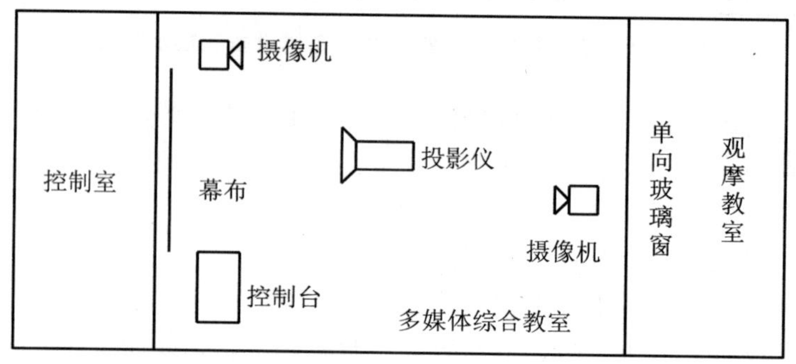

图 4-12　多媒体综合教室及附属用房

2. 中央控制器的基本原理

多媒体控制系统是多媒体综合教室各种设备连接的桥梁和控制中枢(也称中央控制器，简称中控器)，一般由音视频及 VGA 切换模块、设备控制模块、电源控制模块和控制面板等组成。图 4-13 是中控器与多媒体设备连接示意图。

(1)控制面板

教师可以通过控制面板操作多媒体设备，不需要直接接触到设备本身。控制面板的操作一般都十分简单，往往是一键一功能，几乎不用进行培训就可以使用控制面板。

(2)音视频及 VGA 切换模块

中央控制器的音视频及 VGA 切换模块的功能如下：根据设备选择的不同，将被选择设备的音视频或 VGA 信号切换到输出通道，并进行放大。切换信号的方式有机械式(继电器)和电子式(模拟开关)两种，信号切换过程中以视觉、听觉无突变和异响为最佳。

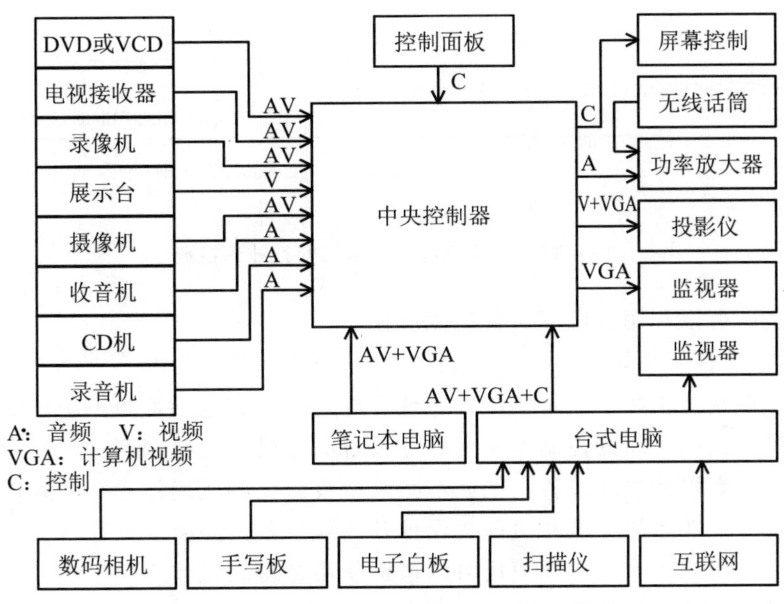

图 4-13　中控器与多媒体设备连接示意图

(3)设备控制模块

中央控制器控制外部设备的途径主要有红外控制、串行接口控制、网络控制以及电源控制等。大多数多媒体设备都具有红外遥控的功能，如 DVD 机、录像机、投影仪等都配备了红外遥控器。利用遥控器可以方便地控制这些设备的工作。红外遥控信号的编码方式多种多样，各个厂家的设备大多不统一，即使是一个厂家的不同型号的设备也不尽相同。为了能够适应众多的设备，中央控制器大多具备红外学习功能。实现红外学习的方式有两种，一种是中央控制器本身具备独立的红外学习功能；另一种是通过计算机进行红外学习，然后将学习结果下载到中央控制器。后者的优点是省略了中央控制器的红外学习电路模块，从而降低了中央控制器的成本，还可以避免对中央控制器的错误操作而意外修改红外遥控编码的问题。在计算机上进行红外学习，其界面直观，操作简单，容易保存和编辑，还可以通过网络进行远程学习和下载。图 4-14 是计算机进行红外学习时所获得的部分结果。

红外遥控容易被遮挡和干扰，遥控的可靠性不高。投影仪等部分高档设备都已具备了串行接口控制功能，如 RS232 控制接口。利用串行接口控制设备具有可靠性高、控制精确、控制迅速等优点。随着技术的发展，目前已经有部分设备具有以太网接口，支持 UDP 协议和 TCP/IP 协议，这些设备不再限于

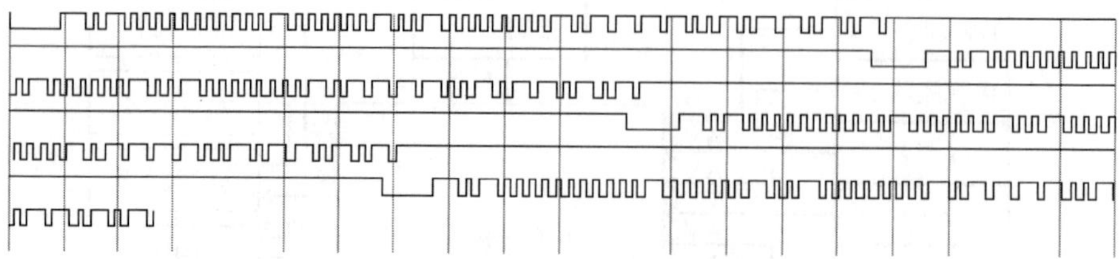

图 4-14 计算机屏幕显示出的红外遥控码

本地控制，可以利用互联网对其远程操作。

(4)电源控制模块

电源控制模块用于设备电源的管理、灯光控制、电动幕布控制、电动黑板控制和控制台电动门的控制等。多媒体设备的开机、关机都有一定的顺序，违反操作规程有可能损坏设备。例如，必须待投影仪的风扇停止转动后再关闭投影仪的电源。功率放大器开机前要保证其前级设备已经稳定，并将音量电位器调到最小位置等。电源控制模块可以帮助使用者自动完成上述工作，减少操作步骤，延长设备使用寿命。

3. 多媒体综合教室的常用设备

(1)多媒体投影仪

多媒体投影仪是多功能教室的关键设备，一般吊装于多媒体综合教室顶部，将画面投射到大屏幕上。目前市场上多媒体投影仪有两大类型。

其一是 CRT(Cathode Ray Tube，阴极射线管)三管式投影仪，其主要特点是使用寿命长，但体积大、耗电多、价格高、笨重(50 kg 以上)、不便安装。

其二是 LCD(Liquid Crystal Display)和 DLP(Digital Light Processing)液晶显示投影仪。LCD 是一种液晶显示反射式投影仪，DLP 是一种数码光输投影仪。这类液晶显示投影仪的主要特点是体积小、耗电少、质量轻、便于携带和安装，使用范围广，但是投影仪灯泡寿命较短，每支灯泡的寿命大概在 1 500 h～4 000 h 之间，且价格较高，每支灯泡的价格约在人民币 2 000 元～4 000元。近几年随着多媒体投影仪的不断普及，LCD 液晶显示投影仪的价格下降幅度较大，其亮度和分辨率也越来越高，亮度高达 3 000 lm 以上，分辨率高达 1 600×1 200(SXGA)，投影尺寸高达 765 cm(300 多英寸)，是目前市场上销售的主流产品。

选择投影仪应主要考虑以下几方面因素：投影仪亮度、分辨率、输入信号种类、安装方式、接口、灯泡寿命。

此外，如果投影仪是吊装于多媒体综合教室内的，要注意投影仪是否具备吊装功能和梯形校正功能，因为部分低价格的便携式投影仪不具备这两个功能。如果幕布与电子白板同时使用，还要考虑使用可电动调整角度的投影仪吊架，投影仪也需要电动调焦、电动聚焦，投影镜头的变焦比例也需要根据电子白板和幕布的大小来选择。

(2)实物展示台

实物展示台也称为视频展示台，是一种先进的投影演示设备。主要用于显示文稿、图片、胶片、负片、实物，有的可以连接显微镜等。实物展示台集书写式投影器、实物投影仪、135 幻灯机等的多种功能于一身，它与传统的投影器、幻灯机相比，具有图像清晰度高、耗电量小、寿命长、体积小、质量轻、噪声低、使用更为方便等特点。实物展示台主要由上方悬挂的摄像头和底部的平面展台两部分组成，现在大部分展台在侧面还装配了照明光源。摄像头能根据实际需要，可以完成旋转、变焦、自动或手动聚焦等操作，摄取放置于台面上物件的图像，并将信号送至电视机、投影仪显示输出。平面展台放置的物体可以是实物、图片、书甚至是演示实验。一般实物展台的摄像头水平分解度为 400 电视线左右，信噪比在 40 db 左右，模拟输出信号有 AV，S-Video 两种。高档的实物展台摄像头具有 3 片 CCD，具有 VGA 输出，分辨率高达 1 280×1 024。有的展台还具有图像数字化的功能，可通过 USB 接口将数字图像直接传送到计算机。为了获得较好的色还原性和获得较清晰的图像，在展示台两侧或后面配备了照明光源。平面展台底部也配备了光源，能清晰显示幻灯片和胶片，且具有正像、负像、正片、负片等功能。

(3)多媒体控制台

多媒体控制台可分为开放型和封闭型两种，其材料有木制、钢制和钢木混合结构。开放型控制台的特点是操作方便。封闭型控制台的特点是安全、防尘。如果多媒体综合教室是开放型的，建议使用封闭型控制台。

多媒体控制台的安放位置要考虑到上课的需要，一定不要遮挡前排学生的视线。多媒体控制台安装了很多昂贵的电子设备，有很多电线与控制台外面的投影仪、音箱、幕布等连接，因此，多媒体控制台的设计和安装要采取防水、防鼠、防移动等措施。

设计或选择多媒体控制台时要考虑其使用是否方便，例如，控制台台面应配备控制设备的按钮，在台面上就可以控制所有的多媒体设备。台面上应留有摆放笔记本电脑、书籍讲稿等的位置，应为移动设备保留必要的接口，如 USB 接口、VGA 接口、音视频接口、网络接口等，保证教师自己携带的设备可以在台面上与系统直接相连。

封闭型多媒体控制台的打开和关闭也应该十分方便，如目前做得较好的封闭型多媒体控制台只需1把钥匙，按动1个开关后，所有门都自动开启，所有设备进入工作状态。关闭时也只需按1次开关即可。

(4)音频系统

音频系统的主要作用是让教室里的每位学生都能听清楚教师的讲课声音。音频系统包括功放、音箱、有线话筒、无线话筒、调音台和反馈抑制器等。

功放和音箱的选择要根据教室的大小而定，音箱的安装位置要尽可能地使整个教室的声压均匀。避免个别地方声音太大而刺耳，另一些地方声音太小而听不清。

无线话筒配备是为了满足教师边板书、边讲课，活动范围较大时使用。要求无线话筒具有高灵敏度、高隔离度、强抗干扰能力、高信噪比(S/N)的指标，避免相邻多功能教室互相串扰，减少外界干扰。

调音台和反馈抑制器是用于多个音源的调整和减少音频反馈产生自激啸叫而设置的。

(5)幕布

幕布是投影画面的载体，幕布质量的好坏直接影响着图像的效果。幕布有金属板幕和玻璃珠幕两大类。金属板幕反光率高，显示图像质量较好，但安装与使用不便。现在多媒体综合教室大都使用电动或手动玻璃珠幕布。

幕布的安装位置和大小要以后面的学生能清晰地看到画面和文字、不影响黑板的板书、不易使幕布受损为主旨。幕布位置不一定安装在黑板的中心线上，可安装在教室的一侧，为教师讲课留下较大的板书空间，使黑板与幕布相互兼顾。

污损、边卷是幕布的常见故障，会影响投影效果。

(6)窗帘与灯光

虽然现在多媒体投影仪的亮度很高，但外界光线较强时投影仪的亮度就显得不足，图像不够清晰。必要时要在门窗上安装遮光窗帘用来遮挡光线。窗帘布料应选颜色较深、较厚的面料。窗帘有电动和手动两种。

在室内光线不足时要把多媒体综合教室的灯打开，以满足课堂教学的照明要求。多媒体综合教室的灯光也可在控制台操纵，可根据多种媒体教学的不同照明要求对前后各路灯光分别控制。并可和窗帘配合使用。例如，在室外光线对学生记笔记稍微显得不足时，课堂教学中采用的是计算机的投影画面，这时就可把后几排的灯打开，前排窗帘部分关闭。

(7)安全

多媒体综合教室中的设备价格昂贵，有必要安装安全、防火、防盗系统。安防系统的探头应安装在各多媒体综合教室的不同位置，安防系统的主机可以安装在专门的值班室。

(8)其他

UPS电源的作用是保护多媒体计算机和多媒体投影仪等设备在突然断电后使教师有充足的关机时间，因为投影仪的突然断电会造成其灯泡和液晶屏的损伤。UPS电源的功率和延时不一定需要很大和很长，可根据使用设备的具体情况选择。

根据教学的学科不同，应配备该学科的特殊专业型设备，如生物课教学需用彩色显微摄像装置等。

三、网络化微格教室

我们以一个实际的教室为例来介绍网络化微格教室的具体情况。

1. 网络化微格教学系统的房间组成

网络化微格教学系统的房间由教师剧场和小组教学实验室两类不同类型的房间组成，并配备主控室、资料室。其中，教师剧场1间，使用面积大于180平方米，可容纳60人以上，具有多媒体教学、会议、综合活动等各项功能。小组教学实验室6间，每间使用面积大于20平方米，可容纳8人，用于教学设计与教学实验。教室的布局如图4-15所示。

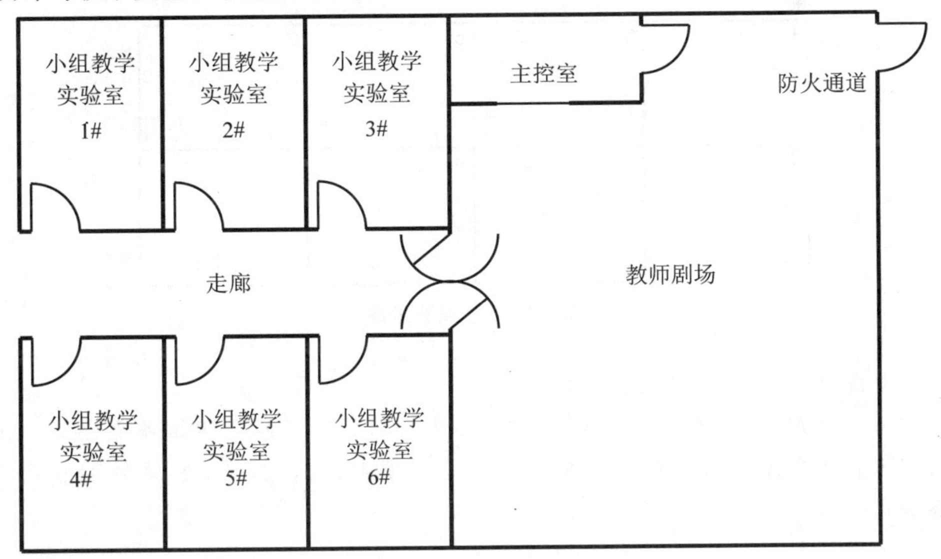

图4-15　网络化微格教学系统的房间布局

2. 网络化微格教学系统的设备

(1)教师剧场的设备

教师剧场的设备有电视墙、控制台、讲台、照明设施、3个高清晰度和高灵敏度摄像机及网络可控制的云台、高速局域网系统、无线局域网系统等。教师剧场的中央摆放有活动桌椅。设备布局如图 4-16 所示。

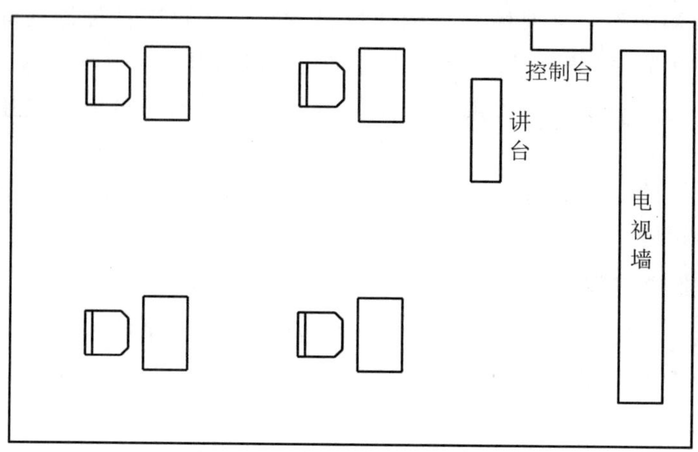

图 4-16 教师剧场的设备布局

①电视墙

电视墙组成：由 2×4 个 60 英寸显示单元组成，如图 4-17 所示。

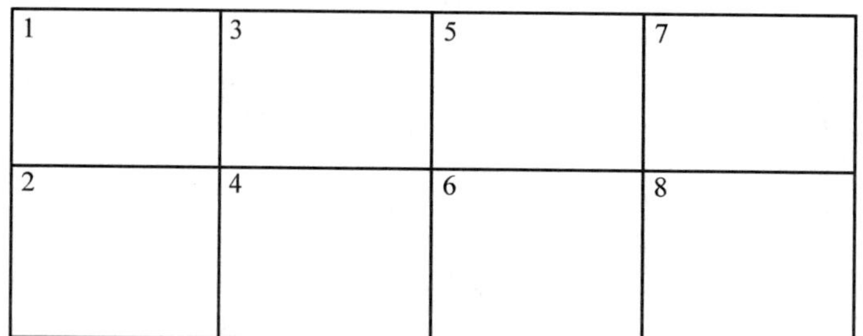

图 4-17 电视墙组成

电视墙有多种显示方式，分别是：

• 显示方式 1：3～6 屏可组合成一个大屏幕，1，2，7，8 屏不亮；

• 显示方式 2：3～6 屏可组合成一个大屏幕，1，2，7，8 屏分别显示 4 路信号；

• 显示方式 3：1～4，5～8 屏组合成两块大屏幕；
• 显示方式 4：8 块屏幕；
• 显示方式 5：1～8 屏组合成一块屏幕。

②教师剧场控制台主要功能

• 能够完成显示方式 1～5 的切换，输入信号可任意组织；
• 任意选择 1 路语音输入信号；
• 远程控制小组教学实验室的图像录制工作和教师剧场的信号录制；
• 控制电视墙电源的打开与关闭；
• 能够控制控制台 VGA 的录制，能够控制教师剧场摄像机和计算机。

小组教学实验室的各种信号传输至电视墙(多路对多屏、一路对一屏或全屏)。这项控制功能可以使教师在进行小组学习时，在教师剧场中就能够监控多个小组的学习全过程。

教师剧场的各种信号传输至小组教学实验室(一对多)。这一控制能够实现将教师的图像、声音等信号插播到小组学习教室的背投电视上，使学生在进行小组学习时也能够得到教师的教学支持，同时教师也可以以此方式发挥主导作用。

某小组教学实验室的信号传输至其他小组教学实验室(一对多)。这一功能能够支持小组学习过程中的不同组之间的交流，特别适合教师使用组间合作的教学策略的情况。

控制台上除有必要的控制键外，要增加各种信号的输入，如 VGA，AV(用于捕捉)，1394，USB，MIC 输入等。控制台上用于教学的计算机不参与控制功能。控制台内除必要的控制设备和切换设备外，还应当有教学用计算机(能够播放 DVD、录制光盘和数据采集卡、网卡、液晶显示器)、视频展示台、功放机和扫描仪等设备。

(2)小组教学实验室的设备

小组教学实验室内设有 53 英寸高清晰度 DLP 背投电视。在背投电视上配备触摸屏幕兼做电子白板使用。每个实验室设置 2 个高清晰度、高灵敏度摄像机及网络可控制的云台，讲台兼控制台，无线局域网设备。实验室内配可移动的桌椅，设备布局如图 4-18 所示。

小组教学实验室控制讲台能够独立地对设备进行控制(不依赖计算机)，控制对象包括：

• 切换电视墙输入信号；
• 录制教学内容；

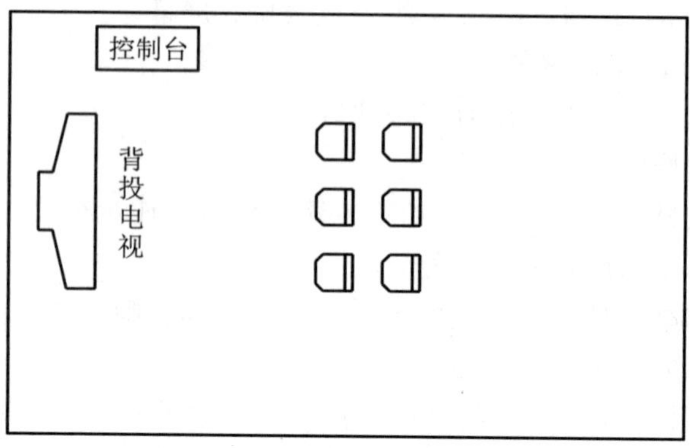

图 4-18 小组教学实验室的设备布局

- 电子白板控制；
- 控制播放教师剧场送来的信号；
- 控制摄像机的运动。

(3)网络系统及辅助管理系统

网络系统及辅助管理系统包括有线局域网和无线局域网及配套系统，具体如下：

①网络系统

每个教室组成一个局域网，局域网的 IP 自动分配，由控制室的 NAT 服务器接入 Internet。网络采用有线和无线两种接入形式。有线用于传送数据压缩信号、接入信号。无线接入网络只用于无线用户接入。局域网出口有防火墙，网络服务器提供 Web 服务和视频点播服务及案例库管理。

②辅助管理系统

信号的交换系统根据要求完成对信号的切换工作。教学案例编辑制作系统负责将对采集案例库进行各种管理(增、录制、删、改、查、远程点播、分级访问)，对调出的素材进行编辑(剪切、配音、配文字、音视频文本合成、格式转换等)。教学案例存储系统由大容量磁盘阵列实现，系统负责存储采集信息、存放录制的教学案例，将对编辑生成的案例库进行各种操作(分类、查、压缩、备份、远程点播、分级访问、发布等)。教学案例管理系统负责对编辑生成的案例库进行各种管理(分类、增、删、改、查、远程点播、分级访问、发布等)。

专题二　网络化教室的应用

讲座：多媒体网络教室教学应用案例

在此专题中，将通过“多媒体网络教室中的一堂初中数学课”和“网络化微格教室中的中学物理课堂教学基本技能训练课”两个案例讲解网络化教室的应用。

案例一　多媒体网络教室中的一堂初中数学课

1. 授课内容

菱形的定义和性质。

2. 教师的教学设计思路

采用支架式教学模式(Scaffolding Instruction)，围绕事先确定的学习主题，建立一个相关的概念框架，在教师的指导下，学生以研究的状态进行学习，掌握学科领域中的核心知识、内在联系和基本规律。支架式教学由以下几个环节组成：

(1)搭脚手架——围绕当前学习主题，按“最近发展区”要求建立概念框架。

(2)进入情境——将学生引入一定的问题情境。

(3)独立探索——让学生独立探索。探索开始要先由教师启发引导，然后让学生自己去分析；探索过程中教师要适时提示，帮助学生沿概念框架逐步攀升。

(4)协作学习——进行小组协商、讨论。在共享集体思维成果的基础上达到对当前所学概念比较全面、正确的理解，即最终完成对所学知识的意义建构。

(5)效果评价——对学习效果的评价。

教学流程如图 4-19 所示。

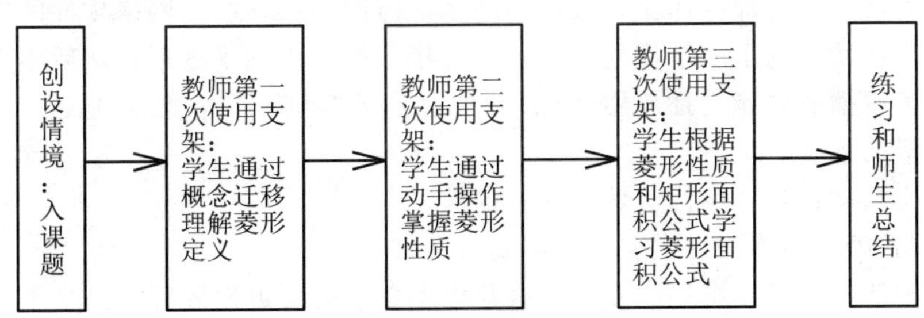

图 4-19　教学流程

教学的具体内容如表 4-1 所示。

表 4-1　菱形的定义和性质设计思路

	教学内容	学生最近发展区	教师给出支架	学生活动
第一环节	学习菱形定义	已知平行四边形、矩形定义及性质	复习平行四边形变形到矩形的过程，观察菱形与矩形的区别，演示平行四边形到菱形的变化过程	观看课件 独立思考 建立菱形概念
第二环节	学习菱形性质	已知菱形定义	利用 Z+Z 工具，通过画菱形，拖动菱形，在形变的过程中了解菱形并测量加以验证	利用 Z+Z 工具画图，测量，讨论，猜想性质并证明
第三环节	学习菱形的面积公式	已知菱形定义、性质	利用菱形对角线互相垂直，推测菱形面积和对角线长度的关系	思考例题，用 Z+Z工具测量菱形面积，验证面积公式

3. 学习环境的构建

支架式教学要求教师运用因材施教的教学原则为学生提供个性化的教学支架，为此课堂学习环境应具有多种师生交互的功能和途径，以及丰富的学习情境。教师根据本节课的教学设计需求，选择了多媒体网络教室和 Z+Z 平面几何智能教育软件平台作为本节课的学习环境。

4. 具体教学过程与网络化教室的使用

(1)创设情境——导入新课

教师活动：提问：在日常生活中谁见过菱形？

技术运用：为加深印象，教师利用多媒体网络教室教学网络软件的广播功能中的白板功能画了一个栅栏门，让学生指出哪里用到了菱形；然后用广播功能中的教师播放功能，播放用 Z+Z 软件制作的“升降台”，教师拖动，让学生注意菱形的形状。

学生活动：列举生活实例，观看课件。

(2)教师搭建第一层支架：学习菱形定义

教师活动：搭建第一层支架。教师根据学生的最近发展区：已学平行四边形、矩形的概念、性质等相关内容，复习平行四边形变形到矩形的过程。

技术运用：教师利用教室播放功能演示平行四边形到菱形的变化过程，让学生观察菱形与矩形的区别，引导学生对菱形概念的建构。

学生活动：观看课件。

教师活动：请学生考虑与平行四边形相比，菱形什么地方更特殊；什么叫菱形；在菱形的定义中有几个条件；要说明一个图形是菱形，需要说明几点。

学生活动：思考并试着给菱形下定义，通过例题，加深对菱形定义的理解。

(3)教师搭建第二层支架：学习菱形性质

教师活动：搭建第二层支架。根据学生的最近发展区：学习了菱形的定义，了解了菱形边之间的关系。

技术运用：根据菱形的定义，利用Z+Z软件画菱形；并将提示信息通过消息发送功能发送给学生。

学生活动：利用交互功能中双向对讲功能互帮互助，按照教师提示画图。

技术运用：一些有疑问的学生利用电子举手功能向教师提问；教师利用联机讨论功能与学生进行实时的讨论；对于个别需要帮助的学生，教师利用遥控辅导功能帮助学生完成学习任务。

教师活动：教师提出请学生猜想菱形的性质，并提示从边、角、对角线等方面考虑。

技术运用：教师利用广播进行教学活动。并演示利用Z+Z测量工具测量相关量，拖动菱形，请学生观察边、角、对角线等关系是否还能保持？能否证明猜想？

学生活动：猜想菱形性质。

技术运用：学生使用Z+Z平台测量数据验证菱形边、角关系。学生、教师使用联机讨论功能共同探讨猜想的理论根据。

(4)教师搭建第三层支架：学习菱形面积公式

教师活动：搭建第三层支架。根据学生的最近发展区，学生已经学会菱形的性质，教师引导学生找出面积和对角线关系。

技术运用：教师使用广播功能演播自制课件，并演示利用Z+Z平台中的测量工具，验证菱形面积公式的方法。

学生活动：观看课件，并动手在上步作图的基础上，测量菱形的面积。

技术运用：学生利用Z+Z平台中的测量工具，测量菱形的面积。

教师活动：提问：一般四边形的面积等于对角线乘积之半吗？

学生活动：研究菱形面积的特殊算法，联想平行四边形、矩形、三角形面积公式并加以对比。

技术运用：学生利用Z+Z平台和联机讨论功能，在教师指导下自主探索。

(5)练习和师生总结

教师活动：指导学生做练习，启发学生思考练习的关键：由于菱形对角线相垂直，出现了特殊直角三角形，同时使用勾股定理和菱形面积公式。之后教师进行了本节课小结。

学生活动：参与探究，并由一个学生代表总结探究结果。

技术运用：教师利用教学转播功能向全体学生转播讲解学生的画面和声音，并运用广播功能对本节课进行小结。

案例二　网络化微格教室中的中学物理课堂教学基本技能训练课

1. 授课内容

中学物理课中的教学口语技能。

2. 教师的教学设计思路

集体教学与小组教学相结合，借助网络化微格教室的特殊功能，完成教学指导。具体设计如表4-2所示。

表4-2　微格训练教案

<table>
<tr><td colspan="4">课题：教学口语技能
对象：物理系本科三年级师范生
学时：3课时</td></tr>
<tr><td>教学目的</td><td colspan="3">使学生了解教学口语在教学中的作用，知道教学口语技能包括语言的组织和语音的运用两个方面：一是体验组织教学语言、运用语音实施教学的过程，体会、理解组织教学语言的基本要求与语音运用技能，初步达到语言表述清晰、准确、有条理，音量、语速恰当，能有意识地运用语调变化表情达意的水平。二是激发、保护学生训练教学基本技能的积极性，培养精益求精和认真负责的工作态度</td></tr>
<tr><td rowspan="3">教学过程</td><td>教　学　内　容</td><td>教学方法</td><td>上课地点</td></tr>
<tr><td>第1课时：讲授基本理论及示范
教学口语在教学中的地位、作用。
教学口语是传递教学信息的重要工具。
教学语言艺术能提高学生的思维能力。
教学语言艺术有助于提高学生的语言审美感和表达能力</td><td rowspan="2">集体授课：讲授</td><td rowspan="2">教师剧场</td></tr>
<tr><td>练习语言的组织
基本要求：
准确无误、合乎逻辑、简练明确、形象生动、具有启发性</td></tr>
</table>

续表

<table>
<tr><td rowspan="7">教学过程</td><td>练习语音的运用
训练语音表达技能的重要性。
语音运用的基本要求：语音清晰规范、音量大小适中、变化适当、语速快慢适度、语调刚柔抑扬</td><td>播放录像示范：观摩</td><td></td></tr>
<tr><td>作业：
1)选观摩课例中的一段或自定内容(5 min～10 min)，组织教学语言，准备试讲。
2)到首师大虚拟学习社区本课程教学区的论坛上交流学习本课的感受</td><td>自主学习</td><td>小组教室</td></tr>
<tr><td>分组：形成训练小组(4～5 人 1 组)
快速交流，形成集体(组长、共同目标)</td><td>小组头脑风暴</td><td rowspan="4">教师剧场
小组教室</td></tr>
<tr><td>教师明确介绍训练程序、要求。
介绍网络化微格教室的使用方法</td><td rowspan="3">小组教学</td></tr>
<tr><td>熟悉录像设备的操作
每人试讲练习，体会语音的运用。
重放录像，反思、自评(包括语言的组织和语音的运用)。
同学互评。
教师集中进行反馈指导(要求下课前 20 min 回到反馈评价教室)</td></tr>
<tr><td>微格教学训练</td></tr>
<tr><td>教师评价、反馈指导</td><td>集体教学</td><td>教师剧场</td></tr>
</table>

技术运用：教师开展小组教学时充分利用了网络化微格教室的多路对多屏、一路对一屏的功能进行小组学习监控，同时教师还利用了教师剧场中的一对多信号控制功能进行了全部或局域广播，对全部小组或部分小组进行了实时辅导和教学干预。为了更好地促进小组学习中的不同组之间的学生交流，教师还使用了小组教室中一对多的控制功能，即教师将一个小组的训练过程广播给了其他小组。

创建：网络化教室微型教学课体验

活动一：网络化教室微型教学课教学体验

<table>
<tr><td colspan="2">时间：70 分钟
内容：请结合所教的课程，选择一节适合在多媒体教室中进行教学的课程，完成教学活动</td></tr>
<tr><td>步骤：
□ 教学设计方案选择
□ 教学环境的设计
□ 模拟教学活动的开展</td><td>学习作品：
□ 体验报告</td></tr>
</table>

步骤一：教学设计方案选择

每个小组扮演模拟教师，根据教学内容，在课前做好教学设计，教学设计用表如表 4-3 所示。

步骤二：教学环境的设计

模拟教师根据教学设计需求，结合教学内容，为学生进行有效的知识建构，搭建教学平台。

步骤三：模拟教学活动的开展

一切准备工作做好后，各小组进行模拟教学。教师要充分利用多媒体教室中的广播功能、交互功能、远程控制功能、学习视察功能以及网络功能等，进行讲解、演示、提问、引导和示范及控制等操作，使学生有效地进行学习。教学活动要进行录像。

表 4-3　网络化教室微型教学设计模板

一、学习目标与任务
1. 学习目标描述
2. 学习内容与学习任务说明

续表

二、学习者特征分析(说明学生的学习特点、学习习惯、学习交往特点等)		
三、学习环境选择与学习资源设计		
1. 学习环境选择(打“√”)		
(1)Web 教室	(2)局域网	(3)城域网
(4)校园网	(5)Internet	(6)其他
2. 学习资源类型(打“√”)		
(1)课件(网络课件)	(2)工具	(3)专题学习网站
(4)多媒体资源库	(5)案例库	(6)题库
(7)网络课程	(8)其他	
3. 学习资源内容简要说明(说明名称、网址、主要内容)		
四、学习情境创设		
1. 学习情境类型(打“√”)		
(1)真实情境	(2)问题性情境	(3)虚拟情境
(4)其他		
2. 学习情境设计		
五、学习活动组织		
1. 自主学习设计(打“√”并填写相关内容)		

续表

类型	相应内容	使用资源	学生活动	教师活动
(1)抛锚式				
(2)支架式				
(3)随机进入式				
(4)其他				

2. 协作学习设计(打“√”并填写相关内容)

类型	相应内容	使用资源	分组情况	学生活动	教师活动
(1)竞争					
(2)伙伴					
(3)协同					
(4)辩论					
(5)角色扮演					
(6)其他					

3. 教学结构流程设计

符号说明	开始、结束	教师活动、教学内容	学生活动	网络应用	学生利用网络学习	判断

六、学习评价设计

1. 测试形式与工具(打“√”)

(1)课堂提问	(2)书面练习	(3)达标测试
(4)学生自主网上测试	(5)合作完成作品	(6)其他

2. 测试内容

分享：网络化教室微型教学课教学体验成果

利用表 4-4 对各小组的模拟教学录像进行评价。

表 4-4　网络化教室微型教学课教师教的评价量规

指标	优	良	中	得分
	5 分	4～3 分	2～1 分	
教学内容	教学内容设计新颖，清晰地反映学习内容，充分调动学生学习积极性	教学设计内容枯燥，能够反映学习内容，学生能够理解学习内容	教学设计内容枯燥，不能够反映学习内容，不能调动学生学习积极性	
教学设计	教学设计方法选择合理且思路清晰	教学设计方法合理，但思路不清晰	教学设计方法不合理，思路不清晰	
教学交互	充分利用多媒体网络化教室的交互功能，使学生与学生及学生与教师之间进行个别与群体交互	充分利用多媒体网络化教室的交互功能，使学生与学生及学生与教师之间进行群体交互	没有充分利用多媒体网络化教室的交互功能，学生与学生及学生与教师之间很少进行交互	
评价与反馈	教师对学生在课上学习与课后学习成果进行及时评价与反馈	教师对学生课后学习成果进行及时评价与反馈	教师对学生在课上学习与课后学习成果没有进行及时评价与反馈	
合计：				
质性评语：				

参考文献

[1]Siemers S, Angelides S. Toward an Intelligent Tutoring System Architecture that Supports Remedial Tutoring [J]. Artificial Intelligence Review, 1998 (12): 469-511.

[2]陈晓明，周渝. CSCW 多媒体计算机网络教室模型研究[J]. 贵州大学学报(自然科学版)，2001，18(4)：294-299.

[3]郭友，杨善禄，白蓝．教师教学技能[M]．北京：首都师范大学出版社，1997.

[4]寇斌，王永红．多媒体网络教室的技术及应用[J]．公安大学学报(自然科学版)，2002(1)：39-42.

[5]雷体南，杨强．多媒体计算机网络教室的教学应用探析[J]．荆州师范学院学报，2002(5)：118-120.

[6]李廷军，许卫．多媒体教室建设和使用中应注意的问题[J]．信息技术，2002(7)：35-36，39.

[7]刘瑞儒，张贞．“红蜘蛛多媒体网络教室”——网络教学好助手[J]．中国医学教育技术，2003(3)：184-186.

[8]阮若林．多媒体教室的组成、使用、管理与维护[J]．咸宁师专学报，2002(6)：98-100.

[9]商立军，刘利兵，陈健康．医学多媒体教室的设备[J]．山西医科大学学报(基础医学教育版)，2002(3)：235，237.

[10]卜卫，郭良．青少年互联网使用状况及影响[J]．中国经贸导刊，2001(19)：9-11.

[11]谢小粮，张强．多媒体教室的管理与维护[N]．中国电脑教育报，2002-07-08(B3).

[12]徐恩芹．从传播学的角度看演示型多媒体教室的配置[J]．中国电化教育，2002(7)：78-80.

[13]徐时新．多媒体会议系统研究[J]．小型微型计算机系统，1997，18(3)：15-23.

[14]杨立洁，江志超，刘弘．计算机支持的协同教学环境[J]．计算机应用，1999，19(5)：36-45.

[15]于景伟．多媒体网络教室的计算机教学改革与实践[J]．教育探索，2003(6)：74.

[16]曾祥翊．充分利用网络教室、校园网推进学校教育教学现代化[J]．中国电化教育，2000(2)：14-17.

[17]赵楠，董喜明，祝志夫．网络多媒体教室的开发模型及实现[J]．微型机与应用，1998(11)：36-37，54.

[18]祝智庭．中国基础教育信息化进展报告[J]．中国电化教育，2003(9)：6-12.

[19]祝智庭．网络教学系统的通讯模型[J]．多媒体世界，1997(2)：

60-62.

[20]亚健康研究网．计算机病[EB/OL]．[2005-05-31]．http：//www. subhealth. com/Article _ show. asp? ArticleID=27.

[21]焦振兴．对多媒体教学的几点隐忧[J]．中国教育科研与探索，2008(2)：100.

[22]孙江宏，段长新，赵腾任，等．局域网组建及应用培训教程[M]．北京：清华大学出版社，2004.

[23]谢幼如．网络教学设计[EB/OL]．http：//www. jswl. cn/course/kczh/IT/IIS/llxx/sheji/2/mulu. htm.

[24]严云洋．网络化教室的组成与实现[J]．淮阴工学院学报，2001(2)：16-20.

第五单元 校园网及教育城域网的应用

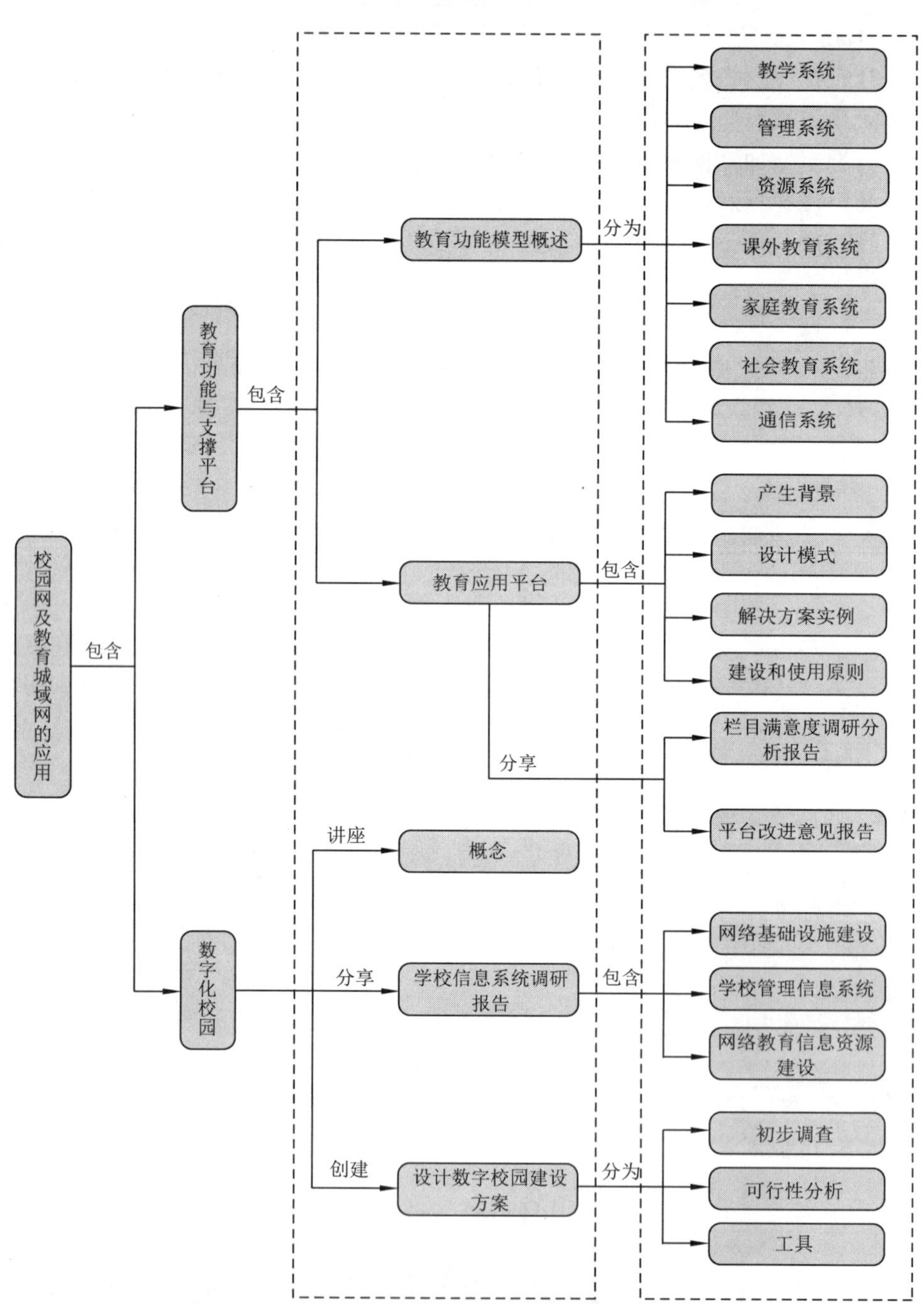

专题一　校园网/教育城域网的教育功能与支撑平台

讲座：校园网的教育功能模型概述

目前，在我国大中城市中，随着普通中小学教育现代化进程的加速，校园网络的建设显示出强劲的势头。要建好、用好这些校园网络，进行科学合理的功能规划是一个关键的环节。

在进行教育网络的规划和设计时，首先要进行用户需求分析，了解用户对系统的功能的具体需求。这往往是一项比较困难的任务，一方面，中小学校用户缺乏对网络系统功能的深入了解，难以用技术性的语言描述他们对网络功能的需求。另一方面，承担网络工程的公司大多缺乏教育技术方面的知识，难以将用户表达上比较模糊的教育需求转化为设计因素并据此形成设计方案。为此，应该有一个教育网络系统的一般性功能模型，用以指导教学网络的设计工作。图 5-1 是一个可用于指导校园网络规划、设计与应用开发的一般性功能模型。

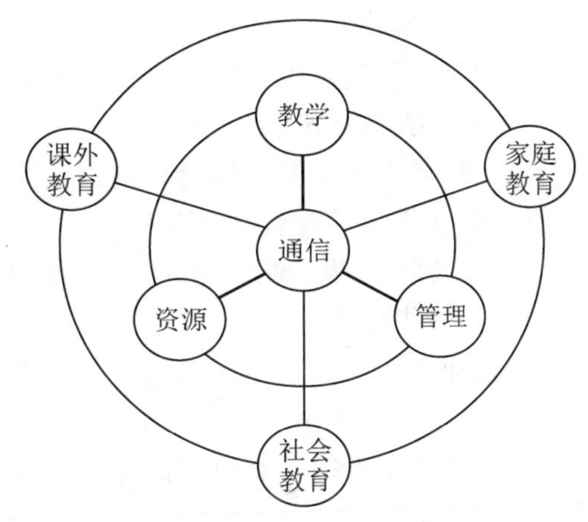

图 5-1　学校内联网功能空间模型

在图 5-1 所示的模型中，校园网首先是一个多功能的信息系统，该系统的功能可抽象为七大部分：教学、管理、资源、课外教育、家庭教育、社会教育、通信，每一部分可看做一个子系统。其中教学子系统、管理子系统和资源子系统构成一般学校的基本功能结构，而课外教育、家庭教育、社会教育系统可看做学校功能的内涵和外延；通信系统作为其他各子系统的支持结构，将它们联合为一个整体。

由此模型框架出发，进一步考察计算机网络对于各子系统的可能支持功能，亦即定义教育网络系统的功能空间如下。

1. *教学系统*

计算机网络对教学过程的支持是多方面的，这里先着重考虑在学校中以班级教学体制为基础的情况下如何发挥计算机网络的作用。目前可考虑应用于以下方面。

(1)教师工作效绩支持(Performance Support For Teachers)

用以提高教师的工作效率与效果，如利用计算机进行教材分析、教案编写与管理、电子讲稿制作支持、学生作业自动收集和评阅等。

(2)多媒体课堂教学

在普通教室中通过联网计算机调用电子讲稿，进行教师主导的教学呈现或运行教学模拟程序进行课堂演示，或者利用多媒体创设启发性学习情境，支持以学生为主体的知识建构。

(3)个别化 CAI

针对学生特性提供个别辅导、练习、补习及扩展的或深化的学习材料。

(4)计算机化测试

包括计算机给题、组卷、判别、评分与分析。

(5)计算机管理教学(CMI)

由计算机提供诊断性测试，分配学习任务，进行学习剖析与提供分析报告。

(6)多媒体课件开发

教师利用课件写作工具制作各学科多媒体教材。

(7)学生作业工具

允许学生借助计算机完成课内、课外作业，对写作类作业尤为有益。

(8)计算机教育

让学生学习计算机文化和掌握信息技能。

2. 管理系统

利用计算机网络支持行政信息和事务管理，旨在提高教育管理的水平。主要包括如下方面：

(1)工作指挥

校长在网上发送学校工作指令，教职员在线报告工作进程。

(2)教育质量管理与决策支持

进行素质教育指标的连续化动态测评和提供决策支持。

(3)教务管理

包括学籍管理、课程管理、课表生成、成绩管理。

(4)人事管理

人事档案管理、教职员业绩测评等。

(5)总务管理

可分为财务预决算、伙食管理、校产管理和保安管理等子系统。

3. 资源系统

信息资源应作为学校系统的重要组成部分，网络化资源管理可以大大提高信息资源的利用率，实现资源共享，从而也具有经济意义。

(1)图书采编与流通管理

(2)电子阅览与情报检索

(3)教学资源库

包括供教学研究和备课用的学科数据库、优秀教案和教学实录。

(4)学习资源库

包括供学生进行个别化学习的课件、优秀作业库、课程辅助资料等。

4. 课外教育系统

利用计算机网络支持丰富多彩的课外活动，以求发展学生个性、培养高雅情趣、增强智力与锻炼技能，包括：

(1)科技活动

可以利用计算机构造微型世界，支持某些具有创造性、探索性的科技活动。例如，利用多媒体虚拟现实技术模拟农牧养殖，允许学生进行探索性运作；采用CAD技术，让学生利用建筑积木设计公园和未来都市等。

(2)智力游艺

利用计算机游戏程序训练学生的智力技能和运动技能。

(3)艺术创作

利用谱曲软件，让学生自己创作彰显个性的乐曲；利用作图软件进行绘画、制作动画、编制体操等。

(4)网上写作

让学生制作个人网页，既能充分展示学生个性，也能锻炼学生的写作技能。

5. 家庭教育系统

利用联网计算机可将学校教育延伸到学生的家庭之中，例如：

(1)家庭作业

学生在家中通过联网计算机完成作业并传送给教师，能比较及时地获得反馈。

(2)家庭辅导

家长接通学校的辅导程序和题库进行自学和练习，可弥补知识上的缺陷，并形成辅导子女学习的能力。

(3)家长联系与咨询

利用网上电子通信手段沟通学校与学生家庭的联系，学校可为家长开通学科知识答疑、心理咨询等服务项目。

(4)网上家庭文化

可在网上利用万维网(WWW)建立各自家庭的文化园地，学生与家长共同设计家庭主页(Homepage)，还可在学生家长间开展家庭主页设计竞赛等。

(5)网上家长学校

学校可为家长开设“家政学”“儿童心理学”“品德教育”等课程供家长选修，有利于提高家长的素养。

(6)家长智力资源开发

学生家长中蕴藏着极大的智力资源，可以在网上开设家长园地，交换家庭教育经验，实现家长间的智力资源共享。

6. 社会教育系统

利用网络系统，可将校内空间与校外空间连为一体，使校内教育与校外教育密切结合。

(1)连接校外资源

通过与 Internet、公共图书馆及校图书馆联网共享信息资源，及时了解最新国际教育动态。

(2)远程合作学习

学生与外校同学进行合作学习并互相交流学习经验。

(3)网上校园文化

在网上开办团队和班级园地，形成新颖的校园文化。

(4)远程教学交流

开展校际教学交流，将优秀案例进行远程传播。

(5)联网聘请专家

可以通过网络聘请国内外教育专家和知名人士为学校教育决策提供咨询，为青年教师提供指导，为学生开辟第二课堂等。

7. 通信系统

通信系统不但可作为其他子系统的支持结构，而且可支持各项日常通信活动，例如：

(1)无纸化办公

学校与上级部门实现电子化文件交换；校内能高效地传达工作指令。

(2)师生联系

利用电子邮件支持师生间联系，不受时空限制。

(3)对外联络

实现对外宣传与交流电子化，既快速又经济。

讲座：校园网/教育城域网的教育应用平台

一、教育应用平台的产生背景

自从中国教育科研网开通以来，以及随着教育部关于在全国教育系统建立1 000所教育现代化示范学校的计划实施，我国许多高校和中小学都建起了校园网。这些校园网的建成，进一步推进了教育思想和教学手段的改革，大大加快了从应试教育向素质教育的转轨进程。同时，我们也应看到，目前许多地区的校园网/教育城域网建设方面还存在不少问题，主要表现在：

1. 教学资源建设滞后

许多学校的校园网硬件设施虽已建立，但是内容贫乏，资源建设跟不上，影响了计算机辅助教学的正常进行。同计算机硬件设施方面的投资相比，各地在教育软设施，如图书馆信息的数字化、统一的教学资源规划等方面的资金投入较少。另外一个问题是目前的教学资源在计算机中的表达还不是一致的。例如，一个教师要想准备一个包含各种多媒体资源的教案，他就肯定会陷入困境，因为这些合适的多媒体资源可能包含在不同的光盘或应用程序中，没有办法单独拿出来共享。

2. 各种教育应用互不兼容

许多教育应用软件都是针对某种特定的问题而设计，为不同的软件开发商所开发的，这些软件之间没有很好的互操作性，不但造成重复开发，而且各个应用之间无法保持数据的一致性，难以共享数据。造成这种状况的原因主要是没有一个统一的校园网/教育城域网教育应用平台，缺乏对校园网/教育城域网建设的整体规划，最终导致学校在投资上的浪费和应用上的困惑。

3. 教育应用软件扩充能力差

目前大多数的基于学校管理和教学等的应用软件(或系统)在设计系统时没有考虑应用的升级和扩展开发的需求。因此这些软件都只是一个应用平台。针对这些固定的应用平台的二次开发非常困难，甚至是完全不可能的事情。随着技术要求的不断发展和新的应用模式的需要，学校将不得不“伤筋动骨”，甚至“忍痛割爱”，重新投资在另外一个全新的系统上。

4. 校园网和教育城域网发展的不平衡

早期的教育信息化发展的重心是校园网，由此建设了大批的校园网软件。随着宽带网络的发展，教育城域网成为新的关注点，很多原有的校园网软件已不适应教育城域网环境下的互通互联的要求。教育城域网的目标就是将本地区的教育机构全部联到网络中，最终形成一个区域性的互联、互动、信息交换、资源共享和远程教育的基础构架。教育城域网的建立，将使各学校的信息网络不再孤立存在，而是完全融入区域信息网络体系中，成为区域信息网络体系的重要组成部分。

鉴于以上问题，有必要开发校园网/教育城域网教育应用平台，以方便、高效管理教学资源，使教育应用简洁化。

二、教育应用平台设计模式

根据目前国内应用情况，校园网/教育城域网应用平台主要有三类设计模式。

1. 单校园网模式

每个学校建设自己的校园网平台，购买相应的服务器和软件，该模式适合实力比较强的学校。由于该模式不能与区域内其他学校和教委中心进行信息交换，所以越来越不适应当前的信息流通发展，急需改进。

2. 集中式管理的城域网模式

集中式管理的城域网模式采用应用软件服务模式，建立教育城域网数据中心，所有学校的应用都集中在该数据中心里，通过网络远程访问。在 ASP 模式下，一般用户无须购买应用软件、软件服务器，无须对软件进行升级、维护、管理；应用服务供应商(教委)建立维护系统的软硬件平台，开发维护升级客户需要的应用，并通过 Web 以“一对多”的方式同时向不同的用户提供应用程序的在线使用服务。客户只需要用浏览器通过网络使用就可以，不需要建立、维护庞大复杂的计算机系统，在费用上租用 ASP 的服务也比自己建立系统要低廉，风险更低。ASP 模式非常适合教委或教育局及中小学校信息化中的应用系统建设。利用教育城域网通信平台，将服务器、存储设备和应用软件等集中安装于教育数据中心，由教委或教育局承担应用服务供应商的角色，向中小学校及其他教育单位提供基于 IP 网络通信平台的应用服务，并负责软硬件系统的升级、更新和维护。ASP 应用模式做到了真正意义上的资源共享，这里资源包含了信息、硬件、软件、维护和管理等，从而避免了上述中小学校信息化建设中的弊端，使中小学校专心致力于其核心业务。

3. 分布式管理的城域网模式

就是前面两种的混合，在学校校园网平台基础上实现区域内的应用平台之间的信息沟通，通过互联的各个应用平台形成分布式管理的模式。

三、教育应用平台解决方案实例

下面以 K12 公司的校园网/教育城域网解决实例方案为背景来说明教育应

用平台的构建方法，该方案可适应上述三种设计模式。

1. 软硬件环境搭建

首先要建立教育区域数据中心，一般设立在教育局信息中心内。在数据中心放置一些高档计算机，由这些计算机承担应用服务器的作用，教育区域数据中心环境如图 5-2 所示。根据城市教育信息网络的技术要求和产品的性能价格比，城市教育信息网的骨干网络采用千兆以太技术，在各个二级接入点和中心之间建立高速的交换链路，二级节点附近的学校通过光纤链路提供 100 M/1 000 M的接入，实现用户最终的接入服务。

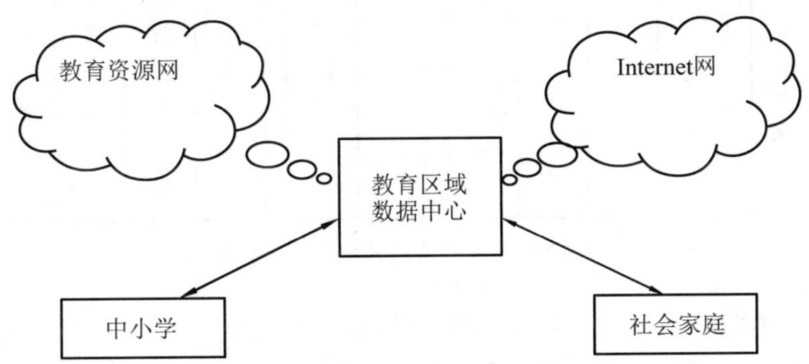

图 5-2　教育区域数据中心环境

其次要安装数据中心应用平台，安装诸如资源库、题库与评测软件、教育管理软件、邮件服务软件和主页服务软件等服务器端软件，再由这些服务器为所有客户端计算机提供服务。并且要提供一个公共的网站门户入口，各用户通过门户进入相应的模块，这样就形成了教育城域网应用平台环境。该软件环境是一个集教学平台、资源平台、交流平台和管理平台于一体的综合信息化应用环境，可方便教委内部的信息交流与发布，同时也可方便学校与教委以及学校与学校间的相互交流与沟通。

2. 工作原理

教育城域网应用平台全面涵盖教学、资源、管理和交流四大方面，分为四个中心，加上一个教育门户形成一个完整的解决方案，其系统结构如图 5-3 所示。

为了适应学校与教委实际应用的复杂需求，该方案可适用于多种情况。所有软件可分可合，可取可舍。

在单独应用于学校时，可满足学校的全部教学、科研与管理需求，完全实现校园内部的信息化与自动化。同时，由于采用了符合国家标准的数据统计与

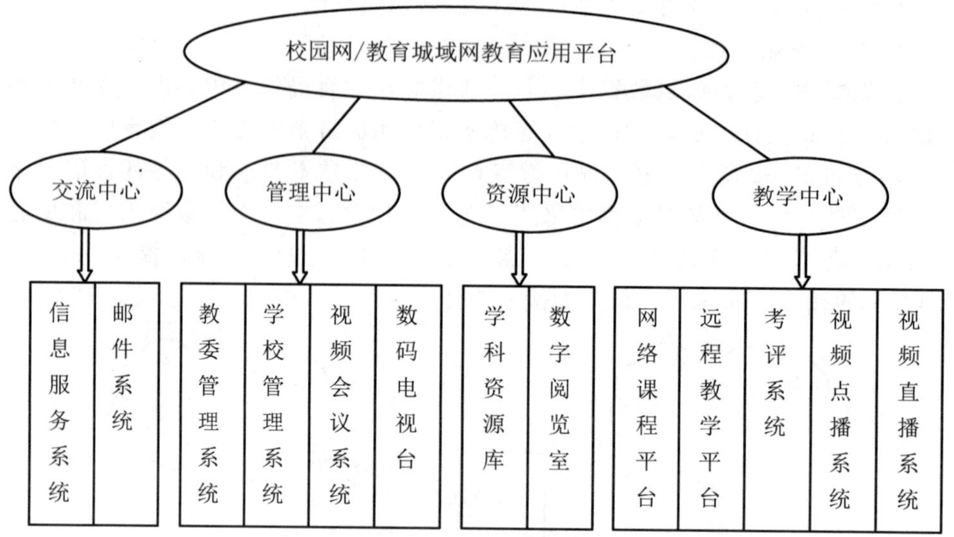

图 5-3　校园网/教育城域网教育应用平台解决方案

报表系统，因此学校也不必担心今后的数据上报问题。而且当教委也采用之后，所有数据上报均能实现完全自动化。

在单独应用于教委时，即成为整个地区的教学中心、资源中心、交流中心、管理中心和信息中心，除了能够实现教委的日常管理外，还可将学校的有关信息与数据完全存储在教委中心服务器中，轻松实现整个地区的信息化工程，是“校校通”的另一种实现形式。

若教委与学校同时使用，则成为一个非常复杂的、遍布整个地区的、可自动实现整个地区高度信息化与自动化的分布式软件系统。教委服务器和学校服务器可实现分布式管理，学校数据存储于学校服务器，教委数据存储于教委服务器；可实现教育行政管理部门的多级管理(如市教委、县教委等)。教委与学校分别采用建立主页，挂接不同级别的管理系统，通过网上数据连接传输管理信息。

以上几种使用模式，使得教育城域网应用平台的数据交换不再是难题。

3. 主要功能

教育城域网应用平台的主要功能有交流、管理、资源共享和教学等。

(1)交流功能

教育城域网基础设施的建设使得各学校的网络实现互联互通，学校与教委之间以及学校与学校之间可以方便地实现信息传输。在教育城域网中，通过教委的官方网站，可以向外展示本地区教育的基本情况与特色，也可以实现教育系统内部信息发布与快速传输的作用。教育城域网中各学校均可通过主页发布本校的有关信息，而通过教育城域网，教委和其他学校可以方便快速地访问和交流。教育城域网能为教委下属教育机构和所有教育工作者提供 E-mail 和个人主页空间等先进网络技术应用，为网络时代的信息交流提供基础条件。

(2)管理功能

教育城域网是一个教委管理下属有关教育机构的重要方式，能够极大地提高管理效益，同时也是国家“电子政务”政策的具体体现。教育城域网的电子化管理功能手段，诸如学校管理、学籍管理、教师档案管理、学生成绩管理、教委公文流转等，将会极大地提高教育管理效益。

(3)资源共享功能

教育城域网可以轻松实现区域性教育资源的共建共享，是区域范围内的教育资源集散地。通过教育城域网，可以实现“一机安装，随处访问”，节省了各个学校分别购买教育资源的资金投入，使得全地区有了统一的资源中心。

(4)教学功能

在资源共建共享的基础上，可以轻松实现网络备课与授课，提高教学效率。由于教育城域网是宽带网络，因此能够实现视频教学节目的点播、远程教师讲课的直播或广播等功能，很容易对学生和教师实施远程教育。

四、教育应用平台建设和使用原则

在校园网/教育城域网教育应用平台建设和使用中，需要遵循一些基本原则以发挥其正常效用。

1. 做好规划任务

根据学校或地区的实际情况(包括学校硬件设施、软件、资金到位情况以及学校教师和学生信息素质等)做出切实可行的校园网/教育城域网应用平台建设规划并付诸实践。主管领导应负责整个系统的规划分析。规划应遵守有关国际标准、国家标准、行业标准和有关规范，使系统具有开放性和标准化，以保证将来的扩展和升级。

2. 做好培训任务

对主管领导、教师和技术管理人员进行全方位的富有针对性的培训，保证相关人员能正确、高效地运用教育应用平台和开发出教学资源。主管领导应转变观念，重视对系统的总体规划以及总体框架的培训。教师应注重开发教学资源所需的有关著作软件和工具软件培训。技术管理人员应注重校园网各硬件设备的连接及各种网管软件的使用与维护培训。

3. 做好运行任务

通过对教育应用平台的充分运行，逐渐磨合校园网/教育城域网软硬件的关系、使用者与校园网/教育城域网教育应用平台的关系，使校园网/教育城域网教育应用平台充分发挥其效益、效率和效用。制订激励制度鼓励教师使用，大力推行网上教学资源的长期建设任务。

4. 做好研究工作

在充分使用教育应用平台中逐步提高，形成各种教学案例和研究出教学模式，在研究中指导使用，从而形成一种良性循环。

创建：校园网/教育城域网的栏目满意度调研分析报告

活动一：校园网/教育城域网的栏目满意度调研

<table>
<tr><td colspan="2">时间：70 分钟
内容：在这个活动中，你将探索校园网/教育城域网的栏目的相关因素，并利用分析报告的形式来分享自己的判断和想法</td></tr>
<tr><td>步骤：
☐ 选择网站
☐ 进行满意度打分
☐ 小组讨论后进行小组陈述
☐ 完成分析报告</td><td>学习作品：
☐ 分析报告</td></tr>
</table>

➡ 步骤一：选择网站

选择一个在你日常的学习中使用并熟悉的校园网/教育城域网门户网站。

➡ 步骤二：进行满意度打分

借助校园网/教育城域网评价表(表 5-1)，对此网站打分。

表 5-1　校园网/教育城域网评价表

<table>
<tr><td rowspan="2">一级评价指标</td><td rowspan="2">二级评价指标</td><td colspan="4">评价意见</td></tr>
<tr><td>很满意</td><td>满意</td><td>基本满意</td><td>不满意</td></tr>
<tr><td rowspan="3">主题</td><td>1. 栏目主题的定位、结构等因素的适应性和明确性</td><td rowspan="3"></td><td rowspan="3"></td><td rowspan="3"></td><td rowspan="3"></td></tr>
<tr><td>2. 栏目分类与具体服务群体需求的对应性和准确性</td></tr>
<tr><td>3. 栏目整体设置的专题性和创造性</td></tr>
</table>

续表

一级评价指标	二级评价指标	评价意见			
		很满意	满意	基本满意	不满意
外观	4. 外观布局栏目分类的明确性				
	5. 外观布局的颜色、字体、背景等搭配的美观性和观赏性				
	6. 整体布局的层次感和感染力				
内容	7. 栏目导航主题的启发性和规律性				
	8. 栏目导航链接深度和层级的恰当性				
	9. 栏目内容的丰富性和实用性				
	10. 栏目内容组织的系统性和服务针对性				

步骤三：小组讨论后进行小组陈述

针对已经填好的满意度问卷在小组内进行分享，并按照如下框架形成小组分析报告。

(1)关于栏目的主题性和服务性的满意度及对不足之处的剖析：

____

____

(2)关于外观和结构布局因素的满意度及对不足之处的剖析：

____

____

(3)关于内容的适宜性和丰富性的满意度及对不足之处的剖析：

____

____

(4)关于用户体验支持性的满意度及对不足之处的剖析：

____

____

步骤四：完成分析报告

完成分析报告，用 PPT 的形式呈现，在全班分享。

创建：校园网/教育城域网的教学支撑平台改进意见报告

活动一：校园网/教育城域网的教学支撑平台改进

<table>
<tr><td colspan="2">时间：70 分钟
内容：在这个活动中，你将探索校园网/教育城域网的教学支撑平台的相关方面的相关因素，并利用分析报告的形式来分享自己的认识和改进意见</td></tr>
<tr><td>步骤：
□ 选择教学支撑平台
□ 进行调研和记录
□ 进行深入分析
□ 完成分析报告</td><td>学习作品：
□ 分析报告</td></tr>
</table>

➡ 步骤一：选择教学支撑平台

选择你所在学校的校园网教学支撑平台。

➡ 步骤二：进行调研和记录

借助表 5-2 至表 5-8，对你所选择的平台进行细致客观的调研和记录。

表 5-2　总体架构改进表

对象	因素	现状分析	改进意见
总体架构	栏目设置		
	不同模块的集成与组织		
	职能分配		
	基础数据层的技术架构和平台		
	信息门户界面性能		
	平台总体特色		

表 5-3　运行机制改进表

对象	因素	现状分析	改进意见
运行机制	政策指导机制		
	质量评价机制		
	组织管理和投入机制		
	IT 运行维护和资源整合机制		
	服务推广机制		
	用户服务机制		

表 5-4　资源建设改进表

对象	因素	现状分析	改进意见
资源建设	资源数量		
	资源质量		
	资源整合		
	资源开发		
	资源共享		
	资源更新		

表 5-5　运行机制改进表

对象	因素	现状分析	改进意见
教学管理	课程管理		
	学籍管理		
	教师管理		
	成绩管理		
	测试管理		
	反馈管理		
	教务管理		

表 5-6　支持服务体系改进表

对象	因素	现状分析	改进意见
支持服务体系	满足个性化需求		
	互动支持		
	学习指导		
	在线答疑		
	物质环境		
	离线补充		

表 5-7　辅助工具建设改进表

对象	因素	现状分析	改进意见
辅助工具建设	自主学习工具		
	协作学习工具		
	信息收集工具		
	信息加工工具		
	信息发布工具		

表 5-8　扩展性能改进表

对象	因素	现状分析	改进意见
扩展性能	权限管理		
	数据加密		
	个性化应用		
	数据库系统		
	服务器		
	运行的可靠性和稳定性		
	数据标准		

➡ 步骤三：进行深入分析

针对目前现状的不足之处，使用如下分析报告框架，在查阅相关文献的基础上，提出改进方法或者方案。

(1)对于校园网/教育城域网的教学支撑平台总体架构的现状剖析及针对性改进意见：

____

____

(2)对于校园网/教育城域网的教学支撑平台运行机制的现状剖析及针对性改进意见：

____

____

(3)对于校园网/教育城域网的教学支撑平台资源建设的现状剖析及针对性改进意见：

____

____

(4)对于校园网/教育城域网的教学支撑平台教学管理的现状剖析及针对性改进意见：

____

____

(5)对于校园网/教育城域网的教学支撑平台支持服务体系的现状剖析及针对性改进意见：

____

____

(6)对于校园网/教育城域网的教学支撑平台辅助工具建设的现状剖析及针对性改进意见：

____

____

(7)对于校园网/教育城域网的教学支撑平台扩展性能的现状剖析及针对性改进意见：

____

____

➡ 步骤四：完成分析报告

在探究的基础上按照模板完成分析报告，用 PPT 的形式呈现，在全班分享。

专题二　数字化校园

讲座：数字化校园的概念

数字化校园是以网络为基础，利用先进的信息化手段和工具，实现从环境(包括设备、教室等)、资源(如图书、讲义、课件等)到活动(包括教学、管理、服务、办公等)的全部数字化，在传统校园的基础上，构建一个数字空间，在时间和空间维度拓展现实校园的功能，最终实现教育过程的全面信息化，从而达到提高教学质量和科研管理水平的目的。

在进行数字化校园建设时需要注意：

(1)建设数字化校园是一项长期工程，需要领导重视、统一规划、全校协力、分步实施，需要组织、政策、经费三落实；同时要注重校际交流、相互借鉴，还需要技术、业务部门通力合作；更重要的是必须要有教师和学生这两个教学工作主体的参与。

(2)基础设施、应用支撑系统以及基础数据库、资源库建设同等重要。特别是基础数据库、资源库对于数字化校园建设的水平、应用、效益是关键，要克服重硬件、轻软件，重实施、轻应用，重网络、轻资源，重校外、轻校内等观点。

(3)加强应用。应把教学放在十分重要的位置，起到推进数字化校园建设的作用。

(4)加强标准化建设。

(5)重视网络安全、管理与版权保护。

理解：所在学校的信息系统调研报告

一般来说，校园网络建设应该包括以下三个部分：网络基础设施建设、网络应用软件系统建设(含学校管理信息系统)以及网络信息资源建设。

一、网络基础设施建设

网络基础设施建设，即信息高速公路的搭建和接通，这是实现教育信息化最底层的支撑，正像公路系统由国道、城市干道、辅道共同组成的一样，信息高速公路也是由骨干网、城域网、局域网这样层层搭建才使得任何一台联网的计算机能够随时同整个世界连为一体。这里所说的学校信息系统的基础设施建设主要包括：

(1)学校网络组建模式。包括组网方式、拓扑结构以及形成的网络体系结构。

(2)硬件终端的建设。包括各级各类的计算机硬件系统，如普通电教室、多媒体综合电教室、语言实验室、计算机室、学科专用电教室、微型电教室、视听阅览室、电教教材库、卫星地面接收站、广播系统、闭路电视系统和计算机网络系统等。

在建设网络基础设施的过程中需要关注的是网络规模、网络维护和网络应用三者之间的相互作用和相互关系。

二、学校管理信息系统

学校管理信息系统是一个以计算机为工具，对学校管理信息进行处理的人—机系统，它能准确、及时地反映学校各项工作的当前状态，能利用过去的数据统计分析，能从全局出发辅助学校各职能部门以及校长管理学校。可见，学校管理信息系统首先必须具有强大的电子数据处理功能，能大大提高学校管理人员的工作效率，减轻劳动强度。同时，该系统应当采用管理模型，将仿真、优化等现代决策手段结合起来，为学校管理层的决策提供有效信息。

按照学校职能部门及其工作任务，通常可将学校管理信息系统划分为若干个相应的分系统，它们同时又是功能相对独立的职能管理系统。各个分系统共享下述五类综合性数据库：学生数据库、教职工数据库、图书资料数据库、财产(包括仪器设备和其他固定资产)数据库以及财务数据库。此外，在每个分系统中还分别设有各自的专用数据库。各分系统的功能构成如下：

1．学校教务管理系统

学校教务管理系统通常包括编班、课程表调度、学籍管理、教学档案管理等功能模块或子系统。编班是按照年龄、性别、入学成绩等情况，并按照某些给定的原则把新生分配到各个平行班级。编班处理的原始数据来自学生管理系统中的招生管理子系统。课程表是教学工作的时间、空间和人力的总调度。课程表调度涉及学生、教师、教室和设备等多方面因素，因而它是教务管理系统中一个十分重要也是比较复杂的子系统。学籍管理是教务行政管理工作的重要内容，主要包括学生在校期间各科学习成绩的登录、统计处理，各种成绩表册及成绩报告单打印和保存，提供各种查询功能以便及时了解各科教学情况和各班学习质量。教学档案管理包括各系、专业和各课程的教学计划、教师教学情况、有关统计报表及教学文件的登录、整理、查询与存储。

2. 学生管理系统

这里的学生管理指的是对学生工作的综合性管理。由招生、培养、分配三个学校教育的基本环节组成，因而该系统通常包括招生管理、学生操行及奖惩管理、毕业分配管理等。

3. 教职工人事管理系统

该系统由教职工基本人事档案管理和教师业务档案管理两个子系统组成，主要完成上述档案的登录、分类、检索查询和各种统计报表输出等。人事档案包括教职工本人的基本情况及家庭简要情况，教师业务档案则记载教师的专业方向、外语能力、教学情况、科研成果和业务进修情况等项内容。

4. 图书资料管理系统

该系统通常由采编管理、流通管理和报纸杂志管理三个子系统组成，用以辅助学校图书馆及资料室的日常管理业务。其中采编管理子系统主要实现图书订购、查重和订单备案等功能。流通管理子系统可实现书库快速检索、登录，编制日、月、年报表等功能。报纸杂志管理子系统则主要完成各种报纸、杂志的征订、统计汇总和检索。

5. 学校财产管理系统

学校财产就是学校的设备物资，这里所说的财产管理主要由仪器设备管理和学校固定资产管理两个子系统组成。前者包括实验室及电化教育所用的教学仪器、设备的管理；后者则指除此以外的教学、办公用房、各类家具及其他固定资产的管理。本系统主要实现上述财产的登录，对使用、维护、更新改造和报废情况的记录、检索查询以及统计汇总功能。

6. 财务管理系统

财务管理系统通常包括四个子系统。

(1)计划、预算管理子系统，根据事业计划需要，对未来年度的资金进行筹集与分配处理。

(2)会计核算子系统，主要进行各种财务凭证和账务的处理、核算，打印科目汇总表和汇总平衡表等各类报表，实现预算和计划执行情况的统计和跟踪。

(3)工资核算子系统，实现工资结算、分部门汇总、打印工资发放表册、钱币面值统计等功能。

(4)财务分析子系统，对财务计划和预算的执行状况进行分析并做出决算，以此总结和考核学校各方面经济活动的效果与存在的问题。

7. 其他事务管理系统

在学校管理中，除了上述六个方面的信息管理以外，通常还应建立以下四个方面的事务管理信息系统。

(1)体育、卫生管理。主要包括全校体育基础数据、学生体育达标情况、田径运动会等的管理，以及教职工和学生的健康档案管理。

(2)学校基建管理。对学校房屋、场所及其设施的新建、扩建和改造等基建项目的定额、预算和决算等事务进行管理。

(3)科研管理。包括学校科研项目的计划、科研经费的使用情况、科研成果登录和评估，以及技术市场和科技服务等方面的管理。

(4)校办企业管理。对校办工厂、农场或服务公司的生活、经营、销售等事务进行辅助管理。

学校管理信息系统是管理信息系统(MIS)理论与技术在教育领域的具体体现，因此它遵循 MIS 的一般规律。另外，学校管理信息系统的处理对象是学校管理过程中的各类信息，所执行的是学校中的各项管理事务，这又决定了该系统所具有的特殊性。学校管理系统各个职能子系统的划分的设置，随着学校的类别、规模、管理结构和管理习惯的差异而有所不同，以上给出的只是最为一般的划分方案。

三、网络教育信息资源建设

当前我国一些校园网建设起来之后，并没有充分使用，相应信息建设没有跟上。校园网的充分运用，需要多媒体网络教育资源的配合。抓好信息建设，才能做到“路上跑车，车上有货”。下面以“中小学教育信息化中网络资源建设”为例进行说明。

1. 学科资料库建设

根据教师教学与科研的需要，建设各学科资料库。学科资料库要力求使用方便、检索快捷、内容精当。要围绕知识点进行资料收集、筛选、标引、录入、发布。学科资料库建设工程量大、牵涉面广，宜采用联合作战的方式进行共建共享，以利于学科资料库建设速度和数据库质量的提高。

2. 专题资料库建设

专题资料库建设是指就某一教育专题广泛收集材料，经整理后编制专题资料库发送到网络上。

3. 多媒体教育软件素材库建设

广泛征集国内外有关多媒体教学的课件，编制成素材库在网上发行，为教师、学生服务。多媒体计算机辅助教学通过网络实现远距离传输，具有信息量大、图文声并茂、方便灵活且多样化的人机交互界面、检索能力强、非线性学习方式等特点。

4. 网上实验室建设

在网上建立物理、化学、生物等学科的实验库，学生可在库内进行模拟实验，培养学生的动手能力、创造能力和实验操作技能。

创建：学校数字化校园建设方案

计算机和通信技术的密切结合推动了网络技术的迅速发展，目前我国各类学校纷纷投资建设校园网络，以求带动学校教学、科研和管理水平迈上一个新台阶。

通过 TCP/IP 网络通信协议，校园网络一方面可以获得中国教育科研网(Cernet)和国际互联网(Internet)所提供的一系列服务，包括 E-mail 电子邮件、FTP 文件传输、Telnet 远程登录、WWW 信息浏览等。另一方面，校园网络又是一个采用了 Internet 技术和产品的学校内部网即 Intranet，它的应用主要体现在以下几个方面：

- 校内、外通信服务，多媒体信息发布与查询；
- 计算机辅助教学(CAI)系统和远程教学；
- 学校行政管理信息系统(MIS)和学校办公自动化(OA)网络系统；
- 图书资料检索系统；
- 网络资源共享。

为学校设计一个数字化校园建设方案，即在通盘考虑上述问题之后，进行逐步细化的系统规划过程。系统规划是整个管理信息系统建立过程中的基础阶段。因为新系统是在现有系统基础上发展而成的，所以首先应对现有系统进行全面的调查和分析，通过对用户需求的调查，提出新系统的开发目标，并进行可行性研究，为新系统开发能否进行提供定量和定性的依据，这就是任务的总体规划。

一、现行系统的初步调查

初步调查是为了了解现有系统的概貌、规模等基本情况，从而确认新系统的目标。该阶段需调查的主要内容有：

(1)现行系统的概况：调查学校当前规模、功能、工作效率、归属部门等信息。

(2)组织机构：调查现行系统的组织机构、归属关系、人员安排等，它不仅为新系统各功能子系统的划分提供依据，还可进一步暴露组织和人事方面的不合理现象。

(3)管理流程及工作步骤：现行系统中各管理职能部门(教务、财务等)的管理业务流程，各种数据在收集、整理、输入、存储、处理和输出各个环节的具体加工步骤，主要单据、表格的来源和去处等，从而得到较为完整的信息流程。上述各项内容在系统分析阶段中还需进一步做详细调查。

(4)当前系统的薄弱环节：在调查中应善于发现问题并找出其前因后果，这些问题往往是新系统中要解决和改进的主要问题。

(5)建立新系统的资源情况：为了建立新系统，学校或主管部门准备投入人力(何种技术水平、有多少人)、财力(多少场地和设备、多少资金)和时间(可以给多长开发时间)的基本情况，对于已有计算机设备的学校，应详细调查其功能和目前使用状况，考虑在新系统中充分发掘其潜力。

(6)各部门管理人员对新系统目标持有的看法，以及对建立新系统的态度。

二、可行性分析

在现行系统初步调查的基础上就可以提出新系统目标，即新系统建立后所要求达到的运行指标，这是系统开发和评价的依据。新系统目标应充分体现学校的战略目标、发展方向和基本特点，直接为学校管理服务，同时，新系统目标应该和现行系统的各项基本功能密切相关，并且可以分期分批实现。需要指出的是，新系统目标不可能在总体规划阶段就提得非常具体，它还将在开发过程中逐步明确和定量化。新系统目标的提法不尽相同。例如，提高工作效率和减轻劳动强度，提高信息处理速度和准确性，提供新的处理功能和决策信息，为教学、科研提供更方便的服务项目，等等。

新系统的目标确定后，就可以从以下三方面对能否实现新系统目标进行可行性分析。

1. 技术可行性

根据新系统目标来衡量所需的技术是否具备，一般可从硬件、软件的性能要求，环境条件，技术人员水平和数量等方面去考虑和分析，其中开发人员的技术力量应首先考虑能力与水平，并考虑近期内可以培养和发展的技术人员。

2. 经济可行性

估算新系统的开发费用和今后的运行、维护费用，估计新系统将获得的效益，并将费用与效益进行比较，看是否有利。开发、运行和维护费用主要包括：购买和安装设备的费用；软件开发费用：若由本单位的技术人员开发，则该项费用可以计入下面的人员费用一项；人员费用：系统开发人员、操作人员和维护人员的工资、培训费用等；消耗品费用：系统开发所用材料、系统正常运行所用消耗品，例如水、电、打印纸、软盘、色带等开支；其他费用。

系统的效益可以从经济效益和社会效益两方面考虑。对于学校管理信息系统则应着重分析其社会效益。例如，系统投入运行后可以提供哪些以前无法及时提供的信息，用户查询和使用信息的方便程度提高了多少、速度增加了多少，对于管理人员进行决策提供了多少帮助，等等。

3. 运行可行性

对新系统运行后给现行系统带来的影响(包括组织机构、管理方式、工作环境等)和后果进行估计和评价。同时还应考虑现有管理人员的培训、补充，分析在给定时间里能否完成预定的系统开发任务等。

按上述三方面进行可行性分析、研究后，就可整理并编制出新系统开发的可行性报告，它是总体规划工作的阶段性成果。

一般来说，管理信息系统的建立与应用可以划分成总体规划、系统开发和系统运行三个阶段，其中系统开发阶段还可进一步分为系统分析、系统设计和系统实施等工作环节。上述各个阶段排列成一个严格的线性开发序列，在每个工作阶段均产生完整的技术文档作为下一阶段工作的指导和依据，每一阶段都应对文档进行评审，确信该阶段工作已完成并达到要求后才能进入下一阶段，同时在以后的工作中不能轻易改变前面经过评审的成果。

三、工具

表 5-9 和表 5-10 为设计数字化校园建设方案提供了参考依据。

表 5-9　所在学校的信息系统调研报告模板

一级指标	二级指标	指标值及情况说明
网络基础设施建设	计算机数量	
	生机比例	
	师机比例	
	计算机网络教室数	
	教室多媒体设备数	
学校管理信息系统	教务管理	
	教学支持	
	科研支持	
	“一卡通”覆盖	
网络教育信息资源建设	资源库类型	
	资源库数量	
	资源库使用情况	
	资源库更新机制	

表 5-10　所在学校的数字化校园建设方案模板

建设项目	二级项目	解决方案
教学方面	教学管理	
	教学资源共享	
	数字图书馆	
	公共资源服务系统	
	多媒体应用系统	
	数字资源共享系统	
	数字化实验室	
	电子书包	
管理方面	校园网办公自动化平台	
	“一卡通”服务平台	
	无线网工程	

活动一：设计数字化校园建设方案

时间：70 分钟 内容：完成所在学校的信息系统调研报告；为你所在的学校设计一个数字化校园建设方案	
步骤： ☐ 选择学校信息系统 ☐ 对学校的系统进行调研 ☐ 设计和改进方案 ☐ 完成分析报告	学习作品： ☐ 分析报告

➡ 步骤一：选择学校信息系统

选择你所在学校正在运行的学校信息系统。

➡ 步骤二：对学校的系统进行调研

借助表 5-9 和表 5-10，对你所在学校的系统进行细致客观的调研和记录。

➡ 步骤三：设计和改进方案

针对目前现状的不足之处，进行更深入的分析，并查阅相关文献，以小组为单位寻找合理的改进方法或者方案。

➡ 步骤四：完成分析报告

在探究的基础上按照模板完成分析报告，用 PPT 的形式呈现，使用表 5-11作为评估工具，对所做方案进行评价。并在全班分享。

表 5-11　探究活动评估报告

评价范围	评价内容	评价结果		
		优秀	良好	一般
对活动成果的整体评价	认真细致地完成对某一具体校园网平台的调研问卷			
	解决方案中体现了个性化和独特性			
	分析报告内容完整，条理清晰			
	分析报告具有一定的深度和广度			
	分析报告有一定的独特性和创新性			
对解决方案的评价	绩效性：支持教学、管理等学校事务			
	可行性：设计方案在技术、经济等方面具有可实施基础			
	整体性：建立整体的校园网解决方案，对教学、管理、教师专业发展等各个方面有系统的设计			
	科学性：解决方案具有良好的科学决策支持			
	教育性：体现学校的教育特性，系统是否符合教育特性，能够支持教育业务			
	前瞻性：能够反映校园网的发展趋势，包括理论与技术			

参考文献

[1]Siemers S，Angelides S. Toward an Intelligent Tutoring System Architecture that Supports Remedial Tutoring [J]. Artificial Intelligence Review，1998(12)：469-511.

[2]陈晓明，周渝. CSCW 多媒体计算机网络教室模型研究[J]. 贵州大学学报(自然科学版)，2001，18(4)：294-299.

[3]郭友，杨善禄，白蓝. 教师教学技能[M]. 北京：首都师范大学出版社，1997.

[4]寇斌，王永红. 多媒体网络教室的技术及应用[J]. 公安大学学报(自

然科学版)，2002(1)：39-42.

[5]雷体南，杨强．多媒体计算机网络教室的教学应用探析[J]．荆州师范学院学报，2002(5)：118-120.

[6]李廷军，许卫．多媒体教室建设和使用中应注意的问题[J]．信息技术，2002(7)：35-36，39.

[7]刘瑞儒，张贞．“红蜘蛛多媒体网络教室”——网络教学好助手[J]．中国医学教育技术，2003(3)：184-186.

[8]阮若林．多媒体教室的组成、使用、管理与维护[J]．咸宁师专学报，2002(6)：98-100.

[9]商立军，刘利兵，陈健康．医学多媒体教室的设备[J]．山西医科大学学报(基础医学教育版)，2002(3)：235，237.

[10]卜卫，郭良．青少年互联网使用状况及影响[J]．中国经贸导刊，2001(19)：9-11.

[11]谢小粮，张强．多媒体教室的管理与维护[N]．中国电脑教育报，2002-07-08(B3).

[12]徐恩芹．从传播学的角度看演示型多媒体教室的配置[J]．中国电化教育，2002(7)：78-80.

[13]徐时新．多媒体会议系统研究[J]．小型微型计算机系统，1997，18(3)：15-23.

[14]杨立洁，江志超，刘弘．计算机支持的协同教学环境[J]．计算机应用，1999，19(5)：36-45.

[15]于景伟．多媒体网络教室的计算机教学改革与实践[J]．教育探索，2003(6)：74.

[16]曾祥翊．充分利用网络教室、校园网推进学校教育教学现代化[J]．中国电化教育，2000(2)：14-17.

[17]赵楠，董喜明，祝志夫．网络多媒体教室的开发模型及实现[J]．微型机与应用，1998(11)：36-37，54.

[18]祝智庭．中国基础教育信息化进展报告[J]．中国电化教育，2003(9)：6-12.

[19]祝智庭．网络教学系统的通讯模型[J]．多媒体世界，1997(2)：60-62.

[20]国际儿童组织呼吁儿童远离电脑[EB/OL]．http：//edu. sinohome.com/baby/paper/337. htm.

[21]亚健康研究网. 计算机病[EB/OL]. [2005-05-31]. http: //www.subhealth. com/Article _ show. asp? ArticleID=27.

[22]焦振兴. 对多媒体教学的几点隐忧[J]. 中国教育科研与探索, 2008(2): 100.

[23]孙江宏, 段长新, 赵腾任, 等. 局域网组建及应用培训教程[M]. 北京: 清华大学出版社, 2004.

[24]张剑平. 学校管理信息系统总体规划[J]. 现代信息技术, 2000(8): 68-73.

[25]侯方伟, 王彦华. 关于校园网建设的几点看法[J]. 中小学电教(下半月), 2009(10): 95.

[26]王伟, 钟莉琴. 校园网的"窘境"——高校校园网现状调查[J]. 吉林教育, 2008(17): 8-10.

[27]石敏力. 浅谈大学校园网站的地位及功能[J]. 遵义师范学院学报, 2007(3): 98-100.

[28]贺方成. 论校园网络媒体的建设[J]. 今日南国(中旬刊), 2010(5): 90-91.

[29]优秀校刊校报校网展示[J]. 湖北教育(综合资讯), 2011(3): 50.

第六单元　网络远程教育

网络远程教育
包含
概述
包含
特点
网络远程教学模式
分为
正式学习
非正式学习
正式学习与非正式学习的结合
模型和相关传递技术
理解
服务质量规范
包含
基本框架
过程模型
创建
使用Moodle开设远程教育课程
分为
Moodle平台安装
开设课程
设计课程
实现课程
管理课程
评估
课程评价量规
分享
经验与思考
虚拟学习社区的原理与应用
包含
原理
包含
类型
性征
教与学原理
分为
构建原理
共同体原理
知识建构原理
系统架构
应用
教学的技术与方法
分为
教师作为组织者
教师作为辅导者
教师作为管理者
学生学习
分为
个别化学习
协作学习
体验
正式学习
实践社区的原理与应用
包含
理解
定义与内涵
理论基础
分享
非正式学习案例
电子绩效支持系统
包含
EPSS
包含
简介
特性
种类
分为
内嵌式
连接式
独立式
构成模式
分为
三层模式
一般构成模式
例子
在教育中的应用
对多媒体教学软件设计的启示
创建
教学领域EPSS设计、开发实例
电子学档
包含
定义
意义
分享
应用方法
基于网络的电子学档的开发
分为
学生电子学档的开发
教师电子档案袋系统

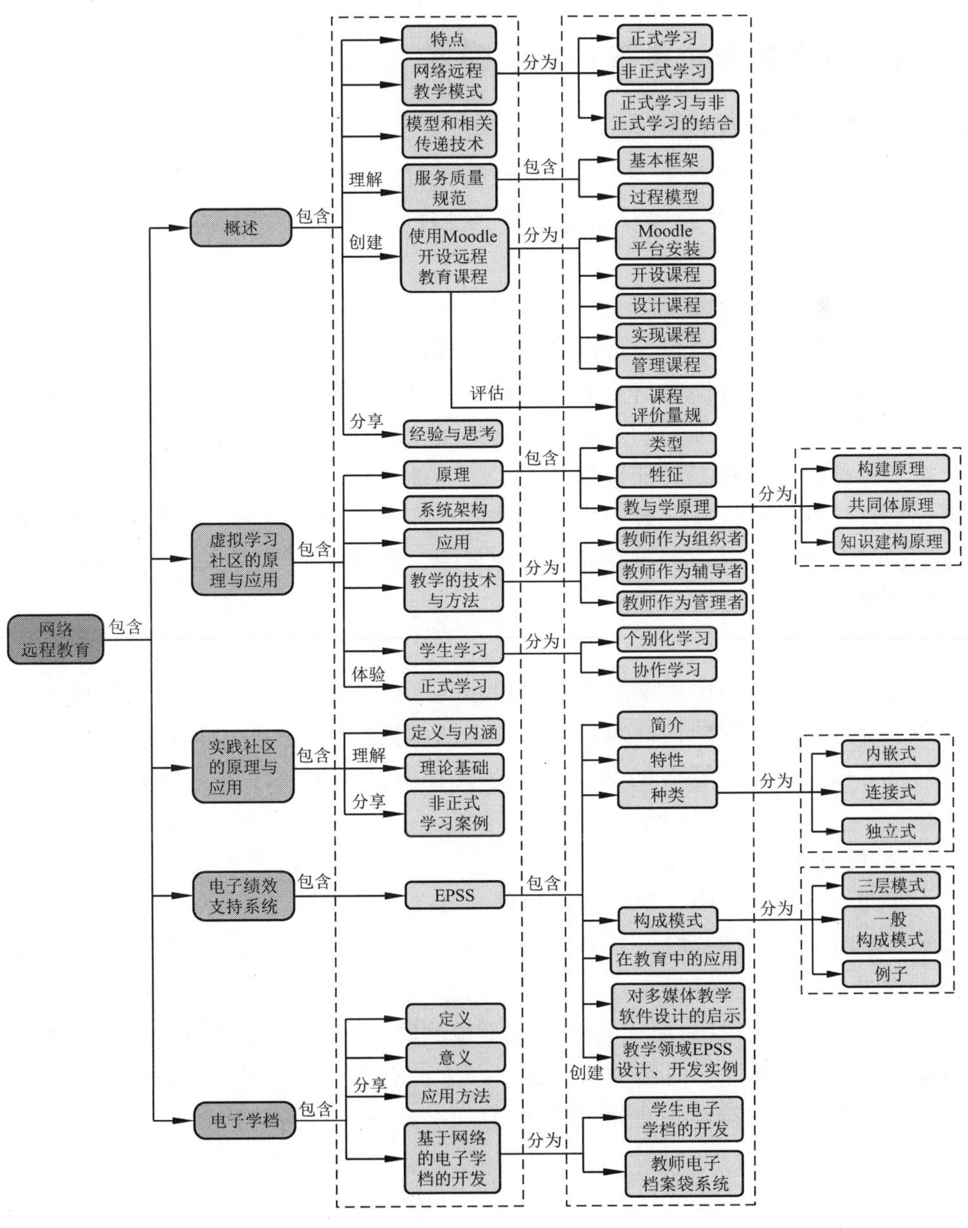

专题一　网络远程教育概述

讲座：网络远程教育的特点及模式

一、网络远程教育的特点

一般来说，远程教育可以通过函授、广播电视、卫星、互联网等途径进行。网络远程教育作为现代远程教育发展的主流趋势，具有以下几方面的特点。

1. 交互性

计算机网络的信息传递可以是双向或多向的，网络中的任何用户既可能是信息的接收者，也可能是信息的发布者，交互性是网络远程教育具有的主要优势之一。在教学过程中，学习者通过网络接收教师发布的教学信息，并将反馈信息及时传回给教师；教师根据学习者的反馈信息，对他们的学习做进一步的指导。通过计算机网络，教师和学习者可以及时地交换信息。这样，一方面有利于学习者学习，另一方面有利于教师教学，使教和学互相促进，达到良好的教学效果。

2. 个别化

在网络学习环境中，学习者可以根据自己的实际情况，自主地决定学习内容和学习进程，这样能很好地发挥学习者的积极性和主动性。同时，由于计算机网络可以实现教学资源的共享，因此其在实现个别化学习方面有很大的灵活性。

3. 时效性

在网络远程教育中，学习者通过网络接收教学信息既可以是实时的，也可以是非实时的。所谓实时，就是指教学信息一旦上网就能被所有学习者及时接收。所谓非实时，就是指学习者对教学信息的访问不局限于某个时间，在某一个相当长的时间段内(只要该教学信息不被删除)，对它都能进行自由、有效的访问。这种实时和非实时结合的方式，一方面有利于学习者及时地接收学习信息；另一方面它支持学习者的重复学习，保证学习效果，因此带有很强的时效性。

4. 共享性

计算机网络和其他通信媒体相比，最大的优势就在于信息共享。互联网上存在着大量的教学资源，可为网络中的所有用户共享。对于学习者来说，网络的共享性一方面使他们能够最大限度地占有教学信息，有利于开阔他们的视野；另一方面有利于他们正确地理解和整合教学信息，因为他们可以将相关的教学信息进行对比、对照，取长补短，以促进学习。

5. 泛在性

互联网是个遍布全球的信息世界，任何学习者无论身处何时何地，只要通过网络就能获得所需要的信息和开展学习互动。

二、网络远程教学模式

教学模式是在一定的教育思想指导下建立的比较典型的、稳定的教学程序或结构。研究教学模式，有助于我们对复杂的教学过程的组织方式做简要的表述，分析主要矛盾，认识基本特征，进行合理分类。

1. 正式学习

正式学习主要是指在学校的学历教育和参加工作后的继续教育，其定义为以课程、任务、研讨会等形式展开的教学活动。在网络远程教育中，常见的正式学习方式有以下几种。

(1)分布式课堂

在分布式课堂(Distributed Classroom)模式中，教师和学生可以在不同地点上课，进行对话交互，这与传统的课堂教学模式基本一样，对教师也没有特殊的要求，原有的教学设计方式也不用改变，教师在讲台上讲授，在黑板上板书，学生在周围听课。不同的是，课堂的范围扩大了，可以通过 Internet 延伸到世界各地。学生可以在远程教学机构指定的“多媒体教室”上课，也可以在其他地方用计算机和远方的“教室”连接。远程学生在自己的计算机屏幕上可以看到教师讲课的姿势、神态和电子黑板上的板书，还可以听到教师的声音。在听课过程中，学生有问题可以向教师发出提问请求，教师同意后，学生可以进行基于文本、语音或视频提问。教师在授课过程中也可以要求学生“电子举手”回答问题。

教师上课的实况还可以录制成流式视频并放在 Web 上，供学生异步浏览，其优点在于学生可以重复多次浏览教师上课实况，而且可以随时暂停浏览，选取教学片段，可控性强。缺点是无法和教师实时交互。通过课堂延伸模式，网络远程教学机构可以把特定课程优秀教师的授课实况转播到远距离之外，有利于提高教学质量，扩大教学面积，实现师资的最佳配置。

在分布式学习课堂模式中，除了要配备相应的多媒体设备(如投影仪、数字摄像机)外，还要求有较高的网络传输率，系统支持软件要能够对音频、视频信息有较高的压缩效果。目前，许多网络学院已经在使用这种模式的远程教学。

(2)Web 课程

在 Web 课程模式中，教师把传统的课程转化为网页课程，即把教学要求、教学内容以及相应习题、学习参考材料等编制成 Web 课程，存放在 Web 服务器上，供学生浏览学习。学生在 Web 上学习的过程中碰到疑难问题时，可以随时向教师询问，教师再通过电子邮件等方式对学生的疑难问题给予解答。

Web 课程模式的优点在于：其教学活动不受时间和地点的限制，每个学生可以根据自己的喜好和实际情况决定学习时间、学习进度以及选择学习课程，可以随时向教师请教问题。但是，师生之间无法进行实时交互，要求学生具有较高的学习自觉性和主动性。而且，它要求教师熟悉基于 Web 教学，能够设计、编制较高水平的 Web 课程，既要体现学生的特点，又要图文并茂，适合网络传输，并能接收学生的反馈信息。同时也要为学生提供与课程有关的信息资料。几乎所有的网络教育学院都存在这种模式的远程教学。

(3)虚拟学习社区

虚拟学习社区是一个社区成员在网络环境下，通过获取、产生、分析和合作建构知识的对话与被指导的学习过程所形成的人际团体与学习环境，其实质是社区成员及其关系的集合，也即虚拟学习社区的实质是一个社会网络。虚拟学习社区中的学习是一种在学习者与学习者之间、学习者与教师之间的互动，是一种凝聚团队、创造公共目标、在新领域中的经验分享，是一种由教师和学生在虚拟学习社区中逐渐获得有关学科的相似共同经验的过程中所建立起来的关系的集合。

虚拟学习社区是在线学习和虚拟社区相结合的产物，不仅是一种基于网络的学习型组织，而且也是一个由计算机、Internet 网络和人所组成的人—机复杂系统。由于虚拟学习社区可以改变传统的学习方式，使学习方式从传统的“独学”变为“群学”，使学习结构从“封闭”变为“开放”，最终可以使教学从“知识传授”转变为“知识建构”，即在社会情境下实现个人及个人所在的学习型组织的共同成长，因而近年来在国内外的网络教育中得到了越来越多的推广和应用。

按照教育性要素、专业性要素、兴趣要素和边界要素等可以将虚拟学习社区分为 5 种社区类型，且每种社区根据环境要素都可能拥有在线和混合两种模式。虚拟学习社区具有目标分享、安全与支持条件、社区认同感、合作、尊重、面向知识建构的讨论和互惠互利等特征元素，这 7 个特征元素是形成虚拟学习社区的一个组织框架，也是增强与发展虚拟学习社区，进行教学干预和实施教学策略的切入点。

在教育应用上，虚拟社区既可支持正式学习，也可支持非正式学习。

2. 非正式学习

所谓非正式学习，是相对正规学校教育或继续教育而言的，指在工作、生活、社交等非正式学习时间和地点接受新知的学习形式，主要指做中学、玩中学、游中学，如沙龙、读书、聚会等。研究表明，非正式学习广泛存在着，它满足了大部分学习需要，能够实现个体在工作中学习需要的70%左右。非正式学习往往与实践密切相关，能使人获得很多能够立即应用到实践当中去的知识与技能，非正式学习在如何胜任工作方面发挥着关键性作用，而且收到了明显的经济效益。

(1)游戏化学习

游戏化学习(Edutainment)，指的是利用电子游戏为媒介进行学习活动的过程。这里指的不是传统游戏环境下的学习模式，而是指电子游戏。就课堂教学而言，它指的是把电子游戏应用于整个教学过程或某一个教学环节。

娱教技术是目前教育技术界提出的关于游戏如何与正统教育相结合这一问题新的解决途径。华东师范大学祝智庭教授给出了娱教技术的定义，他认为"娱教技术是以尊重学习者当前的生活价值为基础，通过创建、使用与管理恰当的技术过程和资源以促进学习者的生活体验和乐趣与教育目的及手段相融合的理论与实践"。娱教技术是在信息化社会环境中对"寓教于乐"思想进行发展与提升的结果，它吸收了"寓教于乐"的思想，同时又注入了建构主义关于体验式学习以及"合法的边缘性参与"的思想，充分肯定了技术在学习中的重要性。

(2)聊天室

聊天室(Chat)是一个网上空间，为了保证谈话的焦点，聊天室通常有一定的谈话主题。在基于网络的社会性交互环境中，聊天室是一个实时的、一对一或一对多的交互环境，支持在线讨论和在线寻呼功能，可以作为一个即时答疑和讨论的场所。例如，教师可以将学生分成多组，并且为每组学生提供一个讨论的主题，从而实现分组讨论。

QQ和MSN是国内两个常用的基于Internet的即时通信工具，具有支持在线聊天、文件传输、文件共享、建立讨论群、视频会议等功能。它们日益成为人们日常工作、生活、学习的重要交流平台，逐渐改变着人们的工作和学习方式。QQ和MSN尤其受到年轻人和青少年学生的热爱和推崇，使得它们在学校的教育教学工作中也得到了广泛的应用，从而给教育教学改革带来深远的影响。QQ和MSN在教学中的应用主要体现在以下几个方面：①利用文件传输和共享功能，实现教学资源的实时和非实时的传递和共享；②利用在线聊天功能，实现有针对性的一对一的师生、生生、师师交流；③利用建立和加入讨论群功能，实现围绕某个特定主题的讨论式教学；④利用讨论群、视频会议和公告等功能，克服传统课堂教学的时间和空间的局限性，实现远程教学和交互式讨论等。正确和理性地应用QQ，有利于加强沟通、信息共享，从而提高学习和工作的效率。但在将其应用于教学活动时，教学工作者必须进行有效的组织和引导，使得其可以更好地辅助教学。

(3)博客

博客(Blog)，又被称为网络日志，是一种由个人管理，不定期张贴新文章的网站。Blog的概念包括三个要素：网页主体内容由不断更新、个性化的帖子组成；帖子可以按照时间、归档、主题等形式进行分类；内容可以围绕各种主题，以超链接作为重要的表达方式。Blog系统是关注个性问题的展示与交流的综合性平台。学生可以通过Blog创建自己的学习日志，把自己对于课程内容的所思所想记录下来，展开自主学习。另外，还可以通过设置自己的议题，与别人分享自己的思想，寻求其他同学的意见和建议，完善自己对问题的思考。教师可以通过Blog来进行教学反思，记录每一天的教学工作心得，随着日志的不断积累，教师可以复习或回味自己过去所写的内容，不断反思自己的观点，修正自己的理解偏差。

微博，即微博客的简称，是一种基于用户关系的信息分享、传播以及获取平台，用户可以通过Web，WAP以及各种客户端组建个人社区，以140字左右的文字发布和更新信息，并实现信息的即时分享。微博作为一种新型的社会媒体，日益受到人们的广泛关注。随着微博技术的不断普及，越来越多的教学工作者开始将微博引入日常的教学实践，使其成为学生学习的工具、师生交互的工具。教师可以利用微博来组织教学活动，将其作为课堂教学的一个辅助管理工具，发挥微博的交流自由性、资源组织个别化等特征，从课堂教学资源的扩展性和课堂教学的延伸性两个方面进行研究和探索，使微博成为学生深度阅读和思想共享的平台。作为一种社会媒体，微博中的用户形成了一个巨大的社会网络，微博成为人们情感交流的工具。关注学生的个人微博，可以了解学生的情感动态，使其成为师生交流、生生交流的网络平台。

(4)在线实践社区

在线实践社区(Communities Of Practice，COP)与通常意义的e-Learning学习环境非常不同，它基于人类学的角度，联结了正式学习与非正式学习，其非正式学习的特色非常突出。一般在线实践社区 COP 专门用于支持成人通过每天的社会实践来进行反思性实践式的学习。在线实践社区是由网络支撑平台、参加社区的成员、助学者及数字化资源四个部分组成的。

实践社区与其他学习社区存在三个方面的区别：领域、共同体和实践。其中，“领域”是指社区成员聚焦于一个共同感兴趣的领域，并通过成员在这个领域的能力与知识水平来区分彼此的身份，例如区分熟手与新手；“共同体”是指人们彼此围绕某个领域建立起的联系，如共同的活动与讨论，或者帮助别人分享信息进行共同学习等；“实践”是指成员之间发展共同的知识资源库，如经验、故事、实践经历以及解决问题的办法等，并由此成为社区成员之间共同的知识基础，以及当遇到新情况时可以借鉴的新的实践性知识。

实践社区与学习团队也存在明显的不同。实践社区与团队的不同在于实践社区成员间的共有的知识和兴趣是将社区成员组织在一起的纽带，实践社区是由知识而不是任务定义的，实践社区之所以存在是因为参与的成员能有收获，实践社区的生命周期是由它能提供给成员的利益决定的，而不是预先设定的，实践社区不以任务的开始而形成，也不以任务的结束而解散，它需要经过一段时间才能产生。

实践社区有多种水平和多种类型的实践活动。新手在实践社区中逐渐获得的知识与技能，就如同他们在日常工作中向专家们的学习，是一种合法的边缘性参与式学习。在任何时候，参与实践社区的成员可能会是一个实践社区的核心参与者，但同时在另一个实践社区中却是边缘参与者，并且所有人均可以在核心与边缘之间来回移动。所有实践社区中的参与，即使是边缘性参与，也被认为是合法的学习，并且社区成员通过参与，不仅可以学到如何做事，而且可以学会如何做人。

3. 正式学习与非正式学习的结合

很多时候正式学习与非正式学习并没有明显的分界线。Mason(2002)指出，网络学习环境加强了非正式数字化学习的重要性，并且帮助我们迎来了学习与工作、学习与沟通、学习与娱乐之间的统一，实现了正式学习与非正式学习的结合。例如，与专业发展相关的正式学习与非正式学习的结合一般均与学习者的实际工作密切相关，这类学习可能被用人单位正式地安排进一个项目或课程中开展大量正式的学习及其活动，同时也会安排大量的多种形式的交互，如同事之间的交互、与工作经验的交互及基于特殊关系的一对一交互等，甚至建立师徒关系等非正式学习方式。网络远程教育中，正式学习与非正式学习在信息检索与知识建构技能方面的特征可以用表 6-1 总结如下。

表 6-1　网络远程教育中的正式学习与非正式学习的对比(Mason, 2002)

基于网络的培训	有支持功能的在线学习	非正式的数字化学习
关注内容	关注学习者	关注团队
以传递为驱动	以活动为驱动	以实践为驱动
个人学习	小组学习	组织化学习
与指导者的最小交互	与指导者显著交互	参与者同时作为学习者和指导者
与其他学习者无合作	与其他学习者有可观的交互	参与者间多种合作交互方式

理解：网络远程教育模型及服务质量规范

一、远程教育模型和相关传递技术

澳大利亚的 James C. Taylor 教授总结了远程教育模型及其传递技术的发展历史，形成了五代远程教育技术的发展观，见表 6-2。

表 6-2　远程教育模型和相关传递技术发展表

远程教育模型和相关传递技术	传递技术特征				机构上的可变花费趋向于零
	灵活性			先进的交互性	
	时间	地点	步调	传递	
第一代——函授模型					
• 印刷	是	是	是	否	否
第二代——多种媒体模型					
• 印刷	是	是	是	否	否
• 录音带	是	是	是	否	否
• 录像带	是	是	是	否	否
• 基于计算机的学习(如 CML/CAL)	是	是	是	是	否
• 交互式视频(磁盘和磁带)	是	是	是	是	否
第三代——电子远程模型					
• 音频会议系统	否	否	否	是	否
• 视频会议系统	否	否	否	是	否
• 音频图像通信	否	否	否	是	否
• TV/Radio 广播和/音频会议系统	否	否	否	是	否

续表

远程教育模型和相关传递技术	传递技术特征				机构上的可变花费趋向于零
	灵活性			先进的交互性	
	时间	地点	步调	传递	
第四代——灵活学习模型					
• 交互式多媒体(IMM)	是	是	是	是	是
• 基于 Internet 使用 WWW 资源	是	是	是	是	是
• 计算机为媒介的通信	是	是	是	是	否
第五代——智能灵活学习模型					
• 交互式多媒体(IMM)	是	是	是	是	是
• 基于 Internet 使用 WWW 资源	是	是	是	是	是
• 计算机为媒介的通信(使用自动回答系统)	是	是	是	是	是

1. 第一代远程教学技术

20 世纪早期和中期，远程教学技术的特征是单向传输。这一时期远程教育技术如函授主要用于从教师到学生的信息传递，仅实现了师生之间有限的交流。

2. 第二代远程教学技术

第二代远程教学技术出现在 20 世纪 60 年代，录像机和电视等多种媒体的出现，使远程教育课程传播部分不受时间限制，将录制好的课程内容的录像带发给学生，使他们可以随时观看。但是学生之间、师生之间的交互还是很少。

3. 第三代远程教学技术

第三代远程教学技术主要是出现了双向音视频会议系统，可以解决远程交互性，但代价十分昂贵。

4. 第四代远程教学技术

第四代远程教学技术更先进，学生之间、师生之间可以通过电子邮件、聊天室和电子公告牌进行交流。进行交换的信息的数量和种类显著增加，学习非常灵活，信息更新更快捷。这就减少了远程教育对时间和空间的依赖性，使实现真正意义上的开放大学成为可能。第四代远程教学模型是典型的网上远程教学形式。

5. 第五代远程教学技术

在第四代远程教学技术基础之上，出现了智能回答系统，可以最大限度减少教师的一些回答工作，使得远程教育机构的花费大为降低。第五代远程教学模型将是经济性的网上远程教学形式，使远程教育真正走向规模化和全球化。

二、网络远程教学服务质量规范

网络远程教学的质量是目前社会和教育主管部门迫切的要求，由教育部教育信息技术标准委员会研究的编号为 CETS-24 的网络教育服务质量规范在这方面起到了重要的工作指导作用。

网络教育服务质量管理规范是用于对网络教育的提供者所提供的服务质量的评价和认证，可促进提高网络教育质量。它首先将服务质量差距模型应用于网络教育情境，建立网络教育服务质量的概念模型，确定网络教育服务的质量要素；形成一个具有普遍意义的网络教育服务质量框架和评价量表；将全面质量管理的原理和 ISO9000：2000 的管理思想应用于网络教育服务的质量管理，形成一套行之有效的动态过程管理模型以保证网络教育的服务质量。最后，制定网络教育服务质量管理标准，以监控和测试网络教育情境下的服务质量，促进网络教育的提供者提高教育管理质量和教学管理水平，为学习者提供更好的网络教育服务。

1. 网络教育服务质量的基本框架

网络教育服务质量管理规范认为网络教育服务质量的基本框架由 5 个维度组成。

(1)可靠性是网络教育机构可靠地、准确地完成所承诺的服务的能力；

(2)响应性是网络教育机构愿意帮助学习者并能为学习者提供及时服务的能力；

(3)保障性是网络教育机构的管理者和教师的专业知识水平以及向学习者传达对他们的信任和信赖的能力；

(4)学习资源的有效性是网络教育机构为学习者提供可靠的、有效的、丰富的学习资源的能力；

(5)关怀性是网络教育机构为其用户提供关怀和个性化服务的能力。

2. 网络教育服务质量管理体系的过程模型

网络教育服务质量管理体系的过程模型是过程方法在网络教育服务质量管理体系中的应用(图 6-1)。它反映了网络教育机构对网络教育过程进行管理的主要步骤。首先，网络教育机构的管理者必须了解学习者或者相关方对网络教育和学习的要求，由此确定具体的服务质量管理活动，即确定网络教育机构的管理职责，然后通过有效的资源管理，实施网络教育过程，为顾客提供学习服务，让学习者在学习过程中得到学习的体验和结果，并持续评价和改进学习过程和结果乃至服务质量管理体系，最终满足学习者及其相关方的需求。

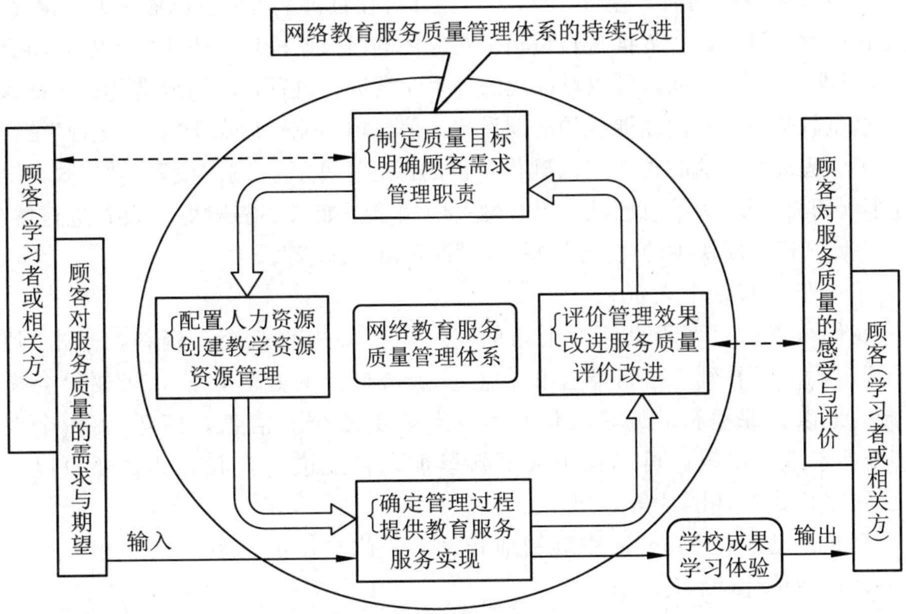

图 6-1　网络教育服务质量管理体系的过程模型

网络教育服务质量管理规范对远程教育运行有很强的指导作用，为远程教育的持续改进提供了基本要求。希望该规范能为国内远程教育机构的质量认证提供基本依据，同时在实际应用中不断修订，使规范具有更强的适应力。

创建：使用 Moodle 开设远程教育课程

下面介绍在 Moodle 平台中如何创建远程教育课程，请以小组为单位，选定一门课程进行实践。

一、Moodle 平台安装

请登录 http：//moodle.org，下载 Moodle 平台安装包，然后按照网站或者安装包中的安装说明进行安装与配置，并注册教师账号。

二、开设课程

第一步，申请课程

请用上一步注册好的教师账号登录 Moodle 课程主页面，点击“课程申请”按钮，填写课程表单(可以设置选课密钥，使用户访问时必须输入密钥才能访问)，然后点击“保存更改”按钮，由管理员审核通过，课程就申请成功了。

第二步，编辑课程设定

待课程申请成功后，登录 Moodle 后，即可在首页上看到自己添加的新课程了。点击该课程，进入课程界面进行编辑。在左侧的“管理”模块中点击“设置”，将会弹出“编辑课程设定”页面，可以对课程的各个元素进行设置，填写或选择相关课程信息。这是教师建立一门新课程的前期设置，信息填写完毕后点击“保存更改”按钮即完成了课程设定。这时再次进入到你开设的课程主页面，刚才设置的“格式”和“星期/主题的树目录”等信息已经显示在网页中间了。如果还需对课程设置进行修改，点击左侧“管理”模块中的“打开编辑功能”即可以再次修改。

第三步，修改个人资料

我们可以通过课程页面左上角的“任务”模块来修改个人资料，点击“师生名录”，就可以看到教师和学生的信息。点击自己的姓名，信息概要里会显示来自的地区、课程和最近登录信息等。若要更改个人信息，打开“编辑个人资料”选项卡进行修改。可以在个人资料里加入自述进行自我介绍，还可以上传自己的照片或个性图片等，供学生了解。

至此，已经在 Moodle 中顺利地开设了一门自己的课程，接下来，就让我们赶紧开始设计课程吧。

三、设计课程

课程设计包括课程结构设计、课程介绍和课程单元设计。课程结构设计主要是根据 Moodle 提供的 3 种主要课程模式(主题模式、星期模式和社区模式)和课程特点(传递内容、技能训练、理论研讨等)来确定课程的主要结构。本部分重点介绍课程单元设计环节。

第一步，设计 Moodle 课程框架

Moodle 课程单元设计可以分为三大部分：课程单元基本信息、课程单元概述和教学过程。其中，课程单元基本信息包括单元名称、学科、班级、课时等；课程单元概述包括教学目标及其制订依据，制订依据中包括对教材的分析和对学生的分析；教学过程是设计的核心，可以按照一节课的时间顺序分为教学前、教学中和教学后三个阶段，设计出每个阶段所需的资源和活动，如知识讲解、学生作业等。

第二步，个性化课程界面设计

Moodle 平台中提供了多种版块的功能和用法，教师可以根据课程需要、学习者喜好等进行个性化设计，如博客、日历、时钟、天气预报、事件管理等，通过友好的界面设计和界面美化，丰富课程界面内容。在此，仅以“创建和管理博客”为例进行介绍。

在课程界面中点击“打开编辑功能”，切换到课程编辑页面，点击右下角的“版块”功能，即可看到“添加”下拉列表，里面提供了很多不同的版块。分别为课程界面添加“博客分类”和“博客目录”两个版块，通过“博客目录”版块的“增加新条目”，就可以进入新条目页撰写博客。在“增加新条目”页的右下半部分，是“用户定义标签”功能，通过“添加/删除标签”可以定义自己想要的标签(系统会自动将标签添加到博客分类中)。此外，还可以选择博客发布的对象，如选择“你自己(草稿)”，本篇博客将以草稿的方式进行保存，并只对自己可见。编辑完成后，点击“添加”就完成了这个新条目的撰写，系统将自动跳转到该用户所撰写的博客页。对于已经完成的博客，可以通过每篇博客下面的“编辑”或“删除”进行相应的操作。

四、实现课程

第一步，为教学做准备

1. 利用“标签”功能让课程简介更清晰

在课程界面，点击“打开编辑功能”，点击“添加一个资源”下拉列表，选择“插入标签”，编辑课程简介即可。利用“标签”功能呈现课程介绍，能够起到突出强调、承接上下内容、美化课程介绍等作用。在“标签”中也可以插入图片，但是插入的图片必须是已经上传到课程里的。

2. 利用“投票”功能了解学生的学习情况

在课程的编辑状态下，点击“添加一个活动”下拉列表，选择“投票”，详细填写“投票名称”“投票文本”“投票选项”，然后设置投票的有效期限、显示方式、是否向学生公布结果、结果是否保密等，设置完成后，点击“保存更改”，该投票建立成功。在学生投票期间，教师可以随时查看学生投票的结果，并且可以下载学生的具体投票情况。在课前进行这样的投票，有利于教师掌握学生对即将要学习的课程内容的了解程度，学生是否具备学习该课程的能力等信息，帮助教师完成教学设计中的“学习者分析”。

3. 利用“文本页”和“网页”功能添加教学资源

在课程的编辑状态下，点击“添加一个资源”下拉列表，选择“编写文本页”或“编写网页”，在编辑页面中，详细填写“名称”“概要”“全文”等内容，点击“保存更改”，文本页或网页就创建成功了。利用“文本页”和“网页”功能可以呈现课程学习目标、学习资源、课时安排等文本类内容，丰富课程内容，做好教学前的准备工作。

第二步，创建互动学习社区

Moodle平台中包含了丰富的活动，包括聊天室、讨论区、心得报告、Wiki、程序教学、词汇表、基于项目的学习和基于网络的探究学习等，这些活动可以为课程创造一个互动学习环境，以各种形式的互动来提高学生的学习质量，促进学生能力的全面提高。这些活动的创建方式相同，都是在课程编辑状态下，点击“添加一个活动”下拉列表，然后选择相应的活动类型就可以进行创建了，此处不一一赘述，请大家自己进行实践，表 6-3 总结了这些活动的功能及特点：

表 6-3　Moodle 平台中各种活动的功能及特点

活动名称	活动功能	活动特点
聊天室	同步交流工具	师生可以进行同步、即时讨论，通常需要事先约定好时间
讨论区	异步交流工具	是实时在线讨论话题的主要工具，也是设计有关交际类型课程的核心组织方式。师生可以不受时间、空间的限制进行异步讨论，可以帮助学生深入理解所学的内容
心得报告	反思工具	是学生在学习过程中撰写的具有针对性的心得体会，能够促进学生反思学习。教师也可以通过学生的心得报告了解他们的学习情况并进行评价，并发现教学中的不足
Wiki	协同创作工具	是一个强大的协作工作，全班学生能够一起编辑一个文本，创造一个班级成果，或者每个学生拥有自己的 Wiki 并且与同学协作，使用简便，是一种适合团队合作的协作方式
程序教学	程序教学支持工具	支持学生自定步调学习并得到及时的反馈，实现个别化教学和自主学习。程序教学需要更多的预先设计，包括分支测验和补救教学等
词汇表	多媒体词典工具	可以以文本、图片、声音、动画等多种表达方式建立一个词汇表，方便学生随时对不理解的词语进行查询学习，为学生提供多元认知机会
项目学习	PBL 支持工具	为师生开展基于项目的学习(PBL)教学活动提供了支持平台和学习环境。PBL 包括头脑风暴、主题认领、提交、进度表和评价组成的任务序列，支持小组和同伴合作学习
WebQuest	WebQuest 支持工具	为师生开展基于网络的探究学习(WebQuest)教学活动提供支持平台和学习环境。WebQuest 包括引言、任务、过程与资源、总结、评价六个要素。通常情况下，WebQuest 以小组模式开展，但是 Moodle 中也支持单个学生进行 WebQuest 学习活动

第三步，布置作业和测验

1. 布置与批改作业

在课程编辑状态下，点击“添加一个活动”的下拉列表，选择“作业”，在作业编辑界面输入作业名称及内容，然后对学生上传作业进行设置，作业就创建成功了。教师打开布置的作业后，会看到右上角有提示上交的作业数目，点击即可进入作业批改的界面，教师可以对作业进行打分和撰写评语，完成对作业的批改。

2. 编写试卷

在课程编辑状态下，点击“添加一个活动”的下拉列表，选择“测验”，进入测验的编辑界面，输入名称、介绍、测试时间等内容，点击“保存更改”后，会进入类别和题目的编辑界面，先进行类别编辑，再进行题目创建，可以创建选择题、填空题、匹配题、数字题、计算题、判断题、描述题、论述题、完形填空(包括选择填空、填空及计算三种形式)等各种常见题型。题目创建完成后，还需要将这些题目添加到测验中，这时可以对题目进行重新排序、预览、修改、取消等操作，Moodle还会根据每一道题目的分值自动计算出总分。点击“保存更改”，测验就创建成功了。此时，点击“预览”就可以看到测验的整体效果，学生也可以进入测验答题。需要注意的是，一旦有学生进行了测验答题或试答，测验就不能再进行修改了。利用Moodle平台的测验活动进行测验，不仅能实现计算机自动批改，省去大量的批改工作，还能允许学生不断试答、练习，从而强化学生对知识点的理解。

3. 分析测验成绩

在所有学生答题完毕，测验结束后，教师进入“测验”，就会看到学生的回答情况，点击“结果”进入到成绩的查看页面，可以查看到每个学生的具体答题情况，教师还可以将学生答题信息以Excel或纯文本格式下载保存。Moodle中提供了三种测验分析方法：重新打分、手工评分和单项分析。对于主观题，教师可以进行“手工打分”，完成后点击“重新评分”，系统就会把手工评分的分数加到学生的总分里。单项分析则提供了每一道题目的具体分析，帮助教师对测验成绩进行深入分析，掌握学生的学习情况。

4. 创建互动评价

在课程编辑状态下，点击“添加一个活动”的下拉列表，选择“互动评价”，进入编辑页面，根据自己的教学需要对互动评价功能进行设置，点击“保存更改”后进入“编辑评价要素”界面，填写“要素”“量表类型”“要素权重”后，点击“保存更改”，该互动评价就建立成功了。点击“样本评价表单”链接就可以预览刚刚设置好的评价表单了。互动评价活动的目的是让学生在一定结构的框架内提交作业、实现学生同伴互评、师生共同评价，促进学生相互学习，共同提高。

五、管理课程

第一步，管理课程用户

1. 创建班级和小组

以教师身份登录课程，在“管理”版块中选择“委派角色”，Moodle课程中默认有6种角色：管理员、课程创建者、教师、无编辑权限的教师、学生和访客。可以根据课程的需要为不同的用户委派相应的角色，将某个用户委派为某个角色的过程也就是添加相应角色的用户的过程。点击“学生”后即可为本课程添加学生。

Moodle课程中的许多学习活动都是按照小组模式展开的，这就需要编排小组。在“管理”版块中选择“组”就可以为学生编排小组了。在“添加新组”前的文本框中输入小组名称，然后点击“添加新组”，该小组就被添加进去且呈现在“组”下的文本框中了。从“课程成员”下方的文本框中选中要分派的学生，然后再在“组”下方的文本框中选中要分派的组，之后点击“添加所选的组”，此时所选中的课程成员就被分派到了所选定的组中了。

2. 添加班级通讯录

在课程编辑状态下，点击“添加一个活动”的下拉列表，选择“数据库”，填写相关信息并设置一些参数，然后为数据库创建新字段，例如学号、姓名、照片、联系方式等，再选择数据库的模板(列表模板、独立模板、添加模板、RSS模板、CSS模板)，用户也可以根据自己的喜好对版式进行修改，点击“保存模板”，一个空的、设计好样式的通讯录就建成了，接下来需要学生输入自己的个人信息，就建立起了一个完整的班级通讯录，它将为师生之间、生生之间的交流、沟通带来很大的方便。

第二步，管理课程

1. 整理课程资源

点击课程首页的“管理”版块中的“文件”，我们就可以看到曾经为课程添加过的所有资源列表，包括资源名称、大小、修改时间和重命名操作。根据设计的课程资源结构，点击“新建一个文件夹”来创建不同的文件夹，然后选中要归类的文件或文件夹，点击“选中的文件或文件夹用于”下拉列表，选中“移动至另一文件夹”，点击要移动到的目的文件夹，再点击“移动文件到这里”，文件或文件夹就被移动到目的文件夹里了。此操作可以将课程中的文件按照层级关系梳理清楚，形成清晰的资源结构。

2. 备份课程

点击课程首页的“管理”版块中的“备份”，选择所要备份的内容，如选择要备份哪些活动、哪些资源、哪些用户以及用户参与课程的信息等，点击“继续”则显示出所备份出的数据，可以查看是否有漏掉或多选的内容，再次点击“继续”后即提示备份成功。再次点击“继续”后找到刚才备份的课程，点击鼠标右键并选中“目标另存为”，将课程下载到自己本地计算机的硬盘里，课程备份文件是一个 zip 课程压缩包。有了这个压缩包，就可以在别的计算机上或别的 Moodle 课程网站上进行恢复课程，实现课程的可重用性。

3. 恢复课程

点击课程首页的“管理”版块中的“恢复”，进入恢复页面后点击“上载一个文件”，将本地计算机上的课程压缩包上传到平台中。再次点击课程首页的“管理”版块中的“恢复”，系统会提示“稍候，在此过程中您将选择是将备份添加到一门现有课程或是创建一门新课程。你确定要继续吗?”，选择“是”，即会显示恢复课程中的哪些内容，然后按照提示一步步恢复，直至课程恢复成功。在课程恢复的过程中，可以根据需要进行一些设置。

第三步，管理课程评价体系

1. 监控学生学习过程

Moodle 中的“报表”功能可以让教师通过观察学生的访问次数、参与程度、停留时间，了解个别学生在学习过程中的学习积极性，针对学生的参与情况，教师可以通过 E-mail、短消息等形式及时提醒学生，也可以为教师及时调控教学提供依据。具体可以查看以下学习情况。

(1)“选择您要查看的日志”：可以通过一系列下拉列表选择需要查看的具体内容进行查看。

(2)“查看当前活动项目：日志”：可以查看该课程的所有学生在当天的活动，并且页面内容每隔一分钟刷新一次。

(3)“活动报告”：可以查看课程参与者对该课程中所有活动的参与情况。

(4)“回顾”：回顾课程参与者在该课程中参与了哪些活动，进行了哪些操作。

2. 管理学习成绩

“成绩”功能是 Moodle 中专门用于查看学生在整个课程中参与情况的成绩模块，是各个活动参与情况的集中反映。它便于教师及时查看学生学习情况，从而体现过程性评价的精髓。

点击“管理”版块中的“成绩”，就会看到所有学生在参与每一项活动中所获得的成绩以及每个学生的总分，教师可以对学生的成绩进行排序，也可以将学生的成绩下载到本地计算机。教师还可以根据需要进行一些个性化设置，包括“设定使用偏好”“划分成绩类别”“设定成绩类别权重”“设定分数段”“成绩例外”等。

分享：开设远程教育课程的经验与思考

请各小组展示利用 Moodle 平台开设的远程教育课程，与大家分享开设课程的经验和遇到的困难。

我认为第________组的远程教育课程最好，因为：________________________

____

____

____

____

我认为第________组的远程教育课程最差，因为：________________________

____

____

____

____

我们组在开设远程教育课程时，遇到了这样一些困难：________________

____

____

____

____

经过全班的分享活动，我们的困难可以这样解决：____________________

____

____

____

____

评估：Moodle 课程的评价量规

请主讲教师在本课程的 Moodle 平台上建立“互动评价”，然后在互动体验各组课程的基础上，根据表 6-4 所示的 Moodle 课程评价量规进行自我评价和相互评价。

表 6-4　Moodle 课程评价标准(黎加厚，2007)

指标	优	良	中	得分
	5 分	4～3 分	2～1 分	
课程设计	课程依据教学目标，合理地设计资源和活动，体现了以学生为中心	课程资源和活动设计较合理，能达到教学要求	课程资源和活动设计不太符合教学目标，不能达到教学要求	
课程资源	课程资源形式多样； 信息量大小合适； 所有链接均能打开； 内容正确无误，过渡自然	课程资源形式较多； 信息量大小基本合适； 有 3 个以下的链接无法打开； 内容基本正确	课程资源形式单一； 信息量少； 有 3 个及以上的链接无法打开； 内容存在部分错误	
课程交互	能够按照教学所需利用 Moodle 丰富的教与学活动，如讨论区、作业、聊天室、互动评价等，为师生、生生之间的交流创设一个良好的交互环境	按照教学所需利用了 Moodle 的一些教与学活动，为师生、生生之间的交流创设一个较好的交互环境	运用的活动较少，师生、生生之间交流不够	
课程界面	运用适当的、符合主题要求的图片元素来建立视觉的联系，符合学生的认知特征，吸引学生的注意力； 在字体选择以及字号、色彩的差别方面运用得当，有一致性	有一些图片元素，但并不一定有助于学习者对概念、思想和相互关系的理解； 在字体、字号、色彩和布局方面有一些变化	网页上图片元素很少或者几乎没有； 在布局和排版上没有变化； 或者颜色花哨、排版变化过多导致浏览者难以辨认	

续表

指标	优	良	中	得分
	5分	4～3分	2～1分	
课程评价	评价手段多样，运用了作业、测验、互动评价等活动； 运用分数、等级等评价形式； 评价渗透在课程教学的各项活动中，体现了过程性评价	运用了一些活动来评价，基本体现了评价的多样性	评价方式较单一，不能全面、多角度地评价学生	
合计：				
质性评语：				

专题二　网络支持的正式学习：虚拟学习社区的原理与应用

讲座：虚拟学习社区的原理与系统架构

一、虚拟学习社区的原理

虚拟学习社区(Virtual Learning Communities，VLCs)是指在网络环境下，通过获取、产生、分析和合作建构知识的对话与被指导的学习过程所形成的人际团体与学习环境。虚拟学习社区是在线学习和虚拟社区相结合的产物，不仅是一种基于网络的学习型组织，而且也是一个由计算机、Internet网络和人所组成的人—机复杂系统。由于虚拟学习社区可以改变传统的学习方式，使学习方式从传统的“独学”变为“群学”，使学习结构从“封闭”变为“开放”，最终可以使教学从“知识传授”转变为“知识建构”，即在社会情境下实现个人及个人所在的学习型组织的共同成长，因而近年来在国内外的网络教育中得到了越来越多的推广和应用。王陆博士在利用虚拟学习社区开展了11年的网络教育研究的基础上，在其博士学位论文《虚拟学习社区的社会网络结构研究》中深入分析了虚拟学习社区的类型、特征和教与学原理。

1. 虚拟学习社区的类型

按照教育性要素、专业性要素、兴趣要素和边界要素等可以将虚拟学习社区分为5种社区类型(表6-5)，且每种社区根据环境要素都可能拥有在线和混合两种模式。

表6-5　虚拟学习社区的类型

类型	描述
教育虚拟学习社区	该类社区向其成员提供面向教育过程的情境，如教学法、学术资源、教育者培训、教育活动和学生支持等
专业虚拟学习社区	该类社区为其成员提供一种与成员专业背景相联系的，可以支持其在社区中分享和开发专业经验与知识的学习环境，如专业文化、问题理解、专业价值观、最佳实践和新趋势等
兴趣虚拟学习社区	该类社区聚集那些在某一特定主题或出于某种原因而具有共同兴趣的人们，例如就政治、文化、法律、宗教、环境或语言等主题使参与者努力与其他成员合作理解并产生共识
研究、发展和创新型(R+D+I)虚拟学习社区	该类虚拟学习社区是一种综合性社区，其成员将活动重点放在参与知识的创新和现有技术的新应用等相关主题上。在该类社区中，参与者分享个人兴趣，并通过参加创造知识的有关活动而对社区作出贡献
有限虚拟学习社区	一组结构化的教学或培训的系统集合，典型的有在线课程等。在该类社区中教师通过社区资源和技术，责任明确地引导和支持学习者的学习过程

本专题将以首师大虚拟学习社区(http://www.etkeylab.com:8081/)为例展开。首师大虚拟学习社区是一种在线模式的教育虚拟学习社区、专业虚拟学习社区与有限虚拟学习社区的结合体。

2. 虚拟学习社区的特征

(1)目标分享

虚拟学习社区中的成员一般会被分配进入一个学习小组中与其他成员一起完成某项学习任务，因此，完成指定的学习任务就是每个社区成员的明确目标，即社区成员的公共目标。学习者在接到学习任务后，会在合作的过程中逐渐产生相互依赖，并形成一系列为了实现学习目标的分享规则。当社区成员能够分享公共目标时，就会产生一个更大的参与学习活动和实现学习目标的愿望，导致社区的学习会随之深入。

(2)安全与支持条件

虚拟学习社区必须培养学习者之间相互信任与尊重的环境与条件，这就是安全与支持条件。只有社区成员在具备安全和有强力支持的条件下，才能鼓励他们进行探索性学习甚至是冒险性学习；才能实现社区成员之间的、真诚的、甚至是毫无保留的意见交换与反馈，以及分享学习的责任、实现分布式的学习和协商控制(Jonassen，Peck & Wilson，1999)。

(3)社区认同感

社区认同感是社区成员身为一个群体成员的自我观念，这个自我观念的形成与社区发展历史和长期存在的传统，包括分享目标和信任系统，以及一代代社区成员继承、发展起来的社区的规则与规范等有关。社区认同感对持续维持社区目标和学习课程的绩效都是十分重要的。

(4)合作

虚拟学习社区中的合作不仅是一种重要的特征元素，也是对学习者的一种挑战。因为，目前大部分学习者认为在线学习犹如一种通信系统，因此在他们看来，在线学习中的个体行为和自我步调调整才是最核心的。虚拟学习社区需要高水平的社会互动。Salomon 和 Perkins 指出，学会学习的根本基础是学会向他人学习和学会与他人一起学习。虚拟学习社区的合作就是要求其成员必须向他人学习和与他人一起学习。

(5)尊重

虚拟学习社区的价值和追求就在于能够包容来自不同成员、不同观点和不同视角，以及来自不同权威的差异性。因此，尊重是虚拟学习社区中非常重要的特征要素，寻找有效的手段充分尊重和包容所有学习者一直是虚拟学习社区中课程设计者和教师所面临的一个极富挑战性的任务。

(6)面向知识建构的讨论

面向知识建构的讨论是指：由观点的分享、质疑和修正引领的"一种超越学习者个体先前经验而建立新的理解的讨论过程"。包括：面向公共理解的工作，问题和建议取向，发展共同的有效的主张，允许任何一种彼此信任的批判性言论。即面向知识建构的讨论实际上将知识建构看做学习的目标，将对话讨论视为有效学习必需的生命血液，这是虚拟学习社区开展有意义学习的最独特之处。

(7)互惠互利

互惠互利是指社区中包括教师和学习者在内的所有成员之间的双向互惠互利性质的学习。互惠互利不仅是虚拟学习社区发展的内在机制，也是保障所有社区成员全力投入参与及贡献的重要基础。

以上 7 个特征元素是形成虚拟学习社区的一个组织框架，也是增强与发展虚拟学习社区，进行教学干预和实施教学策略的切入点。

3. 虚拟学习社区的教与学原理

(1)构建原理

①构建步骤

Palloff 和 Pratt 推荐虚拟学习社区的构建采用以下 7 个步骤：第一，清晰定义虚拟学习社区的目的；第二，创建具有特色的学习空间；第三，促进成员之间产生有效的领导力；第四，定义标准清晰的行为规范；第五，设计成员角色；第六，设计学习支持团队；第七，设计争论消解机制。从以上构建虚拟学习社区的步骤中可以清晰地看出，我们构建一个虚拟学习社区时，首先应考虑的不仅仅是“硬”技术，而是还应该包括那些组织构建技术和教学设计技术等智能形态的技术。

②构建策略

Hill 通过研究得出了虚拟学习社区的构建策略与技术：第一，为学习者建立“失败的安全”空间(“failure safe”space)；第二，协助学习者建立结构依赖，即建立在学习结构上的可靠性；第三，鼓励探索性学习的氛围；第四，协助学习者建立管理自我时间的策略和方法；第五，鼓励学习者分享阅读信息，减轻学习者的阅读信息过载现象；第六，时刻提醒学习者学习支持服务的存在；第七，建立一个良好的组织结构，以促进有效的互动；第八，提供学习者多重进入社区的手段；第九，将技术故障减到最少，并为学习者提供如何与他人合作的训练。这些策略都是针对教育虚拟学习社区或有限虚拟学习社区中的教师角色而言的，因此，也可以视为虚拟学习社区的教学设计与实施策略。

(2)共同体原理

①共同体的基本功能

学习共同体具有两种基本功能：社会强化和信息交流。社会强化是建立学习共同体满足学习者自尊和归属需要的重要途径，也是使学习者具有较高社会存在感的重要途径。在学习共同体中，一方面学习者感到自己和其他学习者同属于一个团体，进行共同的学习活动，遵守共同的规则，具有一致的价值取向和偏好；另一方面学习者对共同体的归属感、认同感以及从其他成员身上所得到的尊重感等，都有利于增强学习者对共同体的参与程度，维持他们持续、努力的学习活动，而这一点在远程教育中具有特殊意义，它有利于降低远程教育的中途辍学比例。信息交流是指学习者与辅导者之间所进行的交流，同时也包括学习者与同伴进行的交流和合作、共同建构知识和分享知识。学习者在学习共同体中与其他成员进行沟通交流，可以看到不同的信息，看到理解问题的不同角度，这会促使学习者进一步反思自己的想法，重新组织自己的理解和思路，而发生有效的学习。

②共同体的创建

张建伟指出，设计基于网络的学习共同体的具体步骤如下：第一，准备学习主题与学习资源，鼓励沉浸式的合作交流；第二，建立共同体成员的组织，设计小组活动及小组结构；第三，注意交互过程及其监控调节，在整个交互过程中，教师需要不断鼓励学生小组及个人进行自我评价和相互评价；第四，设计交互工具，如沟通工具，包括电子邮件、功能不同的 BBS、聊天室、有声聊天工具、争论论坛、意见投票等；协作工具，包括角色扮演工具、虚拟白板、应用软件共享等；个人评价工具，如电子档案夹等。

共同体原理实际上是“虚拟学习社区是一种学习型组织”这一本质属性的反映，同时也反映出虚拟学习社区具有比较明显的社会学属性，即学习者在虚拟学习社区中的学习一定是一个基于社会互动的过程。

(3)知识建构原理

①知识建构的概念

虚拟学习社区中的知识建构具有以下特点：

• 知识建构是虚拟学习社区的目标，也是一项重要的学习活动；

• 知识建构要聚焦具体的问题，学习者要对其进行持续的和深度的探究；

• 知识建构中的探究通常在小组或某些固定人群中进行，是由某位学习者发起的；

• 社区成员的共同目标是达到对问题的理解和解决；

• 社区中的交流与对话是严肃认真的，集中于解释和表达学习者个人对问题的理解；

• 在社区中需要把个人的理解进行公开表达；

• 知识建构是在社区中通过协作、反复讨论并持续对观点和解决思路进行修正，逐步达到收敛和一致的过程；

• 教师是知识建构的推动者、专家型的学习者，而不仅仅是知识的提供者。

②知识建构的过程

知识建构中“建构”二字的含义为知识建构一定存在一个建构过程。Pena-Shaff及甘永成博士等人的研究成果以意义单元(Meaning Unit)为基本单位，描述了学习者的知识建构过程。所谓意义单元就是表达某一单一思想或观点的文本单元。王陆博士在基于上述学者的研究成果的基础上，也提出了知识建构的六个意义单元：“提问—响应”“阐释—澄清”“冲突—辩论/辩护”“综合—共识”“评估—反思”和“情感—人际交流”，并设计了可视化知识建构的图示工具，尝试分析了三个小组在首师大虚拟学习社区中担任模拟教师任务时的知识建构的过程。

③知识建构的层次

许多研究者提出了知识建构的层次模型。例如，Henri所提出的知识建构模型主要从参与性、社会性、交互性、认知水平、元认知技能等五个方面描述了在线讨论组中学习者所达到的认知水平和参与程度。McKenzie和Murphy指出，Henri模型的主要缺点是不能反映交互的整个完整过程，而是强调特殊信息间的连接。Gunawardena在Henri所提出的针对在线讨论组中的文本进行内容分析的基础模型上，改进了Henri所提出的模型，提出一个包含五个层次的新的交互知识建构层次模型：信息分享层、深化认识层、意义协商层、新观点的检验与修改层和应用新知识层。该模型反映了学习者交互的整个完整过程，强调了知识的社会建构，进而提出了用以解决在网络学习过程中群体的知识建构，并把学习者所发布的学习信息，或者信息的一部分，归类到相应的五个关键思维阶段，即五个层次。已经有一些研究者在针对在线学习的研究中发现，学生在诸如高级思维能力的训练和问题解决技能的发展，也就是深层次的知识建构方面并不成功，学习者的群体知识建构层次也不高。

二、虚拟学习社区的系统架构

1. 虚拟学习社区的系统结构

虚拟学习社区不仅仅是学习型社会的一种学习组织，而且也是一个由计算机、Internet和人所组成的人机系统。虚拟学习社区作为一种网络教学支撑平台，是基于网络的学习共同体的支撑环境。在虚拟学习社区中，学习者及助学者(包括教师、专家、辅导者等)彼此之间经常在学习过程中进行沟通、交流和分享各种学习资源，共同完成一定的学习任务，从而在成员之间形成相互影响、相互促进的稳定的人际联系的发展。根据虚拟学习社区中的不同角色功能的差别，可以将虚拟学习社区系统分为学生系统、教师系统和管理员系统三大子系统(图 6-2)。

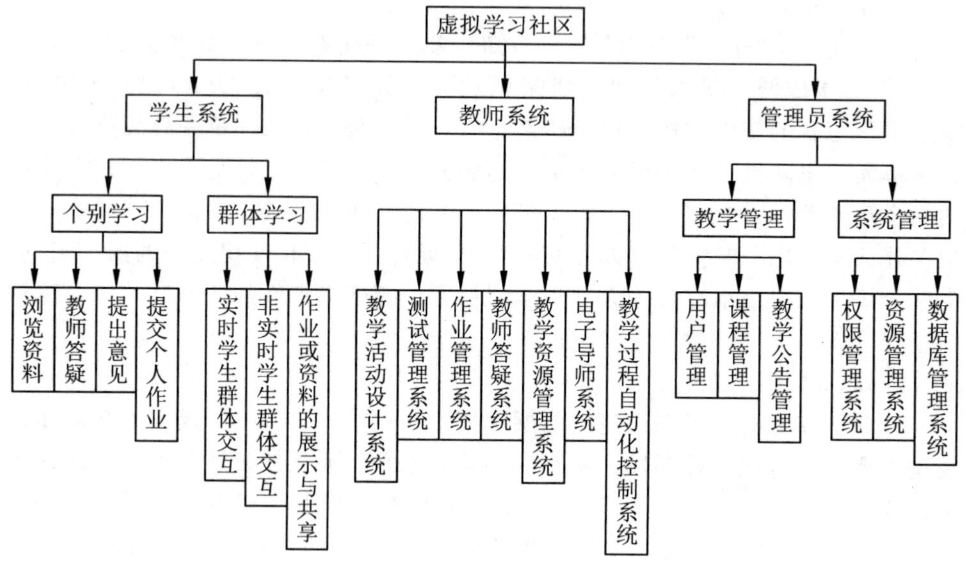

图 6-2　按用户划分的虚拟学习社区系统结构

虚拟学习社区的学生系统主要负责支持学生学习的整个活动过程，具体包括学生的个别学习和群体学习两种学习活动。其中个别学习包括浏览资料、教师答疑、提出意见和提交个人作业等，而群体学习包括实时学生群体交互、非实时学生群体交互、作业或资料的展示与共享等。为了完成这些学习活动，虚拟学习社区分为基于网络的合作学习、个别化学习和个人网络空间管理 3 个子系统。

虚拟学习社区的教师系统主要负责帮助教师建立教学课程和教学活动，辅助教师进行授课、解答疑问、测验考试等教学工作，提供教师对学习、资料、成绩、公告等内容的管理，为教师实施个别化教学、诊断学生学习缺陷提供决策支持和依据。因此，教师系统分为教学活动设计系统、测试管理系统、作业管理系统、教师答疑系统、教学资源管理系统、电子导师系统和教学过程自动化控制系统等几个组成部分。

虚拟学习社区的管理员系统主要完成对虚拟学习社区的管理工作，包括用户管理、资源管理、成绩管理、课程管理、数据库管理、权限管理和教学公告管理等。管理员系统是整个虚拟学习社区得以正常运转的重要保证。虚拟学习社区的管理员系统主要包括以下两个管理系统：教学管理和系统管理。它们分别承担着虚拟学习社区教学管理工作和平台维护的任务。其中，教学管理系统包括用户管理、课程管理和教学公告管理三个模块。系统管理由权限管理系统、资源管理系统、数据库管理系统等组成。

2. 虚拟学习社区的体系结构

虚拟学习社区采用目前流行的 B/S 3 层模型设计，3 层模型包括交互层、中间层以及数据层。交互层由一些 ASP 页面构成，主要功能是接受用户请求，将经系统分析处理后的内容呈现给用户，交互层不负责系统具体功能的实现。系统主要的网络服务和分析处理功能集中在中间层，其中代理起到中介作用，当用户注册进入该系统时，就生成一个代理对象与用户相对应。数据层拥有学生模型、资源库、知识库、教学策略规则库、分析信息数据库等，各种数据分析、处理等操作最终归结为对数据层中的数据库的存取访问(图 6-3)。

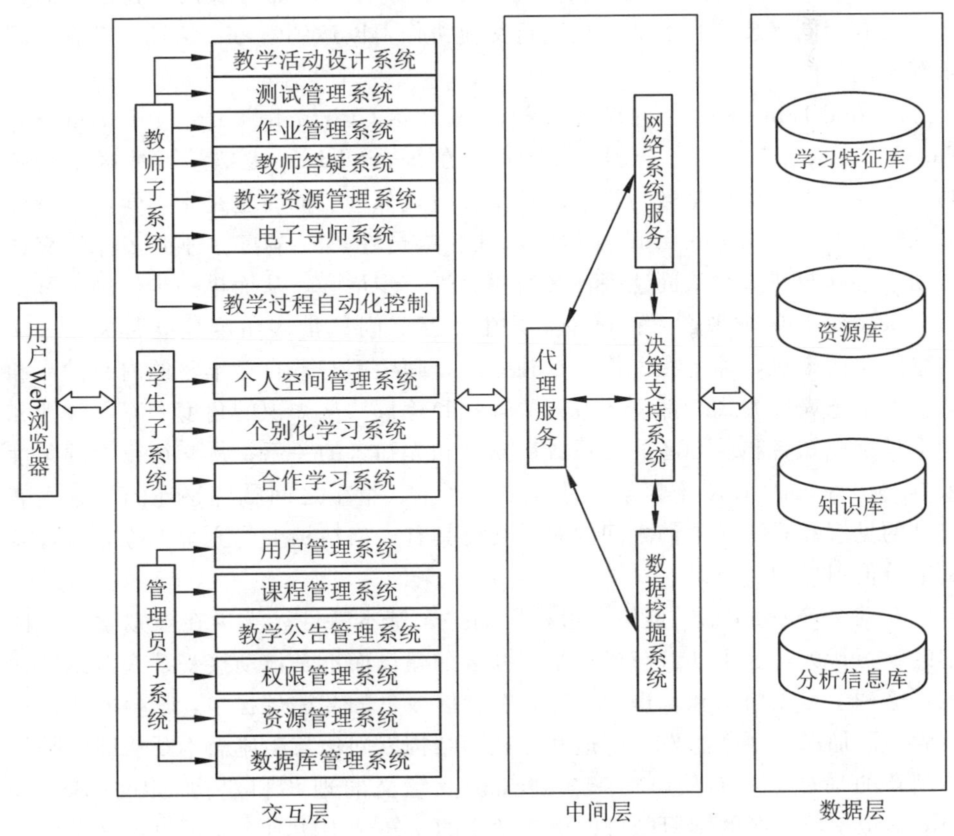

图 6-3　虚拟学习社区的 3 层体系结构

三、典型虚拟学习社区平台简介

Second Life 是一个来自旧金山的 Linden 实验室所开发出来的系统。用户只需设置一个账号登录，创建一个三维的虚拟人物作为自己的网络替身就可以在网络空间中自由“生活”。Second Life 是一个完全由它的“居民”(用户)创造的三维虚拟世界，在这里用户可以自己建造房屋、开发土地、制作工艺品、艺术品，并与其他“居民”进行交易。在这个虚拟世界中，还有无数个小岛，个人、企业、学校可以通过购买获得小岛的使用权、开发权，来自全世界的用户则可以按照自己的意愿选择不同的小岛，与聚集在小岛上的具有相同兴趣或目的的人们进行交流、协作，以达到学习、培训、教育、娱乐等不同的目的。在 Second Life 所创建的虚拟世界中，来自全世界的用户都可以按照自己的意愿选择具有相同兴趣或目的的人们进行交流协作，以达到学习、培训、教育、娱乐等不同目的。

Second Life 是一个新兴的虚拟学习社区(Virtual Learning Community Based on Second Life)，如图 6-4 所示。在 Second Life 虚拟学习社区中的师师、师生、生生交往是教与学活动的重要组成部分，同时也是学生学习支持服务的重要方式，Second Life 虚拟学习社区成员在形式丰富、种类多样的交往活动中，其归属感和认同感等社区情感会进一步增强，从而进一步促进学习。

Second Life 虚拟学习社区中，师生相互之间凭借多角度建立起关系。从情感的角度来看，师生在人格上是独立的，师生都有着自己丰富的内心世界和独特的情感表达方式，都需要彼此的理解和尊重；从知识的角度来看，教师和学生只是先知者和后知者的关系或后知者和先知者的关系；从交往行为的角度来看，在 Second Life 虚拟学习社区中，师生、生生之间就感兴趣的问题发表自己的见解和看法，他们之间的对话交流具有人格精神上的完全平等和教育意义上价值引导的特点。

互动是 Second Life 虚拟学习社区的一个基本特性。学生在虚拟学习社区中的学习行为，是主动参与虚拟学习社区的建设而不是被动接受某人传达的知识，这种学习以信息和知识为中介，在社区成员的交往过程中，学生的认识和体验不断加深，不断激发其创造性，认知结构因同化与顺应而不断从旧的平衡达到新的平衡，从而使学生产生对知识及意义的理解和建构。因而 Second Life 虚拟学习社区的学习既可以增强学生的认知建构能力，又可以增强学生自我效能感和社区归属感，促进学习者的人格发展。

目前，一些学校将 Second Life 搬到课堂上，作为一种辅助的教学工具。越来越多的教育者研究发现，Second Life 应用于教育的前景是远大的，并且

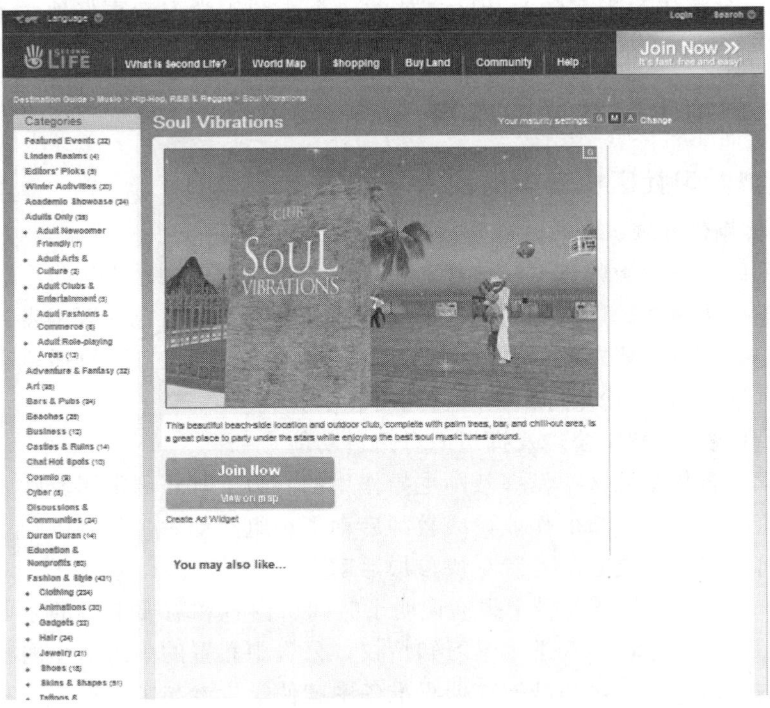

图 6-4　Second Life 社区平台(http: //secondlife. com)

适用于多种学科的教学。在 Second Life 中，学习艺术设计的学生可以创作自己的作品并举办作品展览；学习英语的学生可以加入到任何一个全英文交谈的论坛中学习语言技巧，构建国际化的语言实验室；学习历史的学生可以创建历史场景，让历史重演，通过亲身经历获得对历史事件的深刻理解；学习城市设计的学生可以规划建造自己设计的虚拟城市，并可以使其他学习者或教师“徜徉”在其中，提出宝贵意见并做出评价。

在 Second Life 中，学习者并不仅仅通过观看、模仿进行学习，他们通过建造事物、角色扮演等方式，积极地参与到正在从事的学习活动中去，对所研究的事物或扮演的角色达到深刻的理解。Second Life 的价值逐渐得到越来越多人的认可：IBM，Intel，Yahoo 等公司都在Second Life 上拥有自己的小岛，用来实现贸易、培训等目的。哈佛大学在 Second Life 中开设 CyberOne 课程，目的是让学生在这个与现实世界相似的环境中进行商业教育的实践。随着 Second Life的继续推广，其教育、经济等方面的潜能将被尽可能地挖掘，Second Life 将成为现实世界之外的一个利于人类“生存”发展的虚拟世界。Second Life 也将成为现实学习社区之外的一个有利于学习者更好地学习、发展的虚拟学习社区。

理解：虚拟学习社区的应用

一、虚拟学习社区中教学的技术与方法

1. *教师作为组织者的技术与方法*

在网络教学中教师首先应该作为组织者，组织自己的教学工作。教育改革倡导以学生为主体、以教师为主导的教学模式，那么如何在社区中发挥教师的主导作用呢？这就要求教师要学会利用教学公告、小组工具(包括留言板和小组讨论区等)及学习论坛等工具进行网络教学。

(1)有效使用教学公告发挥组织者角色功能

教学公告板是社区中发挥教师主导作用的有力工具。通常当教师发布了新的教学资料或布置了新的作业，或教师启动了小组活动后，就可以利用教学公告发布有关信息，提醒学习者尽快参加活动等。

图 6-5 所示的教学公告中提前说明了时间、内容和需要准备的东西，以及有对学习的要求等，符合学生学习知情权；公告中布置的小组活动内容需要学生准备(扫描后上传)，巧妙地在课程准备中就使学生参与了进来，有利于培养学生学习共同体的观念。

□ 2003-6-17 8:17:59　　　课程公告 [新] 结束时间: 2003-6-20 8:17:59

明天开始第二次小组活动，这次活动的主要内容是使用ISM法进行教材中的某个知识点分析。请各组务必于今天准备好要分析的教材，组长可以初步确定明天要开始分析的知识点，并将有关这个知识点的内容以扫描等形式上传到小组留言板中，以方便我明天布置比较具体的小组学习任务！

图 6-5　教学公告样例

(2)合理组织教学资料，有效支持学习者学习

教学资料是网络教学的重要组成部分。教师界面中的“资源管理”栏目为教师提供了组织教学资料的相关功能。组织教学资料通常分为三大步骤：

①将教学资料按照分类上传到教师个人文件夹中；

②编辑教学资料的分类，填写资料的主题、关键字和资料的描述等资料属性；

③发布教学资料。

图 6-6 所示为虚拟学习社区中以大纲型整体框架呈现的教学资料，对资料的文字描述可以有效降低学习者的认知负荷。因此教师要通过对教学资料的合

理分类、属性描述等有效地支持学习者学习。

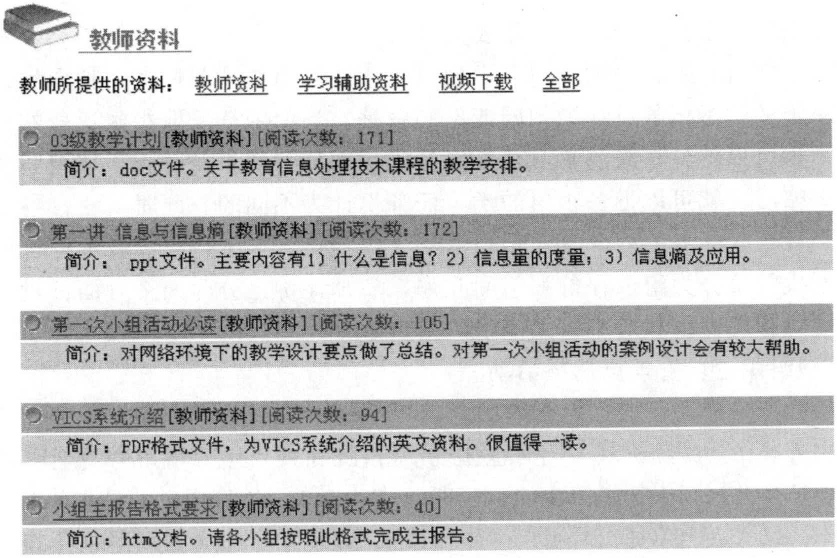

教师资料

教师所提供的资料：　教师资料　学习辅助资料　视频下载　全部

03级教学计划[教师资料][阅读次数：171]
简介：doc文件。关于教育信息处理技术课程的教学安排。

第一讲 信息与信息熵[教师资料][阅读次数：172]
简介：　ppt文件。主要内容有1）什么是信息？2）信息量的度量；3）信息熵及应用。

第一次小组活动必读[教师资料][阅读次数：105]
简介：对网络环境下的教学设计要点做了总结。对第一次小组活动的案例设计会有较大帮助。

VICS系统介绍[教师资料][阅读次数：94]
简介：PDF格式文件，为VICS系统介绍的英文资料。很值得一读。

小组主报告格式要求[教师资料][阅读次数：40]
简介：htm文档。请各小组按照此格式完成主报告。

图 6-6　教师资料

(3)组织教学活动和网络社区活动

组织活动的目的是促进形成学习共同体。一般学习共同体都具有学术性支持、认知性支持以及人际性支持等特点。

①组织新课教学活动

当教师组织新课学习时，可按照如下步骤组织新课的教学活动：

- 教师按照教学计划上传教学资料；
- 发布教学公告，通报教学进程；
- 在学习论坛中布置讨论题，引导大家交流讨论；
- 个别答疑，解答疑问；
- 布置作业，开展作业讲评。

②组织作业讲评活动

一般网络教学支撑平台都具有作业展示功能，在网络课程的教学过程中，组织作业讲评不仅能促进学生对课程内容的理解，还能支持学生的持久性学习。虚拟学习社区会根据教师对作业的评分将作业分为优秀作业和典型作业进行展示，优秀作业展示时会显示学生姓名以示鼓励，而典型作业被展示时，社区会自动隐去学生姓名。作业展示后，教师要在教学公告和学习论坛中引导学生开展讨论，教师在批改作业时也可以加上自己对这个问题的理解。

③组织小组学习活动

小组学习是社区中的一种重要活动形式。虚拟学习社区中共提供了三种分组方法：随机分组、手动分组和学生自组。按照协作学习原理，任课教师可以将各小组的学习任务设计为相同或不同两种。当教师欲采取组间竞争的教学策略时，就可以把各小组的学习任务设计为相同的。如果教师想采取组间合作的教学策略时，就可以把各小组的学习任务设计为不同的。此时，通常各小组的任务是一个大任务的一部分。小组活动评价包括有学生评价和教师评价两个方面。学生评价分为组内评价和组间互评，教师评价也分为两个方面：对小组学习活动过程的评价和对小组主报告的评价。

(4)组织论坛管理员选举活动

一般论坛都具有“版主”选举功能，利用这一功能既可以作为形成性评价手段，也可以作为激励机制，同时也体现学习社区的自治性。虚拟学习社区中的论坛管理员是在社区中选举产生的，社区会自动将学习论坛中发帖最多的前 5 名学习者作为候选人名单提出，再由学生投票选出。管理员选举的开始和结束均由教师控制，教师可多次组织论坛管理员的选举，以调动学生参与协作学习的积极性。根据经验，教师一个月启动一次论坛管理员的选举活动效果比较好。

2. 教师作为辅导者(助学者)的技术与方法

教师作为辅导者(助学者)的前提是要充分了解学生，只有充分了解了学生的学习状况后，教师才能根据学生的情况制订相应的教学策略，并给予恰当的学习指导，实现因材施教。在社区中教师可以通过教师界面中的“管理学生”“了解学生”“解答疑问”“作业管理”和“资源管理”等栏目获得大量的学生学习信息，从而使教师充分了解学生。而社区中的“教师答疑室”“作业系统”“学习论坛”“教师资料”“小组园地”和“虚拟聊天”等栏目是教师对学习者进行个别辅导或群体辅导的有力工具。图 6-7 说明了教师作为辅导者的示意图。

(1)了解学生

教师可以从教师界面中的“管理学生”“了解学生”“解答疑问”“作业管理”和“资源管理”等栏目中获得学生的多种学习信息，例如奖惩情况、学习进度、具有的疑难问题、作业完成情况和教师资料阅读情况等。教师也可以通过查看并分析学习论坛、查看小组园地的讨论区和留言板、与学生在虚拟聊天室中交谈等多种渠道获得学生合作学习的状况，例如关注的焦点问题、参与学习活动的频率、合作能力和学习态度等，这将有助于全面了解学生的学习状况，特别是学生自主学习的状况和态度、动机等，对教师产生因材施教的个性化教学策略

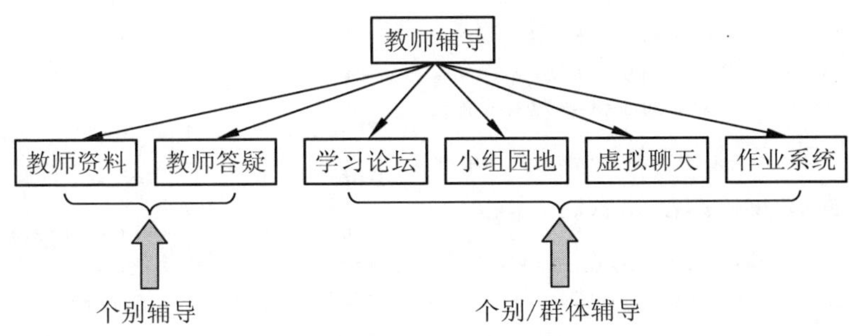

图 6-7　教师辅导工作及工具示意图

具有重要意义。

(2)个别辅导的技术与方法

教师通过利用社区提供的多种工具获取学生的学习信息，诊断学生的学习困难及缺陷，产生因材施教甚至是“因人而异”的教学指导策略，并通过使用答疑室、批改作业、学习论坛讨论和用 E-mail 给有特殊需要的学生个人或群体发送相关的教师资料等工具对学习者完成个别辅导。

(3)群体辅导的技术与方法

教师对学生进行群体辅导的最好形式是教师参与学生的活动。教师可以通过“学习论坛”“小组园地”“虚拟聊天”和“作业系统”等栏目参与学生的活动。教师参与学生活动时可以以教师真实身份参与活动，类似我们传统教学形式中的教师参与活动一样。但是由于网络本身具有虚拟性，所以教师还可以利用网络环境的特点使用学生身份参与活动。下面重点介绍教师在“学习论坛”和“小组园地”中参与活动的方法与技巧。

①以学生的身份参与学生活动

教师以学生身份参与学生学习活动的目的主要有：更深入地了解学生的真实学习情况，促进学习共同体发展，调动学生参与协作学习，为学习者提供示范。为此，教师通常采取隐蔽真实身份的做法，即使用一个学生身份的账号，扮演成普通学生参与活动。

与传统面对面教学不一样的是，教师使用学生身份参加活动前，要针对扮演的学生角色进行学习行为和学习活动等方面的教学设计。教师甚至可以同时扮演几个有不同个性特征的学生。如图 6-8 所示的例子中，任课教师设计了一个昵称为“黄鹊鸟”的学生角色，并且赋予了这个角色具有聪明伶俐的个性特征，在教师组织学生活动遇到大家都不知道如何解决的难题时，任课教师就使用这个角色示范解决问题的方法和策略等，起到群体辅导学生学习的作用。

欢迎大家和我一起练习什么是信息，什么是消息。	王陆	3	48	2003-6-4 8:15:28
教师评价：请大家积极参与练习什么是信息，什么是消息。	王陆	2	31	2003-6-4 19:38:42
RE:教师评价：请大家积极参与练习什么是信息，什么是消息。	黄鹊鸟	1	24	2003-6-5 9:20:25
RE:教师评价：请大家积极参与练习什么是信息，什么是消息。	张敏霞	0	22	2003-6-5 10:05:17
RE:教师评价：请大家积极参与练习什么是信息，什么是消息。NEW!	光光	0	2	2003-7-14 16:58:57
RE:欢迎大家和我一起练习什么是信息，什么是消息。	李云文	1	20	2003-6-5 11:44:57
读云文观点之后	heima	1	17	2003-6-5 14:05:25
RE:读云文观点之后	李云文	0	7	2003-6-8 18:47:23
RE:欢迎大家和我一起练习什么是信息，什么是消息。	石群雄	0	19	2003-6-5 13:23:14

图 6-8　任课教师以学生身份“黄鹊鸟”参加学习活动

②以教师身份参与学生学习活动

以教师身份参与学生的学习活动是发挥教师主导作用的重要途径之一。以教师身份参加学生活动的目的是发挥教师是组织者、辅导者和管理者的作用。在社区中以教师身份参与学习活动，可以参与小组活动、学习论坛讨论或进入聊天室与学生在线交流等。图 6-9 是以教师身份参与学生学习活动的流程图。

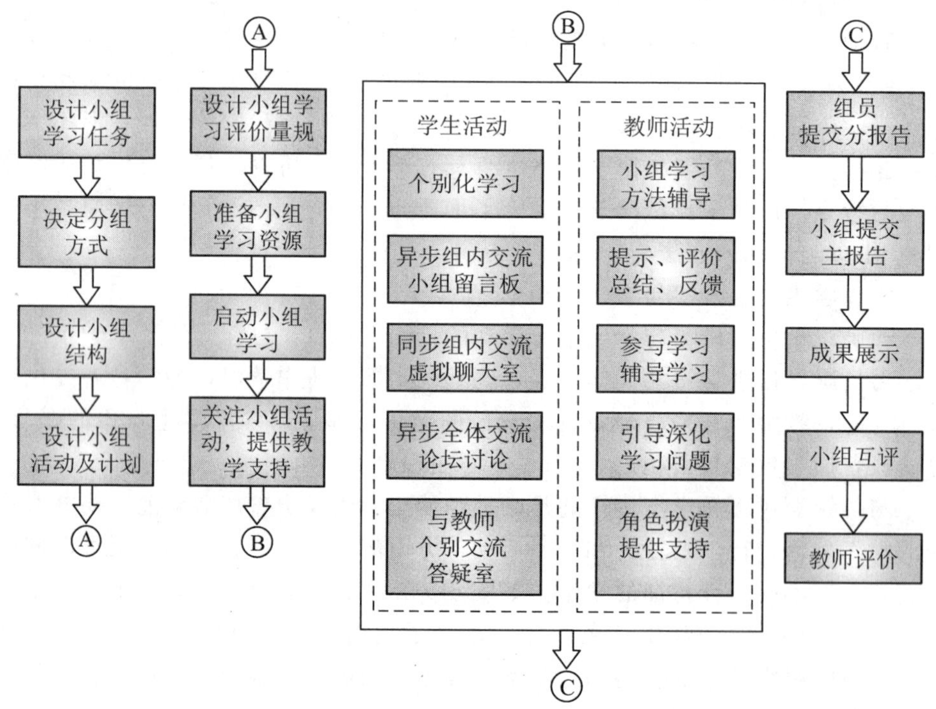

图 6-9　以教师身份参加小组活动流程图

下面是2003年“非典”时期，首都师范大学社区支持教育技术系的教育硕士在网上进行学习的一个案例。在这个案例中展示了任课教师是如何以教师身份全程参与学生小组活动的过程。

活动第一天，教师布置好学习任务并在小组留言板和教学公告板上分别留言，并对于积极开展活动的小组给予鼓励和指导。

活动第二天，教师通过参加小组活动，针对以头脑风暴法为主要形式的小组活动提出了几点建议。

活动第三天，教师又提出了小组活动的几点具体要求，并进行了资料的补充和问题的答疑。

活动第四天，教师在各组留言板上公布了小组主报告格式的具体要求。

活动第五天，教师针对各组分报告中出现的问题进行解答和辅导。

活动第六～九天，教师又补充了相应的资料，为各组撰写主报告提供了支持。

活动第十天，在各组提交了主报告后，教师组织大家开展组内评价和组间评价活动，随后教师也对各组的活动和主报告进行了评价。

3. 教师作为管理者的技术与方法

在社区中开展教学活动，教师不仅要作为组织者和辅导者，还要作为管理者。教师的管理者角色要求教师在社区中进行课程管理、教学管理和资料管理三方面的工作。这些管理工作都是通过社区提供的管理工具实现的，具体如图6-10所示。

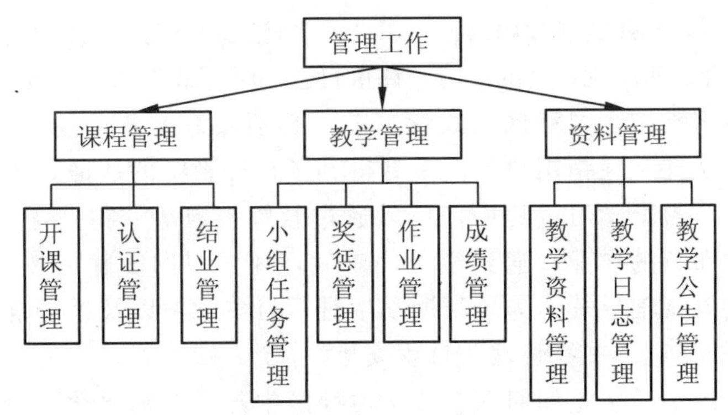

图6-10　社区提供的教学管理工具

课程管理工作包括开课管理、认证管理和结业管理等。

教学管理包括：小组任务管理、奖惩管理、作业管理和成绩管理，其中，小组任务管理的主要工作是帮助教师在采用小组教学形式时对小组的学习状态进行设置和转换等，以保证小组学习进程的正常推进；奖惩管理主要用于帮助教师完成表扬或处分学生等操作；作业管理主要用于帮助任课教师管理作业的布置、查阅和学生提交情况的查询等；成绩管理主要用于帮助任课教师管理学生各学习环节的成绩，包括社区成绩、考试成绩、作业成绩及学期总成绩的管理。

资料管理包括教学资料管理、教学日志管理和教学公告管理等。

二、虚拟学习社区中的学生学习

1. 个别化学习

基于网络的个别化学习是指学习者以个体参与学习活动，并在教师的指导下，自主选择学习内容、制订学习计划和自由安排学习时间、地点等的学习方式。在个别化学习方式中，教师要根据每个学习者的个体特征为其制订因材施教的教学策略，并通过使用发挥教师主导作用的一系列工具去指导、组织和管理学生的个别化学习活动。

个别化学习强调，在学习过程中，学生自主学习知识，自我更新知识，并通过学生自己的思考和探索来独立完成学习任务。这种学习方式比较适合达到认知领域和动作技能领域中大多数层次的学习目标，如学习事实信息，掌握概念和原理，应用信息、概念和原理，形成动作技能和培养解决问题的能力等。

个别化学习最大的特点在于学生的高度自主性。这种自主性具体表现在：学生在教师的指导下确定自己的学习目标后，能够借助网上优势，自主选择学习内容、学习方法和支配学习时间，在学习的过程中学生将不仅学会学习目标所包括的知识，而且还可以掌握获取知识的方法、技术、途径和技巧。在自主学习的过程中学习者还将学会如何测试自己的学习，评价自己的学习效率和学习效果等。

学生在进入虚拟学习社区正式学习前，必须做好准备，包括新用户注册、老用户登录、选课和注销用户等。只有得到了任课教师的认证，才能够进入相应的课程进行学习。学习过程中，可以通过教师资料等获得所需的各种信息，按时完成教师布置的作业，遇到学习困难时，还可以向教师请教，提出问题，并接受教师的答疑辅导等。为了帮助学生进行自主学习以及进行自我管理，社区提供了“我的笔记”“书签管理”“日程安排”等个人知识管理工具。下面将以一个真实的例子展示学生是如何在虚拟学习社区中开展个别化学习的。

2. 协作学习

所谓协作学习是指让学习者以小组的方式为达成共同目标而一起建构知识的一种学习方式。基于网络的协作学习是指利用计算机网络建立协作学习的环境，通过小组或团队的形式组织学生进行学习，教师与学生、学生与学生在讨论、协作与交流的基础上进行有效而深入的学习。

基于网络的协作学习强调在学习过程中通过网络和计算机来支持学生之间的交互活动，这种交互活动指的是以小组形式，在师生之间、生生之间进行讨论交流、协作竞争、角色扮演等，使学习者通过协作过程共同完成学习。相比之下，它比较适合实现认知领域的某些高层次技能，如问题解决和决策等。合作学习也适合实现情感领域的教学目标，如形成态度，培养鉴赏力，形成合作精神和良好的人际关系等。

基于网络的协作学习最大的优势在于参与协作活动的学习者可以形成一个学习共同体(Learning Community)。一个学习共同体是指一个由学习者及其助学者(包括教师、专家、辅导者等)共同构成的团体，他们彼此之间经常在学习过程中进行沟通、交流，分享各种学习资源，共同完成一定的学习任务，因而在成员之间形成了相互影响、相互促进的人际联系。在学习共同体中学习者和教师将为了解决同一问题而持续建立和维持彼此对该问题的共同观念，从而使得师生可以共同进行同步思维，促进深入学习。

虚拟学习社区中的"学习论坛""小组园地"和"虚拟聊天室"等栏目都是专门支持学习共同体开展各种学习活动的。学生可以通过在学习论坛中发表求助类文章获得他人帮助，更可以通过积极地参与论坛讨论，实现高水平的知识建构。在小组园地中，学生可以采取留言、小组讨论、提交报告、开展评价等一系列活动，完成一个共同的任务，实现小组成员的共同发展。

体验：虚拟学习社区中的正式学习

活动一：体验虚拟学习社区

时间：2 周 内容：本活动以首师大虚拟学习社区(http：//www.etkeylab.com:8081/)为网络教学支撑平台进行为期 2 周的网络教学体验，任课教师和学生共同参加	
步骤： □ 课前准备 □ 体验个别化学习 □ 体验协作学习 □ 评价与反思	学习作品： □ 报告

➡ 步骤一：课前准备(2 天)

任课教师在虚拟学习社区中注册用户，开设"网络教育应用"课程，经社区管理员认证后即可正式进入课程。进入课程后，认证选择本课程的学生。

学生在虚拟学习社区中注册用户，选择“网络教育应用”课程，经任课教师认证后即可正式进入课程。

➡ 步骤二：体验个别化学习(3 天)

任课教师上传相关教学资料，发布教学公告，在论坛中布置讨论题，引导大家讨论，个别答疑，布置一个小作业。

学生使用并理解虚拟学习社区中的各种功能，阅读教学公告和教学资料，参与论坛讨论，如遇到问题可通过“答疑室”向教师提问，完成教师布置的作业。

➡ 步骤三：体验协作学习(7 天)

任课教师将学生分成若干小组，建议每组 4～8 人，启动小组活动，布置一个学习任务。

学生以小组为单位完成学习任务，每组至少要利用“小组讨论区”开一次小组网络会议，完成小组主报告。

➡ 步骤四：评价与反思(2 天)

任课教师对小组学习活动进行评价，并组织学生展开自我评价和组间互评，提出相关话题供学生总结与反思本次体验活动。

学生阅读其他小组提交的主报告，并开展自我评价和组间互评，对本次体验活动进行总结与反思。

活动二：分享虚拟学习社区的教与学

时间：2 周 内容：本次分享活动以“体验虚拟学习社区中的学习”为依据展开，因此要在体验活动全部结束后师生共同在虚拟学习社区中进行	
步骤： □ 分享虚拟学习社区中的学 □ 分享虚拟学习社区中的教	学习作品：

➡ 步骤一：分享虚拟学习社区中的学

任课教师在虚拟学习社区的论坛上发起两个话题，分别是“你在虚拟学习社区中是如何实现个别学习的？有哪些收获与遗憾？请跟帖。”“你在虚拟学习社区中是如何进行小组学习的？有哪些收获与遗憾？请跟帖。”学生采取跟帖的形式与全班同学分享在虚拟学习社区中的学习体验，深入反思虚拟学习社区中的个别化学习和协作学习。

➡ 步骤二：分享虚拟学习社区中的教

任课教师在虚拟学习社区的论坛上发起一个话题："真诚欢迎大家对我在虚拟学习社区中的教学进行讨论"，学生采取跟帖的形式发表自己在学习过程中感受到的教师支持，教师则引领学生深入理解虚拟学习社区中的教学技术与方法。在讨论过程中，肯定会有学生指出教学中的不足，教师请不要恐慌，学生的这种缺憾体验恰好能够帮助全面理解虚拟学习社区中的教学技术与方法，同时，作为任课教师，也需要来自学生的反馈从而更好地促进教师自身的专业发展。在分享中促进教师和学生的共同进步。

专题三 网络支持的非正式学习：实践社区的原理与应用

讲座：实践社区的定义与内涵

实践社区的最初概念是解决发生在面对面情况下的学习问题，实践社区是一种支持成人通过日常的社会实践学习而不是聚焦有意设计的课程来支持学习的学习环境，实践社区是一个自组织的非正式学习系统。

实践社区以建构主义和社会建构主义学习理论为基础。Wenger 等人对实践社区的定义是：实践社区是一个社会学习系统，一群人在这个系统中共同努力分享他们的兴趣并从事增进联系的集体学习。Wenger 等人还指出，随着网络技术的普及与应用，借助网络而发展的分布式在线实践社区已经开始形成。

实践社区从萌芽期、生长期、成熟期、半衰期到衰退期的生命周期，即实践社区的发展与演化过程。在实践社区的生命周期中，共存在 5 个典型的阶段，如图 6-11 所示。

潜伏阶段的实践社区属于实践社区的萌芽期，在此阶段中，实践社区尚未形成，一些潜在的社区成员相遇并且发现彼此具有的共同特征，但他们并没有从实践分享中受益。联合阶段的实践社区属于生长期，在此阶段中，实践社区开始形成并得到发展与壮大，社区成员们彼此认同并定义公共的实践领域与社区的规则，实践社区也开始发展和吸引更多的成员，开始具有一定的规模。行动阶段的实践社区属于实践社区的成熟期，此阶段为实践社区的顶峰，实践社区中的教师、地区领导者以及外部的专业化发展促进成员等各个利益相关群体

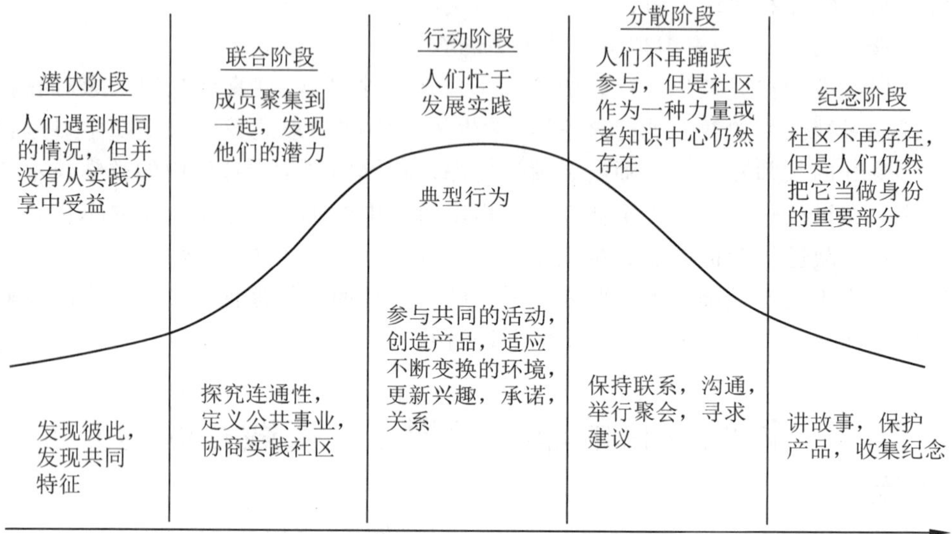

图 6-11　实践社区的生命周期示意图(Wenger，2010)

作为社区成员在一起工作，并通过合作、交流建立相互信任的关系，分享教学改进的形式、价值观、工具和职责，此时教学的改进与教师的专业成长就会发生。分散阶段的实践社区属于实践社区的半衰期，在此阶段中社区成员不再踊跃参与，但社区仍然作为一种力量或知识中心存在着，成员之间还保持着较高的联系与沟通。纪念阶段的实践社区属于实践社区的衰退期，在此阶段中社区不再存在，但是人们仍然会把社区当做身份的重要部分。

实践社区所显示出的生命周期，是一种实践社区发展与演化的宏观过程，其实质是由于实践社区成员个体不断在相互信任的前提下缔结关系并进行资源交换的微观过程的一种反映，社区成员之间的关系缔结与资源交换是实践社区的微观发展与演变过程，也是整个实践社区的发展与演变的基础。

实践社区对任何组织的运作都很重要，但是只有对于那些认为知识是最重要资产的组织时实践社区才起决定性作用。

理解：实践社区的理论基础

实践社区是以多种水平和多种类型的实践活动来开展非正式学习的。实践活动既是实践社区中的重要特色，也是实践社区非正式学习的重要特征之一。

从目标角度我们可以将实践社区中的学习活动定义为：学习者以及与之相关的学习群体，包括学习伙伴和教师等为了完成特定的目标而进行的操作总和。从与环境作用关系的角度可以将实践社区中的学习活动定义为：学习者之间以及学习者与外部环境互动和相互作用以完成相应任务，并达到预期成果的操作总和；其中学习环境包括内容资源、工具和手段，计算机系统与服务，及现实世界事件和对象等。从社会实践角度可以将实践社区中的学习活动定义为：通过不同途径将体验过程转换为知识、技能与态度的操作总和，例如，工作体验、交流体验等都可以视为不同的学习活动，因此，学习活动是人类的一种特殊的社会实践活动。

实践社区的实质是一个活动系统，是一个由持续的、目标明确的、符合历史依据的、辩证结构的、工具中介的人际交流系统。实践社区的活动系统包含了互相作用的成分，即主体、工具、客体、劳动分工、社区(也可翻译为共同体)和规则，活动系统把它们组织起来形成了分配系统、交换系统、消耗系统和生产系统四个子系统，如图 6-12 所示。

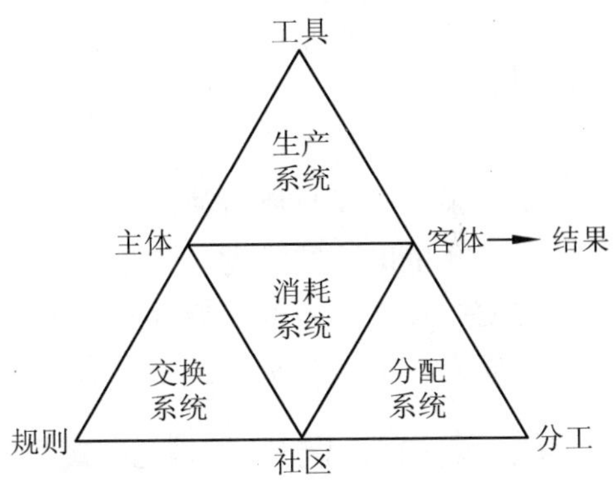

图 6-12　活动系统中的四个子系统

图 6-12 中所示的分配系统是由活动系统中的客体、分工与社区三要素相互作用而构成的，其核心是整个活动系统中的劳动分工。交换系统是由主体、规则与社区三要素相互作用而构成的，其核心是主体间的知识交流与交换的规定、规范等。消耗系统是由主体、客体和社区三要素相互作用而构成的，其核心是主体与社区作用于客体并促进客体向结果进行转化，在这个转化的过程中主体与社区会“消费”学习资源，产生物质流动与能量交换。在活动系统中，消耗系统与生产系统是相辅相成的，系统要产出就要有消耗。因此，消耗系统中的所有支持技术都是支持社区成员顺利、便利、有意义的消耗或消费的。典型的基于消耗的活动就是社区成员在实践社区中投入的专业学习。生产系统是最基本的子系统，也是最重要的一个子系统，生产系统是由主体、客体及工具三要素相互作用而构成的，其核心是实现活动系统的目标；生产系统中的客体会随活动系统的目标不同而不同，生产系统中的支持技术是以其所拥有的技术工具集为基础的，工具集是支持主体生产客体的专业工具，基于生产的活动就是社区成员的知识建构与专业实践活动等。需要注意的是，分配系统、交换系统、消耗系统和生产系统四个子系统并不是独立存在于活动系统中的，它们是相互依存、相互影响和相互作用的，只有它们能够协同工作才能使活动系统正

常运转并能有高效能的产出。

助学者是实践社区中的最重要的一种角色。助学者和导师的存在是实践社区取得成功的必不可少的因素。尽管正式在线学习系统中助学者的作用已经被确定，对于本质上是非正式学习的在线实践社区中的助学者的角色，我们目前还是知之甚少的。在实践社区中，助学者必须拥有一定的专业能力，例如，他们需要有能力建立一个实践社区并且让这个社区对成员来说是有价值的；要做到这一点，助学者必须了解实践社区的目标以及如何运用社区资源来实现这些目标；助学者还必须能够灵活地设计多种学习活动与实践活动，理解参与者和他们的话语，考虑参与者的反应和可能的结果，并采取行动来平衡有时不兼容的项目目标与参与者的实际情况等。助学者有可能是专业助学者，也有可能就是实践社区中的成员所扮演的。

有研究指出，助学者作为指导教师的角色正在转变为学习系统和学习支持系统的创造者，网络的连通性及实践社区成员对学习支持服务的需求，正在使助学者成为一个学习机会的指导者、导航者、推动者和设计者。

分享：实践社区中的非正式学习案例

在过去的10年中，由于实践社区在教师专业发展中具有独特的不可替代性，所以许多国家都在教育改革和教师培训项目中花费了大量的精力和财力来创造和支持可持续发展的、可扩展的基于网络的教育实践社区。下面的案例来自于以我国中小学教师专业发展的在线实践社区(Teacher's Online Practice In Community，TOPIC)中的一个真实案例。

P老师是TOPIC中的一名成熟教师，她有25年教龄，任教学科为小学科学，来自于深圳一所小学。P老师信奉“做中学”的教育理念，她认为科学课一定要让学生学会动手，学会解决问题。在TOPIC中，她在观看了山东省和四川省等其他地区的老师们开展小组合作学习的课堂教学录像后，决定自己也要改变一下教学方式，在科学课中实际使用一下小组合作学习方式。然而，她发现小组合作学习的效率非常低。为此，P老师自己提出了第一个问题：“如何能够让学生更多更主动地参与课程?”为了解决这个问题，P老师采用了课堂观摩案例中的方法作为解决方案，她在自己的课堂中实行了4人制的小组合作学习方式。然而，她随后就发现了新的问题：课上的合作学习虽然提高了学生的参与度，但课堂教学效率却大大降低了。于是，第二个问题在P老师的脑海中就形成了：“如何提高小组合作学习的效率?”为了尽快解决这一问题，P老师在TOPIC平台上的远程学习中读到了助学者提供的W教授撰写的小组合作学习原理等系列文章，P老师开始了解到了小组的结构设计这一关键的方法与技术，也决定要在她自己的课堂内进一步改善小组结构，实现组内异质、组间同质的小组结构。当P老师把自己新的课堂教学实践的录像上传到TOPIC平台后，助学者及其同行教师在观察了这节课的教学录像后，大家一起帮助P老师做了课后分析，结果发现：异质分组后许多成绩好的学生在小组中“独揽大权”，而学困生在小组中则无事可做，甚至哪个小组都不喜欢要学困生。这一分析结果，让P老师产生了第三个问题：“如何让小组的每个成员都积极地投入到合作学习中?”P老师把这个问题发表在了TOPIC平台的论坛中，想向其他社区成员请教。当一些非常擅长开展合作学习教学的实践社区成员看到P老师的帖子后，大家纷纷介绍了更多更细致的开展小组合作学习的设计与实施技术。例如，大家谈到首先教师要设计小组的分工，小组的分工是很重要的。于是P老师开始设计自己课堂内小组的角色，P老师为每个小组成员都设计了一个角色：组长、材料员、记录员/观察员和陈述人。当P老师再次上传其教学录像后，在长时间内吸引了社区的成员观看和评价。大家一致认为，P老师的合作学习课越上越好了。但是，大家也都发现了一个新的问题——在小组学习中一旦遇到认知冲突，学生便无法消解认知冲突，大部分情况会采用“屈从”于组长或成绩优秀学生的意见。于是P老师和很多拥有共同研究兴趣的老师们在TOPIC的论坛中开辟了一个同侪互助区，并起名为“合作学习的课堂实施与管理的方法与技术”，P老师还发表了一个首帖，上面写道：“欢迎各位老师在此分享、探讨如何创建、管理和消解合作学习中的认知冲突？您的智慧对我很重要。”P老师的帖子一出，就引发了很高的点击率和回复率，实践社区中无论是新手教师，还是成熟教师都纷纷献计献策，更有助学者帮助他们提供了大量有针对性的文献，帮助老师们在专业对话中“引经据典”，提高对话深度……P老师认为，教师在线实践社区是一个能够促进教师专业发展的孵化器，她能够促进教师的实践性知识的提升与分享，能够促进教师的教学行为的改进，是一种非常适合中小学在职教师的非正式学习系统。

请你总结P老师在教师在线实践社区TOPIC中开展专业学习的三个特点，并跟大家交流分享：

____

____

____

____

____

请你填写表 6-6，重新整理出 P 老师的非正式学习路径。

表 6-6　P 老师的非正式学习路径总结

	非正式学习循环 1	非正式学习循环 2	非正式学习循环 3	非正式学习循环 4
提出的问题				
寻找的解决方案				
发现的新问题				

从表 6-6 中，你能发现 P 老师在教师在线实践社区 TOPIC 中所进行的非正式学习的路径具有什么明显的特征吗？请与大家分享你的发现。

专题四　电子绩效支持系统

讲座：EPSS 概述

一、EPSS 简介

电子绩效支持系统(Electronic Performance Support System，EPSS)这一概念是由美国学者 Gloria Gery 在 1989 年最早提出的。她认为，工作场所急剧变化，技能更迭迅捷，传统的传帮带方法已无法适应环境的变化，课堂培训费用高昂，且需要中断日常工作。因此，有必要将培训“植入”日常的工作当中。Gery 在 1991 年出版的《电子绩效支持系统》一书中给出了 EPSS 的定义：“一个整合的电子环境，每个员工都可以利用并很容易地访问，提供与工作相关的信息、软件、向导、建议、支持、数据、图像、工具以及评估和监督系统的即时、个性化的在线访问，允许员工在最少量的支持和他人干扰下获得工作绩效。”它体现了一种观念的转变，即从以前把工作者看做被培训的人员转变到现在把他们作为需要工作支持的人。

这一概念提出后，随即引发了电子绩效支持系统的研究热潮，主要研究目标是如何利用计算机化的电子工具帮助人们解决日常工作中遇到的各种问题，达到提高工作效率的目的。EPSS 不同于传统学习训练或 CAL/CBT，传统学习训练或 CAL/CBT 的实施方式为学习者离开工作环境，接受完学习与训练后再返回工作。而 EPSS 集计算机辅助教学/训练、专家系统、多媒体、数据库技术于一体，给使用者全方位的支持。EPSS 可望成为新型的训练技术。与传统的 CBT 系统不同，EPSS 将训练任务置于工作过程之中，训练任务大约占总任务的20%；而传统的CBT则将训练任务置于工作过程之前。由于EPSS将训练与业务工作密切结合，用户边工作边训练，符合工业界近年来倡导的“适时训练”(Just-In-Time Training)潮流，因此将成为CBT技术或广义上CAI技术的发展方向。我们可将它看做一种计算机化支持的人的发展系统。

数十年来，EPSS已成为工商业界中帮助提高生产力、改善工作绩效、促进人类表现的一种电子化工具。EPSS最初出现于职业培训领域，在企业中获得了巨大的成功。在国外有许多大公司投入巨资研制EPSS系统，如计算机芯片巨头公司Intel为了加强对芯片质量的检验，开发了Intel EPSS系统。该系统可以提供检验员需要的任何信息以及专家指导等。美国AT&T公司的训练部门考虑到本部门职员的背景各不相同，有很多职员不懂得如何设计与开发培训教材、教材媒体选择以及测试题目构造等技术，开发了PST(绩效支持工具：Performance Support Tool)系统协助职员开发不同类型的培训教材，取得了很好的效果。

二、EPSS的特性

(1)基于计算机

EPSS是基于计算机的，其名字中的electronic一词，也体现了这一特性。

(2)提供完成任务过程中的访问

EPSS提供了在执行任务过程中完成一个任务所需间断的、详细的信息的访问。它包括两部分的特性：

①对完成任务所需特定信息的访问；

②在任务执行过程中对信息的访问。如果不具备这个特性的其中一部分，这个特性就会改变，不再是绩效支持的特性。提供的间断的、详细的信息可能是数据、说明书、建议、工具。

(3)运用在工作中

一个EPSS可以给正在工作中的人们提供信息，也可以给模拟或其他工作领域的人提供信息。

(4)由用户控制

用户决定什么时候需要什么样的信息。用户可以根据任务的需要进行，而不需要人类的指导。用户完成任务的欲望提供了动机。

(5)降低对职前培训的需要

由于可以很容易获取完成任务所需的信息，从而降低了为完成任务对大量(应该不是全部)职前培训的需要。

以上是把一个软件系统定义为EPSS所最少必须具备的，从而区别于其他计算机化设备或工具，否则就不能称其为EPSS。此外，某些EPSS还具有容易更新，对信息的快速访问，不包括无关信息，考虑到用户知识层次的不同，考虑到学习风格的差异，对信息、建议和学习经验的整合，人工智能等特性。

由此可见，EPSS具有以下基本特点：第一，以绩效为中心。电子绩效支持系统是以绩效技术思想为指导，根据企业需求，分析员工工作与企业需求之间的差异，通过软件、硬件的结合，支持帮助员工的工作和实践，主要目的是在最短的时间内以最少的人员介入达到高水平的工作绩效。第二，以学习者为中心。电子绩效支持系统根据员工的个性相应的、具体的信息，学习者可以自主学习、主动探索，走出了传统培训过程中学员所处的被动地位，为学习者个性学习提供有力的支持。第三，资源经验共享。电子绩效支持系统是一个开放的系统，无论是设计人员、专家、还是用户都可以十分方便地获取别人的信息资料和实践经验，也可将自己的经验与信息传送到系统，与别人共享，从而提高整个企业、行业的工作绩效。第四，及时的信息传递。电子绩效支持系统最大的特点就是能够及时提供给用户所需的信息，当员工在学习或工作过程中遇到困难时，难以通过书本或专家取得及时的帮助，则可以借助绩效支持系统获得所需的信息资源。

综上所述，EPSS不是一个独立的新的技术形态，也并不完全是指某项特定技术。一个电子绩效支持系统也可以描述为任何一个通过下列方法促进学习者绩效的程序或部件：

- 降低完成任务的复杂性或所需步骤数；
- 提供学习者完成任务所需的绩效信息；
- 提供一个决策支持系统，帮助学习者在特定条件下做出恰当的行为。

三、EPSS的种类

依据不同，对EPSS的划分也有差异。学者Raybould认为，根据用途与运作方式以及组织支持的目的，EPSS可分为下列三种。

1. 内嵌式(Embedded)EPSS

内嵌式指通过友好的用户接口，与原来的计算机系统或信息系统整合在一起。工作者在没有感到使用上差异的情况下，就在同样的工作中得到支持，帮助解决问题从而提升工作绩效。具体例子如界面、目录和索引等。

2. 联结式(Linked)EPSS

联结式又称为附带式(Extrinsic)。非独立的计算机系统，与系统或软件整合，并不总是呈现出来，而是当使用者在工作方面需要支持时，可以选择开启或关闭这种形式的EPSS，具有随传随到的特性。微软Office系列软件中的小助手就是这种形式 EPSS 的典型代表。

3. 独立式(Stand-Alone)EPSS

独立式又称为外部式(External)。具有一套独立的辅助系统，根据任务需要，专门设计来提供绩效支持功能。支持整个领域内的大量工作任务，可以为所有任务提供信息、培训和建议。

四、EPSS 的构成模式

1. EPSS 的三层模型

电子绩效支持系统由信息、指导、训练和工具四方面构成，构成一个由信息库、支持机制和人机界面构成的三层结构模型。电子绩效支持系统的构成模型如图 6-13 所示。

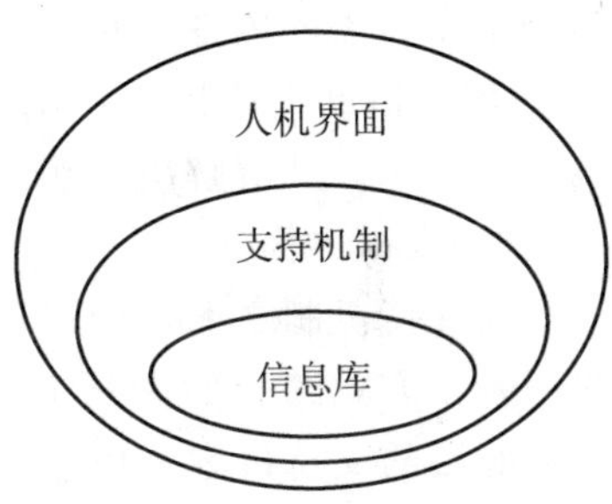

图 6-13　EPSS 构成模型三要素关系图

信息库是 EPSS 的基础，提供系统所需的信息上的支持；中间层的支持机制，为用户创设了理想的工作支持环境，为用户整合了工作中所需要的工具、指导和训练；最上层的人机界面，是用户与电子绩效支持系统的内部功能直接打交道的地方，是用户的工作环境。

(1)信息库

信息库是用户在工作中需要的可访问的信息的总和。它可以包括一个或几个本地或通过网络链接的异地数据库，也可以包括知识库或专家系统。这个信息库的内容应依据所要支持的工作任务以及所需要信息的性质加以组织。

完成一项任务所需的基本信息大致相同。但个人提出问题的顺序、要求信息的深度、信息使用的重复次数却各不相同。因此，信息库中信息的类型，信息之间的链接关系，信息呈现的方式和信息的访问方式应当是多样的、弹性的，应根据个人的特征加以选择，为用户提供需要的信息。正是这种弹性的观念使得信息库与传统的数据库差别明显。基本上，信息库中的信息与数据库中信息相当。信息同样以不同的物理方式存储在计算机中。两者之间的主要差别在于对信息访问方式，信息库建立的逻辑访问，是基于用户的不同需要在一系列物理文件之间建立逻辑链接。而传统数据库则建立物理访问。这在不同用户群使用同一系统是尤为重要的。设计者目标是构建更为具体和适宜的可访问信息，以使作业更为有效。

信息库至少要提供用户作业所需的最少信息。在时间、资金、容量和组织方式容许的情况下，可适当增加信息。但必须注意，作业支持中提供的应是作业所需的，必须避免那些不需要的或不相关的信息以及功能臃肿。一般应将信息分层，根据用户需要提供不同深度的信息。

(2)支持机制

当信息库已基本建立，用户怎样运用这些信息呢？支持用户有效地利用信息库中的信息，提供工作所需的工具、训练和指导，这就是支持机制的功能。

借助支持机制，用户可以有效地尝试探索工作任务。支持机制对用户的工作进行评价和监控，在此基础上依据用户的需要提供帮助和指导，为用户提供辅助工作所需的软件工具。当用户需要系统学习一些知识和技能时，为其提供CBT软件借助支持机制，用户得以一步步建立个人对任务的理解，逐渐清晰地界定问题，理清解决问题的步骤，搜集所需信息，掌握必要的技能。

(3)人机界面

在支持机制之上，用户直接借助的就是人机界面。人机界面应当是人性化的、合作方式的和面向任务管理的。界面的设计如果不充分、不清晰或太复杂，底层的支持机制和信息库就几乎不能发挥作用。因此，人机界面是一个电子绩效支持系统功能是否实现的关键因素。

设计人机界面时要考虑用户的心理特征、作业特征、输入输出设备等。界面应保持整体一致性，如提供跟踪的按钮，可向前和向后检索翻页等，方便用户使用。

2. EPSS的一般构成模式

以上讨论的EPSS的三部分构成是较为笼统的概念。在一个具体的EPSS软件中怎样实现，还要依据支持的对象、任务、可用的资源、硬件条件、设计实现者的技术水平等多种因素综合考虑，确定具体而有个性的实现方案。如图6-14所示，一个比较完善的EPSS通常由超媒体信息库(Infobase)、专家系统、交互性训练系统、在线帮助/参考系统、效能工具、应用软件、监测系统等部分构成，集成在一个统一的用户界面中。这些子系统为用户提供不同的支持：

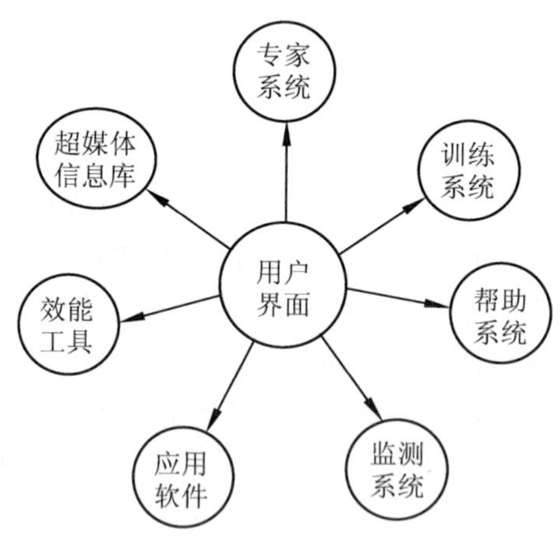

图6-14　一个比较完善的EPSS的构成

• 信息库包含业务领域相关的数据资料；

- 专家系统可随时为用户提供咨询；
- 交互性训练系统帮助用户获得为完成工作任务所必备的知识和技能；
- 帮助系统为用户提供针对任务的提示和参考信息；
- 效能工具作为用户日常的快捷作业工具，如电子报表和文字处理；
- 应用软件帮助用户完成业务特定的工作任务，如定价、报关、计税等；
- 监测系统跟踪用户作业表现，评价用户工作绩效。

3. EPSS 的例子

再看一个名为 Word 知识支持(KSS)的电子绩效支持系统的构成图，见图 6-15。KSS 在运行 Word 时使用，为人们提供操作 Word 这一字处理软件所需的作业支持，使得人们能够方便学习并使用 Word，节省个人的学习时间，减少培训和技术支持服务的开支。

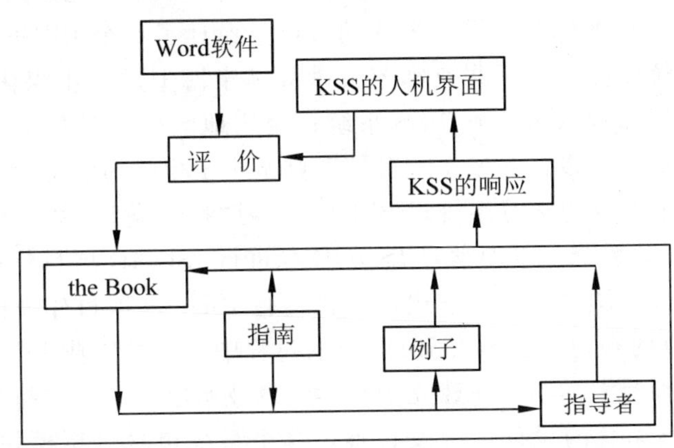

图 6-15　Knowledge Support for Word 系统构成

(1)信息库

KSS 的信息库由“the Book”、指南、例子和指导者四部分构成。“the Book”提供超过 1 600 页的概念化和面向任务的信息；例子提供一些经验总结的步骤图解；指导者用于帮助解决 Word 操作中的一些常见问题，例如如何以屏幕显示方式打印文件。

(2)支持机制

KSS 在操作 Word 时可随时调用。访问信息库的方式多种多样，包括情境敏感词检索、关键词检索和菜单检索，以及通过对话问用户一系列多选项的问题，为用户提供指导。

(3)人机界面

KSS 的界面以标准的 Windows 界面出现，与 Word 界面保持整体一致。

理解：EPSS 在教育中的应用

一、EPSS 在教育中的应用

近年来，EPSS 受到包括人力资源和职业训练在内的许多领域的高度重视，并得到了迅速发展。国外教育机构近几年已开始进行相关研究，比较著名的例子有 AGD(法语“教学工程平台”的简称)，Allen 通讯公司的“设计先锋”(Designer'S Edge)，Langevin 学习服务机构的 Instructional Design Ware，基于知识的计算机辅助教学设计系统(CEDID)，教学设计专家系统(ID Expert)，计算机辅助课程开发系统(ECC COCOS)，以及计算机支持的课程分析、设计与评价系统 CASCADE 等。教育学者利用它们来支持教师工作。

国内的 EPSS 研究起步较晚，且进展缓慢。1998 年，北京师范大学的郑永柏博士在搜集 100 多种教学设计模式的基础上设计了首个 ISD-EPSS 系统，用于辅助教学系统设计；之后北京师范大学的马宁博士进一步深化了该项研究，设计了基于知识库模式的 ID-EPSS 系统；台湾地区也有类似的产品，台湾淡江大学的张基成教授设计开发了一套辅助师范类学生学习和应用教学系统设计的 EPSS 式基于项目的学习系统(PBLS)，学习“教学设计”的学生可以利用此 EPSS 式的 PBLS 系统，帮助学习 ISD/ID 与进行 ISD/ID 项目作业，让学生以做中学的方式，边做边学和边学边做，在进行 ISD/ID 项目作业的过程中也同时学习 ISD/ID 的知识，在学习 ISD/ID 的过程中也一并完成 ISD/ID 项目作业的任务；华中师范大学李广在建立中小学信息技术电子绩效支持系统过程中阐述了一个 EPSS 系统的设计、开发过程，这个系统包含分析模块、学习模块、监测模块、信息库管理模块、帮助模块共五个部分；北京师范大学朱从娜结合“C 语言程序设计”课程教学和学习的需要，设计并开发了 C 语言程序设计电子绩效支持系统(CEPSS)，目的是由系统充当专家角色，系统模块主要包括库管理模块和 Web 交互模块；清华大学的李海霞设计了一个支持高校教师更好地利用现代教育技术进行教学的 EPSS 系统，包括导航模块、先决技能模块、培训系统模块、信息库模块、帮助与支持模块、交流与反馈模块等，以支持教师的实际教学工作；温州医学院的陈峰开发了高校教师教育技术培训 EPSS 系统，包括培训支持系统、专家支持系统、数据维护平台和培训辅助系统，四个信息模块通过信息导航系统相互联系。

下面介绍在教育技术领域应用较为典型的三种 EPSS。

1. ID Expert 系统简介

由梅瑞尔教授领导的“第二代教学设计(ID2)研究组”在加涅和瑞格鲁斯教

学设计理论的基础上，形成了第二代教学设计理论(包括 CDT 和 ITT)。以此为理论基础研究并开发出 ID Expert 系统。ID Expert 是基于规则的专家系统，它可以根据教学设计人员提供的信息，提出关于课程组织、内容结构、教学策略等方面的建议。ID Expert 中的教学组织与标准的教学过程很相似，通常总是由一门课程开始，接着是每堂课和每堂课中的各个段和节，然后是具体的教学事件，每一个教学事件是指某个学生与计算机之间的一次交互作用。ID Expert 是在教学事件处理框架的基础上实现的。教学事件处理框架由图 6-16 所示的下列组件构成。

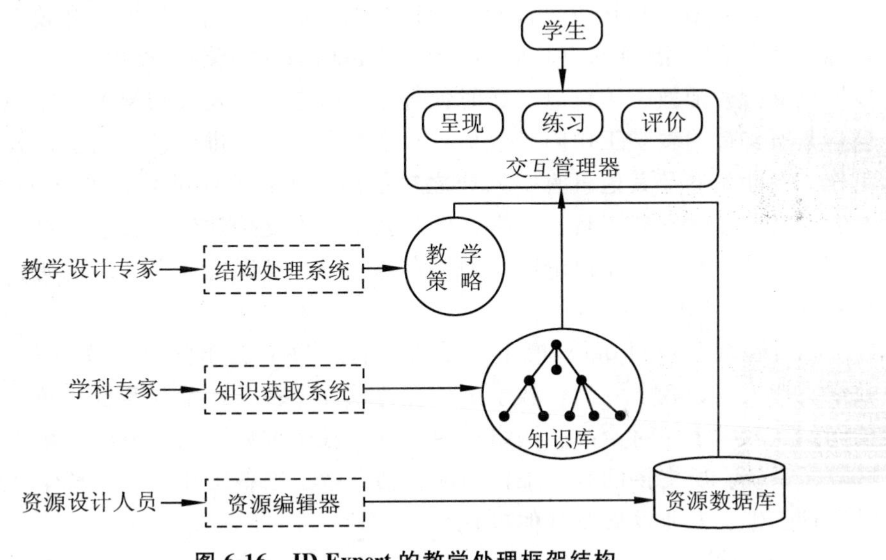

图 6-16 ID Expert 的教学处理框架结构

(1)交互管理器，有呈现、练习、评价等交互方式，用于和学生的交互；

(2)知识库，包含着所要教的知识或技能；

(3)资源数据库，包含着知识的多媒体表示；

(4)教学策略，这是为给定的学习任务、学习者和学习环境而制订的教学策略；

(5)用户接口模块，它包括一个知识获取系统，一个多媒体资源编辑器和一个结构处理系统。

ID Expert 实现的功能有：用户可以将单个知识库同时用于几种不同的课程；由于教学策略是内置的，所以用户只需提供要教的知识；用户可以方便地修改内置的教学策略；用户可以根据不同学习者的特征(动机、经验等)来设计教学。但是，它也有一定的局限和不足，例如：教学策略的给定与教师提供的信息的多少、正确性息息相关，因此对教师提出了较高的要求；如内置的教学策略不够充分，不能保证系统给定的策略一定合适；剥夺了教师自己发挥、创作的空间。

2. 网络化教学绩效支持系统(WBIPSS)

由台湾淡江大学教育科技学系张基成教授开发的网络化教学绩效支持系统(WBIPSS)主要用来支持教师的教学准备工作，帮助教师进行教学工作的规划及管理，以提升教学工作上的绩效。此 WBIPSS 主张以减轻或支持教师工作负担为主，协助教师具备教育专业知识技能与信念为辅，达到提升教学绩效的目标。其主要运用 EPSS 和 WPSS 理念所建构的网络化教学绩效支持系统，用以即时支持教师教学工作以及适时促进教师教学专业发展与学习的知识网络环境，其所支持的教学工作内涵包括：教学准备工作、进行教学活动、教学管理工作、专业发展及其他事宜。系统之功能区包含：系统公告、教学工作信息、专业发展、教学支持工具、教学咨询、教学工作支持软件、教学监督、教学工作相关网站、教学工作讨论区、网络资源搜寻、健康宝典、系统说明、系统管理专区等。

系统包括登录(Login)模组、系统公告、教学工作信息、教学专业发展、教学支持工具、教学咨询、教学工作支持软件、教学评鉴与监督、教学工作相关网站、教学工作讨论区、网络资源搜寻、健康宝典、系统说明、系统管理专区等子系统。所支持的教学工作内涵包括：教学准备工作、进行教学活动、教学管理工作、专业发展及其他事宜。

3. AGD 绩效支持系统

Gilbert Paquette 和 Jean Girard 在 Duchastel 的教学设计高级工作平台(IDAW)基础上设计开发了 AGD 教学设计绩效支持系统。AGD 是法语“教学工程平台”的简称，是三家公司联合开发的产品。AGD 的理论基础是教学设计领域的概念性知识、程序性知识和策略性知识。概念性和程序性教学设计知识用来定义用户界面和平台中的工具，策略性教学设计知识用来定义为设计者提供帮助的智能指导组件。AGD 没有考虑教学设计的发送、评价、管理以及开发过程的大部分内容，而是将注意力集中在设计和开发过程的计划阶段。例如，为完成“定义学习系统”这个任务，系统将其分解为七个部分以便于开发人员操作，而对这七个部分还会进行更细致的划分，如“设计教学结构”还可以被分为“设计课程”或“设计教学单元”，而“设计教学单元”还可以被分为“分辨知识单元”“阐述学习目标”“定义教学策略”“选择教学媒体”等，最后，开发人员最终的任务将会是“定义学习目标中的技能部分”或“描述学习活动的先决技能”等。AGD的开发者集中实现了三个学习任务设计环节：知识模式化和选择、学习目标表述和教学场所解释。

二、EPSS对多媒体教学软件设计的启示

EPSS采用以绩效为中心的设计(Performance Centered Design)，即以工作执行者的需求为出发点，视用户为工作执行者而不是系统的使用者，目的在于支援用户的工作任务及提高其工作绩效，实现了由传统的“使用者为中心的设计”向“使用为中心的设计”转变，这样的软件设计更容易操作。以绩效为中心的设计具有许多优点，以下针对其与教学领域密切相关的部分做详细阐述。

1. 关注绩效差距，为绩效不良者提供更多支持

以绩效为中心的设计和绩效技术的核心都是通过提高员工完成任务的能力来改善组织的绩效，因此绩效分析便是成功设计EPSS的重要部分。绩效技术强调通过分析，找到造成绩效不良的障碍即差距，并通过对工作提供各种绩效支持来缩小差距。也就是说，EPSS关注工作中的不足，特别是对绩效不良人群或新员工给予更多关注，通过对他们提供足够的支持，使其顺利地完成任务。

EPSS的这种设计思想很值得教学领域借鉴。在目前的教学软件设计中，教师往往根据大多数学生的现状和教学大纲要求来设计教学，而对于学习能力较差或有学习障碍的人考虑得不多。而事实上，对于具有较强学习能力的人来说，不需要提供过多的支持也能很好地完成学业。因此，在教学设计中要注意考虑处于弱势群体的学生，通过对他们的学习特点、认知能力的细致分析，设计能够提供充分支持的教学软件系统，使其能在课内外，利用这些资源逐步实现完成学习任务，必要的时候，还需设计家教辅导系统，使家长学会对学生进行正确辅导和帮助。

2. 提供基于任务的支持

EPSS把基于计算机和网络的培训嵌入系统功能中，很容易地实现在职培训。克服了常规培训成本高、员工负担重而培训效率并不高的缺点。员工在工作中根据任务需要调用不同帮助，通过多次调用帮助，就会熟练掌握此技能，而不像传统培训那样只掌握了相关知识。EPSS不浪费员工的时间，并且快捷持久，能做到根据任务的改变及时调整培训或支持内容，并能使信息以最快速度更新，而员工在现实的工作背景下学习效果最佳。EPSS用在工作场所中，可以缩短完成任务的时间，减少操作错误，提高完成任务的质量，因此可以降低成本。

因此，在教学软件系统设计中，要注意多提供以任务为驱动的信息，将知识的学习融入问题解决的过程中，通过完成一项学习任务，使学生不仅能学会相关的知识，而且能把这些知识运用到具体的问题解决中，即不但学会了知识还提高了能力。这正适应了目前以能力提高为核心的素质教育。

3. 强调绩效地带分析

以绩效技术为基础的 EPSS，强调对绩效环境的设计。为了在 EPSS 中提供理想的绩效环境，设计中必须对任务、任务执行者和需要提供的信息进行分析，这几个关键要素的交叉部分，构成绩效地带，如图 6-17 所示。绩效地带可以概括为这样一个区域：存在能够完成某项任务的人、适合个人完成的任务和完成任务所需的信息，当三者同时发生时，便产生了绩效地带。为了使员工尽可能地在绩效地带工作，设计的时候就要对三要素进行深入分析、调查，这也是 EPSS 能否成功的关键所在。

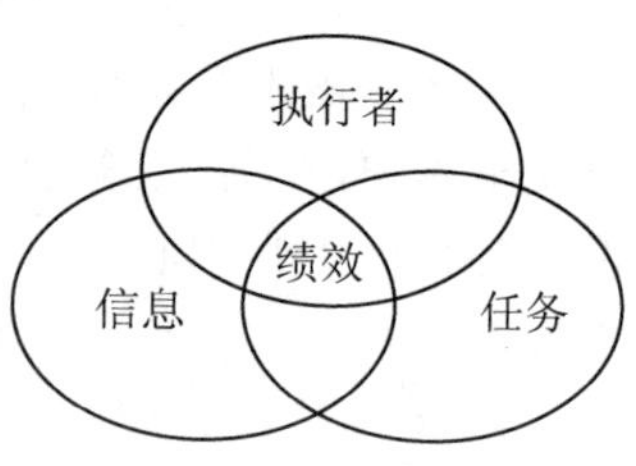

图 6-17　绩效地带

教学领域的绩效地带分析就是使教学环境中的任务和提供的信息与学生相适应。目前的多媒体软件教学设计也强调对学习者、学习任务和多媒体信息的分析和设计，但是把三要素作为一个有机整体的分析还不够深入。为了能够使学生顺利地完成任务，要加强对教学信息和学习任务的设计，尽可能营造一个与真实任务情境接近的学习环境，以减少知识与解决问题之间的差距。另外对媒体信息和任务的设计还要考虑学生的年龄、认知特点等，做到对任何起点的学生都能提供支持。教学设计者应充分认识到，对其中任何一要素的分析存在偏差，都会导致绩效地带缩小，甚至无法形成绩效地带。因此在分析时，应以大量可靠的数据为依托，不能以简单的经验来判断。

4. 以使用为中心的设计

EPSS 视用户为工作执行者而不是系统的使用者，目的在于支援用户的工作任务及提高其工作绩效，实现了由传统的“使用者为中心的设计”向“使用为中心的设计”转变。一般可通过以下方面测量软件界面的设计水平。

对操作结果提供事先警告；使用外观可视化的建议；在任何可能的情况下，自动完成任务；能够获取专家的最佳实践；提供即时反馈；允许用户出错，并能返回上一步；能自动判断用户的目标需求；针对不同的用户提供不同层次的回答；可提供前设支持；通过识别为用户提供支持，而无须记忆的负担；让用户自己搜寻问题答案等。

系统的环境设计还要与工作流程匹配；尽量不使用需要解释的术语；可以

忽略不相关的信息；提供完整的刺激—反应路径；能提供或链接所有的资源、工具；能直接显示任务或过程的结构；系统前后具有一致性；对相关问题提供准确的答案，如“这是什么?”“有什么区别?”“这是干什么的?”“该怎么办?”“为什么发生?”“如何发生的?”等。

创建：教学领域 EPSS 设计、开发实例

以美国 George Mason 大学教育技术专业的硕士生和博士生设计、开发的“阅读能力资源管理器(Literacy Explorer)”为例，简要介绍教学领域中的 EPSS 设计、开发过程。

Literacy Explorer 是为了提高儿童、特别是智力障碍儿童的阅读能力而为阅读辅助者(智力障碍儿童的家人、教师等所有帮助智力障碍儿童阅读的人)提供支持的网络型 EPSS。

在项目开发过程中，学生同委托人、学科专家用以绩效为中心的方法进行需要分析，然后根据分析结果，选择 EPSS 作为最佳的问题解决方式，并设计、开发了基于网络的实用原型和形成性评价。下面是具体的设计过程。

1. 绩效问题和需要分析

为了确定儿童是否需要提高阅读能力的帮助，学生通过网络调查和文献查阅，了解智力有障碍的儿童阅读策略和技术支持的实践现状，通过访谈智力有障碍儿童家长、学科专家等获取了许多实际经验，他们还收集了全美 4～8 年级儿童阅读需要的统计数据。结果显示大约有 40%的三年级学生的阅读水平达不到要求，智力有障碍儿童的现状更糟糕。因此，全美儿童急需提高阅读能力的帮助；调查结果还显示，阅读能力低是由于缺乏足够的阅读材料造成的。对智力有障碍儿童的调查则显示，阅读辅助者没有相关培训，并缺乏提高儿童阅读能力的工具、技能、知识和策略，因此他们更需要帮助，通过阅读辅助者与儿童的交互作用，能有效地提高儿童的阅读能力。通过上述以绩效为中心的需要分析后，小组成员决定采用网络 EPSS 解决目前的问题。

2. 确定项目的目标和内容

通过深入的分析后，小组把为阅读辅助者提供支持、实践指南、资源和交互模块作为主要目标，并形成阅读指南原型，选择引导阅读作为网络 EPSS 中的主要策略。为了保证阅读策略在网络环境的有效性，让没有参加过培训的阅读辅助者和智力有障碍儿童结对测试，实践证明在基本没有准备的情况下，辅助者也能利用引导阅读策略很好地指导儿童进行阅读，这对于工作比较繁忙的父母帮助很大，他们一般很少有时间提前看一遍阅读材料。测试结果显示引导

阅读策略可以用在 EPSS 中。

3. 系统设计与开发

首先，分析任务并建立流程图。本例的核心任务——阅读部分流程图如图 6-18 所示。

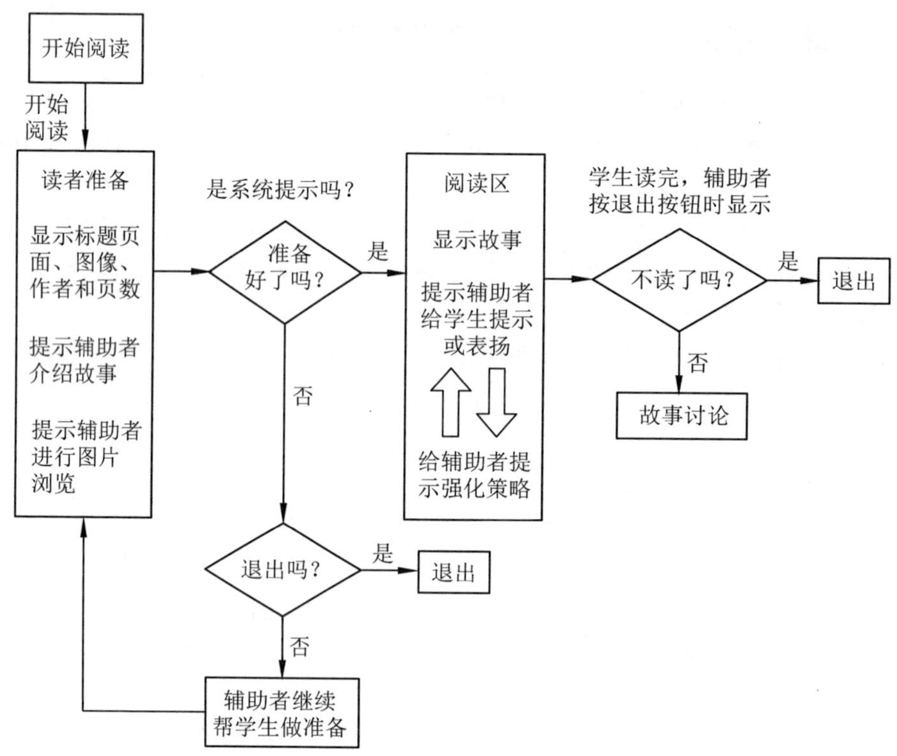

图 6-18　阅读部分流程图

其次，以流程图为起点，确定辅助者和儿童的具体任务，根据对基本阅读过程和技术需求支持的重要程度来确定开发任务，此阶段的目的是为完成阅读过程的开发选择支持工具和建立 HTML 原型。

再次，设计 Literacy Explorer。界面模板的中心为辅助支持区，用中性颜色；大面积的外围区域给儿童提供阅读资料，采用鲜艳颜色，二者共用一个屏幕界面，每屏故事板中都提供阅读材料、对辅助者的支持和相关任务细目，对辅助者的支持包括过程、阅读策略和决策支持三部分。

系统实施过程中的主要特点是：当儿童在阅读中遇到困难时，辅助者可以到图标菜单中寻找具体的阅读策略，这样辅助者可以对儿童提供帮助，而不影响其注意力。其中的图标包括提示辅助者记住详细的阅读任务和用短语提示具体的阅读策略，如“看图画”“故事回想”等。辅助者还可以通过点击图标，直接宣读系统对故事给定的问题。系统应用层级的形式提供所有的图标、提示和提问，因此，使用者可以进行自由选择。

以上是学生用一学期时间建立的基本原型，在使用过程中还将有后续学生不断完善，逐渐扩大功能。

通过以上实例我们不难发现，成功的EPSS设计更多的是靠全面、深入的绩效问题和需求分析，要做到针对根本原因，选择支持和帮助，一旦确定了系统的目标和任务后，软件的具体开发问题就会比较容易了。

专题五　电子学档

讲座：电子学档的定义及意义

学(习)档(案)是发展性评价的一种有力工具，又译为成长记录档案袋(Portfolio)，体现了“学习是个过程”的思想。最早采用档案袋评价法(Portfolio Assessment)的教育研究实践实例是美国哈佛大学教育学院开展的“零点项目(Project Zero)”。哲学家哥德曼(N. Goodman)认为：“艺术应该成为一种重要的认知活动。”1967年，时任哈佛大学教育学院教授的哲学家哥德曼基于这一信念发起了艺术教育活动。在开展“零点项目”实践中，儿童们对在特定的领域中设定的目标进行追求，并采用一种叫做档案袋的手法对自己的学习进行评价。随着信息技术的发展，特别是网络技术和多媒体技术在教育中的应用，学习档案袋采用电子媒体和设备进行存储，采用计算机软件进行管理，从而逐渐发展成为电子学档(E-Portfolio)。与普通学习档案袋相比，电子学档在以下方面占有显著的优势：有效保存、内容易于动态更新、方便检索、他人分享、信息容量大等。电子档案袋为基于网络的远程学习带来显著的促进作用，它提高了学习者自主学习意识、自我控制能力和认知能力，并由此提高了学习者的自信程度，它给网络学习者提供了计划、调节、约束、暗示、指引、激励和促进等方面的学习支持。

一、电子学档的定义

关于电子学档的含义，一些国际相关组织和研究人员给予了不同角度的定义。

海伦·巴雷特(Helen C. Barrett)从电子档案袋的内容组织和媒体技术运用角度定义为：电子档案袋应用电子技术，允许档案袋开发者以多种媒体形式收集、组织档案袋内容(音频、视频、图片、文本)。基于标准的档案袋采用数据库或超级链接将标准(或目标)、典型作业和反思之间的关系清晰地显示出来。

美国西北评价协会的教育学者们在1990年从性质和结构角度对电子档案袋做了具体的定义："档案袋是一种有目的性的学生作品的集合，它体现了学生在一个或多个领域的劳动、进展和取得的成绩。这个集合必须包括学生参与选择的档案内容、内容选择的标准、判断价值高低的标准以及学生自我反思的证据。"

Ferderikc和Shaw两人从发展性评价角度提出："档案袋是一种有目的性的学生作品的集合，它向本人或他人展示学生在某一既定领域内的努力、进展和成绩。"

Berkelye在进行一项Portfolio可行性项目研究报告LDPe-Portfolio Report后，从系统角度把电子档案袋描述为一个高度个性化、用户定制的、基于Web的信息管理系统，它允许学生展示独立或合作而取得的进步、成就等，一个电子档案袋可用作职业规划和简历、建议以及学术计划、学术评估和评价以及作为反馈评价的工具。

综合上述定义，作者认为，电子学档是一种借助网络和数据库技术所构建的集学习过程、学习者成长过程管理和评价相结合的个性化评价工具，它根据学习者的学习和发展目标，将学习者学习过程中的表现、生成的作品、他人评价等过程性证据收集起来，通过合理的分析与解释，反映学习者在学习与发展过程中的优势与不足，以及学习者在达到目标过程中所做出的努力和取得的进步，起到了过程性评价和发展性评价的作用，以此激励学习者主动调整学习方法，以取得更大的进步。

二、电子学档的意义

电子学档的学业管理和评价功能可以应用于学生的培养，也可以用于成人的在职专业发展，特别适用于基于网络的远程学习。在此，我们就学生电子学档和教师电子学档在远程教育和在职教师基于网络专业发展方面的作用加以阐述。

1. 学生电子学档的意义

新课程改革要求教育教学要促进学生健康、和谐、多元化和个性化发展，培养出综合素质人才，这使得学校对学生的传统的单一的结果性评价机制难以满足新课程改革的要求。学生电子学档的建立目的在于用先进的评价理念，从学生综合素质和长期发展出发，对学生的学业进行多元化和发展性评价。这在教育教学中的作用主要体现在：

(1)为学生提供了一个自我展示、自我评价和自我反思的机会

学生通过电子学档向他人展示自己的学习作品，也通过浏览自己的近期和远期的学习轨迹进行自我评价并反思学习效果，调整学习路线，提高学生学习兴趣和元认知学习能力。

(2)为教师提供一个全面了解学生的机会

电子学档的多元化评价方法和丰富的学生学习和成长资料使教师能够从各种角度审视每个学生，挖掘每个学生身上的闪光点，从而挖掘学生的潜能，充分发挥学生的特长，有利于学生个性化、健康、积极地发展。

(3)评价建立在学生综合素质的长远发展基础之上

电子学档一改以分数单一评价学生的功利评价方式，从学生的长远发展出发，挖掘学生日常学习生活中的多种信息，并通过信息技术进行信息管理、统计、分析和综合评价，有利于学生正确评估自己和他人，引导学生健康发展。

(4)便于对学生作品管理，有利于资源共享

学生作品转化为电子的形式，也为组织、检索和传递学生作品和学业信息提供了便利的方法。并且学生的作品也可以作为支持教师教、学生学的动态生成性资源而得到共享。

2. 教师电子档案袋意义

随着世界范围的教育改革浪潮的涌现，各国对合格教师的专业素质提出了新的要求，教师专业发展从单一学科知识增长变为教师的实践能力培养，这就决定了教师的专业发展模式也要做相应的改变，从单一集中培训变为多元化发展模式。网络技术的发展为教师专业发展模式的改革提供了物质条件，网络平台可以为教师网络教研开辟教师研修社区，实现多样形式的教师网络教研活动，从多个途径实现教师实践能力的发展。在教师网络学习社区中，电子学档具有“长焦距镜头”的作用，它将教师的日常工作和学习内容通过教学案例、教学故事等形式拉入到网络社区的资源库中，使教师培训活动建立在教师实际工作的基础上。教师电子学档在基于网络的教师专业发展中的作用体现在：

(1)使培训突出理论与教师工作实际结合的特点。教师电子档案袋蕴涵了丰富的案例资源，这些资源不仅有典型的教学案例，还有共同体成员自身的发展经历，在培训中结合教育理论对这些案例的剖析不仅可以使教师对教育理论有更深的理解，而且有利于解决教师实际工作中的困惑。

(2)使教师与专家、同伴之间的交流建立在相互了解的基础上。教师在通

过同步和异步工具与共同体内的专家和同伴交流时，可以随时调出教师电子档案袋，通过其中的翔实的信息架起教师与专家、教师与同伴之间沟通的桥梁。

(3)提高教师对学习活动的积极性和主动性。基于网络的教师专业发展共同体的研修活动均可以根据教师的电子档案袋所描述的情节和状况作为活动设计依据，满足教师专业发展的个性化需求，增加了教师的学习积极性。

(4)为教师的终身学习提供素材。教师的电子档案袋作为基于网络的教师专业发展共同体的永久性的和动态发展的资源，不仅使教师的发展历程被永久性跟踪，而且使共同体中的学习资源随着教师专业发展而在学习内容的层次、学习方式等多方面都得到相应的变化，为教师能够坚持在学习共同体中持续学习和发展提供前提和保障。

教师电子学档可以包含教师的整个职业生涯。教师电子学档有多种用途，如作为职业评价、终身学习、专业发展评价工具等，因此逐渐为越来越多的学校和行政管理部门所采纳。

理解：基于网络的电子学档的开发

关于电子学档的设计与开发，Helen C. Barrett 曾给出了一个形象化的数学公式：

电子学档＝多媒体开发＋学档开发

其中，多媒体开发过程包括：确定学档的应用环境、评价目标和受众；根据使用环境等确定最适合于学档的存储方式和展示媒体；收集各种多媒体素材，并把这些材料整理和格式化。学档开发过程包括：电子学档的目标的确定，电子学档内容和素材的设计、选择，学习档案的组织、链接与共享。这两个过程对于电子学档的开发都是很重要的，且这两者并不是分裂开来的，而且在制作上常常是同步进行的。网络学习所使用的电子学档往往需要开发学档管理系统软件，对所有学习者的电子学档进行管理和维护。根据学生电子学档和教师电子学档的特点，下面介绍它们的开发过程。

一、学生电子学档的开发

1. 学生电子学档开发的基本思想

学生电子学档的设计应在一定的教育理论指导下，按照以学生发展为中心的原则进行。

(1)突出学生作为学习主体和评价主体的地位。学生自己收集、提交作品，浏览同学、教师、专家给自己的评价信息，甚至允许学生自己管理电子学档中的信息。

(2)评价与学习融为一体，过程性评价与终结性评价融为一体。学生电子学档的内容不仅包含终结性评价结果，还强调反映学生学习过程，实现形成性评价和终结性评价。基于电子学档的评价过程也应成为学习的过程、成长的过程。评价和学习密不可分并融为一体，着重审视逐渐发展变化的学习状况。通过形成性评价与终结性评价结合，不仅可以及时肯定学生的发展成就，增强学生的自信心，提高学习兴趣。还能够记录下学生发展变化的轨迹，使教师和学生本身对学习状况有清晰、全面的把握。

(3)质性评价与量化评价的有机结合。传统的量化评价不能对学习者的态度、情感、能力等方面进行测量，不能对学生解决问题过程的表现做出准确测评。电子学档加强了对学生的能力、情感、态度的评价，强化质性评价，如个人作品、自评信息及反思信息等。

(4)学生学档的设计可参考多元智能理论。多元智能理论认为人的智力是多元的，至少可以分为 9 种，每种智力都涉及不同的领域内容和符号系统。这些智力成分包括语文智力、数理逻辑智力、空间智力、音乐智力、社交智力、自我认识智力等。首先，智力不是一种单一的能力，而是由多种智力成分组成的综合体。这些智力都是与生俱来的，存在个别差异。这一理论就要求学生电子学档首先要能够反映多元化的评价内容，使得评价内容既包括学业成绩，也包括个体解决实际问题的能力、道德品质、心理素质的养成等，都是学生某种智力因素的外显方式。其次，支持学生评价方法的多元化，学生获得知识和技能的方法多种多样。教师应该改进和完善评价方法，评价方法应具有科学性、灵活性、实践性和发展性。最后，评价主体的多元化。在学生电子学档中除了教师的评价，还应该有学生的各种社会关系对学生的评价，如调动学生之间主动参与评价的积极性、倾听家长和社会对学生的评价，评价信息的来源就更加丰富，评价结果更加全面真实。

(5)学生电子学档的设计注重学生的个性化发展。基于网络的学生电子学档可以借助数据库技术收集每个学生的大量信息，在此基础上进行分析，为学生的全面评价和个性化学习创造条件。在远程学习中学习者可以根据电子学档中所体现的自身特点，选择合适的学习计划，以帮助每个学生拥有自信、挖掘潜能、发展特长、发挥主体能动性，最有效地实现学习目标。

2. 学生电子学档设计开发过程

电子学档的开发是指对学习者自身或相关管理人员将学习者相关素材进行收集和整理，并输入到电子学档管理系统中，对其维护是一个持续的过程。其内容包括近期、中期和长期的学习者资料和数据，以满足过程性评价、总结性评价等需求。其开发的主要步骤是：

第一步，确定评价目的，即根据评价目的来确定电子学档应该收集的内容。

第二步，学生电子学档的基本内容的收集。基本包括如下八类：

(1)学生的基本信息；

(2)学生典型作品范例；

(3)新课程开始时反映学生学业基础的学档文件或测验，即诊断性评价；

(4)学生学习活动的参与情况记录，即过程性评价；

(5)教师反馈与指导，如教师对学生的评语；

(6)来自同学、家长、社会等的多元评价；

(7)学生的自我反思，学生对自己的学习态度、方法与效果的反思与评价；

(8)学生的阶段性评价结果，即终结性评价。

第三步，对学生素材进行整理，输入到学生电子学档中。

收集各种多媒体素材，并把这些材料整合在电子学档中。学生电子学档的资料管理一般由一个电子档案支持管理系统完成，其中的数据库负责学生资料的存储和管理。因此，学生素材的整合一般应按照电子档案支持管理系统的要求，分门别类地输入和提交。在数据库中学生信息与他们个人学档素材以及一些评价标准等数据均建立了联系，以方便学生、教师等用户的查询。

3. 基于网络的学生电子学档管理系统

随着网络技术在教育中的应用和校园网建设的普及，学生电子学档管理也逐渐网络化，基于网络的学生电子学档管理系统应运而生。本节根据前述学生电子学档的设计思想，介绍基于网络的学生电子学档管理系统的基本功能框架，如图 6-19 所示。

学生电子学档由三层组成，分别为用户界面层、功能服务层和后台数据库管理层。在这个系统中的用户有三类：学生、教师和家长。用户通过用户界面层访问学生的电子学档管理系统的各个功能。数据库则是电子学档管理系统的后台部分，它主要包括学生的学习过程资料、作品库、多元评价信息以及学生成长特征模型库，还有一些评价标准等。

学生电子学档管理是学生网络学习支持平台的一个功能部分，它可以与学习支持系统的其他模块共用若干与学生相关的数据库，例如，与学习支持系统的自主学习模块绑定，自主学习支持工具包括：我的日程、学习笔记本、反思本、错题本、书签、我的收藏夹等，学习者自主学习过程信息成为电子学档的重要内容。学生网络学习的过程性和阶段性信息就可以直接为电子学档管理系

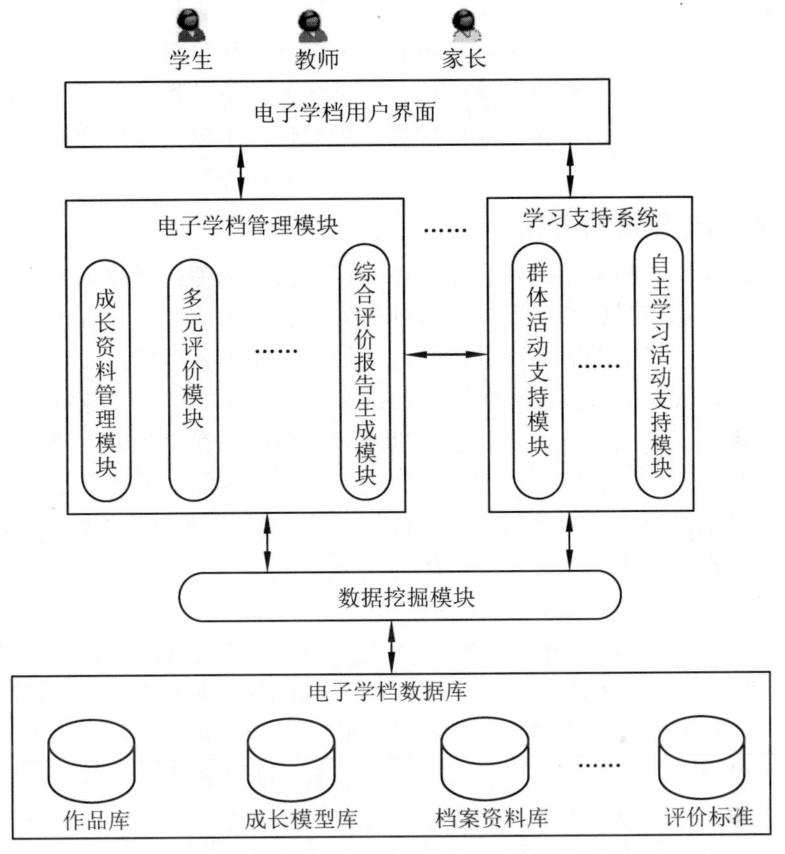

图 6-19　学生电子学档管理系统功能框架

统所处理。又如，学习支持系统的互动交流模块为学习者与个人(反思)、与同伴、与家长和与教师提供交流空间，而这一过程也正是知识得到传递、创新和共享的过程，同时也外显了学习者的一些隐性知识，交流信息无疑也将作为学生电子学档的重要数据。

在功能服务层学生电子学档管理包括的基本功能主要有：

学习者成长资料管理模块：该模块主要支持学习者输入和编辑基本信息、作品等，和学习者的成绩管理和成绩分析等，并支持用户查询学习者的信息和浏览学习者作品。

多元评价模块：提供各种工具支持对学习者的多种评价方式，如多元评价任务的制订，通过同学、家长、教师等的评价，形成综合性评价报告。

数据挖掘模块：经过电子学档管理系统的长时间运转，可以存储大量学习者的信息和资料，可以启动数据挖掘系统对这些数据进行挖掘，从中发掘每个学习者的学习特征，进而为学习者中长期的综合性评价提供依据。

综合评价报告生成模块：该模块将根据多元评价结果、学习者学习过程资料、数据挖掘结果，以及相关评价标准，阶段性地生成一份综合、全面的学生评价报告。

二、教师电子档案袋系统

教师专业发展的多年探索经验告诉我们，提高教师教研效果的突破口在于提高其“针对性和实效性”，即解决教师的实际教学中的疑惑，解决教师专业成长中的问题。近年来发展起来的教师电子档案袋作为教师成长历程的缩影，展示了教师专业成长的过程性和阶段性的成果，记录了教师在专业成长不同发展阶段中的收获、困惑、感悟和反思，以及教师典型的教学实录、他人的评价和建议，具有全面性、真实性和现实性特征。因此，教师电子档案袋能够起到将教师的现实工作经历拉入教师网络研修共同体的“长焦距镜头”作用，为基于网络社区的工作渗透式教师研修提供条件。

1. 教师电子学档开发的基本思想

(1)遵从行动研究的理念。自 20 世纪 30～40 年代科利尔(Collier)和卢因(Lewin)明确提出行动研究的理念，行动研究在教师专业发展方面积累了丰富的经验，行动研究要求研究者把教师对于教育教学问题的过程以档案的形式予以保留，以便于作为对教师教学问题进行诊断、研究和指导的依据。档案主要包括四个方面的内容：①个人职业生涯规划以及对专业教学标准和学校发展目标的理解；②教师工作的案例；③教师反思的记录；④合作交流内容。教师电子档案袋将按照行动研究的思想，其内容将包括上述四个方面，教师档案袋应以其翔实、生动和原生态的信息优势架起指导者与被指导者之间、教师同伴之间沟通的桥梁。

(2)支持教师反思，使教师在反思和总结中逐渐清晰地形成自己的教学风格。在教师成长档案袋的建设过程中，教师就需要主动地使自己潜意识状态的教育教学理念清晰化、系统化，需要在档案袋中有意识地把自己有代表性的作品(如教案、课件、反思日记、论文等)汇集在一起。不断经历这样的过程，自己的教学风格就越来越鲜明和突出。同时教师在创造自己的教学风格过程中不断升华着自己的教育教学思想，使教师成长为专家型教师。

(3)支持对基于网络教师研修社区中的成员进行长期的跟踪，不断续写电子档案袋。不仅支持教师持续地参与网络教研活动，而且使共同体中的教师资源随着每位教师的成长动态增长。

(4)支持对教师的知识管理。知识管理是这样一个体系，它将可得到的各种信息转化为知识，并且以一定的方式把知识传递给所需要的人。利用教师电子档案袋可进行显性知识的管理、隐性知识的管理，对显性知识和隐性知识之间相互作用与转化的管理。教师的实践性知识是教师专业发展的核心内容，通常体现为难以表达的隐性知识，其管理和传递比易于表达的显性知识更加复杂，需要通过隐性知识和显性知识转换过程来实现。

2. 教师电子档案袋开发过程

教师电子档案袋的开发过程是指由教师本人或专门管理人员对每个教师的档案袋内容进行建设、维护的过程，它往往是基于电子档案袋管理系统。其主要步骤是：

第一步，明确教师档案袋构建的目的。

第二步，确定教师电子档案袋内容，即教师电子档案袋可能涵盖的内容，具体为：

• 教师的基本信息，职业信念，近期、中期和长期的工作计划和发展规划等。

• 教学方面(教师作为教学者的角色)内容：课堂教案、课件、课堂关键事件、案例点评、学习者的反馈等。

• 研修方面(教师作为学习者的角色)内容：参与研修培训的学习活动情况、读后感、关于学习活动中的故事、网络学习社区中的交流片段等。

• 研究方面(教师作为研究者的角色)内容：发现的实践问题、问题的研究过程、发表的论文和著作、课堂观察记录等。

• 反思方面(教师作为反思者的角色)内容：教学反思笔记、自我的成长历程分析、经典教学案例或自己教学案例分析等。

• 评价(教师作为评价者的角色)内容：自我评价、同伴评价和专家评价等。

第三步，确定每一个内容呈现作品的格式并规范格式，包括：内容阐述的维度、内容阐述的目标和标准等。

3. 教师电子档案袋管理系统

本节按照前边对教师电子档案袋的设计思想，给出教师电子档案袋管理系统的设计框架。首先，图 6-20 是基于电子档案袋与教师网络研修平台的有机结合而形成的基于网络教师专业发展支持环境的功能结构图。

图中将教师网络学习支持系统划分为左右两大部分，左侧部分是网络学习支持环境，主要包括：教师各种网络研修活动支持工具以及知识管理工具；右

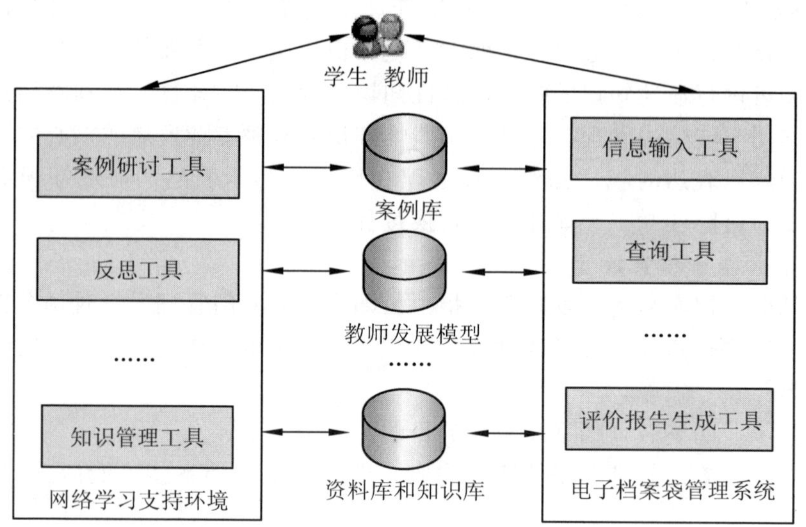

图 6-20 教师网络学习支持系统功能架构

侧则是教师电子档案袋管理系统。电子档案袋管理系统包括：教师相关信息和资料的导入、导出、信息查询，支持多元化过程性评价及其各种评价报告生成等。网络学习支持环境与电子档案袋管理系统共享一系列数据库，具体为：

(1)教师教学案例库，用于存储网络学习社区中各位老师的课堂教学案例，分为典型案例和教师日常案例。

(2)教师发展模型数据库，它动态存储了教师的个性特征，包括教师基本信息以及对教师档案袋信息定期分析挖掘的特征数据。

(3)知识库和资料库，针对系统中不断增长的教师资料，通过知识管理工具对其进行整理和知识挖掘，并将整理资料和挖掘出的知识存入相应的知识库中。由于教师信息和资料数量大、种类多、动态生成，且相互之间具有多种联系，使知识管理具有一定的复杂性，知识管理工具需要对教师的资料定期完成以下工作：其一，对教师信息和资料进行科学的分类和编目，以适合用户不同的使用目的和查询要求。可以采用“一对多类”的多级分类模式，即同一个教师资源可以对应到不同的分类标准。例如教师的一个教学案例既属于某个教师日常案例，属于教师资料一个组成部分，也可能属于典型案例，属于教师网络学习社区公共知识的一部分，从而体现信息之间建立的更加完备的联系。其二，教师的隐性知识只有通过交流才能被激活，变得逐渐清晰，并加以传播。因此，教师学习社区支持环境提供的同步和异步交流工具将能够促进知识管理中显性知识和隐性知识之间的相互作用与转化，而通过交流所激起的各种思想火花被留在了教师的教学网志中，留在了论坛中、留在了小组留言板中。这些内容中隐含着教师的许多经验、感悟和创新思想，需要知识管理工具将其抽取整理，记入教师的电子档案袋中。其三，针对教师电子档案袋库中数据信息进行数据挖掘，能够挖掘出教师专业发展中尚未意识到的和外显的知识，促进知识的发现。

分享：电子学档的应用方法

国内外关于电子学档的应用研究也已初见成效，如美国宾夕法尼亚大学、纽约的 Van Cortlandt 中学、Rhode Island 公立高等学校都已为学生建立了基于 Web 的档案袋系统。国内的电子学档平台也已建立起来，如“Blog、Moodle、上海市信息技术过程性评价平台以及瑞博教育平台，它们评价的特点各不相同，但都能保存学生上传的作品，都能开展师评和自评”。具体建立并投入运行的电子学档，如：北京师范大学发展心理学研究所教师反思支撑平台、上海市宝山区教师专业发展电子档案袋、长沙市天心区仰天湖小学教师成长档案袋、太仓实验小学瑞博教学平台、平阳中学电子学习档案袋和上海交大二附中的信息技术课程电子档案袋等。目前，我国的大多数电子学档还是在学校、教师占主导地位的情况下运行，学生并没有真正积极地参与其中，真正成为学习评价过程中的主体。但其已经受到了广大中小学及教师们的欢迎，相信在实践中会逐渐得到应用。

活动一：体验电子学档的应用，反思学习过程

时间：70 分钟 内容：利用计算机网络和多媒体技术等相关资源，结合本专题讲座内容，理解电子学档的含义、开发过程以及电子学档在学习过程中的应用	
步骤： □ 资料查找与自主学习 □ 小组讨论 □ 画思维导图 □ 写反映学习过程的学习日志和学习反思	学习作品： □ 画出本节课内容的思维导图 □ 学习日志和学习反思

➡ 步骤一：资料查找和自主学习

个人通过网络搜索引擎，查找电子学档相关资料，重点了解电子学档的应用。

➡ 步骤二：小组讨论

小组成员自主学习后，进行讨论和协商。

➡ 步骤三：画思维导图

小组成员个人画出本节课的思维导图。

➡ 步骤四：写反映学习过程的学习日志和学习反思

在学习完本节课后，每个小组成员写出在这节课中每个人负责什么任务，如何完成这项任务，以及小组的其他成员对自己成果的评价，并写出对这节课的学习反思。

参考文献

[1]陈梅兰，李新晖，彭宏．基于 ITS 的 EPSS 系统模型构建[J]．电化教育研究，2008(11)：58-61.

[2]甘永成．虚拟学习社区中的知识建构和集体智慧发展——知识管理与 e-Learning 结合的视角[M]．北京：教育科学出版社，2005.

[3]关伟，刘世清．电子绩效支持系统及其在教学领域的应用[J]．中国电化教育，2004(3)：79-82.

[4]雷彦兴，刘桂雪．档案袋评定的电子化构架及开发策略[J]．电化教育研究，2003(10)：63-67.

[5]李海霞．电子绩效支持系统：高校教师培训的一种选择[J]．职业技术教育，2004(28)：47-49.

[6]黎加厚．Moodle 课程设计[M]．上海：上海教育出版社，2007.

[7]刘成新，王焕景．网络教育应用[M]．北京：电子工业出版社，2009.

[8]南国农，李运林，祝智庭．信息化教育概论[M]．北京：高等教育出版社，2004.

[9]王陆．教师在线实践社区的研究综述[J]．中国电化教育，2011(9)：30-42.

[10]王陆．虚拟学习社区的社会网络结构[M]．北京：北京大学出版社，2011.

[11]王陆．虚拟学习社区原理与应用[M]．北京：高等教育出版社，2004.

[12]汪向征．电子档案袋的开发及其教学应用研究[D]．广州：华南师范大学，2005.

[13]谢幼如，尹睿．绩效技术与教学设计[G]．广州：华南师范大学教育

技术研究所，2006.

[14]赵建华. 知识建构的原理与方法[J]. 电化教育研究，2007(5)：9-15，29.

[15]赵蔚，姜强. 电子学档：一种适合网络学习评价的有力工具[J]. 现代远距离教育，2005(2)：46-49.

[16]朱从娜，杨开城，李秀兰. 电子绩效支持系统及相关概念探究[J]. 中国电化教育，2002(8)：13-17.

[17]祝智庭，钟志贤. 现代教育技术——促进多元智能发展[M]. 上海：华东师范大学出版社，2003.

[18]祝智庭，王陆. 网络教育应用[M]. 北京：北京师范大学出版社，2004.

[19]Arnaud M. How to Improve Group Interaction in Open and Distance Learning Configurations? [J]. Benzie B，Passey D. Proceedings of conference on educational uses of information and communication technology. Beijing：Publishing House of Electronics Industry，2000：31-38.

[20]Barab S，Barnett M，Squire K. Developing an Empirical Account of a Community of Practice：Characterizing the Essential Tensions[DB/OL]. http：//inkido. indiana. edu/research/onlinemanu/papers/cot. pdf.

[21]Beetham H. Review Developing e-Learning Models for the JISC Practitioner Communities[R]. JISC e-Learning and Pedagogy Programme，2004.

[22]Bereiter C. Implications of Postmodernism for Science，or，Science as Progressive Discourse[J]. Educational Psychologist，1994，29(1)：3-12.

[23]Butt R. Towards the Learning Community：Working Through Barriers Between Teacher Development and Evaluation[G]. Retallick J，Cocklin B，Coombe K. Learning Communities in Education：Issues，strategies and contexts. London：Routledge，1999：60-85.

[24]Carlén U. Typology of Online Learning Communities[DB/OL]. First International Conference on Net Learning 2002，Ronneby，Sweden. http：//www. learnloop. org/olc/typologyOLC. pdf，2002.

[25]Coombe K. Ethics and the Learning Community[G]. Retallick J，Cocklin B，Coombe K. Learning Communities in Education：Issues，strategies and contexts. London：Routledge，1999：86-104.

[26]Engeström Y. Activity Theory and Individual and Social Transfor-

mation[G]. Engeström Y, Miettinen R, Punamäki R. Perspectives on Activity Theory. Cambridge: Cambridge University Press, 1999: 19-38.

[27]Galbaraith M. Community-based Organization and the Delivery of Lifelong Learning Opportunities[DB/OL]. http://www. eric. ed. gov/PDFS/ED385253. pdf.

[28]Gloria J. Electronic Performance Support Systems[M]. Boston: Weingarten Publications, 1991.

[29]Gray B. Informal Learning in an Online Community of Practice[J]. Journal of Distance Education, 2004, 19(1): 20-35.

[30]Henri F. Computer Conferencing and Content Analysis[G]. Kaye A R. Collaborative Learning Through Computer Conferencing. Berlin: Springer-Verlag, 1992: 117-136.

[31]Hill J R, Hall A. Building Community in Web-Based Learning Environments: Strategies and Techniques[C]. Coffs Harbour: The Seventh Australian World Wide Web Conference, 2001: 21-25.

[32]Jonassen D, Peck K, Wilson B. Learning with Technology: A Constructivist Perspective[M]. New Jersey: Merrill, 1999.

[33]Mason R. Information and Communication Technologies in Education and Training[DB/OL]. http://www. europarl. europa. eu/stoa/publications/studies/stoa106 _ en. pdf.

[34]McKenzie W, Murphy D. "I hope this goes somewhere": Evaluation of an Online Discussion Group[J]. Australian Journal of Educational Technology, 2000, 16(3): 239-257.

[35]McLean R S. Meta-Communication Widgets for Knowledge Building in Distance Education[A]. Hoadley C, Roschelle J. Designing New Media for a New Millenium: Collaborative Technology for Learning, Education, and Training, Proceedings of CSCL'1999 Conference. New Jersey: Lawrence Erlbaum Associates, 1999: 383-390.

[36]Moller L. Designing Communities of Learners for Asynchronous Distance Education[J]. Educational Technology Research & Development, 1998, 46(4): 115-122.

[37]Palloff R M, Pratt K. Building Learning Communities in Cyberspace[M]. San Francisco: Jossey-Bass, 1999.

[38]Pena-Shaff J，Martin W，Gay G. An Epistemological Framework for Analyzing Student Interactions in Computer-mediated Communication Environments[J]. Journal of Interactive Learning Research，2001(12)：41-68.

[39]Retallick J. Transforming Schools into Learning Communities[A]. Retallick J，Cocklin B，Coombe K. Learning Communities in Education：Issues，strategies and contexts. London：Routledge，1999：107-130.

[40]Rourke L，Anderson T，Garrison D R，et al. Methodological Issues in the Content Analysis of Computer Conference Transcripts[J]. International Journal of Artificial Intelligence & Education，2001(12)：1-18.

[41]Salomon G，Perkins D N. Individual and Social Aspects of Learning [J]. Review of Research in Education，1998(23)：1-24.

[42]Scardamalia M，Bereiter C. Computer Support for Knowledge-Building Communities[J]. The Journal of the Learning Sciences，1994，3(3)：265-283.

[43]Sergiovanni T. The Story of Community[A]. Retallick J，Cocklin B，Coombe K. Learning Communities in Education：Issues，Strategies and Contexts. London：Routledge，1999：9-25.

[44]Wenger E. Communities of Practice：Learning，Meaning，and Identity[M]. New York：Cambridge University Press，1998.

[45]Wenger E. Supporting Communities of Practice：A Survey of Community-Oriented Technologies[DB/OL]. http：//www. ewenger. com/tech.

[46]Wenger E. Communities of Practice：Learning as a Social System：the Career of a Concept[A]. Blackmore C. Social Learning Systems and Communities of Practice. London：Springer-Verlag London Limited，2010：179-189.

[47]Woods R H，Ebersole S. Social Networking in the Online Classroom：Foundations of Effective Online Learning[J/OL]. http：//www. acs. ucalgary. ca/ejournal/archive/v12-13/v12-13n1Woods-print. html.

[48]Wilson B. Sense of Community as a Valued Outcome for Electronic Courses，Cohorts，and Programs [DB/OL]. http：//carbon. cudenver. edu/～bwilson/SenseOfCommunity. html.

第七单元 网络教育资源的开发与利用

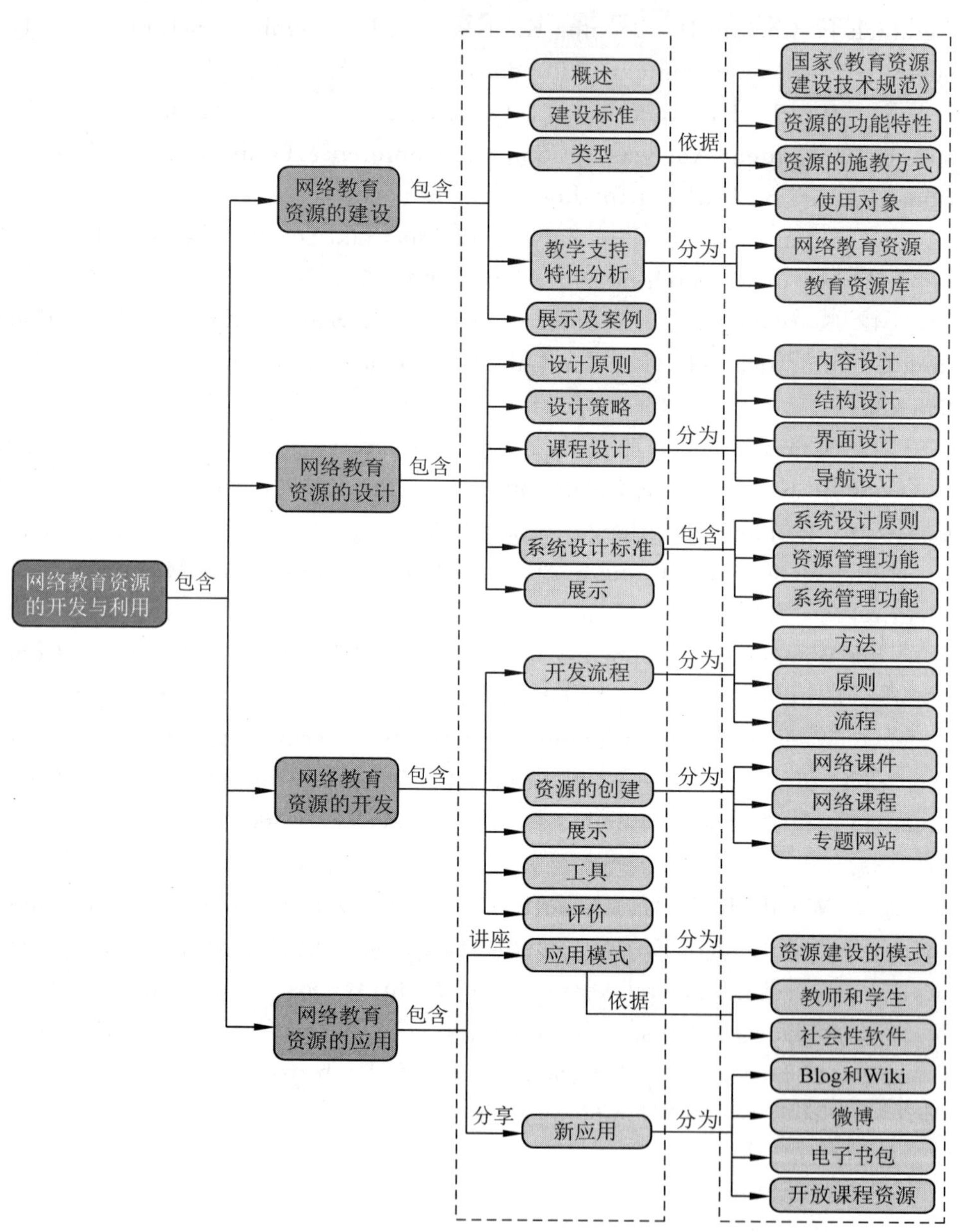

专题一　网络教育资源的建设

讲座：网络教育资源建设及其标准

一、网络教育资源建设概述

纵观教育资源的发展历程，资源建设经历了从静态资源到动态资源的转变，从本地集中式平台的管理到分布式资源平台的应用尝试，从素材资源到“智慧资源”的形成，从单纯基于教室备课的资源到基于探究性主题学习和基于科研的各类专题资源，从简单的图文和视频片段到完整体系的网络课程、全系列课堂视频实录和专题 Flash 培训资源等大型多媒体资源库，从教师“教”的参考资料到学生“学”的学习资源。国家相关政策法规的制定是资源发展的推动力，而技术的发展与不断增长的应用需求是资源建设的直接动力。

1. 网络教育资源建设的内容发展

网络教育资源建设的内容伴随着网络教育的发展而具有不同的发展阶段和发展趋势。

(1)网络教育资源建设阶段分析

网络教育资源建设有以下 3 个方面的阶段：

①“素材资源库”建设阶段。资源内容主要表现为以教师备课为主体所用的各类文档素材(包括一些光盘、教学辅助材料等)。

②“教学资源库”建设阶段。资源内容主要表现为以课堂教学为主体，结合设计思想，既包括素材资源库，也容纳了网络课程、数字图书、教学案例、电子期刊、研究性主题资源和专题学习资源等涉及教与学的多种资源。除此之外，备课工具、教学工具等均成为第二阶段资源库建设的内容之一。

③广义上的“网络教育资源库”建设阶段。包括信息资源、素材资源、教学资源和人力资源等多种综合性的内容建设。准确地说，此阶段不仅关注资源内容本身，更多地侧重于开发和使用资源的人的层面，强调以人为主的个性化资源开发与应用模式。南京小学生网上作文(http：//www.wszw.com)即是一个基于人文氛围的专题资源网站。这一阶段也包含以网络课程资源为主体的资源创作工具、资源运营环境、资源建设评价与奖励机制等相关内容。

另外，从资源建设的模式来看，资源建设也经历着从素材资源库向工具软件资源库建设的升级，从静态资源到动态资源的转变。如以苏州金陵、浙江海盐、山东淄博、广东天河为代表的四大“Blog 家园”。这种基于 Web 2.0 应用的虚拟社区资源一时成为全国基础教育“智慧资源”的一道亮丽的风景。

(2)网络教育资源的新发展

随着技术的发展，资源建设的工具从简单的资源编辑小软件，如 PowerPoint，Authorware，网络课件制作系统和电子教案制作工具，到近来网络上流行的社会性软件，如博客、播客和微博，再到一些复杂的网络教学平台，教育者、学习者和网络教育资源之间的关系已经发生了巨大的变化，即从单向关系转向了网络化、共同建立、共同发展的关系。随着 Web 3.0 技术的进一步发展，网络教育资源建设将提供越来越多的个性化服务。学习者不再需要自己去寻找可用的资源了，资源可以实现定制。这就是 Web 技术给教育资源建设带来的影响。与之相呼应的是，资源的载体也越来越多了，如果说从传统的粉笔加黑板到电子屏幕是一大转变的话，那么从计算机屏幕到电子书屏幕也将是教育资源载体的一大变革。电子书由于其所具有的轻便、环保与存储量大等特性，将越来越受到师生的欢迎。学生不仅可以利用电子设备(如手机或专门的电子书阅读器)上面制作好的资源进行学习，甚至可以将网络上相应的、需要更新的教育资源(如文献、视频等)下载下来进行学习，学习将不受时空的限制，可以随时、随地进行学习。移动学习、泛在学习(学习的发生无处不在；学习的需求无处不在；学习资源无处不在)已经成为可能。同时，在资源的建设方面，新技术已经融合进来，并发挥了有效的作用。Web Service 技术、流媒体技术、P2P 技术、XML 技术、云计算技术和虚拟现实技术等新的技术都将在网络教育资源的建设中发挥重要作用，这些技术在网络教育中的应用将在第八单元进行详细介绍。

2. 网络教育资源建设的技术发展

网络教育资源的技术发展主要体现在资源库的发展当中。结合一些专家学者的划分，以下主要分为四个阶段。

第一代是单机、单用户的 C/S 结构资源库管理系统。如科利华公司早在 1997 年推出的“CSC 科利华电子备课系统”就是一个典型案例，其特点是单机运行，主要为教师备课查找资源服务，提供大量的基于教材的同步素材(文本、图形图像、音频、视频、动画)、教学参考材料(如教案、试题等)，系统完全采用独享方式。

第二代是单机、多用户的 B/S 结构资源库管理系统。第二代资源库管理系统于 1998 年底开始出现，其主要技术特征是支持 Internet/Intranet，采用 B/S 架构，具有封闭的体系结构，目前还是占主流的资源库管理架构形式。用户通过常用网页浏览器就可以查询、浏览、上传或下载使用资源。资源主要通过关系数据库进行集中存储，集中管理。

第三代是基于分布式资源管理平台和网格应用的资源系统。该资源系统可以将不同的教学资源连接地理上分布的各类计算机(包括机群)、数据库、各类设备和存储设备等，形成对用户相对透明的虚拟的高性能计算环境，具有包括分布式计算、高吞吐量计算、协同工作和数据查询等诸多功能。

第四代是基于云服务平台的资源应用系统。第四代资源库系统采用完全开放的体系架构，是一个分布、开放、支持各类异种资源库系统互操作的资源库群管理平台，利用云计算的向外提供服务、大规模性、虚拟化、可扩展性和按需服务特性。其特点一是面向用户，以人为本，提供信息资源服务；二是基于资源建设标准，实现不同资源库平台之间的互操作，形成共享互联的网络资源服务体系；三是积极建立网络资源评价反馈管理系统，增强资源建设的互动关系，促进资源建设的良性循环。

3. 网络教育资源建设的内涵

(1)网络教育资源建设的目标

无论从哪个角度来考虑教育资源，资源的建设始终需要注意以下几个目标：

①可视化教学。所谓可视化教学，就是将学生置于多媒体动画、图片、图表、视频、音频等视听资料和计算机网络所创造的可视化时空之中，使其在“虚拟的真实”中探索、发现、理解、掌握和运用教学内容，从而在潜移默化之中达到培养学生创造力的目的。

②支持互动教学。无论教或学，互动将有助于学习效果的提高是无疑的。互动化的重点在于将隐性知识显性化，实现知识挖掘。

③支持个性化教学。信息资源要有较强的可选择性，以最大限度地满足学生主动求知的需要，满足教师因材施教对资源的需要。

④支持教师经验的互动交流。支持学校内部已有和不断产生的信息资源的开发利用；支持网上教研活动及其活动结果的资源化。

⑤促进教学与科研相结合。资源库应当提供学校教师在课堂或课外进行教学科研实验的素材、实验过程控制、结果分析测评、反馈和反复实验的工具软件。

⑥资源建设满足资源的开放性、共享性和可用性。开放性包括开放架构、开放标准、开放服务等。共享性是资源建设的基本目标，所建设的教育资源库系统要满足共享服务功能。可用性满足用户易学易用的需要。

(2)网络教育资源建设的含义

网络教育资源建设可以有四个层次的含义。第一层是素材类教学资源建设，主要包括媒体素材、试题、试卷、文献资料、课件与网络课件、案例、常见问题解答和资源目录索引。第二层是网络课程建设。第三层是资源建设的评价。第四层是教育资源管理系统的开发。在这四个层次中，网络课程和素材类教学资源建设是基础和核心，第三层是对资源的评价和筛选，第四层是工具/平台的建设。教育资源库系统建设是一具体体现，在教育资源建设技术规范(CELTS-41)和基础教育教学资源元数据应用规范(CELTS-42)标准中网络教育(现代远程教育)资源系统体系结构图中反映第一、二、四层，如第三单元中图 3-9 所示，图中“学科课程资源管理”代表相应网络课程。教育资源建设包括媒体素材库、试题库、试卷库、案例库、课件库、文献资料库、常见问题解答库、资源目录索引库的建设和网络课程建设，以及教育资源管理系统的研制开发。所有上述资源库都分别建有其索引信息，以便快速地查询、浏览和存取。基于教育资源库的教学工具、学习系统、授课系统、教育资源编辑和制作系统都可能要与媒体素材库、试题库、试卷库、课件库、案例库、常见问题解答库、资源目录索引库和网络课程发生关联，考试系统要与试题库系统发生关联，评价系统则涉及教育资源的各个部分。教育资源管理系统包括资源库的管理(媒体素材库的管理、试题库管理、试卷库管理、案例库管理、文献资料库管理、课件库管理、常见问题解答库管理、资源目录索引库管理和网络课程管理)及系统管理(安全管理、性能管理、计费管理、故障管理等)。

(3)网络教育资源建设的意义

网络教育资源建设的意义体现在以下几个方面。

①为教育信息化奠基

教育信息化建设是一个关系到整个教育改革和教育现代化的系统工程，它包括信息化的基础设施及硬件环境建设，教育、教学资源建设，信息化人才培养和培训以及信息化政策、法规和标准制定。其中，教育资源建设是教育信息化的基础，教育资源的建设质量在很大程度上决定了信息技术与各学科教学相整合的水平，即教育信息化的水平。

②促进教育观念的更新

网络教育资源建设能为学生提供网状的信息环境和丰富生动的多媒体世界，打破了学生传统思维的线性逻辑，促进了非线性思维观。教育资源网络化提供了多样化学习和跨学科、跨文化的交流，促进了开放式学习观。丰富的网络教育资源使学生接受知识的范围大大拓宽，改变了人们接受教育的形式，促进了自我教育观的形成与深化。教育资源网络可以成为人们终身学习的课堂，使传统教育面临严峻的挑战，促进了终身教育观的形成与深化。

③促进教学模式的重塑

教学模式是指在一定的教育思想和理论指导下，在某种环境中展开的教学活动进程的稳定结构形式。网络教育资源的发展使适用于网络环境的科学的教学模式不断应用于教与学。如网络化协作学习模式、探索式学习模式等，而且，运用网络教育资源重新设计教学过程，为真正实现"教为主导，学为主体"的教学过程创造了客观条件。

(4)网络教育资源建设的开放与共享

开放教育资源已经是全球发展的趋势。高等教育领域中教育资源开放共享成为一个日益普及的国际现象，其开放共享、知识公益的理念特色，大规模建设和大规模推广应用、基于互联网和多媒体信息技术综合应用的实践摸索逐渐成为诸多高等教育机构自觉的战略变革举措。课程资源的开放协作、共建与共享是课程发展的趋势。

①OCW 项目及其对我国网络教育资源建设的启示

MIT OCW(MIT Open Course Ware)，即麻省理工学院网络课件开放式工程，由麻省理工学院教育技术委员会设计、开发与管理。该工程始于 2001 年 4 月，计划用 10 年的时间把 MIT 几乎全部的、在教学实践中使用的、总共 2 000多门课程的资料制作成网络课件分批放在国际互联网上，供全球任何地方的任何学习者免费使用。课程材料涵盖 MIT 从本科到研究生的所有课程，包括工程学、自然科学、管理学、建筑与规划、人文、艺术与社会科学等。课件的资料包括每一门课程的主讲教师的信息、课程讲义、教学大纲、阅读书目、作业和教学方式等，以统一风格的界面呈现，提供搜索和反馈的功能。至 2007 年年底，MIT 已经将全部约 1 800 门课程向全世界开放，而且自 2002 年向公众开放以来，共有来自 215 个国家和地区的用户访问其网站，取得了非常好的反响。在 MIT OCW"开放共享"理念的带动下，世界各国纷纷建立了各自的开放共享联盟。如拉美、葡萄牙、西班牙的 800 多所学院与大学组成的大学联盟(Universia)以及我国的开放教育资源协会(Chinese Open Resource for Education，CORE)，这些都与 MIT 建立了内容方面的合作伙伴关系。

MIT OCW 是国际开放教育资源运动的先驱和成功案例，它除了具有开放共享的显著特性外，还有着以下特性：由麻省理工学院单一院校自主发起；对资源进行了标准化规范，该项目对课程资源的整个制作和发布过程进行了统一规定，具有标准化、模块化、流程化的特点，提高了效率又使课程资源标准统一，同时简化制作过程、节约成本；利用了数据对象技术，导入元数据标准，提高了资源的可重用性，使得资源的搜索和管理变得更加有效，并且提高了资源模块的可共享性；在技术方案上，采用实用而不复杂的技术方案，通过建立镜像网站、提供适合不同带宽的内容等方法提高了网站资源的可用性，有力促进了资源的应用和贡献，并为使用者提供了尽可能多的服务，使得资源具有非常高的可用性，因而日访问量达到 12 000。

MIT OCW 将自身的成功经验分享出来，激励更多的组织借鉴或导入相应项目，共同推动教育资源开放贡献。在这种趋势下，OCW 逐渐发展成为世界范围内的开放课件运动。

MIT OCW 课程制作由规划阶段、发布阶段与评价阶段组成，在人员组织、课程组织方面都有相应的机制，为我国资源建设提供了有章可循的借鉴模式。OCW 提供了极其方便的菜单反馈设计，提供了在线电子邮件、常见问题回答、搜索等反馈功能，反馈中有价值的内容将会作为新的课程资料及时发布在网站上。MIT OCW 在课程的建设上注重结构的开放性，提供相关的参考资料和相应的网站，对于同一知识内容，提供不同角度的介绍和描述，提高学生分析问题和解决问题的能力。

在学习 MIT OCW 经验的基础上，中国开放教育资源协会于 2003 年 10 月成立，这是一个以部分中国大学及全国省级广播电视大学为成员的联合体，旨在吸收国内外大学的优秀开放式课件、先进的教学技术与教学手段等资源用于教育，以提高中国的教育质量。同时，将中国高校的优秀课件与文化精品推向世界，促进教育资源交流和共享。

②学习对象与资源标准的理念

学习对象是“任何具有重用特性并用来支持学习的数字化资源”(any digital resource that can be re-used to support learning，David A. Wiley，2002)。换句话说，学习对象是在任何学习行为中可以被使用、重用或是引用的任何实体。例如教学计划、时间安排、学习目的、幻灯片、网页和软件等。其中，“学习行为”指的是任何教学行为，如传统教学、远程教学和基于计算机的培训等。

学习对象和教育资源之间存在着密切的联系。教育资源是真实存在的、能提供网上教学的任何资源，学习对象是在教育资源的基础上抽象出来的一个概念。学习对象不仅包括了教育资源，还包括了对教育资源必要的描述信息、组织信息等，因此学习对象这个概念具有一定的人为性质，可根据实际需要动态改变。虽然学习对象和教育资源不是同等的概念，但是存在着一定的对应关系，即单个的教育资源可以封装成一个学习对象，也可以分解成几个学习对象，多个教育资源也可以对应一个学习对象，两者的对应关系以实际应用为指导，根据实际需求选择学习对象的粒度大小。多个学习对象之间可能出现包含关系，如图 7-1 所示。

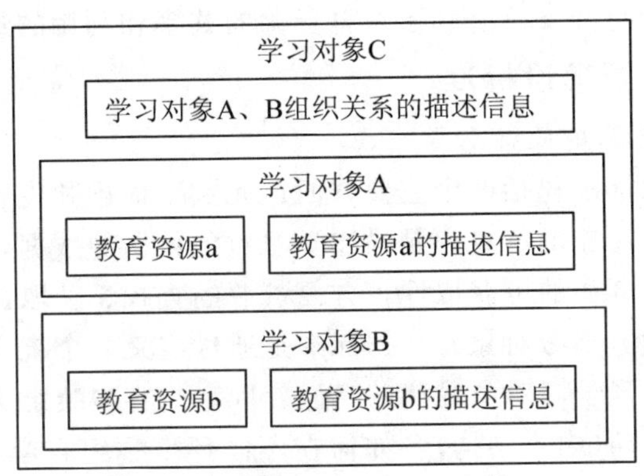

图 7-1　学习对象与教育资源

由于教育资源的复杂性和多样性，使得人们对它的理解各不相同，便会出现大量不同层次、不同属性的教育资源，因而不易管理和利用。结合前面的教育资源建设理念中对标准的重视，为了更有效地管理各级各类教育资源库，促进不同资源库系统之间的数据共享，避免重复建设工作，提高教育资源检索的效率与准确度，保证资源建设的质量，制定一个现代远程教育工程的教育资源建设规范是十分必要的。为此世界各国很多标准化(学术)组织都一直致力于基于网络的教育资源标准化的研究，并起草了一些相应规范，其中影响较大的有：IMS(Instructional Management System)的 Learning Resource Metadata (学习资源元数据规范)，IEEE LTSC(Learning Technology Standards Committee，学习技术标准委员会)的 LOM(Learning Object Metadata，学习对象元数据)和 OCLC(Online Computer Library Center)Dublin Core 的 Core 元数据标准等。我国从 1999 年开始探索基于网络的教育资源标准化研究，到 2000 年 5 月公布了教育部《现代远程教育资源建设技术规范》(试行)。2001 年年初，教育部成立了现代远程教育技术标准化委员会，2002 年初更名为教育部教育信息化技术标准委员会，2002 年经国家标准管理委员会批准成为全国信息技术标准化技术委员会教育技术分技术委员会，授权承担教育技术相关标准(包括与远程教育资源建设相关的系列标准)的研制、认证和应用推广工作。在此后的几年里，经过专家们的努力合作，在充分调查国际相关领域研究现状的基础上，根据我国教育信息化的实际需求，提出了一个比较完整的网络教育技术标准体系，简称 CELTS，共分为 5 大类：指导性标准、学习环境相关标准、学习资源相关标准、学习者相关标准、教育管理相关标准。

具体的相关标准将在下一部分做详细介绍。标准的制定，规范了教育资源和学习平台的设计与开发，有利于教育资源的共享和利用的最大化。

二、网络教育资源建设标准

1. 网络教育资源建设标准

网络教育资源标准包括两个主要方面：元数据描述和内容包装。学习对象元数据是关于学习对象的信息，是描述学习对象数据的数据，应用元数据的目的是增强网络教育资源的可获取性，方便资源的查找、获取、评估，进而提高学习资源的复用性。学习对象元数据标准是通过定义一个统一的结构对学习对象进行描述，以增强学习对象描述的互操作性。内容包装定义了如何表示一次学习体验的预期活动(内容结构)和如何在不同环境中组合学习资源的活动(包装内容)。内容包装是关于一个学习对象内部各网络教育资源之间组织关系的描述性信息，其主要目的是增强学习对象的互操作性。下面简单介绍一下 Dublin Core 的教育元数据标准、学习对象元数据标准 LOM 和学习资源元数据标准 MLR。

(1)Dublin Core 教育元数据标准

Dublin Core 是一个致力于规范 Internet 资源体系结构的国际性联合组织，成立于 1995 年 3 月。它定义了一个所有 Web 资源都应遵循的通用核心标准，尽管标准内容较少，但比较通用，因此，它得到了其他标准的广泛支持。其他学习资源元数据标准，基本上都兼容 Dublin Core 标准。但是，Dublin Core Metadata 不是以教育主题为对象的(Robson，2000)。Dublin Core 元数据元素集包括限定版元素和非限定版元素。Dublin Core 的非限定版元素由 15 个元数据元素组成，包括贡献者(Contributor)、覆盖范围(Coverage)、创建者(Creator)、日期(Date)、描述(Description)、格式(Format)、标识符(Identifier)、语种(Language)、出版者(Publisher)、关联(Relation)、权利(Rights)、来源(Source)、主题(Subject)、题名(Title)、类型(Type)。

DCMI 建立了都柏林核心教育资源社区(DC-ED：Dublin Core Metadata Initiative Educational Community)，关注教育领域资源的元数据规范，直接将 Dublin Core 元数据集复用到 DC-ED，并补充了新元素，如表 7-1 所示。

表 7-1　DCMI 教育元数据元素值

元素名称	元素名称
资源名称 Title	权利 Rights
创建者 Creator	关联 Relation
主题 Subject	资源遵循标准 Relation Conforms to(来源于 DC-ED)
描述 Description	使用资源的用户种类 Audience(来源于 DC-ED)
出版者 Publisher	用户级别 Audience Level(来源于 DC-ED)
贡献者 Contributor	用户管理 Audience Mediator(来源于 DC-ED)
日期 Date	与资源相关的教育标准 Standard(来源于 DC-ED)
资源类型 Resource Type	标准标识符 Standard Identifier(来源于 DC-ED)
格式 Format	标准版本 Standard Version(来源于 DC-ED)
资源标识符 Resource Identifier	交互类型 Interactivity Type(来源于 IEEE LOM)
来源 Source	交互程度 Interactivity Level(来源于 IEEE LOM)
语种 Language	通常学习时间 Typical Learning Time(来源于 IEEE LOM)
覆盖范围 Coverage	教学方法 Instructional Method

(2)学习对象元数据标准 LOM

学习对象元数据是为了推进学习资源的查找、获取、评估，从而提高学习资源的复用性。目前，世界上有多种的学习对象元数据标准，Dublin Core 的 DC，IEEE LOM(Learning Object Metadata)，ISO MLR(Metadata for Learning Resources)，IMS Metadata 以及各个国家的元数据标准，如 UKLOM，KEM，LOMFR，NORMETIC 等。

我国学习对象元数据为 CELTS-LOM，即 CELTS-3，等同采纳了 IEEE LOM。此外，基础教育教学资源元数据应用规范(CELTS-42)和高等教育资源建设技术规范(CELTS-41)被制定，它们是 CELTS-3 在基础教育和高等教育的具体应用。其中在学习对象元数据标准中最有影响的是 Dublin Core 的 DC，ISO MLR 和 IEEE LOM，下文将对 IEEE LOM 元数据标准做具体阐述。

IEEE LOM 元数据标准依据 IEEE 1848.12.1，作为学习对象元素数据工业标准，其他学习对象元素数据标准等同采纳它。描述学习对象的数据元素被划分成不同的类别，LOM v1.0 基本框架(第 6 部分)由 9 个不同的类别组成：通用类(General)、生命周期类(Life Cycle)、元—元数据类(Meta-Metadata)、技术类(Technical)、教育类(Educational)、权利类(Rights)、关系类(Relation)、评注类(Annotation)、分类类(Classification)，这 9 个类别组成了 LOM v1.0 的基本模式，如表 7-2 所示。

表 7-2　学习对象元数据 LOM 类别

序号	分类	分类(英文)	描　述
1	通用	General	描述了学习对象的一些通用信息，如标题、关键字、标识符、覆盖范围、结构、聚合度等。这些信息有着很好的通用性，几乎适用于所有的学习对象
2	生存期	Lifecycle	描述了学习对象的版本状态以及为学习对象作出贡献的人或组织。生存期所描述的信息是“传统”意义上的属性信息
3	元一元数据	Meta-Metadata	描述了元数据实例自身(不是元数据所描述的学习对象)的信息。 该类别描述了标识一个元数据实例、元数据实例创建者、创建方法和创建时间等信息
4	技术	Technical	描述了学习对象的技术要求及其相关特征，包括格式、大小、位置、软硬件要求、安装描述、其他平台要求和持续时间等，这些特征和学习对象的运行、获取和存储等有直接关系
5	教育	Educational	描述了学习对象在教育和教学方面的一些关键特征，包括交互类型、学习资源类型、交互程度、语义密度、终端用户类型、适用对象、典型年龄范围、难度、典型学习时间、描述语种等，是其区分于其他资源的一些重要特征
6	权利	Rights	描述了学习对象的知识产权和使用条件等信息，包括费用、版权和限制、描述
7	关系	Relation	定义了学习对象和其他学习对象(目标学习对象)之间的关系，包括类型和资源等。在此基础之上可建立学习资源关系网，为学习者提供资源服务
8	评注	Annotation	提供了学习对象在教学使用方面的一些评价，以及这些评论的作者和创作时间，包括实体、日期、描述等信息。这些评价信息能使教育者共享他们对学习资源的评价和使用建议等
9	分类	Classification	描述了学习对象在某一特定分类系统中所处的位置，包括目的、分类路径、描述和关键字等。恰当的分类便于学习对象的管理和查找，但目前缺少统一的分类方法

(3)学习资源元数据标准 MLR

国际标准化组织 ISO/IEC JTC1 SC36 委员会制定了学习资源元数据标准 MLR(Metadata for Learning Resources)。MLR 包括 6 部分，第 1 部分为 Framework and MLR，第 2 部分为 Core Elements，第 3 部分为 MLR Core Application Profile，第 4 部分为 Technical Elements，第 5 部分为 Educational Elements，第 6 部分为 Availability and Rights Management。第 2 部分主要是为了满足用户的要求，以便广泛方便地搜索、获取、评价和(重新)使用学习资源。第 2 部分的方法和理论是基于在联合搜索和收集元数据时学习资源记录(MLRR)最大化的互操作性。

ISO/IEC 的 MLR 是为了让各国的标准都能与国际标准相兼容。在 2007 年 3 月的伦敦会议中，MLR 第 2 部分被扩充为 11 个子部分，而原有的 MLR 第 2 部分变成了 MLR 核心元素部分——MLR 的最小元素子集，如表 7-3 所示。

表 7-3　MLR 第 2 部分核心元数据表

元素 ID	元素名	元素 ID	元素名
1	资源标识符 Resource Identifier	10.1	读者 Audience
2	标题 Title	10.2	最小年龄 Minimum Age
3	资源语言 Resource Language	10.3	最大年龄 Maximum Age
4	资源描述 Resource Description	10.4	使用者角色 User Role
5	资源贡献 Contribution to Resource	10.5	教育类型 Pedagogical Type
5.1	贡献角色 Contribution Role	10.6	难度 Difficulty
5.2	贡献值 Contribution Entry	10.7	典型学习时间 Typical Learning Time
5.3	贡献日期 Contribution Date	10.8	教育使用描述 Pedagogical usage description
6	记录标识符 Record Identifier	10.9	使用者语言 User Language
7	记录库 Record Authoritative Repository	11	权利 Rights
8	最后一次记录 Record Last Update	11.1	权利描述 Rights Statement
9	实例 Instance	11.2	权利来源 Rights Source
9.1	格式 Format	11.3	权利赋值 Rights Assign
9.2	大小 Size	11.3.1	权利角色 Rights Role
9.3	位置 Location	11.3.2	权利值 Rights Entry
10	情境 Context	11.3.3	权利日期 Rights Date

2. 教育资源标准化

在CELTS体系中，《教育资源建设技术规范》(CELTS-41)和《基础教育教学资源元数据应用规范》(CELTS-42)是两个具有代表性的专用规范。它们都在《学习对象元数据规范》(CELTS-3)的基础上，分别作为高等教育和基础教育两个例化的学习对象元数据规范，针对具体的教育资源建设，提出非常具体的资源属性标准，具有很强的实践指导意义。《教育资源建设技术规范》主要侧重点在于统一资源开发者的开发行为、开发资源的制作要求、管理系统的功能要求，而不是规定软件系统的数据结构，主要从四个角度进行规定：一是从资源的技术开发的角度，提出一些最低的技术要求。二是从用户的角度，为方便地使用这些素材，提出需要对素材标注哪些属性，并从可操作性的角度，规范了属性的数据类型及编写类型，这一部分主要参考国内颁布的元数据模型及IEEE的LOM模型。三是从资源评审者的角度，提出教学资源的评价标准，作为用户筛选资源的直接依据。四是从管理者的角度，提出了这些素材的管理系统的体系结构以及所应具备的一些基本功能。《基础教育教学资源元数据应用规范》是结合我国基础教育的实际，定义了一组面向基础教育的教学资源元数据元素。

网络教育资源标准化的设计内容包括：教育资源分类编码与文件格式标准化、教育资源处理过程标准化和教育资源交换标准化等多个方面。以下简要介绍教育资源建设技术规范和基础教育教学资源元数据应用规范，并对学习资源标准化过程做简要剖析。

(1)教育资源建设技术规范

教育资源建设的技术规范包括教育资源的分类和其基本结构两方面内容。

①教育资源建设规范对教育资源的分类

《教育资源建设技术规范》所面向的资源主要包括媒体素材、试题库、试卷、课件与网络课件、案例、文献资料、网络课程、常见问题解答和资源目录索引。

②教育资源建设技术规范的基本结构

《教育资源建设技术规范》的基本结构如图7-2所示，共包括三大部分，分别为严格遵守的必需数据元素、作为参考的并对每类资源都适用的通用可选数据元素和针对资源特色属性的扩展数据元素。

图7-2中必需数据元素与学习对象元数据规范(LOM)中的必需数据元素一致，它是任何类型的资源都必须具备的属性标注，开发者应严格遵循。可选数据元素(通用可选集)是从学习对象元数据规范(LOM)的可选数据元素中抽

取出了与教育资源密切相关、并对各类教育资源都适用的属性集合。可根据用户需求和开发者自身的工作过程有选择地使用，如果本规范没有推荐的属性取值，要求与学习对象元数据规范(LOM)的取值相一致。扩展数据元素(分类扩展集)根据9类资源(媒体素材、试题、试卷、课件、文献资料、案例、常见问题解答、资源目录索引和网络课程)各自的特点，从LOM模型的可选集中选取与某类资源密切相关的属性，并补充了一些基本的、必要的特殊资源分类属性。

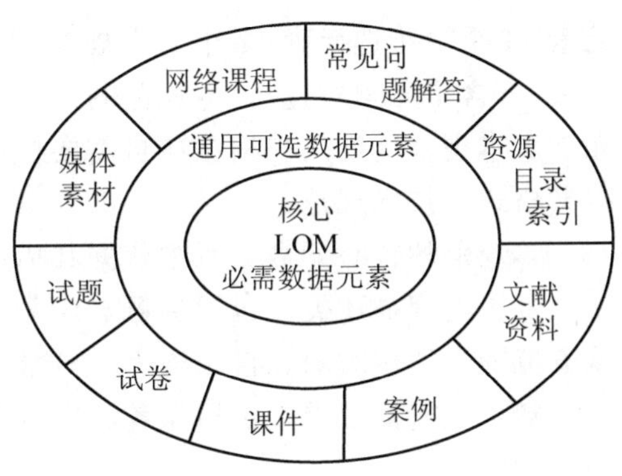

图 7-2　教育资源建设技术规范基本结构

(2)基础教育教学资源元数据应用规范

本规范在CELTS-3(学习对象元数据规范)的基础上，结合我国基础教育的实际，定义了一组面向基础教育的教学资源元数据元素。参考教育部颁布的《义务教育课程设置实验方案》与义务教育各学科课程标准(实验稿)、《都柏林核心元数据(DCMES)》、《学习对象元数据标准草稿(LOM)》、《中国图书馆图书分类法》、美国GEM项目及澳大利亚EdNA项目的词汇分类方法，定义了一组用于元数据元素编目的受控词汇及相应的词汇表。

本规范通过《学习对象元数据标准草稿》的元素映射表的元素间映射来实现与CELTS的基本一致性。本规范包括概述、规范性引用文件、术语定义与缩略语、元数据元素属性定义、元数据结构、限定词汇及编目词汇表、一致性和参考文献。

①元数据元素属性定义(简单介绍)

CELTS-42的元素定义方法采用ISO11179标准的元数据元素描述方法。这一正式的描述标准不仅改善了CELTS-42核心元数据与其他元数据描述的一致性，同时也对改善其元素定义的明晰性、范围以及内部的一致性有很大作用。

ISO11179标准规定用10个属性描述元素，包括名称、标识符、版本、登记授权、语种、定义、约束性、数据类型、最大值和注解，详细可查阅CELTS-42规范。

②数据的基本结构

本规范规定的描述基础教育资源的数据元素集包括23个元素，其中必需元素11个，可选元素12个。本规范的必需数据元素与CELTS-3的全部必需元素(不含子元素)对应。本规范的可选数据元素包含了CELTS-3的11个可选元素。本规范允许用户根据各自需要扩充元数据元素，但必须符合本规范元素定义格式和技术规范。

本规范的核心元数据元素依据其描述的内容和类别分为下面三类：

资源内容描述类。包括标题、学科、关键词、描述、来源、语种、关系、覆盖范围、适用对象、目录项10个数据元素。

知识产权信息类。包括作者、出版者、其他作者、权限管理、版本5个核心元素。

外部属性描述类。包括日期、类型、格式、标识、评价、评价者、元—元数据方案、目的8个核心元素。其中，必需元素包括标题、学科、关键词、描述、标识、格式、日期、语种、类型、作者、适用对象11个核心元素。此外，定义了23个核心元数据结构和一些限定词汇及编目词汇表，在参考文献中还提供了供参考的部分教育学科课程分类第三级词汇表。

3. 学习资源标准化过程

学习资源涉及制作、发布、管理维护(更新)、应用与服务和评估等过程。其中对学习资源的标准化操作过程，可以解决学习资源异构问题。使用著作工具制作学习资源，通过编码工具编码(资源描述)、编列工具编列、打包工具进行内容包装(资源组织)，经审定后，通过网络传送(手动或自动)或移动介质传送，发布后便可使用。图7-3是主题资源制作及标准化过程的实例，该实例是一主题资源制作管理，它的著作工具集包括制作工具、编码工具、编列排序工具、打包工具、发布工具等部分。其中编码、编列排序、打包进行学习资源标准化工作。

学习资源标准化过程需要经过资源描述(标注)、遍历、包装等三个标准化处理过程，记为LR. Process＝{描述，遍历，包装}。

学习资源标准化过程包括标准化描述、学习遍历和标准化包装。如果不涉及在学习平台中运行，遍历过程便可省略。学习资源标准化的流程主要包括三个步骤，如图7-4所示。

(1)标准化描述(元数据标注)。请结合所教的课程，选择一节适合在多媒体教室中进行教学的课程，完成教学活动。对原本并不规则的小粒度学习资源(资源素材)，经过标准化描述，使之具备统一的外在特征数据格式(元数据结构)，而不影响其内在内容的多样性(参见学习对象元数据规范CELTS-3、教育资源管理规范CELTS-41和基础教育资源元数据规范CELTS-42)。

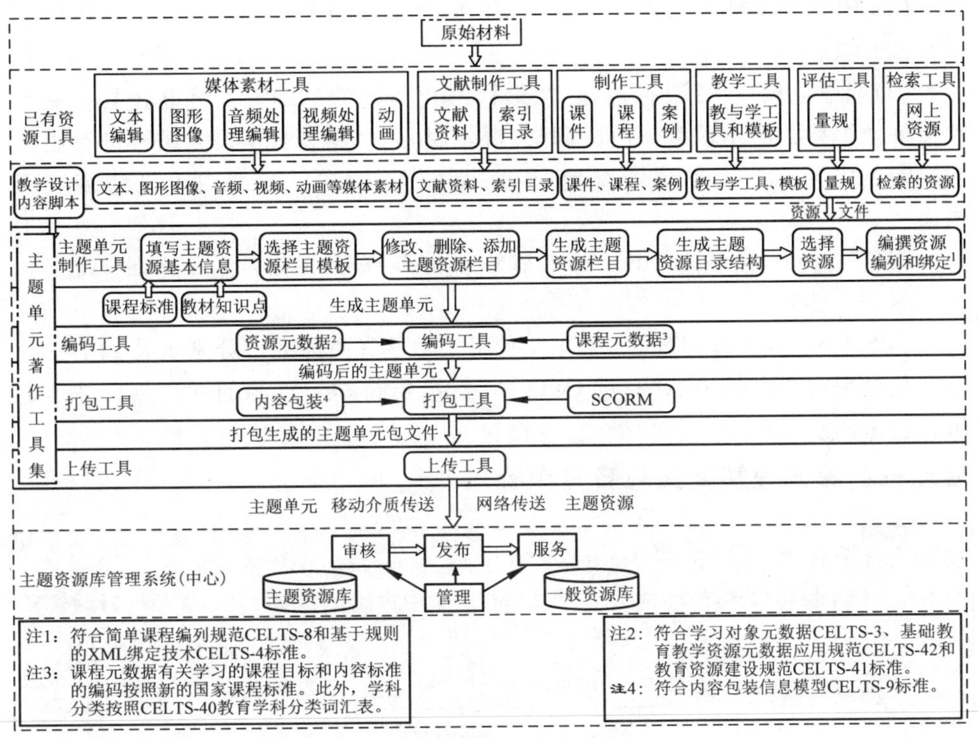

图 7-3　主题资源制作管理框图

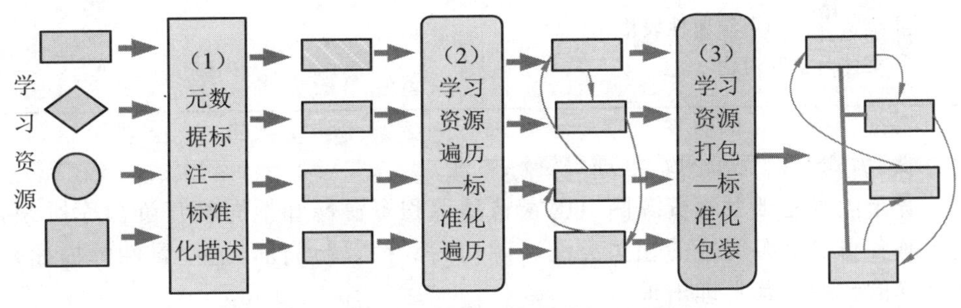

图 7-4　网络教学资源的标准化处理流程

LR. Process(描述). datatype＝{DC，IEEE _ LOM，MLR，SCORM _ LOM，CELTS-3，CELTS-41，CELTS-42}。

(2)标准化遍历(资源遍历)。其表示学习对象内部各资源之间的先后关系，如前导、后置(参见学习管理系统规范 CELTS-20)，按照学习内容以及学习者与内容的交互结果所确定的学习顺序。

LR. Process(遍历). datatype={IMS _ SS，CELTS-9 _ SS，SCORM _ SS}。

(3)标准化包装(资源打包)。在最标准化描述的基础上，将已经具备一致性特征数据格式的小粒度学习资源(资源素材)，根据其教学设计结构进行组织和封装，成为一个标准化资源包(网络课程文件包)。详细内容见包装实践指南。

LR. Process(包装). datatype={IMS _ CP，CELTSC-8 _ CP，SCORM _ CP，IMS _ CC}。

IMS，ADL，CELTSC和IEEE有相关学习资源标准，分别支持如上三个标准化处理过程，其中ADL的SCORM标准支持学习资源的元数据标注、遍历和包装。

活动一：深入理解网络教育资源标准

<table>
<tr><td colspan="2">时间：60分钟
内容：以国家基础教育资源网和国家精品课程资源网为主要资源网站，教师以“任务”驱动的形式引导学生对其中的资源属性进行详细分析，加深学生对网络教育资源标准的理解</td></tr>
<tr><td>步骤：
□ 登录网站，理解资源属性
□ 比较资源属性
□ 分析并制作资源属性表格
□ 集体分享和讨论</td><td>学习作品：
□ 分析表格</td></tr>
</table>

➧ 步骤一：登录网站，理解资源属性

登录国家基础教育资源网、国家精品课程资源网和上海教育资源库网站，找出其各自对资源属性的相关介绍，明白“都有哪些属性，这些属性的描述是怎么样的?”并将其整理出来。

表 7-4　资源属性表

网站	资源属性列举(即资源的元数据描述)
国家基础教育资源网	
国家精品课程资源网	
上海教育资源库	

➡ 步骤二：比较资源属性

比较这三个网站对资源的属性介绍，分析其中的相似之处。并将三种属性描述与学习资源元数据标准 MLR 对资源属性的描述进行对比。

➡ 步骤三：分析并制作资源属性表格

试着对一个具体的资源按照学习资源元数据标准 MLR 对资源属性的描述进行分析，并制作相应的资源属性表格，可以与同伴一起协作完成该任务。

➡ 步骤四：集体分享和讨论

在教师的引导与帮助下，与教师一起分析自己的资源属性表格，讨论所列举资源网站中资源建设所遵循的标准，体会建立资源标准的深层含义。

活动二：使用 Reload 工具进行实际的网络教育资源标准化工作

<table>
<tr><td colspan="2">时间：80 分钟
内容：教师以“任务”驱动的形式引导学生使用 Reload 工具进行一次实际的网络教育资源标准化工作。加深学生对网络教育资源标准化过程的理解。在活动中使用的网络教育资源这里建议选择文件较少的网页形式的课程。Reload 工具可去 Reload 网站（http：//www. reload. ac. uk）下载</td></tr>
<tr><td>步骤：
☐ 熟悉 Reload 工具
☐ 添加描述文档
☐ 制作标准资源包</td><td>学习作品：
☐ 标准资源包</td></tr>
</table>

➡ 步骤一：熟悉 Reload 工具

运行 Reload 工具，查看其菜单栏及帮助文档，熟悉 Reload 工具的主要功能及其用法。

➡ 步骤二：添加描述文档

使用 Reload 工具为网络教育资源添加符合 IMS 元数据标准的描述文档（图 7-5）。

➡ 步骤三：制作标准资源包

在教师的引导与帮助下，学生尝试使用 Reload 工具制作一个符合 ADL SCORM 1. 2 标准的资源包，并尝试为其添加课程编列，最后将制作好的资源包导出。

以下以光盘中的 Photoshop 网站资源为实例，操作过程介绍如下。

（1）运行 Reload 工具，使用其创建一个内容包，将该网站资源导入到创建的目录中，如图 7-6 所示。

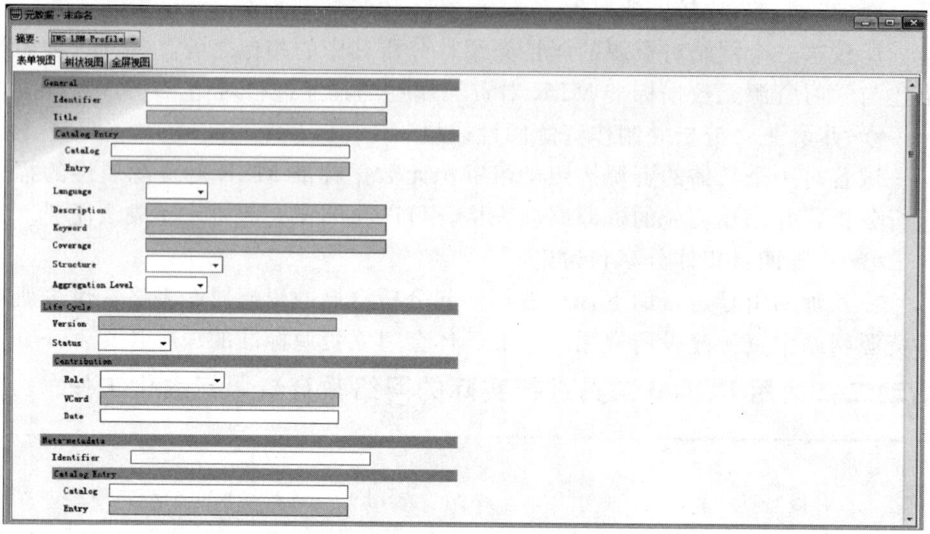

图 7-5　为资源添加 IMS 元数据描述

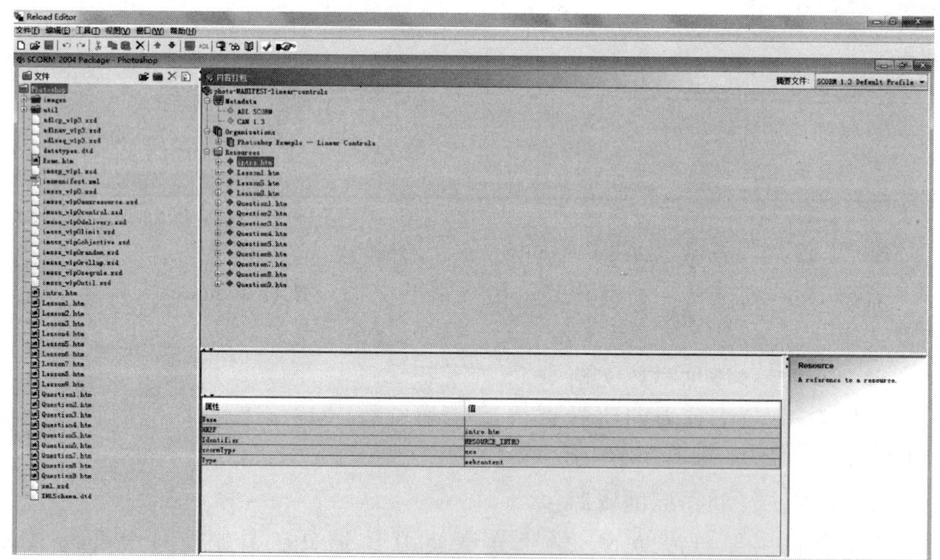

图 7-6　在 Reload 工具中导入资源

(2)使用 Reload 工具对导入的资源添加标准化描述，如图 7-7 所示。

(3)使用 Reload 工具对导入的资源添加结构，如图 7-8 所示。

(4)为学习资源添加遍历顺序，如图 7-9 所示。

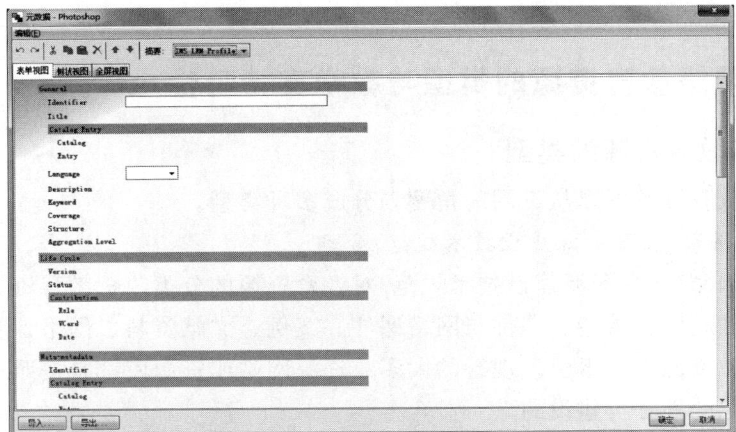

图 7-7 为资源添加标准化描述

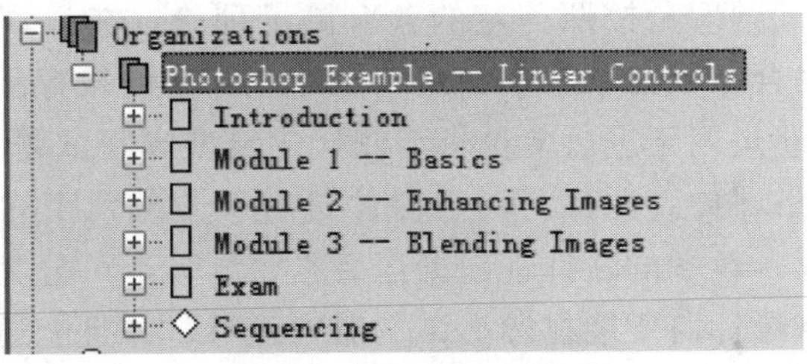

图 7-8 为资源添加结构

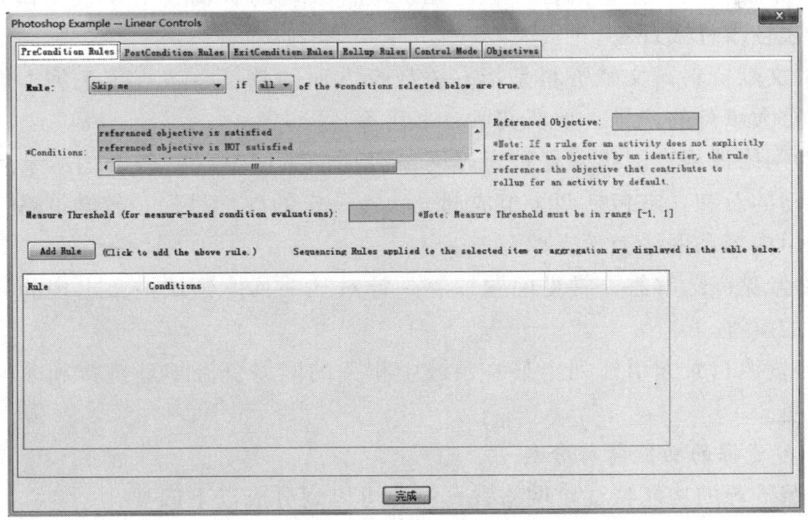

图 7-9 为学习资源添加遍历顺序

(5)导出制作好的标准资源包。

理解：网络教育资源的类型与教学支持特性

一、网络教育资源的类型

网络教育资源可以从不同的角度划分成多种类型。

1. 按国家《教育资源建设技术规范》分类

根据国家《教育资源建设技术规范》对教育资源的分类，把教育资源分为媒体素材、试题库、试卷、课件与网络课件、案例、文献资料、网络课程、常见问题解答、资源目录索引。现行的大多数资源网站或资源库都是按照这个分类来进行资源的划分与建设的。

(1)媒体素材。媒体素材是传播教学信息的基本材料单元，可分为五大类：文本类素材、图形/图像类素材、音频类素材、视频类素材、动画类素材。

(2)试题库。试题库是按照一定的教育测量理论，在计算机系统中实现的某个学科题目的集合，是在数学模型基础上建立起来的教育测量工具。

(3)试卷。试卷是用于进行多种类型测试的典型成套试题。

(4)课件与网络课件。课件与网络课件是对一个或几个知识点实施相对完整教学的用于教育、教学的软件，根据运行平台划分，可分为网络课件和单机运行的课件。网络课件需要能在标准浏览器中运行，并且能通过网络教学环境被大家共享。单机运行的课件可通过网络下载后在本地计算机上运行。

(5)案例。案例是指由各种媒体元素组合表现的有现实指导意义和教学意义的代表性事件或现象。

(6)文献资料。文献资料是指有关教育方面的政策、法规、条例、规章制度、对重大事件的记录、重要文章、书籍等。

(7)网络课程。网络课程是通过网络表现的某门学科的教学内容及实施的教学活动的总和，它包括两个组成部分：按一定的教学目标、教学策略组织起来的教学内容和网络教学支撑环境。

(8)常见问题解答。常见问题解答是针对某一具体领域最常出现的问题给出全面的解答。

(9)资源目录索引。列出某一领域中相关的网络资源地址链接和非网络资源的索引。

2. 按资源的功能特征分类

按照资源的功能特征，网络教育资源可以划分成以下四类。

(1)教育教学动态类信息资源

教育教学动态类信息资源主要是反映各地开展有关教育教学和教改活动的消息、时事、通讯以及各类时效性的教育教学动态、教育教学产品宣传等内容。此类信息具有很强的时效性，如果善于从 Internet 网上捕捉这类信息，往往能使教育工作者获得宝贵的机遇和成功的先导。

(2)教育教学理论类信息资源

教育教学理论类信息资源是广大教育工作者对教育教学实践中的新的心得体会与收获、教育科研的新成果加以理论概括，然后在网上发表的信息资源。这类信息既具有启迪智慧的功能，又具有更新观念等教育功能。

(3)教育教学经验类信息资源

凡在 Internet 网上发表，是教育教学第一线的教育工作者在获得成功的体验之后，对各种有效实验或有效做法的具体总结，均称为教育教学经验信息。这类信息资源的特点在它的实践性或可操作性；与理论性信息相比，经验性信息更加贴近实际。

(4)教学辅助素材类信息资源

此类资源是教师或专业人员将适合的各种声音、图像、文字、动画等素材以数据记录的方式存放于数据库中，这些素材可以为教师备课、上课提供教学资料，为学生小组协商学习提供学习资料，也可以为教师制作多媒体课件提供素材。

3. 按资源的施教方式分类

按照资源的施教方式，网络教育资源可以分为以下四类。

(1)电子教案

电子教案是教师对学生进行实时授课的教学信息资源。它通常是利用语音、数据和视频信息技术开展网上教学，其内容偏重于课程教学。采用这类课件施教，学生只要打开计算机，就有亲临教学现场的感觉。

(2)电子课件

Internet 网上电子课件通常有两大类：一类是自主学习型课件，通常是教师按照教学大纲和教学要求，并依据现代教育理论和教学法，将教学内容开发制作成电子课件存储于网上，由学生随时点播和进行浏览。另一类是辅导型课件，它主要是教师针对课程的重点、难点以及学生容易出现疑惑的问题，采用视频、音频流与主页形式的教案、教学资料组合在一起，做成课件后供学生下载，并辅以答疑辅导等。

(3)电子图书馆

Internet网上电子图书馆是网上信息资源的重要组成部分，它可以向教育工作者和学生提供电子图书、电子杂志和报刊等各种参考资料，具有图文检索和工程检索功能。

(4)电子虚拟实验

Internet网上电子虚拟实验是课程实践的信息资源，它是采用图像、动画和声音等多媒体形式来模拟各种教学实验的全过程，既有详细的实验步骤，又有形象生动的使用界面。例如著名的网上“虚拟解剖青蛙”实验，就是一个典型的电子虚拟实验。在这个实验里，学生可以用虚拟手术刀一层层地分离青蛙，与真实的解剖实验几乎一样。

4. 按使用对象分类

按使用对象划分，网络教育资源可以分为三类：学习资源、科研资源和备课资源。

(1)学习资源。此类资源是供学习者使用的，如网上各个学科的课程、讨论组、试题库、教学软件、网络教程、招生就业信息等。

(2)科研资源。此类资源是供教育管理部门、教育科研人员使用的，如教育方面的政策法规、各种教育新闻等。它们一般由政府机构提供。

(3)备课资源。此类资源是供教师使用，有各种课程资料、课件、教案、指导刊物、学术会议资料、交流心得等。Internet为教师制作各种类型的教材提供了更丰富的教学资源，从而优化教学设计，提高了备课效率。

二、网络教育资源的教学支持特性分析

网络教育资源对教学的支持属性决定了网络教育资源在教育教学中的作用和价值。

1. 信息显示多媒体化

Internet网上的教育教学信息是利用多媒体计算机技术存储、传输、处理的多种媒体信息资源，如声音、图像、图形、动画等。使用多媒体教育教学信息进行教学，不仅可以快速、有效地传递知识内容，而且能够行之有效地适应各种不同类型的学生学习。

2. 信息处理数字化

Internet网上的教育教学信息是将声音、文本、图形、图像、动画、视频等信息转换成数字信号，便于对信息进行处理，并且数字信号的可靠性远比模拟信号高，即使出错，对它的纠错处理也容易实现。

3. 信息检索超媒体化

超媒体是由节点(node)和表达节点之间的关系的链(link)组成的非线性网络结构，是一种非线性的信息管理系统，它是收集、存储、浏览离散信息，以及表示信息之间的关系的技术。检索Internet网上的教育教学信息，只要点击网站主页的节点，就会将节点所链接的资源调出来，即使这个节点所链接的资源在千里之外的另一台机器上。

4. 信息来源全球性

由于Internet网络的网点遍布世界各地，各个网点的信息可以通过互联网络进行访问，所以在一个地方可以访问分布在世界各地的资源，可以获取各种各样的信息。

5. 信息传递即时性

Internet网上教育教学信息被编码后能以极高的速度传递到世界的各个角落，实现教学内容的更新与时代发展的要求保持同步，以适应知识更新速度大幅加快的新形势。

6. 信息共享开放性

Internet网上的信息资源几乎可覆盖所有地区，面向所有的有学习要求和能力的人，向社会各界人士提供平等接受教育的机会，实现“有教无类”的教育理想，这样可在全球范围内实现优秀资源和教育方法的共享。另外，教育信息资源的共享性可极大地避免对教育的重复投入，节省办学经费，提高办学效益。

三、教育资源库的教学支持特性分析

教育资源库包含丰富的教育教学资源，因而具有比较全面的教学支持特性。

1. 资源的共享

资源共享是教育资源库最明显的服务功能，无论是国家级还是地区级的教育资源库所要实现的功能都包括区域范围内的资源共享，为该区域内的教育活动提供海量的以学科为中心的教育资源。凡是参与资源开发的单位都有权从资源库中获取他人贡献的资源，从而防止重复建设造成人力物力的浪费。

2. 电子备课

电子备课的概念是相对于传统的教师基于教材和教学参考书进行备课而言的，它指备课过程利用计算机和其他现代信息技术，以多种媒体信息作为素材，以操作电子文件的方式查阅资料或制作能够更好地表现讲授内容的文字、声音、图形和图像文件，最后以适当的方式将它们有机地集成在某种介质上，讲课时教师可以随时选择播放。

3. 基于资源的学习模式

基于资源的学习模式目标是为学生提供各种机会，使他们在获得基本知识的同时，形成独立的学习技能。这种学习模式的特点是：没有将现成的答案直接展示给学生，而是为他们提供一个非良构的学习环境。学习者在面对有待解决的问题时，利用资源库的搜索引擎，采用一定的搜索策略，搜集相关资源，充分锻炼学生的信息搜索和利用能力。

4. 知识积累

教育资源库从广义上讲就是一个知识库，对资源的开发与建设就是一个知识积累过程。教育资源库根据人的发展规律，为不同的学习阶段提供相应的知识。教育资源库的建设不能增加知识本身的数量，但它能大大提高知识积累的质量，实现对知识的高效利用。

5. 数据管理

教育资源不仅包括学习资源，还包括管理和决策的资源，所以教育资源库不仅提供可学习和认知的对象，还为管理与协调各种教育活动提供信息。数据管理就是指对教育管理、教育统计信息的采集、传递、储存、加工、分析和使用。

活动一：基于 Wiki 的教育资源在线讨论

<table>
<tr><td colspan="2">时间：60 分钟
内容：登录 Wiki 在线交流平台，引导学生围绕“网络教育资源的教学支持特性分析”这个主题进行讨论与交流，这里主要围绕“中央电教馆资源库”里的资源，教师设置小的主题模块，学生围绕每个小版块进行相应讨论与交流，以这种方式来加深学生的生成性学习，使其对“教学支持特性”这个概念获得深入的理解</td></tr>
<tr><td>步骤：
□ 分析教育资源的种类与形式
□ 从教师角度分析教育资源的功能和意义
□ 从学生角度分析这些资源的功能和意义
□ 交流和讨论</td><td>学习作品：
□ 讨论结果汇总</td></tr>
</table>

➡ 步骤一：分析教育资源的种类与形式

首先，设置主题1：分析“中央电教馆资源库”里的教育资源的种类与形式(参考《教育资源建设规范》中的分类)。最后，由各小组一起筛选讨论结果，列出讨论结果汇总。

➡ 步骤二：从教师角度分析教育资源的功能和意义

进入主题2：对教师来说，这些资源有什么用？教师引导学生从教师的角度分析这些资源的功能和意义。同上，列出讨论结果汇总。

➡ 步骤三：从学生角度分析教育资源的功能和意义

进入主题3：对学生来说，这些资源有什么用？教师引导学生从自身的角度分析这些资源的功能和意义。同上，列出讨论结果汇总。

➡ 步骤四：交流和讨论

针对每一个小主题，教师与学生共同评选出每个小主题中优秀的交流与讨论部分，师生一起进一步交流、分享。

分享：多种网络教育资源展示及体验性学习案例

网络教育资源在网络上并不是单纯地以一种形式存在，要体现其教育教学特性，很多资源都是以专题学习网站、资源(库)网站的形式而存在。我国有很多优秀的网络教育资源网站，为学校、教师、学生提供了丰富的网络资源。

1. 中央电化教育馆资源库

中央电化教育馆资源库是由百余名具有丰富教学经验的专家与一线教师在认真研究教改精神和新时期教师的学习、教学需求，总结相关资源产品特点的基础上，依据现行人教版和多种课标版教材开发的一套教学资源服务系统。以教学资源库和试题资源库两种形式来呈现资源，内容涵盖广，尤以视频、动画等多媒体素材资源为主，并结合所含资源提供了全新的教学设计方案、案例和课件，满足各教学环节的资源需求。

2. 国家精品课程资源网

国家精品课程资源网(www.jingpinke.com)是由教育部主导推动的、唯一的国家级精品课程集中展示平台；是全国高校依照“资源共建、成果共用、信息共通、效益共享”的原则合作建设，服务于全国广大高校教师和学生的教学资源共建共享服务平台；是汇集国内外优质教学资源，博览全球大学开放式课程的交流共享平台。

3. 国家基础教育资源网

国家基础教育资源网(www.cbern.gov.cn)是“九五”期间《面向21世纪教

育振兴行动计划》确定的“教育信息化工程/基础教育资源建设项目”的重要内容之一，于2003年5月5日开通，是专为我国广大中小学教师和学生提供丰富的教育教学资源信息和网络化学习的平台类门户网站。国家基础教育资源网资源库的建设参照了教育部颁发的相关国家课程标准和《基础教育资源元数据应用规范》，采用了中基教育软件有限责任公司开发的中基教育资源管理系统，该系统包括两个工具(中基教育资源编目工具和中基教育资源管理工具)和一个B/S结构的系统。由于中基教育资源管理系统参照了基础教育资源元数据应用规范，充分实现了优秀教育教学资源的共享。

活动一：网络教育资源案例的应用分析

时间：80分钟 内容：以国家基础教育资源网为主要分析对象，分析该网站中网络教育资源的应用	
步骤： □ 登录网站，总结资源应用 □ 分析网站资源更新情况 □ 资源应用和应用分析 □ 总结学习过程	学习作品： □ 分析报告 □ 总结

➡ 步骤一：登录网站，总结资源应用

登录国家基础教育资源网(http：//www.cbern.gov.cn)，找出该网站中与资源应用相关的项目和活动，并列举出来。学生结合自身的经历，讨论自己所了解的项目或活动。

➡ 步骤二：分析网站资源更新情况

跟踪该网站，分析该网站中资源更新的情况。可以从日更新量、日访问量、日下载量等方面来进行分析。设置自己的分析量表，统计相关的数据。

➡ 步骤三：资源应用和应用分析

结合前面基于Wiki在线资源讨论活动，从学生的角度，对其中的一个资源(参考下载排行中优秀的资源)进行应用。学生分小组，每个小组对其中的一种资源进行使用，可以直接使用，也可以二次使用。最后每个小组从可获得性、可使用性两个角度来对资源进行分析，得出分析报告。

➡ 步骤四：总结学习过程

总结自己的学习感受，写一份学习体会或感想。

专题二　网络教育资源的设计

讲座：网络教育资源的设计原则和策略

一、网络教育资源的设计原则

为了开发出优质的网络教育资源，应遵循以下一些基本原则。

1. 教育性

开发教育资源的目的就是要向学生传授文化科学知识，发展学生的能力，培养学生的思想品德，促进素质教育的全面实现，且有益于学生个性的发展。这是网络教育资源固有的本质属性。

2. 科学性

网络教育资源的科学性原则，是指所设计开发的教育资源能正确地反映学科基础知识内容和现代科学技术的发展水平，所设计引用的资源内容需符合科学逻辑，符合知识的内在逻辑体系和学生的认知结构，并能用科学的形式表现出来。

3. 艺术性

开发的网络教育资源要有丰富的表现力和艺术感染力。无论是画面的布局，结构的安排，还是多种媒体的协调配合以及人机交互的信息传递，呈现的信息刺激要能吸引学习者，能激发学生的学习动机和情感，能提高学习兴趣和审美能力。

4. 规范性

目前许多网络教育资源的共享程度不高，导致资源的重复建设，造成人力、物力和财力的浪费。究其原因，主要在于设计开发缺乏规范性。因此，在设计网络教育资源时，应该严格遵循《现代远程教育资源建设技术规范(试行)》，提高资源的可用性，实现资源的有效共享。

二、网络教育资源的设计策略

网络教育资源的设计一要充分发挥网络媒体的资源共享、时空不限、多向互动和便于合作的特点；二要适当体现当代教育改革的精神。以下建议可以作为网络教育资源设计的策略。

1. 以教育改革为宗旨

利用信息技术促进教育改革是当代教育发展的大方向，网上教育应该做到观念更新、教法革新、内容从新、评价创新。对于中小学教师教育来说，经过这种革新课程学习熏陶的教师无疑会转而对中小学教育改革产生巨大的推动作用。

2. 以异步学习为基础

网络既可以支持同步学习，又可以支持异步学习。但从网络媒体的特性来说，更适合于异步学习，因为异步学习可以利用网络的时间和空间两个自由度，而同步学习只利用了它的空间自由度，并且目前的网络线路还受到带宽的限制。就目前而言，在网络上实行同步教学既不经济又不实用。对于网上成人教育来说，异步学习更是应该大力倡导的。

3. 以多元载体为环境

网上教育不应该排斥其他媒体，特别是书本和光盘，可以作为离线学习资源。将离线资源与在线的网络课程相结合，采用这种方式称为混合发送技术。一是可以弥补目前网上中文教育资源不足的缺陷；二是可以减少网络信息传输的负担；三是通过减少在线学习时间而降低费用。因此，我们主张采用网络、书本、光盘三位一体的学习媒体配置(图 7-10)。

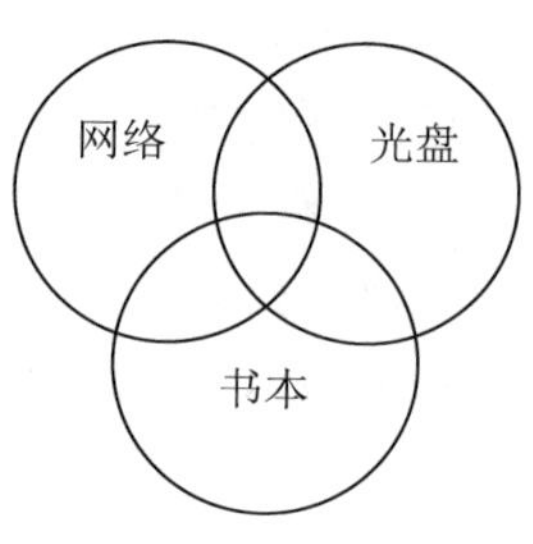

图 7-10　三位一体的学习媒体配置

4. 以自主学习为中心

网上教育应该坚持以学员为主体，营造一种有助于学员探究性学习的环境，促进一种自主学习的文化。学员自主学习活动包括自学知识、观摩演示、观察案例、寻找信息、探索问题解法、交流研讨、构建作品、自我评价等。

5. 以案例学习为抓手

在医学、管理学等学科领域，案例学习历来被作为至关重要的学习方法。在教育领域，特别是在教师培训中，更应应用案例学习方法，让学员通过大量的案例观察与分析，从中体验教学的科学性与艺术性，提升自己的教学设计水平。Internet 上有许多专门收集教案的网站(例如：http：//www. lessonplanspage. com/，http：//teachervision. com/lessonplans/， http：//www. 62355065. cn/， http：//www. ttshopping. net/)，其中存有大量各学科教案，可以优选出许多可供教师培训课程使用的案例学习资源。

6. 以学习资源为支撑

传统的课程是一个内容自足的封闭系统，而网络课程应该是一个以信息资源利用为特点的开放系统，课程资源库建设可以采取自建与引用相结合的方法。比较而言，传统课程开发是以学习内容设计为中心的，而网络课程应该是以学习过程设计为中心的，而且网上学习过程具有利用信息资源的有利条件。这种基于资源的学习模式尤其适用于成人学习者。

7. 以合作学习为导向

合作学习是备受国际教育界推崇的学习模式，因为它有助于培养学习者的合作精神和协同解决问题的能力。在教师教育中，如果能够让教师学会在网上运用电子手段进行教学研讨和协同设计教案，无疑会对他们今后的教学行为产生积极影响，因此是值得倡导的学习模式。

8. 以电子作品为业绩

网上教学应该让学员尽量利用电子手段完成作业，把他们的电子作品作为学习业绩。学员的电子作品可以传送给教师，也可以通过网页形式发布，以便接受多方评议。对于教师教育来说，特别有价值的电子作品是信息化教案，教师通过设计信息化教案的练习就能逐渐形成信息化教学能力，为我国教育信息化的发展积蓄力量。

9. 以结构化评价为特色

传统的计算机辅助教学通常采取客观性评价方法，利用大量选择题型的测试方式。这种基于简单行为反应的测试方式证明带有很大的局限性。革新的测试理论主张采取面向绩效的评价，不但要知道学员做得怎么样，还要知道他是怎么做的。对于网上教育来说，比较易行的方法是依据学员的电子作品进行评价。课程设计者必须根据教学目标设计出一些结构化的定量评价标准，称之为量规。通常从作品的选题、内容、组织、技术、资源利用等方面确定评价的结构分量，并具体规定各分量的评分等级。有了这种量规，就能大大降低评价的主观随意性，不但可以教师评，而且可以让学员自评和同伴互评。如果事先公布量规，可以对学生作业起到导向作用。

10. 以电子学档为管理手段

网上教育可以充分利用系统的信息管理功能，通过建立和维护学员的电子学档来管理学习过程。电子学档可以包括学员身份信息、学习任务信息、学习活动记录、学习评价信息、电子作品选集等。

三、网络课程的设计

在引入学习对象的理念之后，我们可以很清晰地看到各种学习资源之间的关系网络，如图 7-11 所示，学习对象可以说包罗万象，小至一张图片的素材资源，大至一个完整的专题学习网站。微单元(asset)是数字化学习资源的最基本形式，如文本、图像、声音、评价对象或任何其他一块数据。可共享内容对象(Sharable Content Object，SCO)是一个或者多个微单元的集合，SCO可以在不同的学习过程中重用，完成不同的学习目标。聚合一个或多个SCO资源(或微单元资源)可以组成一个更高聚合水平的教学或培训单元，例如网络课件、网络课程以及专题学习网站，进而完成更高的学习目标。从学习对象的角度出发，各个元素之间有着继承的属性，所以无论是课件还是课程或者是网站的设计开发都有相同之处，三者在基本原则问题上都是一致的。本节主要讲述网络课程的设计。

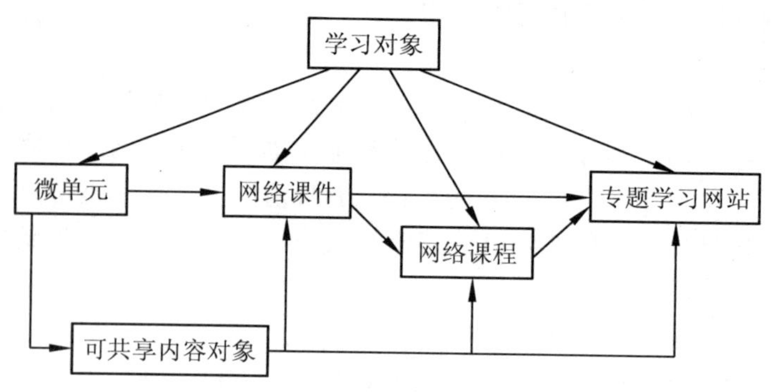

图7-11　多种资源的关系

网络课程是整个网络教育资源的一种重要类型，也是一个关键部分，网络课程的设计包括总体教/学环境设计、内容设计、结构设计、界面设计和导航设计等。总体教/学环境设计主要在于分析学习者与教学者所在的环境条件，包括学习需要、教学要求、教学媒体、可获得的学习内容资源等，为课程设计提供总体分析与指导，这里不再做介绍。

1. 内容设计

主要是为学习者设计好访问系统丰富多彩的学习资源空间的调用接口，下面为学习内容的一些具体设计方法。

(1)内容表达结构的设计

内容表达结构指的是我们的网络课件系统在工作时，在学习者的浏览器的网页显示窗口中呈现的信息展现方式。进行网络课件的文档结构设计就是要根据课件的内容和针对不同的学习对象选择最佳的表达方式，给学习者一个明快清晰的学习资源空间。

(2)内容的视觉设计

为实现有效的具体内容视觉设计，可以利用多种字体；利用图表进行概述；图文并茂；利用特殊效果(如闪烁)等方式将内容顺序化、中心化、条理化。有效地运用色彩，使之与整体内容相协调。

(3)内容的媒体表现选择

选择使用文字以外的如图像、声音、活动视频等媒体元素时，应注意两个方面：一是不要一味追求时髦，过多使用文字以外的多媒体信息，以至于影响系统的运行效率；二是要充分考虑目前网络通信和用户的硬件在支持多媒体方面的实际能力。

(4)内容链接的选择

网络课件中 Web 页面的链接主要有以下三种类型：前进型链接、溯型链接、跳转型链接。恰当的链接使得学习者既可以方便自如地进行信息浏览与搜索，又不会在漫无目的的浏览中无所适从而导致“迷航”。

(5)提示信息的设计

利用文字、图形、图像、声音等作为提示信息使学习者在进行浏览时可以获得以下信息：这个页面的设置目的，针对的学习对象，包含的内容，链接所能指向的信息，开发机构和作者等。提示信息的编写设计，对学习者能否尽快掌握和适应该课件的使用，能否高效率地进行学习资源的搜索和查询非常重要。

(6)学习者控制的设计

要在网络课件设计中实现学习者控制，应注意充分考虑学习者包括自学、复习、教辅在内的多样性的需求，要注意学习者自主选择信息和学习流向，支持实现自定步调的学习，还要注意避免复杂的路径分支，使界面更加直观协调。

2. 结构设计

网络课程与课堂教学不同，它的内容不仅要全面再现网络课程的体系结构，还应体现其形成过程，网络课程主要以超文本结构形式进行材料组织，即按学习路径模式进行设计，常见的学习路径设计模式有：顺序式，这是一种最简单的学习路径模式，它可以按时间排序，也可以按从一般到特殊的逻辑主题排序，还可以按字母顺序排列；层次式，比较具有代表性的就是网站形式，学习者按照网站中各网页之间的层次结构逐渐深入学习；分栏式，分栏是一种连接各种变数的好方式，各个栏目共享一个高度统一的主题和次级主题的结构，学习者可以顺栏而下，或者穿栏而过，多方面学习主题知识，典型的如程序手册、大学课程表、医院的个案描述；网状式，该模式模仿思想的连续和观念的自由流动，学习者可以按他们的兴趣，以一种对每一个访问者都是独特的、具有启发性的方式随意浏览。这几种学习路径模式之间的关系按照叙述的线性和内容的复杂性可以由图 7-12 表示。一般线性结构适合基础性的内容和训练类的教育应用，而非线性的结构比较适合于复杂的知识领域和教育程度高的受众。

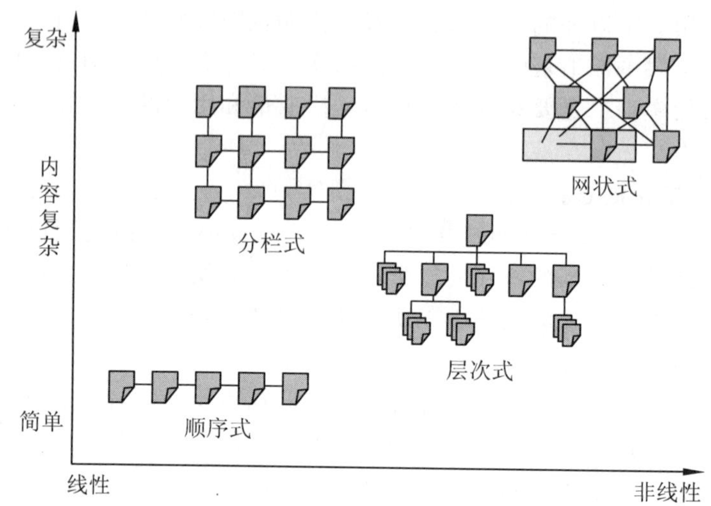

图 7-12　常见学习路径设计模式间的关系示意图

3．界面设计

界面是学习者与计算机进行人机交互的窗口，通常包括窗口、菜单、图标、按钮、对话框。在介绍界面设计之前，需要对网络课程的页面屏幕进行设计。网络课程的页面屏幕设计一般包括以下三种：

封面(片头)屏幕。课程的首页即是封面，使学生明确这是一个课程的开始。封面屏幕一般包括课程大纲、课件制作者、制作时间、版权等。

主界面屏幕。课程通过主界面为学习者提供教学内容的选择，类似于图书的目录。

教学屏幕。教学屏幕就是网络课程开展教学活动的屏幕画面，也是课程设计的重点。

界面设计时，要根据不同的使用对象确定总体风格，保证用户操作方便、易用、控制性强，所有窗口、菜单、按钮、图标和对话框的反应直接、敏捷、前后一致，整体页面清晰、美观，有一定的反馈机制，交互性、可控性强。具体应注意：

(1)屏幕显示要使观察者达到较大的注意范围。

(2)按统一的风格设计所有的页面，方便学生搜索、阅读和查找提示、帮助信息等。

(3)使用统一的系统功能图标，方便学生记忆，也可以加快运行速度。

(4)标题设计醒目，内容层次分明，使学习者能够对所提供的信息留下深刻印象。

(5)界面设计要注重感知效果，屏幕上显示的内容要符合记忆策略。

4. 导航设计

网络课程的信息量巨大，内部信息之间的关系可能异常复杂，学习者在使用网络课程时找不到相应的节点就会迷路，为避免学习者的迷路现象，在设计课程时，除了要求在信息结构上要合理设计外，对信息的导航策略要求也十分重要，要求导航设计要清晰、明确、简单，符合学生认知心理。常见的导航界面技术有：菜单、按钮、字体与颜色、图像、动态表达等。

具体的导航方法有：

(1)列出课程结构说明。建立索引目录，以表格的方式列出教学单元、教学活动、学习时数、学习进度和学习方法。

(2)网络课程网站的文件结构。根据章节、通用网页、组件和媒体类型等适当建立相应的子目录。

(3)页面组织。用于反映课程的目录层次结构和网状结构，网页间的联系要方便学生对知识结构的掌握，例如网页中的起始页(Home)、前一页、后一页以及相关内容的超链接。

(4)直接导航。对于一些重要的导航点，例如当前学习单元，学习目标，学习单元的结束、前进、后退等，在主界面的导航中心提供直接的导航。

(5)浏览历史记录。记录学习者在超媒体知识空间所经历的历史路径，学生可随时快速返回到自己以前浏览的页面。

(6)线索。记录学习者的浏览路径，可让学习者按原路返回。

(7)检索表单。帮助学习者迅速找到所需的学习内容。

(8)帮助。对于学习过程中容易遇到的问题，在帮助页面中给出指导。

(9)导航条。提供顶级页面、上一级、下一级、同一级页面的导航。

(10)书签。记录学习者标记的学习重点，方便以后快速定位。

(11)框架结构。对结构比较复杂的课件设计可采用此方法。

理解：网络课程资源的设计标准

网络课程与网络课件是整个网络教育资源的一个关键部分，为了保证网络课件能够在大范围内共享，同时确保网络课程与课件的质量，必须制定网络课程课件的开发和评价标准，才能统一资源开发者的开发行为。为此，我国教育部制定的《教育资源建设技术规范》中对网络课件和网络课程开发的技术要求和评价标准进行了规定。

当网络课程提交到统一的中心网站时，需要纳入到整个远程教育体系中，为此需要对课程的基本情况进行如表 7-5 中的属性标注。

表 7-5 网络课程属性

属性名	数据类型	编写说明
课程编号	Number(10)	课程的唯一标识码：入库时计算自动生成
学科(专业)	Char(15)	课程属于哪一个或哪几个学科或专业，按教育部颁发的标准标注，编码类型，见编码表
课程名称	Char(50)	本网络课程的名称
适用对象	Char(15)	指明其内容适用于哪个层次的教育对象，编码类型，见编码表
内容简介	Char(200)	网络课程简要说明(限 100 个中文字符)
关键词	结构类型	网络课程内容的关键词(限 5～10 个)，见结构类型说明
课程编写时间	Date	本课程最早出现时间，格式：* * * */* */* *，如 1991/01/11
课程编著者	结构类型	参与课程开发的人员的姓名、单位、联系信息等，见结构类型说明
脚本字数	Number(6)	课程内容的总字数
图像数	Number(4)	课程内容中所包含图形(图像)数量
音频数	Number(4)	课程内容中所包含音频文件的数量
视频数	Number(4)	课程内容中所包含视频文件的数量
动画数	Number(4)	课程内容中所包含动画文件的数量
页面数	Number(4)	课程内容的 Web 页面数量
运行环境	Char(15)	本课程所需要的运行环境，编码类型，见编码表
版本号	Number(2，2)	本课程发布的版本号，格式：* * * */* */* *，如 1991/01/11
入库时间	Date	纳入课程资源库的时间
开发单位	Char(50)	开发本课程的单位

为了便于检索和共享，需要对网络课件进行属性标注，需要标注的属性如表 7-6 所示。

表 7-6　网络课件属性

属性名	数据类型	编写说明
课件编号	Number(10)	课件的唯一标识码，入库时计算自动生成
教学类型	Char(15)	课件所归属的类型，编码类型，见编码表
学科(专业)	Char(15)	课件属于哪一个或哪几个学科或专业，编码类型，见编码表
知识单元	Char(15)	本课件针对的教学单元，编码类型，见编码表
适用对象	Char(15)	指明其内容适用于哪个层次的教育对象，编码类型，见编码表
来源	Char(200)	指明课件的出处
内容简介	Char(200)	课件简要说明(限 100 个中文字符)
关键词	结构类型	课件内容的关键词(限 5～10 个)，见结构类型说明
课件编写时间	Date	本课件最早出现时间，格式：* * * */* */* *，如 1999/01/11
课件编著者	结构类型	课件编著者姓名、单位、联系信息等，见结构类型说明
数据量	Number(6)	本教学软件包括的所有文件长度之和，以 K 字节为单位
运行平台	Char(15)	本软件运行的操作系统平台，编码类型，见编码表
运行要求	MEMO	本软件正常运行所需的基本要求
版本	Number(2，2)	本软件提交时的版本号

网络教育资源建设从狭义上来说可以理解为网络课程的建设，网络课程资源是网络教育资源的基础与重中之重，网络课件为网络课程的基础。表 7-7 主要是介绍了网络课件的相关技术要求。

表 7-7　网络课件技术要求

要　求	属性
课件库中的课件可以和远程教学管理系统通信	M
课件库中的课件可以在不同的远程教学管理系统中运行	M
具备课件产生的评估数据机制，保证不同的工具可以对数据进行分析	M
对于一些基于静态网页的课件，或是基于服务器解释的交互式课件，必须能够通过标准的 Web 浏览器访问，与浏览器运行的硬件平台无关	M
课件运行没有故障	M
开发小组必须具备如下专业人员：学科教学专家、教学设计专家、程序开发人员和美工	M
开发应采用项目制，由教学设计专家全面负责	M
开发过程完整，包括：选定教学内容、分析教学内容、设计教学方法、交互方式、设计教师活动、学生活动及评价方式等	M
课件中的有关媒体素材，必须符合媒体素材库的要求	M
提交产品的完整性，包括：安装程序、源代码、素材、开发文档、软件的 ZIP 格式自解压缩包	M

专题三　教育资源库管理系统体系结构设计标准

讲座：教育资源库管理系统概述

教育资源建设包括媒体素材库、试题库、试卷库、案例库、课件库、文献资料库、常见问题解答库、资源目录索引库的建设和网络课程建设，以及现代远程教育资源管理系统的研制开发。

现代远程教育要得以顺利和高效地实施，必然离不开高效的管理。现代远程教育资源管理系统包括资源库的管理（媒体素材库的管理、试题库管理、试卷库管理、案例库管理、文献资料库管理、课件库管理、常见问题解答库管理、资源目录索引库管理和网络课程管理）及系统管理（安全管理、性能管理、计费管理、故障管理等）。

一、系统设计原则

教育资源库管理系统体系结构可按照下面的原则进行设计。

1. 安全性和可靠性

系统需要考虑资源库系统用户量较大的特点，注意硬件系统的可扩展性和性能设计。系统需要考虑资源库数据量大、数据集中的特点，注意软件系统的安全性和可靠性设计。

2. 开放系统

系统运行于国际互联网的环境，网络上的各种软硬件平台也日趋多样化。为了满足各种不同系统的要求，管理软件的发展必须遵循开放系统的原则，与平台无关。遵循公共的国际标准，以方便今后的升级维护。

3. 管理规范化

采用大型商业数据库系统有利于提高大批量数据(如用户计费数据)的吞吐率，使整个系统管理规范化，数据的完整性、安全性得到保障。

4. 使用说明和技术报告

管理系统要求开发成同一系统平台上的通用的软件系统，要求有安装程序、完备的使用说明以及技术报告。

5. 伸缩性

素材库管理系统在数据管理方面应具备较大的伸缩性，它可以集中管理远程教育工程中的所有素材，也可以将素材按类型或按学科划分开来，单独进行管理，可将大素材库切分为多个小素材库，以便在不同的环境下应用。

二、教育资源库的资源管理功能

资源管理系统要完成所有类型的资源管理功能，包括资源的索引编制、发布、修订、删除、传输、审核和检索等。资源按照学科组织建设与使用，但按照物理属性分类存储与管理，它包括 8 个模块：试题库管理、试卷管理、案例管理、媒体素材管理、课件管理、文献资料管理、常见问题解答管理和资源目录索引管理，分别完成 9 种类型资源的管理。资源管理系统应该具备的具体功能有：

(1)对各种资料进行查、录、删、改等基本功能。

(2)录入资料应具备两种形式：单个资料的随机录入、大量资料的批量录入。

(3)支持单键查询功能。对于文本素材，也就是关键词的全文检索功能；对于其他类型的素材，以布尔逻辑查询所有类型匹配的属性字段；对于不同子类型的素材，应能自动适应其特殊属性(出现并加入到检索项)。

(4)素材检索引擎功能还应包括：布尔查询功能，关联查询的段落定位查询、精确查询、模糊查询并支持通配符。

(5)多媒体素材应集成多媒体音频影像查询技术，例如可采用“关键帧捕获”技术，根据多媒体资料中场景的变化自动选择出关键帧，用于预览或建立索引以便查询。

(6)要具备良好的导航及检索预览功能。

(7)具备素材的远程提交功能，用户可以通过互联网络远程提交素材。

(8)对于每一个素材，都具备相关素材的显示功能，相关素材显示可按学科类型、作者或关键词等分类排列。

(9)评论录入及显示功能。对于每一个素材内容使用者都可以对其发表评论，并能查看他人所撰写的评论内容。

(10)支持多文件压缩下载功能。当用户选择多个资源下载时，系统能自动将资源文件压缩成一个自解压的可执行文件供用户下载。

(11)提供内容传输管理。支持多媒体上传和下载功能；保证多媒体传输的安全性、稳定性和保密性；集成现有各种成熟技术和产品保证传输的及时性和可靠性。

(12)支持基于标准互换格式的资源导入导出功能。具有能自动生成标准互换文档的接口模块，实现与其他资源库系统间数据的批量导入导出。

(13)提供与第三方应用程序的接口。允许扩展资源库系统的应用功能，如与电子备课系统的接口。

三、教育资源库的系统管理功能

系统管理模块的使用者是系统管理员，要使系统运行安全可靠，保证资源的最高使用效率，这一模块在该系统中是至关重要的，它要完成如下功能：

(1)用户管理

用户组别管理；基于分组的用户管理；用户注册和用户账号管理；用户授权和认证管理；策略信息管理。

(2)网络故障管理

提供故障的跟踪记录；分析并排除故障；保证网络提供连续可靠的服务。

(3)网络配置管理

硬件平台满足前述的规范要求；硬件平台的可扩充性要求；动态维护网络配置数据库。

(4)网络性能管理

收集影响网络性能的数据；提供对历史数据的分析、统计和挖掘功能；提供调整网络拓扑结构和配置的功能。

(5)网络计费管理

提供采集计费源数据的功能；提供计费策略管理功能；提供计费项目的管理功能；包括：学习内容、学习时间、多媒体信息流量、传输的区间、使用的服务方式等项目；按时或实时自动更新用户费用；提供账单的查询和统计功能(以报表形式或其他形式)；提供计费的数据分析和数据挖掘功能。

(6)网络安全管理

提供基于CA(证书签发机构)的用户身份认证；提供SSL(安全套接层)协议的安全传输模式；提供认证服务器管理功能：由认证服务器负责发放符合X.509标准(国际电信联盟制定的数字证书标准)的数字证书，并管理密钥和证书。

(7)统计与分析

跟踪记录用户行为数据，形成日志文件，并以此为依据进行分析和统计。

(8)分布式复制代理

资源库系统之间的数据交换接口标准，并在此基础上形成软件代理，在分布式系统之间复制和检索数据。

创建：网络课程资源的设计

在前面的讲座中我们曾提过，网络课程资源的设计分为好几类，在此我们以国家精品网络课程“外国文学史”为例进行说明。

图7-13为其首页的界面设计图，在界面布局方面，导航区域内容显示区界线分明，各个功能模块的区分清晰，方便学习者的学习。

读者可以通过上文提供的网址进入课程自己体会，对照前面所讲的网络课程的设计，给出一个评价结果。

分享：网络课程设计展示

活动一：读者可以访问相关网络课程的网站，选取自己认为比较吸引人的优秀网络课程进行讨论。

活动二：读者可以将自己设计的网络课程草图拿出来与别人交流。

专题网站设计

专题学习网站的建立需要花费大量的精力与时间，所以这里仅提供相关优秀专题学习网站的网址，有兴趣的读者可以自己登录学习并分析。

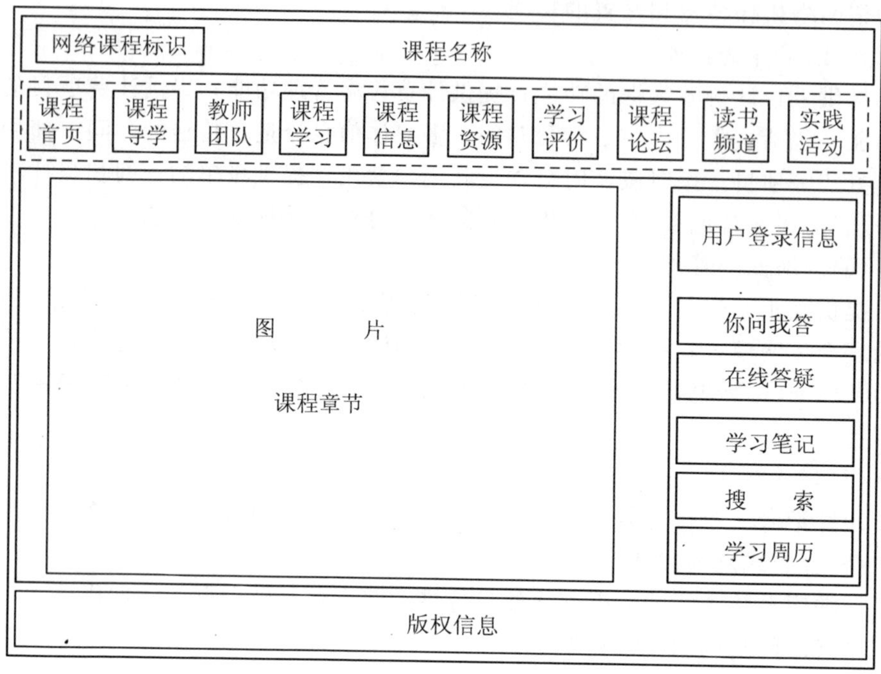

图 7-13　"外国文学史"课程界面布局

桥网址：http：//www. ycrmlxx. net/homepage/zhuantiw/bridge/

海底世界网址：http：//yzxx. jdjy. cn/hdsj/index. htm

常州市实验小学专题学习网站网址：http：//www. czssx. com/index/zhuanti/

专题四　网络教育资源的开发

讲座：网络教育资源开发流程

网络教育资源的开发是一个系统工程，它的开发过程和计算机教学软件的开发过程有许多相同之处，例如运用科学的系统方法做指导。网络教育资源的开发要基于网络教育的特点，要符合网络教育资源的建设规范，提高学习者的学习兴趣与自觉性。

一、开发方法

开发网络教育资源并没有固定的方法。我们应该根据实际情况确定如何进行开发，这常常是多种方法的结合使用。

网络信息系统的常规开发方法有以下三种：自顶向下法、自下而上法、原型法。由于基于网络教育资源的开放性和运作方式的灵活性，这三种方法都可以在开发网络资源时加以采用。

1. 自顶向下法

如果我们对将要建立的网络信息系统准备提供的全部信息服务已经胸有成竹，那么自顶向下的设计方法是最好的选择。所谓自顶向下，就是从树状信息结构的根节点——系统的 HomePage（主页）开始设计。我们甚至可以先将一些分支节点设计好，以后逐渐向这些节点中添加内容。

自顶向下设计方法的优点是可以在系统设计前就做出完整的规划。这样设计和实现的系统，在信息的组织结构上比较严密。在用户的使用接口风格上也比较一致。采用自顶向下的方法进行系统设计时，“模板法”是一种常用方法，即为了保证整个系统用户界面的版面风格和功能设置的一致性，先编制出一套通用的模板网页，作为系统开发时页面设计的基础。

2. 自下而上法

如果我们在开发系统时对整个系统的总体结构和布局还没有考虑成熟，而对具体网页的信息内容和服务方式的设计很有把握，我们也可以采用自下而上的开发方法：即先设计树状信息结构的叶节点，然后通过归纳，设计它们的枝干节点，最后再设计根节点。当我们由于种种原因，先有了一些现成的 Web 页面时，选择自下而上的设计方法是很自然的。

自下而上设计方法的优点，在于我们设计叶节点时可以完全根据所提供信息内容表达的需要来进行页面设计，而不必受条条框框的限制。日后当我们的系统具备一定规模后，可以再统一进行页面风格的调整。

3. 原型法

这是一种需求驱动的开发方式。当出现某种信息服务需求时，我们就立即设计相应的信息页面。这样，随着需要不断进行调整和相互链接，可以使我们的网络信息服务系统在短时间内建立起来并投入运行。

二、开发原则

网络教育资源的开发是指狭义的网络教育资源的开发，即建立符合课程目标、教学目标要求的网络课程。

在进行网络教育资源开发时，要以课程目标、教学目标为依据，以教育学、心理学理论为指导，以网络技术规范为实施准则，给学生尽可能多地提供学习方式、方法和途径，打造良好、高效的学习环境。在教师的指导下，培养学生的自主学习能力。

1. 目标性原则

教育教学是为了最终实现培养目标，开发网络课程就是在统一的培养目标下，设置具体的课程目标与教学目标，围绕具体的课程目标与教学目标进行教学内容的组织与选择。设计教学内容的组织结构和流程顺序，为教学过程的展开建立逻辑主线索。教学目标还可以向下逐级分解为小知识点的教学目标。

2. 适宜性原则

适宜性就是在教育学与心理学理论指导下，使教学内容在可理解性、易学性、表现形式、手段方法上适合学生的学习心理，符合教育原则与思想。在教学内容加工上，利用一切可能的信息技术手段与表现形式，使复杂的内容简单化，抽象的内容具体化，枯燥的内容形象化，知识环境直观化，从而使教学内容具有极强的可学性与易学性。

适宜性原则的另一方面，就是要注意所设计的内容形式与内容类型是否适合在所选用的网络环境中进行应用，即网络客观物理环境的适用性，如网络带宽与流量限制等瓶颈问题。

3. 规范化原则

规范化就是对教学内容的格式即形象外观的要求，以及内容实施的技术性规范要求。

(1)形象规范化要求

在形象外观上，遵循美学原理、视觉设计原则对教学内容进行包装设计。教学内容的形象虽然不是影响教学的主要因素，但会增加吸引力与注意力。因此在设计中要把握好重点内容与难点内容的格式与布局设计，运用对比(包括格局、大小、色彩、虚实等对比)突出表现强调的内容，从而形成良好的设计风格(如文字大小、图片尺寸、整体装饰与局部装饰效果等)，做到从整体效果到具体内容在风格上一致，内容突出醒目，谋篇布局合理。

(2)内容实施的技术性规范要求

包括媒体内容存储结构的组织形式要求；文字、声音、图像、图形、动画、视频等媒体格式与其技术指标上的要求。

以建立一个具有交互性质的网络课程为例。首先，分析课程目标、教学目标以确定此门课程要达到的教学效果。其次，分析承载课程目标的教学内容。

根据教学内容，即知识本身的特点，选择合适的内容表现媒体。收集媒体所需要的素材，并对素材的规格标准进行确定(包括媒体的格式要求、质量要求、规格大小要求、视觉效果要求等)。再次，确定总体布局与视觉效果，对需要交互的内容进行确定。最后，组织开发。

三、开发流程

网络教育资源一方面要对资源中的教学内容及其呈现、教学过程及其控制进行全面的设计；另一方面，网络教育资源又是一种计算机软件，计算机软件开发的具体过程及其组织应该按照软件工程的思想和方法进行，因此，网络教育资源的开发和维护应按照软件工程的方法去组织、管理。在网络教育资源开发的组织和技术方法上，应该遵循软件工程的方法，例如，开发阶段的划分，开发过程的组织、实施，开发技术的应用等，都应该采用软件工程的思想和技术。网络教育资源开发的一般流程如下。

1. 前期分析

前期分析可以从几个不同的角度来分析，如从终端用户对象的特点来分析；从本地区基础教育信息化进展的程度来分析等。这样通过从不同视角来分析以确定所要建设资源的种类、教育资源的学科范围、资源建设的具体内容、每一类资源建设的数量以及需要提供哪些特色资源等，这些都需要按照教学大纲和课程目录的顺序划分各学科要建设的资源的详细内容。除了专门的教学资源外，资源库中还可以收录一些拓展资源，如电子图书，包括课外读物、传记文学、法律、诗歌等；教学工具软件，主要是教师与学校常用的一些免费下载的系统工具、驱动程序、文字处理媒体工具等。前期分析最后应生成一个书面的资源建设的需求分析报告文档。资源建设的领导决策者将会根据此文档来确定资源建设的规模、可持续发展的规划。

2. 确定标准、编制评价指标

根据教育部教育信息化技术标准委员会发布的《教育资源建设规范(征求意见稿)》确定资源建设的技术标准，必须细化到对资源每个属性的具体要求，以便于操作。同时编制资源的评价指标主要是作为后期“资源建设专家组”和“各学科工作小组”对征集上来的资源进行审查、分类的依据。此外，明确评价标准有利于保证资源的质量。

3. 资源建设培训

对资源的开发者、建设者进行业务知识培训是非常必要的。这些业务知识包括基础教育教学资源的分类体系、分类标准、基本属性特征等。通过培训，资源数据的建设生产者对常用专业术语要能准确理解，掌握资源制作、收集、整合的基本方法和基本技能。使各部分人员掌握工作的技术细节，明确资源建设项目的目的、任务和整体实施计划等。

4. 资源征集与制作

分配资源征集任务，并向各个部门下发。在任务分配时要考虑到各个地区、各个学校和任课教师的长处与特色，尽可能最大限度地发挥其优势，保证资源整合的完善与成功。收集整理的具体操作可以根据学科、年级和类型的不同组合顺序来实施。

5. 资源的审核与完善

对收集到的资源要有专门人员进行初步审核。主要由资源建设领导小组组织资源建设专家组及各学科工作小组、技术小组按照已定的“资源评价指标”对征集到的资源进行审核、筛选、优化、整合并确定资源的等级和价格。对筛选出的基础较好但不完善的资源由技术小组在学科工作小组帮助下进行优化(包括增补、修改部分内容或重新开发部分内容)，使之达到合格资源的要求。所有的审核与定价工作应以教育需求为前提，并按资源数量和质量给予生产者一定的报酬。教育资源的评价是一个不断延续的过程，在资源的后续使用过程中，也要获取用户的反馈信息，以对该资源进行完善。

6. 资源入库

利用计算机网络技术，通过资源管理平台批量或单个将资源存入数据库中，这时需要资源收集整理者在入库时对资源的所有属性进行预校验，确保资源库中数据的精确性。这一步需要一定的认真态度和一定的资源分类知识。能否准确标注资源的属性将会影响以后整个资源管理系统使用时资源的查全和查准问题。

7. 资源的运营和维护

教育资源的整合是一个动态的过程，需要在后期的运营过程中不断维护和更新，以实现资源的持续发展。主要包括：定期采购资源，利用信息搜集模块自动实现资源补充，定期审核原有资源，删除无效资源，保障资源的质量。

当涉及具体教育资源开发的时候，又有不同之处。课件是针对一个或几个知识点实施相对完整教学的辅助教学软件，其中能在标准浏览器中运行的是网络版课件，也称网络课件。网络课程是在先进的教育思想、教学理论与学习理论指导下给予 Web 化的课程，其学习过程具有交互性、共享性、开放性、协作性和自主性等基本特征。网络课件和网络课程比较，二者的出发点不同。前者是从教学活动出发，后者是从社会需求出发，但它们的教育目标是一致的，都是使学习者的认知结构发生一定的改变，使他们学会认知，学会生存，学会做事和学会与人共事。网络课件把课程中所规定的教学内容、教学目标用软件的方式实现出来，但缺乏很多课程的内涵，如社会需求分析、课程规划等。

专题学习网站是指在互联网络环境下，围绕某门课程与多门课程密切相关的某一项或多项学习专题进行较为广泛深入研究的资源学习型网站，其主要功能是：

(1)基础知识的结构化展示；

(2)本专题相关的扩展性学习资源的整合；

(3)进行交流、讨论、答疑；

(4)学习者进行自我测评。

以下简述三种教育资源的开发流程，实际操作过程中可做相应调整。

(1)网络课件的开发流程：知识点解读，确定需求→脚本分析编写→教学设计→课件具体制作→课件试用评价。

(2)网络课程的开发流程：前期需求分析→确定教学大纲→教学设计→总体设计→脚本编写→素材准备→网络课件制作→课程试用与评价。

(3)专题网站的开发流程：前期需求分析，提出项目→资源整理与扩展→网站结构设计→网站页面设计→测评系统设计→网站开发(添加代码，组合网站)→调试评价。

创建：网络教育资源的创建

与网络资源的创建相关的知识和技术非常丰富，在此章节中，只重点讲述创建网络课件和网络课程以及专题学习网站的注意点，而不涉及具体创建过程。

一、创建网络课件

目前应用较广的多媒体课件创作工具有 Authorware，Toolbook，Director，Action，PowerPoint，方正奥思，洪图，蒙泰瑶光，多媒体大师等。这类软件为图形界面，易学易用，一般人均能在短时间内学会，不用编程，不需要记忆复杂的编程命令，只要有基本的计算机常识就能使用。对于刚接触计算机的教师来说，应该选择 Office 套件中的 PowerPoint。PowerPoint 是一种专用于制作演示用的多媒体幻灯片工具，适合于初学者选用，它以页为单位制作演讲文稿，然后将制作好的页集成起来，形成一个完整课件。

我们在创建多媒体网络课件的时候需要注意以下几点。

1. 遵循启发性教学的原则

课件是课堂教学的辅助手段，目的是优化课堂结构，提高课堂教学效果，对课堂教学的作用应该是启发、点拨，因此必须坚持启发性教学的原则。将抽象的知识直观演示出来，以新异刺激学生的感受，激发学生的学习积极性，从而促使学生理解、掌握其本质，课件是辅助而非取代，所以应避免进入"为多媒体而多媒体"的误区。

2. 遵循可操作性的原则

课件在设计中要考虑到可操作性，要直观、形象，但更重要的是实用。不能将它演变成固定的程序来束缚学生的思维。也有的课件因为设置不明确或操作过于复杂，造成教师在操作中出现错误，或无法返回，只好从头再来。

因此在课件的制作过程中需要考虑以下几点：

(1)课件的操作界面。在课件的操作界面上有含义明确的按钮和图标，要支持鼠标操作，避免复杂的键盘操作，设置好各部分内容之间的链接，可以方便地向前、后跳跃或跨越。较复杂的课件可以设置帮助键。

(2)课件的交互性。课件不能是电影，一放到底，要注重学生的学，让学生的学有一个循序渐进的过程，给学生留有思考的余地。所以课件必须有交互，可以有选择地在课堂上使用课件的各部分。

(3)教学与艺术相结合。一曲优美动听的音乐、一幅赏心悦目的图片，无疑将更能吸引学生的注意力，也能极大地提高课件的质量。教学是一种艺术，教学本身就应渗透着艺术，课件也应是教学与艺术的完美结合。

很多教师自制的多媒体课件中，粗制滥造已成为一种通病，奇形怪状、大小参差不齐的字体、未加任何处理的模糊图片、糟糕的界面，有些教师甚至懒于将各元素排列整齐，不仅不会给学生带来美的享受，长此以往，还会使学生逐渐失去对这类课件的兴趣。多媒体课件的评比中，课件界面的美感已占了很大的比例。

课件艺术方面的要求，除了界面的美感，还需要注意不宜过多使用色彩艳丽的插图，令人眼花缭乱的切换与效果，以免引起学生注意力分散，降低学习效率。

一个好的多媒体课件主要应体现以下几个特征：

(1)能充分、合理、恰当利用多种媒体(文字、图像、视音频及动画等)，以弥补传统教学方法与手段的不足。

(2)必须以学生为本，摸透学生的思维方式方法，在课件中尽可能全面地提供可能出现的问题及其相应解决方法；而且课件播放不能是单纯的线性，要有一些人机对话或交互式元素。

(3)新颖的教学思路与结构。

(4)色彩对比强、搭配和谐、构图美观、制作有创意。

总之，一个优秀的多媒体课件应该充分发挥学生的潜能，强化教学效果，提高教学质量。“教学有法，但无定法，贵在得法。”教师应该不断积累经验，掌握多媒体课件制作技巧，努力获得更佳的教学效果。

二、创建网络课程

按照金伯格等的分类，网络课程可以分为三代：第一代是通过网页给学习者提供教学材料和有关资料，同时与其他的有关教育网链接；第二代是除了在网上提供学习材料外，要求学习者通过电子邮件、电子公告栏、网上练习和测评进行异步双向交流；第三代是除了第一代、第二代外，要求通过网上交谈室、电话会议、视频会议或 MUDs(MOOs)系统进行同步双向交流。当前世界网络课程已向第三代发展。现在我国的网络课程大多是属于第二代。

网络课程是通过网络表现某门学科的教学内容及实施的教学活动的总和，目前网络课程的基础是课件，所以在内容的创建方面，网络课程可以参考课件的创建，但是作为课程毕竟不同于课件，除课件中提及的注意点之外，创建网络课程还需要注意以下几点。

1. 技术和研究需同步

我国目前的网络课程主要是属于第二代，实践与研究还停留在提供学习材料，学习者通过电子邮件、电子公告栏、网上练习和测评，与教学者进行异步双向交流的阶段，网络化课程发展缓慢；另外，精品课程对同一学科的带动作用还比较有限，重点教材的指导性作用没有体现，很多网站的建设流于形式。

2. 资源形式勿单一

目前网络课程教学内容的表现形式主要是 PowerPoint 课件和课堂录像，学生在学习过程中大部分只是被动地看和听，缺乏多方面互动交流。大部分的网络化课程都以网页形式呈现，其中大多以静态方式展现，其组织方式是线性的，更新频率也不够快。显然单一的资源形式不符合学习者的认知规律，缺乏教与学的互动交流，难以调动学生学习的兴趣和积极性，影响教学效果。

3. 提高资源重用性与共享性

在思想认识上，许多高校和教师对精品课程共享的作用与意义认识不足；在技术条件方面，精品课程开发缺乏统一的技术规范、标准，缺乏有效的共享平台；在管理机制方面，缺乏合理有效的知识产权制度安排，缺乏高校之间的互动交流机制等。从目前的情况来看，对精品课程的建设关注较多，而对精品课程的共享利用关注较少，这在一定程度上造成了“建设”与“利用”环节的脱节，进而影响了精品课程的可持续发展。

4. 创建合理的反馈和评价系统

目前的网络课程注重对学习者的评价(作业和考试)，却很少考虑学习者对授课教师的授课方法和新教材适用度的评价。在网络教学中(视频会议例外)，教师不能通过观察来了解学习者的学习情况，也不能得知学习者对授课及教材是否适用的评价，只能依赖于网络课程的作业和考试来实现异步交互。所以课程设计、开发时必须考虑组织形式多样的交互活动，以拉近学习者之间以及学习者和教师之间的距离，为学习铺设良好的情感氛围，消除远程学习者的孤独感，提高学习者的学习积极性。

5. 加强后期的维护和管理

目前精品课程网络资源的管理问题都表现在对网上资源的后期维护不够，重建设轻应用。许多网络课程根本不能访问，形同虚设。

三、创建专题网站

专题学习网站是为学习者深入学习专题知识提供必要的支撑平台。专题学习网站不同于一般网站是围绕某一专题进行详细而深入的资源建设，利用该平台组织学习者进行全面深入的探讨和学习，并可以利用其丰富的资源，在创设情境下分析知识内容，利用相关资源，培养学习者多方面的能力。专题学习网站的学习内容相对具体并具有系统性，学习对象具有特定性，学习方式具有探究性。学习内容通常是以某个知识点为线索，搜集大量相关素材，在广度和深度上都有不同程度的扩展，可能会打破原有知识的结构和顺序，在综合多门学科知识的基础上，重新组织、整合与该主题相关的其他学科知识。

创建专题学习网站，首先要有一个科学的选题，专题应健康，有学习价值；还要遵循教学设计原则，仔细分析学习者特征、教学内容和教学目标，设计出符合学习者认知心理的表现形式，促进学习者主动进行意义构建；遵循内容整合性原则，专题学习网站是围绕某个知识点展开的，所以必须搜集大量的相关素材，综合多门学科知识，打破原有的知识结构和顺序，重新组织、整合与该主题相关的其他学科知识，要在深度与广度上引导学生进行自主学习；展示与学习相关的结构化知识，这样可以满足不同层次的学生进行学习以及不同学科教师教学的需要，使得学生与教师或者学生与学生之间可以围绕某个专题进行讨论；需要提供在线测评系统，体现出交互性与协作性，使得网站可以不断更新、改进、提高。

专题学习网站至少包括专题知识、专题资源库、专题学习应用工具和专题学习评价四部分。

分享：展示典型网络课件

这里以国家精品课程——济南大学的C语言程序设计的教学课件为例(http：//c. ujn. edu. cn/index. asp)。课件的展示是一个对学习者视觉刺激的过程，所以画面需要符合学生的视觉心理。该课件布局简明扼要，突出重点，减少了无关信息的干扰，前景与背景的对比，重点与非重点的对比，字符大小的对比都比较适合。该课件针对的人群是本科学生，所以课件整体特点是比较简约，没有花哨的页面和动作。

内容方面，课件的内容体系结构明确，重点突出，图文结合的方式让学习者更直观地接受相关信息。此课件不仅可以用于教师课堂教学，也可以用于学生自学。

工具：网络资源开发工具

一、文本素材处理工具

各种媒体素材中文字素材是最基本的素材，大量的教学信息都是用文字、字符及特殊符号来表现的，如各种科学原理、概念、计算公式、命题、说明等内容。

文字素材的处理离不开文字的输入和编辑。文字在计算机中的输入方法很多，除了最常用的键盘输入以外，还可用语音识别输入、扫描识别输入及手写识别输入等方法。目前，多媒体课件多以 Windows 为系统平台，因此准备文字素材时应尽可能采用 Windows 平台上的文字处理软件，如写字板、Word 等。选用文字素材文件格式时要考虑课件集成工具软件是否能识别这些格式，以避免准备的文字素材无法插入到课件集成工具软件中，如纯文本文件格式(＊.txt)可以被任何程序识别，Rich Text Format 文件格式(＊.rtf)的文本也可被大多数程序识别。

在实际应用中，文字还是主要采用人工录入、手写汉字识别系统、扫描仪和语音识别进行录入，然后采用字处理软件进行编辑整理。目前还有一些操作简单、兼容性强的文本抓取工具，如 Snagit。OCR 字符识别可以将图像文字转换为文本文字，CAJView 能够识别转换 PDF 等格式的论文。

二、图形/图像素材处理工具

图形/图像素材是网络教育素材中的常用素材，分为矢量图和位图。

图像的采集大多通过扫描完成，高档扫描仪甚至能扫描照片底片，得到高精度的彩色图像，现在流行的数码相机为图像的采集带来极大的方便，而且成本较低。图像素材还可用屏幕抓图软件获得，如PrintScreen，Snagit，HyperSnag等，也可直接利用图像处理软件进行创作，目前常用的软件有Photoshop，CorelDraw，Fireworks等。

图形一般可借助计算机图形创作软件进行制作，常见的图形创作软件有Windows“附件”中的画笔工具，它是一个功能全面的小型绘图程序，还有一些专用的图形创作软件，如CorelDraw，AutoCAD，Freehand，Illustrator等。

归纳起来图形/图像的采集主要有5种途径：用软件创作，扫描仪扫描，数码相机拍摄，数字化仪输入，从屏幕、动画、视频中捕捉。

三、音频素材处理工具

计算机中广泛使用的数字化文件有两类：WAV和MIDI格式，此外还有MP3，VQF等其他高压缩比的格式，可以采用软件使各种声音文件进行格式的转换。

课件中声音素材的采集和制作可以有以下几种方式：

(1)利用一些软件光盘中提供的音频文件或者直接从互联网下载获取。

(2)通过计算机中的声卡，利用话筒录制声音。如制作课件中的解说语音就可采用这种方法。

(3)通过计算机中声卡的MIDI接口，从带MIDI输出的乐器中采集音乐，形成MIDI文件；或用连接在计算机上的MIDI键盘创作音乐，形成MIDI文件。

(4)使用专门的软件抓取CD或VCD光盘中的音乐，生成音频素材。再利用声音编辑软件对声源素材进行剪辑、合成，最终生成所需的音频文件。

四、视频素材处理工具

视频作为多媒体家族中的成员之一，在多媒体课件中占有非常重要的地位。因为它本身就可以由文本、图形图像、声音、动画中的一种或多种组合而成。利用其声音与画面同步，表现力强的特点，能大大提高教学的直观性和形象性。

视频素材的采集方法很多，最常见的是用视频捕捉卡配合相应的软件(如Ulead公司的Media Studio以及Adobe公司的Premiere)来采集录像带上的素材。另一种方法是利用超级解霸、金山影霸等软件来截取VCD上的视频片段，并保存为视频文件。这种方法的特点是不需要额外的硬件(如视频卡、摄像机等)投资，有一台多媒体计算机就可以了，用这种采集方法得到的视频画面的清晰度，要明显高于用一般视频捕捉卡从录像带上采集到的视频画面。另外，还可以用屏幕抓取软件如 Snagit，HyperCam 等来记录屏幕的动态显示及鼠标操作，以获得视频素材，但此方法对计算机的硬件配置要求很高，否则只能用降低帧速或缩小抓取范围等办法来弥补。

对于得到的 AVI 文件或 MPG 文件进行合成或编辑，可以使用最常见的视频非线性编辑软件 Adobe Premiere、会声会影、视频编辑专家等。

五、动画素材处理工具

动画制作软件很丰富，流行的有 Autodesk 公司的 Animator(二维动画)和 3D Studio Max(三维动画)。Flash 动画在网页中应用广泛，是目前最流行的二维动画技术。用它制作的 SWF 动画文件，可以嵌入到 HTML 文件里，也可以单独成页，或以 OLE 对象的方式出现在 Authorware 课件中。SWF 文件的存储量很小，但在几百到几千字节的动画文件中，却可以包含几十秒钟的动画和声音，使整个页面充满了生机。Flash 动画还有一大特点是，其中的文字、图像都能跟随鼠标的移动而变化，可制作出交互性很强的动画文件。

六、多媒体素材集成工具

课件开发时选择不同的开发工具，也就相对地选择了不同的多媒体素材集成的逻辑组织结构方式。多媒体素材的逻辑组织方式主要有基于图标的方式，基于时间轴的方式，基于关键帧的方式和混合方式。

1. 基于图标

Macromedia 公司的 Authorware 是基于图标方式来集成媒体素材的典型代表。Authorware 自 1987 年问世以来，已经成为世界公认领先的开发互联网和教学应用的多媒体创作工具。基于图标的创作方式使创作者能够方便地看到程序设计的整个流程，并可拖动图标调整其在流程中的位置。

2. 基于时间轴

Director 是一种基于时间轴的多媒体创作软件，和其他工具相比，它的动态特性更为突出。在用 Director 进行制作时，必须把握住它的主要特点，合理地安排演员演出的顺序，演员或背景交换时的转场形式，并且在影片需要停顿或跳转的时候在脚本通道中及时地加入暂停或跳转指令。

3. 基于关键帧

Flash 是通过使用关键帧和图符所生成的动画。swf 文件非常小，几 K 字节的动画文件就能把音乐、动画、声效交互融合在一起，通过 Action 和 FSCommand 可以实现交互性，使 Flash 具有更大的设计自由度。另外，它与当今最流行的网页设计工具 Dreamweaver 配合默契，可以直接嵌入网页的任一位置，非常方便。

4. 混合方式

很多媒体素材的集成都采用了混合方式。混合方式最典型的代表是基于面向对象高级语言如 VB，Delphi 等。

此外，网络课件开发工具还有一些基于静态或动态网页的，如 FrontPage，Macromedia Fireworks，Macromedia Dreamweaver 等，教师们使用得比较广泛，这里不再详细叙述。

评估：基于教育资源建设标准的网络教育资源的评价

一、成立教育资源评审小组

为保证资源评审的科学性，应建立包含各方面专业人员的评审小组。一般根据不同的学科成立各学科的资源评审小组，其中包括综合学科小组。小组成员有学科教学专家、资源用户（教师、学生、家长）、技术人员、统计人员（对资源评审抽样结果进行统计）等，可由 1～2 名专家作为整个小组的负责人。在整个评审过程中，每个人应各司其职，在自己的环节把好关，同时应注意小组成员间的相互交流，及时协调意见差异，实现评审过程的顺利完成。

二、设计教育资源评价方案

不同等级的教育资源库在资源质量要求上会有所不同，因而需要根据特定的评审目标来确定教育资源评价方案，对评价的依据标准、方法途径、实施程序等做出设计和安排。

三、教育资源评价指标体系设计

评价对象是客观的事物，就其本质而言，是对事物的优点和价值的判断，而要对事物的价值做出具体的判断，我们就必须知道判断的内容是什么，对这些内容进行判断时价值取向是什么，具体内容的各个部分对价值取向的影响力如何，这些内容就是某类评价的指标体系。具体来说，一个评价指标体系应包括三个部分：

(1)评价要素：它反映被评价对象特征的各个成分。

(2)评价标准：它是衡量事物特征各个成分的比较基准。

(3)指标权重：它是指各个成分在总体中所具有的重要程度的标志。

评价指标体系设计的一般过程是：先对目标进行分解，导出评价对象特性，然后建立评价标准，确立价值取向的原则，最后是指标加权。

表 7-8　网络课程评价指标

一级指标	二级指标	评审标准	分值(M_i)	评分等级(K_i)				
				A	B	C	D	E
				1.0	0.8	0.6	0.4	0.2
课程内容40分	课程说明	说明整个课程的目标，说明课程所属领域范围、所针对的学习者群体、典型学习时间以及有关的教学建议等	5分					
	教学内容	按主题把内容逐级划分为合适的学习单元或模块，每个页面主题明确，每个段落意思集中。 针对学习者的心理特征，按照各主题之间的逻辑关系合理地组织编排课程内容。 针对共同涉及的核心知识点建立页面间的链接；互相链接的资源在意义上密切相关	25分					
	资源扩展	提供与课程内容相关的、有学习价值的外部资源链接	10分					
教学设计30分	教学内容	各单元目标具体明确，课程内容能够引发学习者对学习内容的积极投入、操纵和思考	5分					
	学习者控制	在学习过程中，学习者能按照自己的需要对学习环境进行个性化定制，控制学习进程，选择和组织学习内容	5分					
	媒体应用	运用恰当文本、图表、图像、音频、视频、动画等媒体形式来表现课程内容	5分					
	实例和演习	针对课程内容提供有关的实例和演示，在需要的时候提供多种变式，促进学生对知识的理解	5分					
	练习与反馈	提供不同层次的练习，让学习者应用新习得的知识技能。学习者要在练习中得到有意义的反馈	5分					
	评价	给学习者提供关于各单元和整门课程的测验，测验具有较高信度和效度	5分					

续表

一级指标	二级指标	评审标准	分值(M_i)	评分等级(K_i)				
				A	B	C	D	E
				1.0	0.8	0.6	0.4	0.2
界面设计20分	风格和布局	风格一致统一，布局简洁美观，页面文本、图形等可视元素搭配得当，具有视觉吸引力。文字、图形大小合适，颜色对比适当，清晰可辨	8分					
	导航链接	导航直接明确，简便易用，学习者可以方便地访问课程的各模块，有明确的定位标记，方便学习者确认自己当前的位置。链接明显易辨	4分					
	拓展功能	例如提供内容检索，对学习者的操作能够做出反馈，提供电子书签帮助学习者记录学习进程	4分					
	帮助	针对课程的操作使用方法提供完整的指导说明	4分					
技术10分	运行环境说明	完整、具体地说明课程运行所需的基本硬件要求、网络配置及软件名称和版本	2分					
	安装、运行、卸载	课程无须安装，或能自动安装，或者学习者可以按照提示顺利安装，无须专门技术帮助。课程能正常、可靠运行，能可靠地启动和退出，各功能按钮能正常工作，没有链接中断或错误，没有明显的技术故障。学习者可以按照屏幕提示或使用标准操作系统的控制面板中的“添加/删除程序”来卸载课程，无须专门技术帮助	4分					
	多媒体技术	课程中所采用的媒体格式符合有关技术标准，适合网络传输要求	2分					
	兼容性	课程能够适应不同的学习管理系统(LMS)，符合关于网络课程的互操作性的规范	2分					

四、评价的实施

这是评价的数据收集阶段，工作人员根据已设定教育资源评价指标体系编写问卷或调查表，问卷发放对象的不同，内容也有所不同，应该根据资源建设专家、学科专家、教师、学生、家长等不同的资源使用者，进行相应的调查和数据收集。

五、数据的整理与分析

这些工作包括对资料的评分处理，一般还应进行必要的统计工作。这有助于评价的诊断和分析，使未来的修正工作获得科学的依据。但仅有量化数据也不能进行价值判断，还要求对之进行分析和解释。

专题五　网络教育资源的应用

讲座：网络教育资源的应用模式

要讨论资源应用，就不可避免地要说明资源“从何来”，即资源的建设问题。资源建设成何种规模，资源的可利用程度怎样，资源由谁来建设，给谁应用都是需要说明的问题。在资源建设阶段就考虑资源的应用，将促进资源的优势互补和可持续发展，提高资源的应用效率。教育资源库已经发展成为具有多种建设模式和各类服务目标的不同形式的资源库。

一、资源建设的模式

网络教育资源建设可以从文件目录管理、专题资源网站、静态学科资源网站、教育资源管理数据库、教育资源中心和分布式教育资源网六个方面开展。

1. 文件目录管理

这种方式根据教育资源不同分类方法，将其存储在服务器上不同的目录中，通过计算机的操作系统目录共享功能对资源进行管理和操作。这种存储方式的特点是资源管理直观、简单，远程访问时速度快，可通过网上邻居、http或ftp方式直接将该资源文件下载到本地，但是当资源积累到一定规模时，由于缺少便捷的建设工具，使用和管理都很不方便，资源的安全性较差。目前很多学校自发组织资源共享基本上都是采用这种存储方式。

2. 专题资源网站

这是一种有针对性的对资源进行建设的方式，如主题资源库和虚拟社区资源库。主题资源库与国外的探究式学习网站(WebQuest)比较类似，针对某一主题，提供各种探究活动、学习资源和讨论组，为现在的研究型学习提供丰富的资源和空间。虚拟学习社区资源库以讨论组的方式将本站中的资源划分成不同版块，用户在获取资源时也可以将自己的资源共享出来，每个版块的负责人会定期整理本版块的发言，将零散、无序的内容条理化和系统化，并作为精华资源推荐给用户。

3. 静态学科资源网站

按学科分类，将各学科的教育资源通过网页的方式链接在一起，并由此而形成学科群资源网站。学科网站针对各个阶段教育的特点，以学科分类，一方面能调动学科教研员的积极性，尽快组织学科骨干参与建设；另一方面由于学科教育所积累的资源较丰富，便于短期内建设起网站的框架，并不断充实资源，同时更能直接体现教育学的主题。

4. 教育资源管理数据库

教育资源管理数据库一般将资源文件以二进制数据形式存储在关系型数据库中，对教育资源的管理都是基于对数据库的操作。教育资源管理系统是对存储于资源库介质中的教育资源进行管理、维护和更新的软件系统，主要包括三个子系统：资源管理子系统(媒体素材库管理、题库管理、试卷库管理、案例库管理、课件库管理、文献库管理、常见问题解答库管理、资源目录索引库管理和网络课程管理等)，系统管理子系统(安全管理、网络性能管理、计费管理、故障管理等)，资源建设与使用交流子系统(资源更新、邮件列表订阅、资源定制、异步交流、同步交流)。这三个子系统为三类用户(管理员、审核员、一般用户)提供资源检索、资源发布、资源审核、权限管理、计费、用户信息交流等多个方面的服务。

5. 教育资源中心

就一个城市的教育资源管理而言，可以形成包括城域教育资源中心系统，区、县教育资源系统和学校教育资源库系统的三层资源组织结构。每一级资源库向上一级提出资源和服务需求或将零散资源提交上一级整合汇总，因而上级对下级来说以资源中心的角色存在。

6. 分布式教育资源网

分布式资源网并不局限于一个网站中，它可以由多个不同级别的站点组合而成，形成一个以地域范围为单位的教育资源网。资源网和资源中心的类似之处在于两者都是由多个资源站点所构成，但前者所包括的各个站点并没有主次之分，它们之间是对等的关系。这是一种有效整合区域资源的方式，各子区域和学校中的资源可以保持原始的分布式存储状态，而重点在于建立大型编目系统，该系统包含了所有资源的索引信息，但并没有实际的物理存储，用户在大型编目系统中检索到资源后，通过代理服务将其他站点的资源传送给用户。整个资源网络的结构对用户来说是透明的，他们在编目系统中能访问到网络中的所有的资源目录，而无须关注资源实际的物理位置，任何涉及远端访问的操作，当地站点会自动启动资源代理为用户服务。分布式资源网可以有效整合大范围内的教育资源信息，使得教育资源可以得到最大范围内的共享，又可以避免大量资源集中存储容易引起的拥塞等问题。

二、从教师和学生的角度看应用模式

学生和教师是资源的直接使用者，也是资源服务的对象。教师和学生可以通过何种方式、如何使用资源是我们需要考虑的问题。以下将分别从教师、学生的角度来分析网络教育资源的应用模式。

1. 教师

在资源丰富的信息化时代，对于教师来说，可以利用这些资源来进行学科教学，将资源融合进课程，提高课堂的知识含量与教学效率。随着信息技术与课程整合的发展，优秀的网络教育资源必将应用到学科教学中来。目前，很多主流教育资源网站都会对资源进行学科分类，如基础教育资源网的“按学科分类”和 K12 教育资源库中的“学科知识博览分类”，这与《教育信息技术标准》中元数据的建设标准是相对应的。同时，随着教育资源库的进一步发展，很多都提供了备课工具、教学工具等。这些也为教育教学提供了更大的便利性。

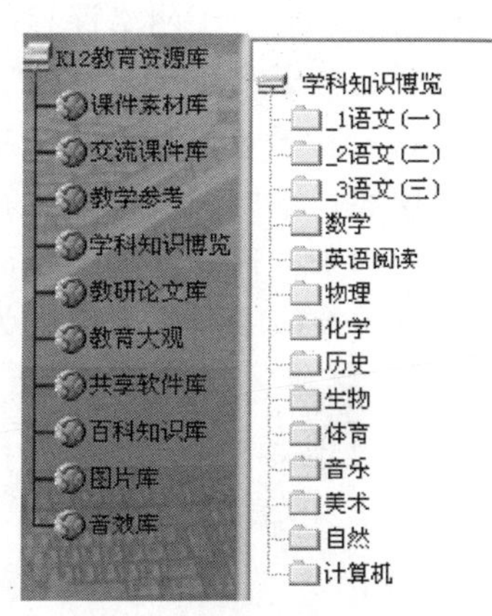

图 7-14　K12 教育资源库中资源的学科分类

同时，资源不仅可以用来教学，而且可以用来进行技能培训。通过基于丰富网络教育资源的培训，达到短期内提高自身信息素养与教育教学技能的目的，实现教师自身的专业化发展。这样，以教师为引导，通过教师来推动学生，进一步拓展教育资源的应用面。应用网络教育资源对教师进行集中培训，使广大教师掌握现代教育理念，掌握应用优质教育资源实施教学的理论和方法，形成教师根据教学实际将优秀教学资源应用于教学的主动性和自觉性。从“Intel”未来教师培训到国家基础教育资源网上开展的“中西部农村义务教育学校教师国家级远程培训”，再到 2010 年教育部、财政部下发实施的“中小学教师国家级培训计划”，教师教育培训的一个显著趋势就是网络发挥的作用越来越大，基于优秀教育资源的培训越来越普及，在教师培训中，网络教育资源将发挥越来越重要的作用。这些应用在一定程度上也推进了资源的建设。例如，2010年国培计划就把“开发教师培训优质资源”作为一项重点项目。

2. 学生

在资源开放与共享的趋势下，对于学生来说，可以平等感受、体验、享用网络上丰富的教育资源。通过使用资源，提高信息素养，拓展知识面，养成良好的学习习惯，锻炼与同伴共同学习的能力，使自己成为“会认知、会做事”的21世纪新人。

充分发挥网络资源的优点，根据教学内容、性质、学生的特点与需求，通过信息技术创设情境，灵活选择不同的学习方式如体验式学习、交互式学习、探究式学习、协作式学习、自主学习等；从资源类型的角度，学生可以利用各种基于资源的学习形式，如基于专题网站的学习、基于案例的学习、基于网络课件的学习、基于网络课程的学习、基于(主题)资源库的学习。同时，随着数字出版与电子出版行业的发展，电子书、电子书包已经成为当下资源建设的一大热点，基于电子书包的学习即将成为一种趋势。同时，随着人工智能技术和虚拟现实技术的发展，虚拟教室、虚拟实验室、虚拟博物馆等虚拟的环境也已经建立起来。这种环境不仅可以为学生提供教具、学具和思维工具，而且让学生的学习突破了时空界限，为发展学生的各种潜在能力提供了优越条件。这种

图7-15 华东师范大学教育信息技术工程中心开发的电子书包基本模型

虚拟的环境可以为学生提供一定的学习环境，也可以算是一种很好的学习资源。有了这些优质资源作为条件保证，学生的学习效果可以得到进一步的提高。

3. 应用分析

对于教师来说，在大量的学科教学资源的前提下，可以尽快形成完善的教学方法，有效地开展信息技术与学科教学的整合，高质量地完成学科的教学任务。

(1)直接借鉴。选好课题，在资源库中查询相关讲解内容，并将查找到的资源(教案示例、典型例题、媒体展示、探究活动、习题精选、拓展资料)下载下来，建成所需的教学资源包，分析并学习资源中的教学设计、媒体展示、练习设计等内容和要求，将下载的教案示例、媒体展示等资源直接运用到课堂教学中。

(2)辅助讲解。对于难度比较大的原理和规律，教师可以使用远程资源中的软件或媒体，来分析重点、突破难点，完成教学任务。

(3)对比反思。教师与教育资源中的范例为参照并与其比较，通过分析、评议、实践、提炼、反思等过程，教师可以从范例中接收新理念、新方法和新知识，以解决课堂教学中存在的问题。

(4)探索发现。通过浏览资源、发现问题、选择策略、尝试探索、解决问题 5 个步骤，师生共同在解决问题的过程中开展学习。

(5)构建网站。师生共建专题型学习网站，教师根据学生情况及已有资源情况，确定学习专题，收集相关资源，根据课程内容及目标，对收集到的资源进一步分类整理，进行二次加工，形成个性化、本地化的教育学习资源，利用网络共建把整理好的资源制作成相应的专题学习网站。同时，教师对教育资源进行二次加工和研发，可以实现资源应用的最优化和资源应用的本地化，同时可以进一步提高自身的研究能力。

除此之外，有很多数字化资源支持平台，这些平台可以很好地辅助教师完成以上类似的工作。上海教育资源库的教学备课中心是一个典型实例。上海教育资源库的备课中心提供了概念资源图创作系统、网络课件制作系统、电子教案制作工具、资源编目工具、网络课程编目工具、非音视频教育资源版权工具、教育视频资源组合系统、Flash 互动评测系统等备课工具，教师可以利用这些工具进行备课，把网络教学资源很好地融合进课堂教学。备好课后，教师可以利用多媒体教学设备在授课的过程中向学生展示资源，丰富课堂教学形式。通过课程教学之后，教师可以与学生一起推选出优秀的教育资源，并与学生共同分享。

三、从社会性软件角度看应用模式

社会性软件目前还没有明确的定义，人们通常认为社会性软件是能支持个人或群组间的会话和交流、支持社会反馈、支持社会网络的一类软件。按照用途不同可以分为 E-mail 软件(Outlook，Foxmail，Hotmail)、Blog 软件(Movable Type，Blogger，WordPress)、Wiki 软件(MediaWiki，PmWiki，Wiktionary)、即时通信工具(Skype，MSN Messenger，QQ)、社会网络工具(Likedin，Business 2.0，Facebook)等。这些软件在一定程度上为网络交流提供了社会化环境，有助于推动和促进社会交往。目前部分社会性软件已广泛应用于教育教学中，在基础教育、高等教育、职业教育、成人教育、企业培训、远程教育等领域中发挥着越来越重要的作用。利用社会性软件可以构建社会计算环境下的教学和管理平台，进行有效的网络课程资源整合，促进教师的专业化发展以及培养学生能力，实现创新性学习。例如，可以利用 Blog 构建个性化自主学习平台和进行知识管理，利用即时通信软件进行同步交流和即时反馈，利用 Wiki 开展开放式的研究性学习和建设开放的课程资源，利用 SNS 进行社会化协作学习等。还可以将各种社会性软件的功能进行整合，构建网络教学与管理平台。很多社会性软件已应用于学习系统中，成为其中的一个功能模块，如 Sakai 和 Moodle 等开源系统中已有 Wiki，Blog，Podcast，BBS，RSS 等模块。

在强调学生对知识的主动建构，强调学生学习的自主性和创新性，强调自主性、协作式和探究性学习模式，强调信息技术与课程整合的今天，社会性软件体现出了各种优点。它扩展了个人的学习空间，带来了更多的学习来源、学习渠道和交流空间，为学生学习提供了一个很好的平台。

对社会性软件在教育中的应用最具有代表性的研究例子就是美国教育专家 Michael Fisher 于 2009 年提出的“数字化布鲁姆”图示，该图示是 Michael 在布鲁姆目标分类学的认知领域层次分类图的基础上提出来的，将 24 种数字化工具(社会性软件)集合起来并具体分类到认知领域的各个层次当中，探索其各自在教学方面更深层次的应用。之后 Michael 和他所在的团队又对该图示进行了修改，形成了新的“数字化布鲁姆”。2010 年，以祝智庭教授为代表的研究团队在布鲁姆目标分类学的基础上，对新版“数字化布鲁姆”中的信息化实体工具进行资料文献收集和比较分析，利用国内的信息化工具建构出了中国版的“数字化布鲁姆”。

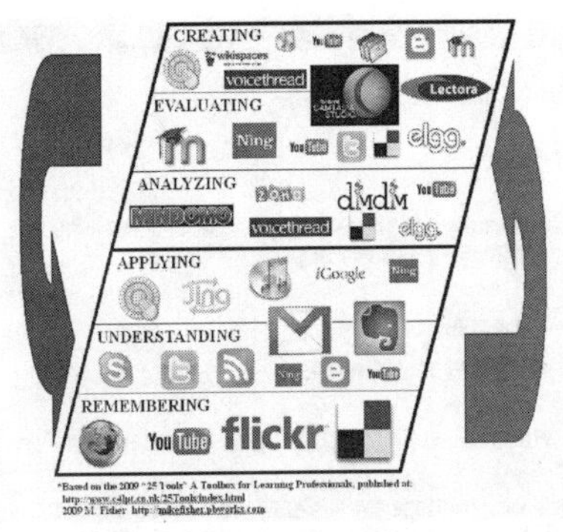

图 7-16　数字化布鲁姆 2009 年版

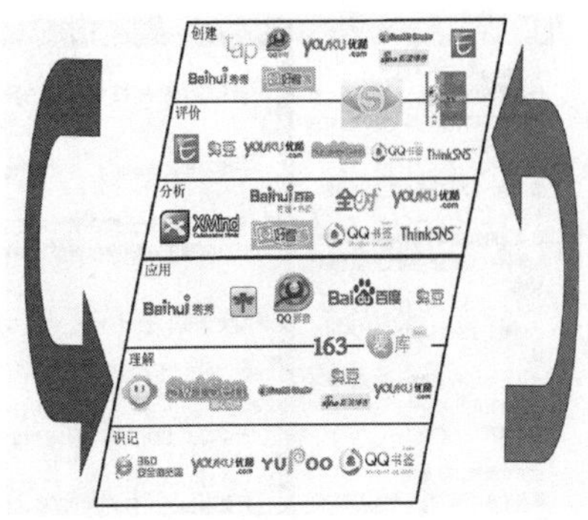

图 7-17　中国版数字化布鲁姆 2010

分享：网络教育资源新应用

一、Blog 和 Wiki 在教育教学中的应用

作为社会软件，Blog 和 Wiki 体现了一种“开源精神”，它们的特点是低成本、易用性、共享性、开放性和社会性，目的是实现知识积累、共享、交流、传播和再创造，这些使得它们在信息化教学中大有用武之地。

Blog 在教育教学中的应用已经逐步开展起来了，并在实践中证明了其教育教学价值。Blog 作为信息资源的过滤器，将信息杂合体中的精华部分萃取出来，链接在自己的博客空间推荐给学生，这样一方面节省了学生的学习时间；另一方面浓缩着知识精粹的文章内容也会通过互联网平台传播到更大的范围，从而获得知识共享的最大效果；Blog 是教学资源与时俱进、不断增值的优质平台——通过针对特定的专业领域开设的博客网站，通常都是该领域的专家或造诣较深又热衷于技术和网络、乐于奉献的学者充当 Blogger，他们会千方百计地把该领域的精华搜集整理，不断向学生展示该专业最核心的问题、最新的趋势和发展、最重要的人物和成果。例如，被称为“中国教育博客研究第一人”的上海师范大学数理信息学院的黎加厚教授的博客“东行记”，里面精心收集了非常丰富的网络教育资源供广大网络学习者共享。

Wiki 作为一种协同写作系统、讨论媒体、知识库和一种合作平台，因为使用方便、有组织、可增长和开发性等特点，和它所体现的开放、合作、平等、共创、共享的精神，在教育教学中大有用武之地，特别是教育教学资源库的创建和积累方面。Wiki 作为一个简单的 Web 站点，有着比普通站点更容易建立、编辑、控制和维护的优势，并允许任何人添加和修改其内容。这就使得 Wiki 不仅可以作为知识积累的平台，还可以作为交流合作的平台。

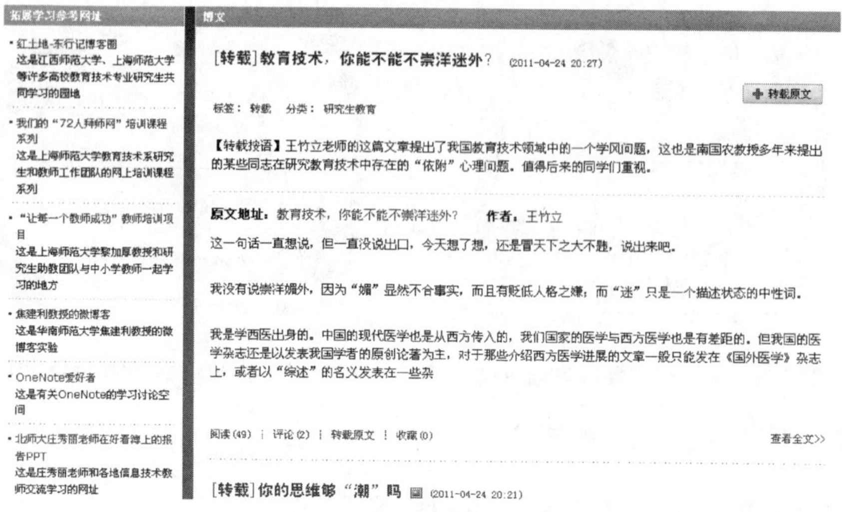
拓展学习参考网址

· 红土地-东行记博客圈
这是江西师范大学、上海师范大学等许多高校教育技术专业研究生共同学习的园地

· 我们的“72人拜师网”培训课程系列
这是上海师范大学教育技术系研究生和教师工作团队的网上培训课程系列

· “让每一个教师成功”教师培训项目
这是上海师范大学黎加厚教授和研究生助教团队与中小学教师一起学习的地方

· 焦建利教授的微博客
这是华南师范大学焦建利教授的微博客实验

· OneNote爱好者
这是有关OneNote的学习讨论空间

· 北师大庄秀丽老师在好看簿上的报告PPT
这是庄秀丽老师和各地信息技术教师交流学习的网址

博文

[转载]教育技术，你能不能不崇洋迷外？ (2011-04-24 20:27)

转载原文

标签：转载　分类：研究生教育

【转载按语】王竹立老师的这篇文章提出了我国教育技术领域中的一个学风问题，这也是南国农教授多年来提出的某些同志在研究教育技术中存在的“依附”心理问题。值得后来的同学们重视。

原文地址：教育技术，你能不能不崇洋迷外？　作者：王竹立

这一句话一直想说，但一直没说出口，今天想了想，还是冒天下之大不韪，说出来吧。

我没有说崇洋媚外，因为“媚”显然不合事实，而且有贬低人格之嫌；而“迷”只是一个描述状态的中性词。

我是学西医出身的。中国的现代医学也是从西方传入的，我们国家的医学与西方医学也是有差距的。但我国的医学杂志还是以发表我国学者的原创论著为主，对于那些介绍西方医学进展的文章一般只能发在《国外医学》杂志上，或者以“综述”的名义发表在一些杂

阅读(49) | 评论(2) | 转载原文 | 收藏(0)　查看全文>>

[转载]你的思维够“潮”吗 (2011-04-24 20:21)

图 7-18　黎加厚新浪博客

(1)知识积累的平台。可以建立世界地理 Wiki 站点、英语语法 Wiki 站点、成语故事 Wiki 站点、e-Learning Wiki 站点等，因为任何人都可以添加和修改内容，使得资源的积累非常容易，各种教学资源如讲义、论文、电子教材、图片素材等，Wiki 站点即成为该领域资源的一个丰富的教育信息源。可以在 Wiki 网站中建立教育技术百科全书，教育技术领域的专家、教师、学生，甚至任何对教育技术感兴趣的人都可以参与进来添加教育技术领域的术语词条，通过不断修改与完善，最后可以形成一个该专业的完整的、严密的和相对权威的专业知识系统，资源积累到一定程度甚至可以编辑出版。同时，也可以把 Wiki 建设成为一个教学案例库收集的工具，最终可以形成一个巨大的案例库，如东行记百科上收集的案例。

(2)交流合作的平台。可以把 Wiki 建设成为学生作业提交的平台、网上合作写作的平台、辅助学术会议、学术课题研究的平台。与 E-mail 提交作业相比，Wiki 允许每个人在需要的时候看到其他同学的作业。用 Wiki 可以便捷地对资源进行归类，最终使得作业的提交和修改变得非常容易和便捷。Wiki 可以作为协同写作的平台，处在不同地点的人合作写一篇论文或一本书。首先由创始者发布文章的框架、提纲或草稿，然后由这个合作写作的群体来共同完成。这篇论文或这本书就是这个群体共同建构的知识，是集体智慧的结晶。用 Wiki 可以完成由处在不同地点的会议成员一起起草的会议文件，一个人提出文件的草稿，其他几个人修改、澄清、提建议，甚至达成共识，形成定稿。同

时，可以把 Wiki 作为协同研究的平台，进行学术课题的研究。例如，中国科学院国家科学数字图书馆利用 Wiki 作为课题研究共创分享信息的一个平台——运用 Wiki，师生一起进行国家课题的研究和内容共创。

二、微博在教育教学中的应用

微博(英文名为 Microblog)，即微型博客，是随着 Web 2.0 而兴起的一类开放的互联网社交服务，它允许用户以简短文字随时随地更新自己的状态，每条信息的长度都在 140 字以内，支持图片、音频、视频等多媒体的出版，每个用户既是微内容的创造者也是微内容的传播者和分享者。微博具有简单易用、门槛低的特点，有着广泛的群众基础，内容的传播具有即时性，信息发布方式多样。同时，微博的交互方式创新，能够与手机结合，把博客微型化，让博主从计算机中解放出来，可以通过短信和彩信，WAP 版网站或者相应的手机客户端就可以登录并发表微博。而且，随着智能手机逐渐平民化，无线网络速度的提升和网络流量资费的下调，手机和微博的结合将越来越密切，微博将会为网络应用带来革命性的变化。

微博在教育中的应用将极大地促进移动学习、泛在学习的发展与实现。

(1)提供一个新型的师生交流工具。教师可以创建一个班级，随时随地用文字、多媒体等方式，将生活感悟、教学心得、课堂实录、研究成果等通过微博上传发表。学生加入之后也可以发表自己的想法和学习的困惑并和同学、老师进行交流。

(2)兴趣群组平台通过加入和创建兴趣小组就可以锁定某个领域的动态。群组是一个相对封闭的圈，信息的发布和接收更具有针对性，组员的积极性更高，交流更频繁。

(3)班级管理平台。班级由教师创建，教师作为超级管理员，班长是管理员。班级管理主要包括：发布班级通知，班级投票，班级日程，班级通讯录，上传和下载各种电子资源。

(4)学校信息发布平台。微博信息传播的即时性和便捷性使得它在信息发布中有着天然的优势。教务处可以发布各种教学通知、教学文件；教室运行部可以发布自习室开放楼层及教室的空余座位信息等。

三、电子书包在教育教学中的应用

电子课本是一个集中了在学校中的教学和学习领域里的数字模拟的媒介，并具有在线和离线媒体的优势。Jeong(2008)定义电子课本为具有支持和管理功能的开放式课本，可以呈现学习内容，促进教与学的进行，在学习者的主动参与中掌握和运用新知识。电子课本正在发展成为一种教学材料，它可以配置和创建个人学习与集体学习的知识，并且支持和管理教师和学生各自的教与学。电子课本作为学生的核心课本，学生可以用它来学习根据他们的学习能力和兴趣而定制的学习内容，电子课本提供了丰富的交互功能，提供给学习者融合课本、参考书、工具书、字典和多媒体内容(包括视频、动画、虚拟现实等)的综合学习资源，可以使学习者不受时间和空间的限制，既可以在学校，也可以在家很好地进行学习。

电子书包是一款致力于提高中国教育信息化、提高家庭和学校配合效率的产品，产品具备家校通功能，提供丰富的数字化教育资源、学生成长史等，它将成为学生学习和生活的信息助手，是一个真正的“数字化书包”。电子书包具有容量大、多媒体、非线性、交互性、个性化、智能化的特点。除阅读、批注功能外，可以用声音、视频、阅读等多媒体创设生动、形象的教学情境，提供方便快捷的查询功能，按需传送大量针对性强、能及时反馈、可自主产生的智能练习，能进行问题积累、错题收集、资源及时更新。它除了很好地支持系统学习外，还支持认知灵活的非线性学习。电子书包可以进入校园网和教育教学类专用网站，这些网络中的优质教育教学资源就可以为使用电子书包的对象服务，达到优质资源共享的目的。另外，一些名校名师的教育教学情况可以通过网络传输到电子书包中，让全国的中小学生都能进入这些名校名师的课堂；同时，用电子书包还有机会和名家名师进行交流互动，实现“零距离”接触，如向名家名师提问、咨询等，从而得到名家名师的单独教诲与指点。

我们可以畅想：未来教师可以随时在课本中加入媒体片段或录音；学生可以在上面做笔记——进行标记、加入媒体片段、注释，随时进行查阅或编排页码顺序。由于校园内实现无线技术，学生在校园内可以随时随地登录学校网站，获取资源信息。如有疑难问题，学生只需发送一个电子邮件或者一个简短的信息，只要学生身处校园内，几乎可以立即得到教师的答复。这种学习方式其实在国外的一些学校已经得到了实施。例如，美国加州政府把若干公立学校教科书传到网上供学生下载到电子书上使用。加拿大多伦多的布莱斯私立学校计划让全体学生和教师使用电子书，成为加拿大第一所取消纸质课本的学校。苹果公司计划使用智能课程公司(Course Smart LLC)的在线课程软件把 7 000 本教科书以电子书的形式放入 iPhone 和 iPad 中。国内，电子书出版公司汉王、方正、盛大也相继在电子书方面开展了很多工作。2010 年 6 月，上海市教委宣布将在 5 年内在全国率先推广电子书包。其实，早在 2001 年，国内北京、上海、大连等城市就已经开始试用电子书包了。相信在未来的中国，基于电子书(包)的学习将成为一大趋势。

四、开放课程资源在教育教学中的应用

在 MIT OCW 项目发起之后，开放课件的网站已吸引了全球200多个国家数亿次的点击，全球数百所高校也参与到这一项目中来。各大高校以及一些大型门户网站都纷纷添加了自己公开课视频网站或栏目。

谷歌旗下的视频共享服务网站“YouTube”于美国时间2009年3月26日，在站内开设了收集了美国所有大学视频内容的“YouTube EDU”。用户可浏览及检索授课录像和学校介绍等各大学上传到共享网站上的大量视频。该网站将麻省理工学院、耶鲁大学以及斯坦福大学等全美100多所大学教育频道的视频收集到一个网站内。除了可检索各大学的视频一览、播放次数较多的视频和频道登录较多的视频外，还能在该网站范围内检索。同时，该公司还在 YouTube 上追加了多种新功能，包括上传视频时显示处理进度的进度条、与高画质视频直接链接以及向迷你博客服务“Twitter”上传内容等。

2010年秋天，国内最大的门户网站之一的新浪加入了开放课程的行列。2010年8月20日，新浪在教育频道里正式放上了第一个开放课程的视频——哈佛大学的哲学课《正义》，这个视频的点击量约有3万多。同年11月1日，大型门户网站网易又推出“全球名校视频公开课项目”，首批1 200集课程上线，其中有200多集配有中文字幕。用户可以在线免费观看来自于哈佛大学等世界级名校的公开课课程。

视频公开课符合互联网开放共享的精神，学习者足不出户就可以获得名校的优质教育资源。虽然它并不能取代真实的课堂教学，但它的确是课堂学习之外的一种有效补充。有的网站还提供了一个学习者互相沟通和交流的平台，如 http：//www. cicistudy. com/。在这些平台里面，学习者可以找到与自己上同一门课的学生，就课堂上遇到的问题与学习心得互相交流，还可以推荐好的资源给同伴。对于提供课程的高校来说，这种开放课程的模式一方面提高了其知名度；另一方面，课程中有错误、疏漏的地方，也会得到及时指出和更正。这种开放共享的理念不仅加快了教育全球化的进程，同时促进了优质资源的共建共享。

参考文献

[1]祝智庭，王陆. 网络教育应用[M]. 北京：北京师范大学出版社，2004.

[2]李朝军. 我国教育资源建设可持续发展之路——我国基础教育资源建设的发展历程[J]. 中小学信息技术教育，2007(10)：4-6.

[3]信息管理系列编委会．分布式数据库．北京：中国人民大学出版社，2001.

[4]中国开放教育资源协会网(http：//www. core. org. cn/).

[5]谭凤．MIT OCW 的成功之道对我国精品课程建设的启示[J]．中国电力教育，2008(3)：168-170.

[6]中国教育信息化技术标准文库[DB/OL]．http：//www. celtsc. edu. cn/680751c665875e93.

[7]吴永和．学习资源服务生态环境构建的研究[D]．上海：华东师范大学，2009.

[8]上海教育资源库(http：//www. sherc. net/sherc/index/).

[9]刘清堂，王忠华，李书明．网络教育资源设计与开发[M]．北京：北京大学出版社，2009.

[10]国家基础教育资源网(http：//www. cbern. gov. cn/).

[11]夏欧东，章站士，祝火盛，等．关于网络课程开发现状与发展趋势的思考[J]．中国教育信息化，2010(13)：62-64.

[12]课件开发的十大原则[EB/OL]．[2009-03-21]. http：//lixiaojiaoxue. blog. 163. com/blog/static/1127541302009221224838518/.

[13]秦建波，王利．综述专题学习网站的设计、开发和应用[J]．中国教育技术装备，2010(9)：78-79.

[14]陈海林，李海霞，李斌．网络课程设计与案例赏析[M]．北京：清华大学出版社，2005.

[15]赵燕萍．高校网络课程的设计[J]．电脑知识与技术，2010(33)：9588-9589.

[16]陈庆贵，王及文．专题学习网站的建设与应用研究报告[J]．中国电化教育，2007(3)：48-53.

[17]何克抗．现代教育技术和优质网络课程的设计与开发[J]．中国大学教学，2005(1)：16-21.

[18]刘雷．教师教育网络课程的设计策略[J]．情报杂志，2002(7)：60-61.

[19]远程教育资源的整合与应用(模式二)[EB/OL]．http：//wenku. baidu. com/view/d9cd5c18ff00bed5b9f31d1d. html.

[20]陈丹，祝智庭．“数字布鲁姆”中国版的建构[J]．中国电化教育，2011(1)：71-77.

第八单元　网络教育应用开发技术

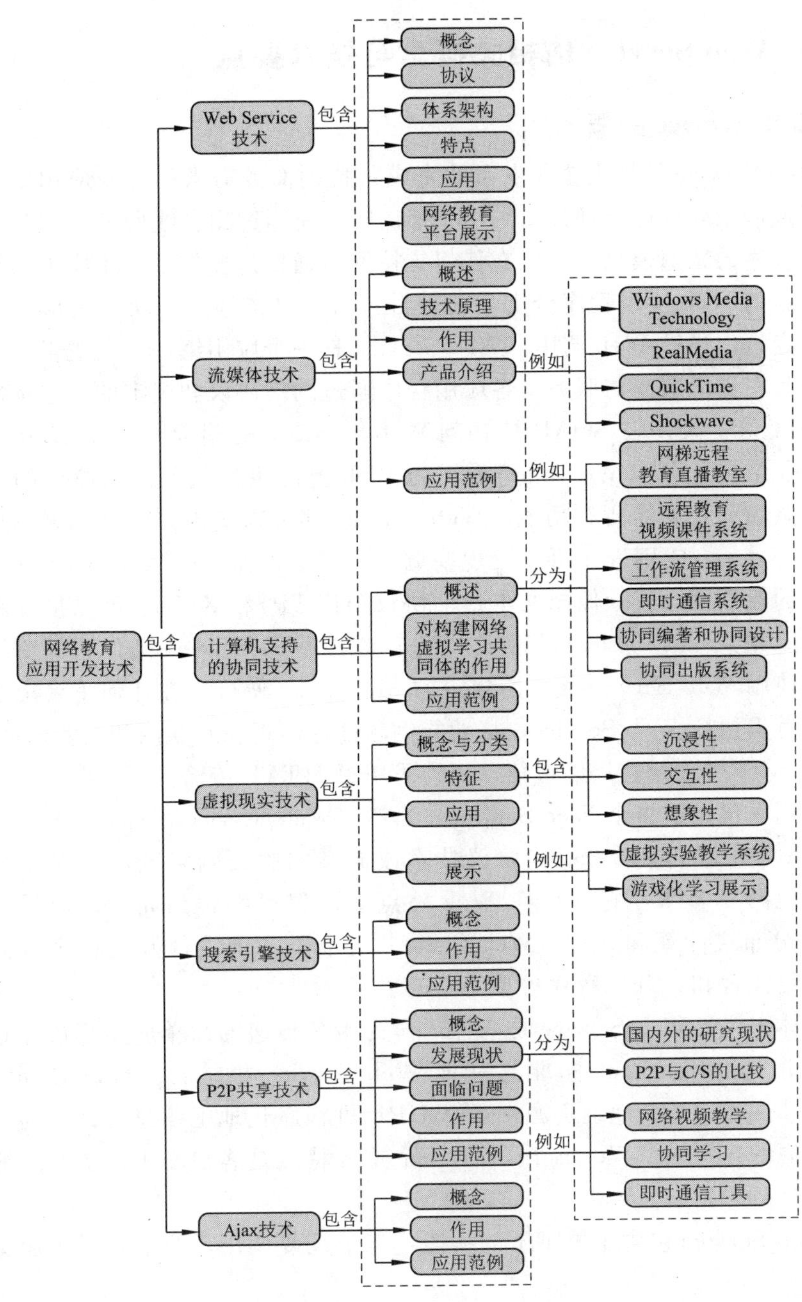

专题一　Web Service 技术

讲座：Web Service 的相关概念与技术要点

一、Web Service 的概念

Web Service 是指由企业发布的完成其特别商务需求的在线应用服务，其他公司或应用软件能够通过 Internet 来访问并使用这项在线服务；它是一种构建应用程序的普遍模型，可以在任何支持网络通信的操作系统中实施运行；它是一种新的 Web 应用程序分支，它是自包含、自描述、模块化的应用，可以发布、定位、通过 Web 调用。Web Service 是一个应用组件，它逻辑性地为其他应用程序提供数据与服务。各应用程序通过网络协议和规定的一些标准数据格式(HTTP，XML，SOAP)来访问 Web Service，通过 Web Service 内部执行得到所需结果。可将 Web Service 视为 Web 上的组件编程。从简单的请求到各种复杂商务处理的所有功能，Web Service 都可以实现。一旦部署以后，其他 Web Service 应用程序可以发现并调用它部署的服务。Web Service 可以使用标准的互联网协议，像超文本传输协议(HTTP)和 XML，可以接受和生成 Message(消息)，Message 的形式严格定义了 Web Service 接口。只要用户能生成和使用 Web Service 接口所规定的 Message，便可以在任何平台上通过程序化语言来执行 Web Service，将功能纲领性地体现在互联网和企业内部网上。Web Service 可通过防火墙通信，因为采用了 HTTP 传输机制，在一个简单的网络应用中可构造多个 Web Service。当然，Web Service 还有安全机制，可采用 Secure Socket Layer(SSL)协议技术或标准的验证网络技术。Web Service 是下一代的 WWW，它允许在 Web 站点上放置可编程的元素，能进行基于 Web 的分布式计算和处理。Web Service 结合了基于组件开发各个方面的特点、网络技术和 .NET 程序模型的基础。

大体上说，Web Service 是一种可作为服务传递的简单应用程序，这种服务还可以通过 Internet 标准与其他 Web Service 相结合。也就是说，Web Service 是一种 URL 地址资源，通过 URL 可程序化地把信息返回给需要获取这种资源的客户端。Web Service 的一个重要特点是客户端不需要知道服务端是怎样运行的。

Web Service 包含了黑匣子的功能，能被反复调用，而不必考虑服务器是

怎样运行的。

Web Service 提供了被称为契约的接口，其中描述了 Web Service 提供的服务。

开发者可以结合远程服务、本地服务和习惯编码来组装应用程序。例如，公司可以形成一个在线的存储库，使用身份验证服务、微软的护照服务或网页个性化服务来组建。

与现有组件技术不同的是，Web Service 使用特别的对象模型协议(DCOM，RMI)，不需要服务器和客户机有特定的、同类的外部结构。它采用一个不同的方法，通过已存在的网络协议和数据格式(HTTP，XML)进行通信，只要系统支持网络标准，它就支持 Web Service。

Web Service 契约描述的服务是以 Web Service 可接受和产生的 Message(消息)形式存在，而不是服务怎样执行的过程。它特别强调 Message(消息)。Web Service 模型是一种完全的无语言相关性、无平台相关性、无对象相关性的模型。

二、Web Service 的协议

Web Service 模型所要求的基础结构至少要确保能在任何平台、以任何技术和任何程序语言执行。Web Service 兼容性的关键只依靠 Web 标准。然而，如果只认同标准网络协议，还不能方便地使用 Web Service 应用程序，因为 Web Service 组件和 Web Service 用户都应用标准方法表示数据和命令以及描述 Web Service 的基本方法。用 XML 表示命令要求的格式和数据类型是一种明智的选择。SOAP 是一种行业标准，代表 XML，它以延伸的方式来描述数据和命令，因此 Web Service 可以选择 SOAP 来定义 Message(消息)格式。

SCL(Service Contract Language)是编写 Web Service 契约的一种语言，与 XML 语言的语法相同。Disco 技术规范是描述服务端发布 Web Service 契约和关于开发者发现契约文件的相应机制。SOAP，SCL 和 Disco 有利于开发者，因为它们不需要具体知道和实施所用的每个 Web Service 方法。

当构建和使用 Web Service 时，会遇到几个关键的技术和规则。

(1)XML：描述数据的标准方法。

(2)SOAP：一种普遍、扩展的 Message 格式，是表示信息交换的协议。一方面定义了一套怎样使用由 XML 表示数据的规则；另一方面规定了扩展的 Message 格式。用 SOAP Message 格式来表示远程调用的公约，并和 HTTP 协议绑定在一起(微软公司预测 SOAP 将成为 Web Service 通信的标准 Message 格式，且可与其他的协议进行交换)。

(3)WSDL：用于编写 Contracts，是一种普遍、扩展的服务性语言。

(4)Disco：发现并找到某个特定网站的服务方法。

(5)UDDI：找到服务驱动器(Service Provider)的方法。

XML 是在 Web 上传送结构化数据的一大创举，Web Service 要以一种可靠的自动的方式操作数据，HTML 不会满足要求，而 XML 可以使 Web Service 十分方便地处理数据，它的内容与表示的分离十分理想。SOAP 使用 XML 消息调用远程方法，这样 Web Service 可以通过 HTTP 协议的 post 和 get 方法与远程机器交互，而且，SOAP 更加健壮和灵活易用。其他像 UDDI 和 WSDL 技术与 XML 和 SOAP 技术紧密结合用于服务发现。WSDL 是以 XML 为基础的一种契约语言，是由微软公司与 IBM 公司联合开发的。Disco 定义的是一种找到已知 URL 的服务方法协议。UDDI 是在不知道 URL 时，UDDI 规定了服务驱动器(Service Provider)向网上广播的机制，能向网上的应用程序提供服务驱动器中已有的服务。

1. 简单对象访问协议 SOAP

SOAP 是一种基于 XML 的不依赖传输协议的表示层协议，用来在应用程序之间方便地以对象的形式交换数据。在 SOAP 的下层，可以是 HTTP/HTTP，也可以是 SMTP/POP3，还可以是为一些应用而专门设计的特殊的通信协议。

SOAP 以 XML 形式提供了一个简单、轻量的用于在分散或分布环境中交换结构化和类型信息的机制。SOAP 本身并没有定义任何应用程序语义，如编程模型或特定语义的实现。实际上，它通过提供一个有标准组件的包模型和在模块中进行数据编码的机制，定义了一个简单的表示应用程序语义的机制，这使 SOAP 能够用于从消息传递到 RPC 的各种系统。

SOAP 包括三个部分。

(1)SOAP 封装结构：定义了一个整体框架，以表示消息中包含什么内容，谁来处理这些内容以及这些内容是可选的或是必需的。

(2)SOAP 编码规则：定义了用以交换应用程序定义的数据类型的实例的一系列机制。

(3)SOAP RPC 表示：定义了一个用来表示远程过程调用和应答的协定。在 SOAP 封装、SOAP 编码规则和 SOAP RPC 协定之外，这个规范还定义了两个协议的绑定，描述了在有或没有 HTTP 扩展框架的情况下，SOAP 消息如何包含在 HTTP 消息中被传送。

2. 统一描述、发现和集成协议 UDDI

UDDI 是一套基于 Web 的、分布式的、为 Web Service 提供的、信息注册中心的实现标准规范，同时也包含一组使企业能将自身提供的 Web Service 注册，以使别的企业能够发现的访问协议的实现标准。

UDDI 的核心组件是 UDDI 商业注册，它使用一个 XML 文档来描述企业及其提供的 Web Service。从概念上来说，UDDI 商业注册所提供的信息包含三个部分。

(1)白页(White Page)：包括了地址、联系方法和已知的企业标识。

(2)黄页(Yellow page)：包括了基于标准分类法的行业类别。

(3)绿页(Green Page)：包括了关于该企业所提供的 Web Service 的技术信息，其形式可能是一些指向文件或 URL 的指针，而这些文件或 URL 是为服务发现机制服务的。所有的 UDDI 商业注册信息都存储在 UDDI 商业注册中心。通过使用 UDDI 的发现服务，企业可以单独注册那些希望被别的企业发现的自身提供的 Web Service。企业可以通过 UDDI 商业注册中心的 Web 界面，或使用实现了“UDDI Programmer's API 标准”所描述的编程接口的工具，将信息加入到 UDDI 的商业注册中心。UDDI 商业注册中心在逻辑上是集中的，在物理上是分布式的，由多个根节点组成，相互之间按一定规则进行数据同步。当一个企业在 UDDI 商业注册中心的一个实例中实施注册后，其注册信息会被自动复制到其他 UDDI 根节点，于是就能被任何希望发现这些 Web Service的人所发现。

3. Web Service 描述语言 WSDL

随着通信协议和消息格式在 Web 中的标准化，以某种格式化的方法描述通信变得越来越重要，其实现的可能性也越来越大。用 WSDL 定义的一套 XML 语法描述的网络服务方式满足了这种需求。WSDL 把网络服务定义成一个能交换消息的通信端点集。WSDL 服务为分布式系统提供了帮助文档，同时该服务也可作为自动实现应用间通信的解决方案。

一个 WSDL 文档将服务定义为一个网络端点的集合，或者端口的集合。在 WSDL 里，端点及消息的抽象定义与它们具体的网络实现和数据格式绑定是分离的。这样就可以重用这些抽象定义：消息，需要交换的数据的抽象描述；端口类型，操作的抽象集合。针对一个特定端口类型的具体协议和数据格式规范构成一个可重用的绑定。一个端口定义成网络地址和可重用的绑定的连接，端口的集合定义为服务。因此，一个 WSDL 文档在定义网络服务时使用如下的元素。

(1)类型：使用某种类型系统(如 XSD)定义数据类型。

(2)消息：通信数据抽象的有类型的定义。

(3)操作：服务支持的动作的抽象描述。

三、Web Service的体系架构

Web Service是独立的、模块化的应用，能够通过网络，特别是WWW来描述、发布、定位以及调用。Web Service的体系结构描述了服务提供者(Service Provider)、服务请求者(Service Requestor)、服务注册器(Service Registry)三个角色以及发布(Publish)、查找(Find)、绑定(Bind)三个操作。图8-1所示为Web Service体系架构模型图。

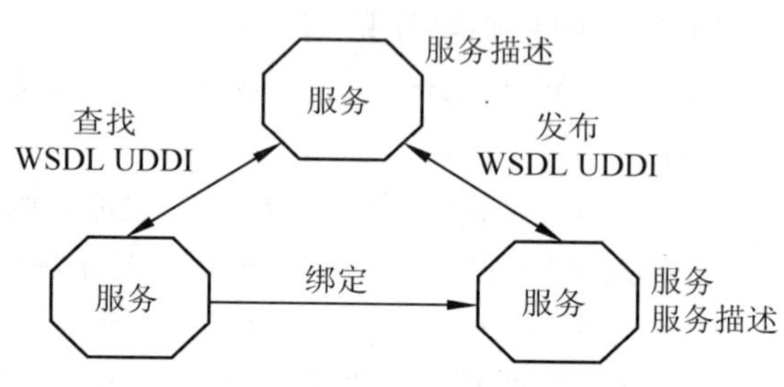

图8-1　Web Service体系架构模型图

Web Service中涉及两个部分：服务本身和对服务的描述。典型的应用过程是：服务提供者开发一个通过网络可以被访问的服务，然后将服务的描述注册到服务注册器或者发送给服务请求者；服务请求者通过查找动作在本地或服务注册器中检索服务描述，找到后，通过绑定就可以使用该项服务。

在Web Service的世界里，三个操作都包含三个受到称赞却又截然不同的技术。发布服务使用UDDI(统一描述、发现和集成)，查找服务使用UDDI和WSDL(Web Service描述语言)的组合，绑定服务使用WSDL和SOAP。在三个操作中，绑定操作是最重要的，它包含了服务的实际使用，这也是容易发生互操作性问题的地方。正是由于服务提供者和服务请求者对SOAP规范的全力支持才解决了这些问题，并实现了无缝互操作性。

当开发人员开发新的应用时，可以通过UDDI Operator或UDDI Search Engine的Web界面在UDDI Registry上找到需要的Web Service；然后在UDDI Registry内，或通过UDDI Registry中的连接找到该Web Service的调用规范，该调用规范一般使用WSDL描述。开发人员可以使用开发工具或通过手动方式调用该规范，然后在自己的应用中加上该调用规范定义的Web Service调用。这样开发出的应用就可以通过SOAP来调用指定的Web Service了。

而对于具有自动集成相关应用的服务(Service)或应用(Application)，用户应用SOAP协议访问UDDI Operator或UDDI Registry，找到需要的Web Service，UDDI Operator和UDDI Registry会通过SOAP协议响应Web Service的调用规范和调用规范的链接，应用程序得到使用WSDL描述的服务调用规范文本，通过解析该描述文本，自动生成本地调用接口绑定，并将所需的

调用参数适当绑定并完成调用。

四、Web Service 的特点

Web Service 是封装成单个实体并发布到网络上供其他程序使用的功能集合。Web 服务是用于创建开放分布式系统的构件，可以使公司和个人迅速且廉价地向全世界提供其数据服务。Web Service 是下一代分布式系统的核心，它具有如下特点。

(1)互操作性：任何的 Web Service 都可以与其他 Web Service 进行交互。由于有了 SOAP 这个所有主要供应商都支持的新标准协议，因而避免了在 CORBA，DCOM 和其他协议之间转换的麻烦。还因为可以使用任何语言来编写 Web Service，因此开发者无须更改其开发环境，就可生产和使用 Web Service。

(2)普遍性：Web Service 使用 HTTP 和 XML 进行通信。因此，任何支持这些技术的设备都可以拥有和访问 Web Service。

(3)开放性：Web Service 可以与其他 Web Service 进行交互。它具有语言和平台无关性。支持 CORBA，EJB，DCOM 等多种组件标准。支持各种通信媒体如 HTTP，SMTP，MQ，FTP，RMI over IIOP 等。

(4)方便性：Web Service 背后的概念易于理解，并且有来自 IBM 和微软这样的供应商的免费工具箱能够让开发者快速创建和部署 Web Service。此外，其中的某些工具箱还可以让已有的 COM 组件和 Java Bean 方便地成为 Web Service。

(5)封装性：Web Service 既然是一种部署在 Web 上的对象，自然具备对象的良好封装性，对于使用者而言，他仅能看到该服务的描述。

(6)标准规范性：作为 Web Service，其所有公共的协约完全需要使用开放的标准协议进行描述、传输和交换。这些标准协议具有完全免费的规范，以便由任意方进行实现。一般而言，绝大多数规范将最终由 W3C 或 OASIS 作为最终版本的发布方和维护方。

(7)行业支持性：所有主要的供应商都支持 SOAP 和周边 Web Service 技术。例如，微软的 .NET 平台就基于 Web Service，因此用 Visual Basic 编写的组件很容易作为 Web Service 部署，并可以被 IBM Visual Age 编写的 Web Service 使用。

理解：Web Service 在构建网络教育环境中的应用

活动一：分析实例，加深认识

<table>
<tr><td colspan="2">时间：70 分钟
内容：结合对 Web Service 的了解和认识，分析实例，加深对 Web Service 的认识</td></tr>
<tr><td>步骤：
□ 分析实例一
□ 讨论实例一的框架结构及作用</td><td>学习作品：
□ 分析报告</td></tr>
</table>

步骤一：分析实例一

实例一：基于 Web Service 的动态 e-Learning 框架

高等教育知识与技术交换(HEKATE)项目采用基于 Web Service 的动态 e-Learning 框架，如图 8-2 所示。

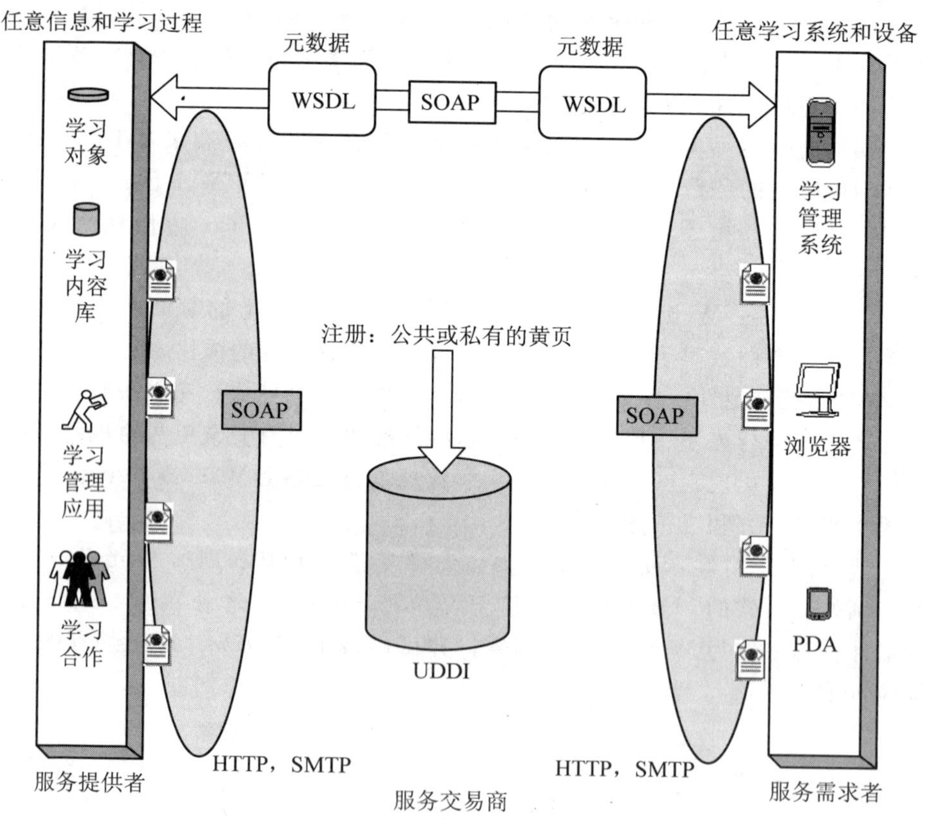

图 8-2　基于 Web Service 的动态 e-Learning 框架

其项目目标是：

- 到 2005 年大部分用于高等教育的软件与 Web Service 相关；
- 形成大学的统一 UDDI；
- 与 IMS，SCORM 等组织合作，创建基于 Web Service 的标准。

Carnegie Mellon 大学的学习系统架构实验室(LSAL)发展了学习服务架构(Learning Services Architecture)和学习服务堆栈(Learning Services Stack)等作为下一代学习技术系统的框架，它通过使用 Web Services 技术来开发学习服务(Learning Services)。图 8-3 所示为学习技术系统的框架。

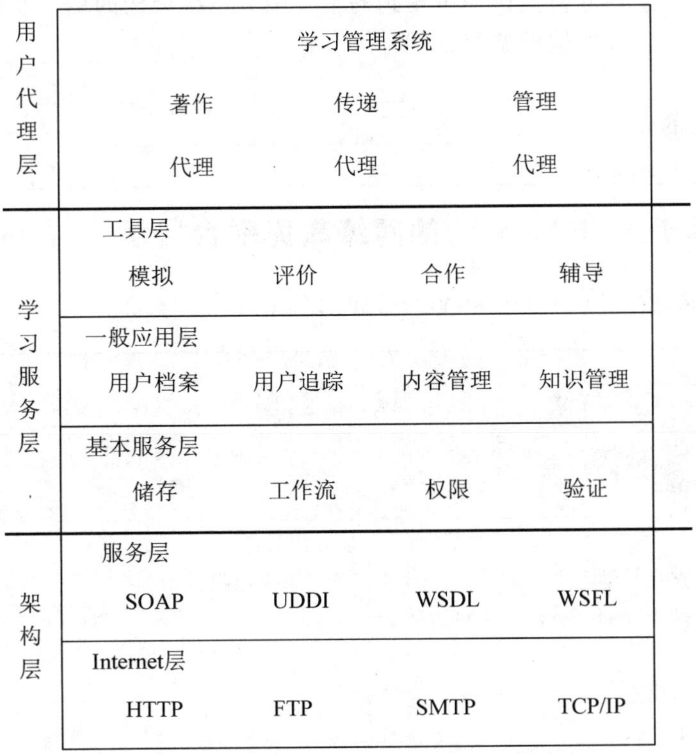

用户代理层	学习管理系统	著作代理	传递代理	管理代理	
学习服务层	工具层	模拟	评价	合作	辅导
	一般应用层	用户档案	用户追踪	内容管理	知识管理
	基本服务层	储存	工作流	权限	验证
架构层	服务层	SOAP	UDDI	WSDL	WSFL
	Internet层	HTTP	FTP	SMTP	TCP/IP

图 8-3　学习技术系统架构

- 用户代理层：包括内容和学习传递系统、内容和学习管理系统、著作和内容创建系统。
- 学习服务层：包括所有的有特定学习功能的服务和组件。它分为三个子层：工具、一般应用和基本服务。
- 架构层：包括那些独立于学习领域的服务功能，传输(SOAP)、发现

(UDDI)、描述(WSDL)、工作流(WSFL)。它使用主要网络服务如 HTTP，SMTP，FTP，TCP/IP 去创建 Internet 和基于 Web 的学习技术系统。

• 学习服务应用：该系统架构已经在 ADL 学习服务、OKI 学习服务等方面得到了应用，一些软件包括 BLACKBOARD 学习管理系统都开始进行升级(建立在.NET 平台上)，支持该架构以实现教育应用的互操作。

• 基于学习服务的个性化学习信息流：个性化学习过程可通过一套 Web Service 功能来实现，系统调用了代理、工具和服务。

➡ 步骤二：讨论实例一的框架结构及作用

结合实例一，分析实例一中提到的学习服务系统架构的结构及作用。

学习服务系统架构框架组成部分：________________________________

____

各部分的作用：____

____

分享：基于 Web Service 的网络教育平台展示

活动一：体验基于 Web Service 的网络教育平台

<table>
<tr><td colspan="2">时间：70 分钟
内容：在充分了解 Web Service 的概念以及它的系统架构的基础上，利用网络搜索相关资源，充分了解 Web Service 的特点及其在构建网络教育环境实现软件重用、资源共享等方面的重要作用</td></tr>
<tr><td>步骤：
□ 资料查找与学习
□ 体验基于 Web Service 的网络教育平台
□ 小组讨论
□ 撰写小组报告</td><td>学习作品：
□ 小组报告</td></tr>
</table>

➡ 步骤一：资料查找与学习

个人通过网络搜索引擎、数字图书馆或者查阅书刊，查找基于 Web Service 网络教育平台建设的相关资料。阅读和学习这些资料，对 Web Service 的特征及其对网络教育平台建设的应用有较为全面的认识和了解。

➡ 步骤二：体验基于 Web Service 的网络教育平台

搜索各类基于 Web Service 的网络教育平台，登录体验其各个功能模块，比较它们和普通网络教育平台在适应能力、资源共享能力上的差异。

➡ 步骤三：小组讨论

按照组内异质、组间同质的原则对学生进行分组，并由各组组员推选本组组长。各组组长组织组员进行组内讨论，探讨 Web Service 如何使网络教育平台适应能力更强，如何实现资源共享，消除“信息孤岛”，并得出 Web Service 在构建网络教育平台中的重要意义。

小组讨论后，可以进行进一步的组间讨论。之后，在主讲教师的主持下，各小组向全班学员展示自己小组的分析结果。主讲教师给予点评。

主讲教师点评意见要点：____

____

小组还可进行组间互评，如果教学场地有课堂即时反馈系统，请使用投票器进行组间互评。

听了各个小组的展示，你认为第________小组的设计方案最好，因为：__

____

你认为第________小组的设计方案最差，因为：____________________

____

➡ 步骤四：撰写小组报告

各组组员依据讨论结果撰写小组报告。

专题二　流媒体技术

讲座：流媒体技术概述

经过 30 多年的发展，Internet 发生了突飞猛进的变化，规模呈几何级数增长，其作用已经远远超出了用于科研协作的范围，现在已成为重要的“第四媒体”，大有超过三大传统媒体(广播、电视、报纸)的趋势。Internet 集成了三大传统媒体的优点，利用网络广播技术(Net Radio，Net Broadcast，Internet Broadcast)能同时传输声音、图像、文字等多媒体信息。网络广播，简单来说，就是通过在网络上建立广播服务器，在服务器上运行节目发送软件，将节目广播出去，访问者在自己的计算机上运行节目接收软件，访问该站点，收听、收看、阅读广播信息。这里讲的网络，不仅指互联网，也包括局域网，但主要是指互联网；而广播的形式，不仅有声音，也有图像和文字。

网络广播技术从诞生到今天只有几年时间，但在互联网上已经有非常多的网络广播电台。这些电台的类型多种多样，从传统的广播电(视)台的互联网版本(如我国中央电视台 http：//www. cctv. com)，到某些爱好者自己主持的业余电台；播送的节目也多样，如 HI-FI 音乐、新闻、天气预报、外语教学、交通预报。使用正确的接收软件，你就能免费收听来自世界各地的广播节目。应该说，现在通过电话拨号获得非常好的视频效果还不是很现实。但随着网络带宽的改善和新的压缩、广播技术的出现，在几年之后，通过网络点播电视节目就会进入普通人的生活。

与网络广播相关的技术主要是流(Stream)技术。通过流技术，在窄带宽上实现视频、音频和交互式多媒体的传输以及现场直播等成为可能。流媒体技术一般都有三个方面的表现，分别是编码器(编码技术)、播放器(播放支持)和流服务器，三者缺一不可。

一、网上多媒体流技术原理

1. 多媒体流的特点

多媒体流(Multimedia Stream)就是多媒体数据在网络上传输时的数据流，它不同于一般的文件下载数据。多媒体流有以下特点：

(1)数据量大：多媒体数据，尤其是视频数据，数据量很大，必须使用特殊多媒体传输协议才能保证顺利传输。

(2)对带宽要求高：由于多媒体数据量大，虽然经过压缩，仍然需要大量带宽。

(3)数据的忽略：在不影响播放效果的前提下，允许忽略一些数据；这为在低中带宽网络下实现多媒体数据流的查询提供了可能。研究表明，人耳对声音的敏感超过了眼睛对变化录像的敏感程度。因此，在保证一定的视觉效果前提下，可忽略或丢弃一些视频数据以保证整体效果。

(4)流式传送：所谓流(Streaming)，也叫“流式”或“串流”，是一种传输数据信息的方式。采用这种方式，数据能够用稳定的速率从发送端传输至接收端，而接收端可以在发送端还没有传输完毕之前即可开始处理这些数据信息，这特别适合于实现网络广播。对拨号用户而言，要将 1 个小时的声音文件从网上下载到本地计算机上，需要花费的时间可能就不止 1 个小时。当采用流式技术传送时，可以让计算机一边接收，一边处理，节约了时间和存储空间。

多数流式传送技术使用专门的数据格式和缓冲系统，以实现连续播放。如 Progressive Networks 的 Realvideo 是使用预压缩文件的流式传送，而 Web 上的音频会议则使用实时流式传送数据。

2. 实时多媒体流

实时多媒体流就是实时采集、压缩并传送，在客户端实时接收的多媒体数据流。具体说，就是使用特定的视频/音频采集设备，采集实时数据，并立即遵从某些特定的标准进行压缩，同时在网络上传输，客户端缓冲区不断更新用以接收压缩后的数据，即时解压缩并播放。

在目前的Internet上，由于多种因素的影响，要实现完全的实时传输还不可能，只能是近似实时的，这是由于多媒体数据流传送的端到端延迟较大的缘故。它的实际概念是：当前的实时多媒体数据在一定时间内可传送到发出请求的客户端，并且视频和音频保持同步关系。这个延时的具体时间由服务器端的多媒体数据的压缩速度、采用的压缩方法以及网络传输的实际情况决定。

3. 网络模型和相关协议

多媒体流技术在网络上的应用，可概括为“多媒体服务器—客户端”的模式。通常，在WWW服务器端，多媒体服务器与Web服务器集成在一起，而WWW客户端则只需Web浏览器和播放多媒体数据的浏览器插件。多媒体服务器主要起客户端进行通信和传输多媒体数据作用。在网络上传送多媒体数据流涉及不同的协议，包括：

• TCP/IP：传输控制协议，是在WWW客户与Web之间建立可靠的连接协议。Web浏览器与Web服务器之间通过HTTP协议进行通信。

• UDP：用户数据包协议，它是TCP的一种替代协议，是无连接的，没有TCP的差错纠正，允许丢弃那些被破坏的或迟到的数据包，所以它更适合传输连续多媒体数据。

• RTP：实时协议，它是专门为Internet实时数据传输指定的协议，它使用专门时序重建方法来保证多种媒体的同步。

• RTSP：实时流协议。RTSP设计了客户端与服务器之间特定的通信方式，专门用于数据流的传输。

• RSVP：它允许为那些严重增加网络负荷的数据流指定优先级，通过优先级来为它们预留一定带宽，以达到某个QoS。

4. 网上多媒体服务的过程

用户进行网上多媒体活动时，其一般过程可描述为：

(1)客户端通过Web浏览器发送HTTP请求给指定的WWW服务器。

(2)服务器受到客户请求，做出响应，发送已收到的信息给客户。

(3)客户端在收到请求的情况下，激活浏览器的插件，向指定的多媒体服务器发送请求。

(4)多媒体服务器收到客户端的请求，通过UDP协议开始向客户端发送数据。

(5)客户端收到数据，进行顺序化、解压缩后播放。

5．单点传送和多点传送

客户机/服务器模型的通信只描述了点对点连接的情形。实际上每个客户都可与服务器建立点对点的连接，这种方式即单点传送(Unicast)。单点传送的一个明显弊病是Web服务器、多媒体服务器与数量较多的客户进行通信时，性能会明显下降，客户端将需要很长的响应时间且得到很低的传输速率。

而多点传送(Multicast)则解决了上述问题，主机使用IP地址中的D类地址向网络中的一组能识别D类地址的主机发送数据，即多点传送需要主机网卡和路由器的支持。通常，路由器中保存组成员的信息，它能根据多点传送的数据包目的地址，把它转发到相应的组中。由于多点传送的发送方只需要发送一次数据包，不必为每个请求都建立相应的连接，因此降低了对网络带宽的需求，提高了传输的质量。

6．视频/音频压缩

1980年以来，国际电话咨询委员会陆续完成了各种数据压缩和通信标准，与数字视频压缩相关的有：JPEG，H.261，H.263，MPEG-1，MPEG-2，MPEG-4，MPEG-7，MPEG-21。音频压缩方法有：MPEG-1，G.723。目前，小波压缩方式正逐渐受到关注，它的优点是录像是作为一个整体被传送而没有马赛克现象。

理解：流媒体技术在构建网络教育环境中的作用

活动一：了解流媒体技术的概念和服务模式

<table>
<tr><td colspan="2">时间：70分钟
内容：利用网络搜索相关资源，结合本节讲座内容，充分了解流媒体技术的概念以及它的服务模式，了解其各个组成部分的作用</td></tr>
<tr><td>步骤：
□ 资料查找与学习
□ 小组讨论
□ 撰写小组报告</td><td>学习作品：
□ 小组报告</td></tr>
</table>

步骤一：资料查找与学习

个人通过网络搜索引擎、数字图书馆或者查阅书刊，查找与流媒体技术相关的资料，开始的时候尽量找一些基础性的介绍及科普性质的资料。阅读和学习这些资料，对流媒体技术的概念和服务模式有较为全面的认识和了解，知道其各个组成部分的作用。

➡ 步骤二：小组讨论

个人学习完成之后，小组长组织大家进行讨论，互相分享自己对流媒体技术的理解和认识，最终目的是让每个成员对流媒体技术有正确的了解。

➡ 步骤三：撰写小组报告

在小组成员达成统一认识的基础上，组员根据自己的理解描述对流媒体概念和服务模式的了解和认识，要求描述清晰，描述形式图文并茂。

分享：流媒体技术在远程教育中的应用范例

一、流媒体产品的介绍

由于现在还不存在一套专门为视频流或音频流而制定的标准协议，所以相关产品比较多。如果是为 Intranet 应用使用流技术的话，可以很容易地让所有的用户都使用同样的客户机。而如果要为一种 Internet 应用来实现数据流技术的话，那么只能是“建议”而非“要求”使用哪一种客户机。这使得 Web 管理员必须承担起选择“正确”的视频流应用的责任。目前几种典型的流媒体产品为：

- Microsoft 公司的 Windows Media Technology；
- RealNetworks 公司的 RealMedia；
- Apple 公司的 QuickTime；
- Macromedia 公司的 Shockwave。

前面三个是流媒体产品市场主流，最后一个是应用在多媒体课件和动画方面的流媒体技术。它们可实现网上实时广播、视音频的点播以及网上多媒体的任意交互，它们把网络提升到一个新的高度。另外，还有适合 Intranet 的各种视频点播系统，它们在企业、学校内部正发挥着重要的作用。

1. Windows Media Technology

Microsoft 公司的 Windows Media Technology 是一套完整的基于 TCP/IP 协议的网络使用的视频和音频流媒体技术，由 MediaPlayer，MediaTools 和 MediaServer 等软件构成。其中，MediaPlayer 为客户端播放器软件。MediaTools 是整个方案的重要组成部分，它提供了一系列的工具软件以帮助用户生成 WMV(ASF)格式的多媒体数据流。MediaTools 按照功能的不同分为创建工具和编辑工具两种，创建工具主要用于生成 ASF 格式的多媒体流，编辑工具主要对 ASF 格式的多媒体流信息进行编辑与管理。在 Windows Media Encoder 9 编码器中包含了创建和编辑功能。MediaServer 为服务器软件 Windows Media 服务(前身为 NetShow)，它是一个在网络上提供流式多媒体服务的平台，既适用于拨号接入的 Internet 网络，也适用于带宽理想的局域网。在 Windows 2000(2003)Server 上提供免费的 Windows Media Services。利用 Windows Media Services，开发人员可以快捷地开发出需要多媒体服务的网络应用，满足培训、英语学习、娱乐及广告等领域的需要。Windows Media Services 是一个纯软件环境，其主要特点是：

(1)支持 Multicast，可以通过创建"站(Station)"来建立 Multicast 通信。

(2)与视频音频压缩/解压缩方法相独立，通过 ASF(Active Stream Format)文件来实现压缩、解压缩方法的自动下载。

(3)支持多种协议，包括 TCP，UDP 和 HTTP。

(4)提供了多媒体内容制作工具，包括实时视频音频压缩工具，以及 Windows Media Services 服务器管理器。

Windows Media Services 提供了 Unicast 和 Multicast 两种传输服务模式。多媒体数据点播和实时多媒体流都可以通过这两个方式传给对方，它的服务模式如图 8-4 所示。

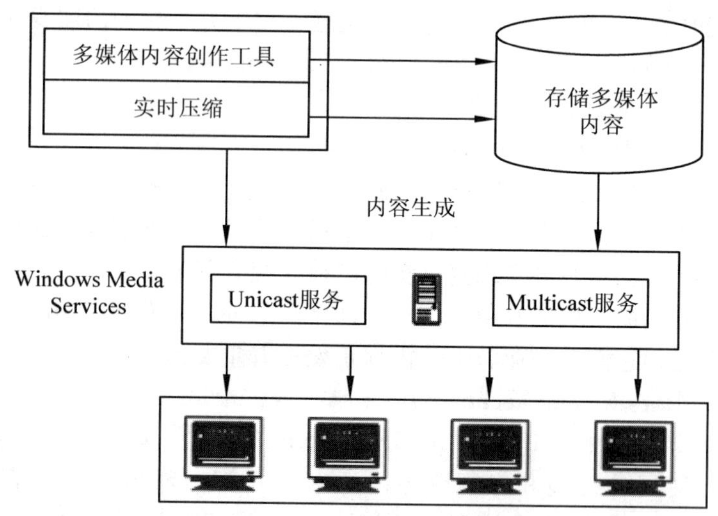

图 8-4 Windows Media Services 服务模式

目前 Windows Media Technology 系列产品版本为 9 版本，在客户端 Windows Media Player 9 播放器软件、Windows Media Encoder 9 编码器和运行在 Windows 2000 (2003) Server 上服务器软件 Windows Media Services 9。图 8-5

所示为 Windows Media Player 9 界面。

图 8-5　Windows Media Player 9 界面

2. RealMedia

Real Networks 公司的 RealMedia 技术在发展过程中有多个产品，RealSystem G2 目前还在广泛应用，全新一代的产品 Helix 是一款灵活和稳定的流媒体解决方案。这两个产品系统使任何基于 TCP/IP 协议的网络都可以使用视频和音频流技术，是第一个基于开放、扩展标准的流式媒体系统。Stream Smart 传输技术使实际网络环境下的重播更为可靠和稳定。新加入的两种媒体格式(Realtext 和 Realpix)与同步性多媒体集成语言(SMLI)相结合便可使大量的多媒体程序在标准 Modem 上传输。它们采用流传输方式是基于 Internet 的流式传输协议 RTSP(实时同步传输协议)。Real 的工具和播放器在性能和易用性上的优势使得在窄带宽上能很好播放。系统都作为一个客户机/服务器架构的流媒体系统。以 RealNetworks Helix 产品为例，它包括客户端软件：免费播放器 RealOne Player 及高级播放器 RealOne Player Plus(界面如图 8-6 所示)，用于播放 Real 流式媒体特有的格式，为集视频、文字、网上冲浪为一体的媒体播放器，客户端源代码开放程序被称为“Helix DNA Client”，是 RealOne 播放器的核心。包括捕捉、编辑、创建及转换等工具用于制作生成流媒体。捕捉工具有 Camtasia Studio；编辑工具有 FlickerFree VideoFramer；创建工具有 PresenterOne，Presentation Maker 和 SHOWANDTELL 等；转换工具有 Cleaner 5：RealSystem Edition 和 Helix^{TM} Producer Plus from RealNetworks 等。Helix 产品包括用于制作和发送数字媒体产品的平台“Helix Platform”网络平台和社区“Helix Community”网络社区服务器端软件。以 Helix Platform 为基础的数字媒体发送服务器“Helix Universal Server”，该服务器支持“RealAudio”“RealVideo”“QuickTime”“MPEG-2”“MPEG-4”“Windows Media”格式的媒体，“可同时进行 1 万件流媒体点播”。Helix 带有丰富的管理工具，支持各类媒体格式，包括 Web 转播或是在现有的 Web 网站上进行视频和音频的发布。其中，通过 Helix Community 网络社区，开发人员与技术企业可以访问 Helix Platform 的源代码，强化 Helix Platform，开发支持 Helix 的编码器、服务器软件以及客户端产品。利用 Helix 开放资源开发免费版本的播放器，并使之能够运行在 Windows，Mac OS X，UNIX 及 Linux 等多种操作平台上。同时，该产品还支持几乎所有的流媒体格式，包括 MPEG-1，MPEG-2，MPEG-4，MOV 及 WMV 等。

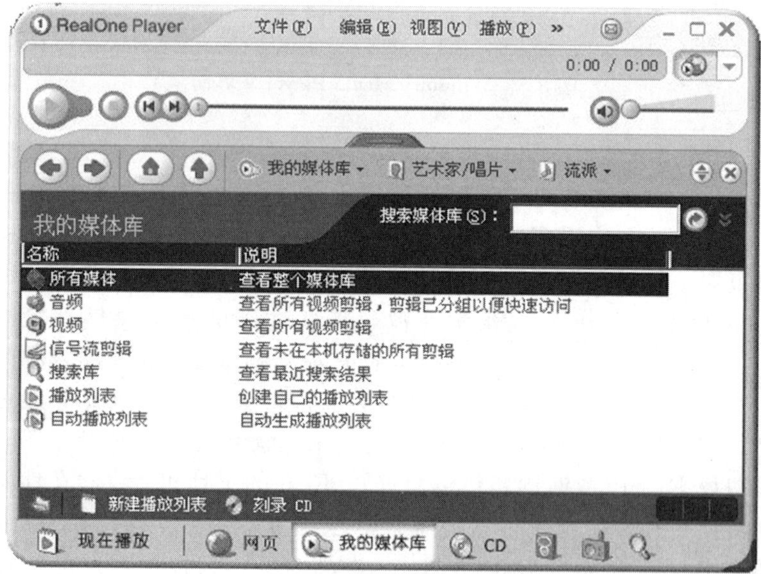

图 8-6　免费播放器 RealOne Player 界面

3. QuickTime

Apple 公司于 1991 年开始发布 QuickTime，它几乎支持所有主流的个人计算平台和各种格式的静态图像文件、视频和动画格式。QuickTime 包括服务器 QuickTime Streaming Server、带编辑功能的播放器 QuickTime Player、制作工具 QuickTime、图像浏览器 PictureViewer，以及使 Internet 浏览器能够播放 QuickTime 影片的 QuickTime 插件。QuickTime 开发包第 6 版提供了对 Java 的完全支持，以及其强大的 C/C++ API 的向后兼容性。在其核心部分，QuickTime API 有 2 400 个左右的可用函数，这些函数是用于 Mac 开发的传统 Carbon API 的补充。QuickTime API 使开发人员在定制应用的时候，能充分利用一系列通用特性来播放、编辑和修改 QuickTime 文件。目前，播放器为 QuickTime Player 6，Web 开发人员可以将它作为一个脚本对象来使用，在 Mac 平台上，可以使用 AppleScript 实现 Web 页面中的播放器控制，在 Windows 平台上，通过使用 ActiveX 组件，可以用脚本来控制播放器，甚至在后台运行播放器。

在服务器端，Apple 已经具有转为依赖开放源码软件的优点。尽管 Apple 提供 QuickTime Streaming Server 4.1.1 作为 Mac OS X Server 10.2 的免费的流式媒体插件，但是它的 Darwin Streaming Server 4.1.1 已经作为一个开放源码版本移植到了 Windows NT 4.0 和 2000 以及 Linux 和 Solaris 下运行了。对播放列表和广泛的媒体内容格式的支持在这里已经成了标准，同时成为标准的还有一个使用服务器端 C/C++ API 来添加定制模块的插件模型，该模型由一打允许开发人员访问内容、流以及其他服务器资源的对象组成。目前，FOX 新闻在线、FOX 体育在线、BBC World、气象频道(Weather Channel)等机构都加入 QuickTime 内容供应商行列，使用其技术制作实况转播节目。

4. Shockwave

Shockwave 流技术与普通 HTTP(超文本传输协议)紧密结合，网上多媒体内容可由 Macromedia 公司的 Director，Authorware(5.0 以下版本)、Flash 软件制作。现在 Shockwave 已成为 Internet 上多媒体的标准，成为浏览器中必备的 Plug-in(插件)。新的 Shockwave 7 的内容可以满足 Web 上丰富的内容而不必在乎 Internet 的传输速度。小巧而功能强大的 Shockwave 7 能自动更新系统，以使用户始终有最新的 Shockwave 版本。它已经以单独的系统部件的方式安装，不需要浏览器就可在桌面上播放，同时显示下载进度。Shockwave 对于交互式多媒体处理有着十分重要的作用，在教育上使用的一些网上多媒体应用与它关系紧密。

以著作工具 Authorware 4 的网上多媒体作品制作为例，一般做法为：

(1)压缩源文件，资源放在外部，引用格式为 gif，jpg，swa 等。

(2)重新编译源文件为 A4R。

(3)切割处理，生成映射文件 AAM、分段文件 AAS，每段 4 k～500 k，按网络通信速度设置，将 AAM 文件嵌到 Html 网页中。

(4)将 AAM，AAS 文件和外部文件放到服务器上。

(5)客户端安装 Shockwave for Authorware 插件(在 IE 和 Netscape 的高版本已经预先无缝安装)，内容流式传送进行交互学习。

而 Authorware 5 Attain 进展是向“智能化”发展，出现了“知识流”(Knowledge stream)技术。知识流是一种智能流式技术，它能预测并在适当时间预先下载所需要的应用片段，与标准的流式技术不同的是，知识流针对具有复杂分支结构的交互式多媒体学习应用进行了优化。Authorware Advanced Streamer 提供知识流技术，拨号上网也能体验高质量的多媒体内容，它意味着学生少等待、多培训。

二、流媒体技术远程教育中的应用范例

在实际的网络教育应用中，有些产品直接使用前面提到的一些主流流媒体软件产品来实现自己的功能，完成流媒体传输的目的。Windows Media Technology 和 RealNetworks Helix(RealSystem G2)能使我们在网上方便地实现音视频点播及实时广播，如在网上外语教学中就十分有用，而 Shockwave 则能使我们容易地在网上实现交互式多媒体学习。目前国内使用基于前两种技术开发出许多流媒体产品，几乎每一个网络教育学院都有流媒体产品的课程(课件)视频点播系统，广泛地用于远程教育中。由于运行在 Windows 系统上 Windows Media Technology 的产品是免费的，基于 Windows Media Technology 流媒体产品较多。有些产品则使用自己设计开发的流媒体格式和协议进行流媒体的传输。下面来看一些具体的应用范例。

1. 网梯远程教育直播教室

网梯远程教育平台主要完成多媒体实时或非实时的交互教学与远程教育管理系统功能。平台可以最大限度地使用网络手段模拟现实生活中的教育流程，并且利用计算机系统的强大计算能力，可以进行教学过程和教学成果的跟踪、统计、分析，改善了传统教学手段在这方面的不足。平台根据登录用户身份的不同分别设有学生工作区、教师工作区和教务管理工作区。

带宽自适应性，实现了网络教学中的自适应多媒体流传输，采用了新技术，使得其传输速率可以从 20 kbps 到 500 kbps 的范围内根据用户的连接速度自适应。同时，改变了传统的简单视频播放形式，使教学内容与视频紧密结合。此外，学生可以在不同的章节和片段中自由快速地切换，使学生学习的自

主性进一步加强。

在线语音答疑，语音视频交互是异地师生之间一种有效的交流方式。如同在传统教室中一样，教师可以用语音授课。他的语音数据将会广播到同一交流环境中的其他学生端。教师可以赋予特定学生发言的权利，获得许可的学生也可以在交流环境中利用语音进行提问、回答或相互讨论。为了增加师生教学过程的生动性，也需要师生间能够看到各自的视频图像。教师可以任意选择特定的学生端视频，也可以同时看到多个学生端的视频图像。学生端可以选择观看教师端视频。为了减少网络的流量，视频交互为一个可选项。

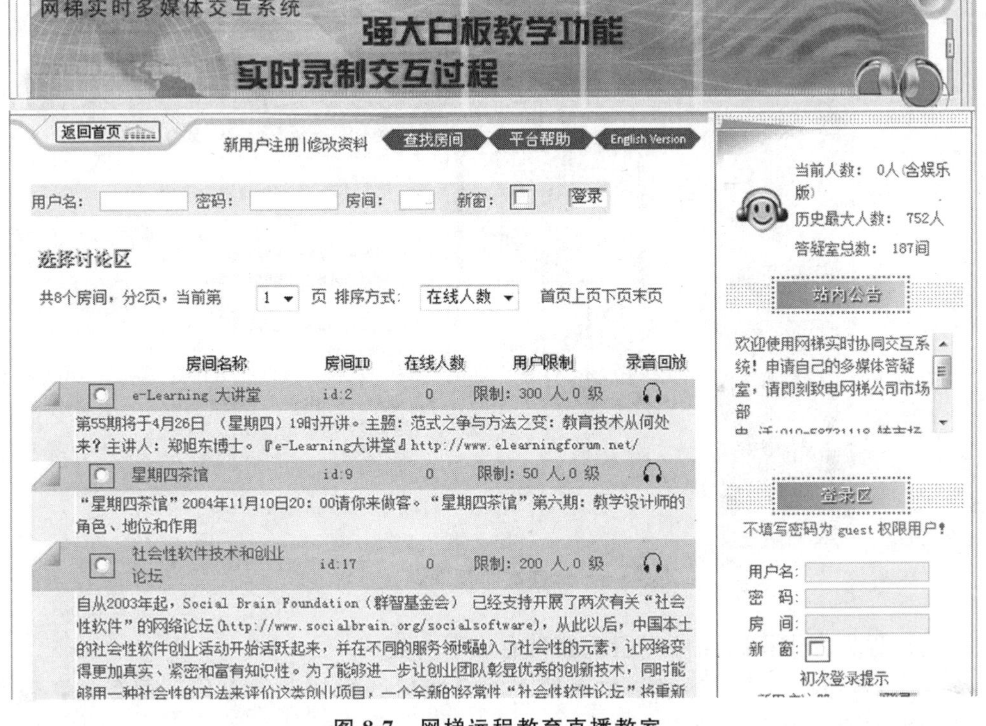

图 8-7 网梯远程教育直播教室

2. 远程教育视频课件系统

远程教学涉及大量各类学科不同的视频课件，如何管理这些视频课件，用户如何进行点播，都是不能回避的问题。开发基于流媒体的远程教育视频课件系统正是为了解决这样一系列的问题。视频课件系统由三个独立的子系统所组成，将流技术的服务器端、制作端、客户端三部分有机地结合在一起。

(1)视频课件制作系统：在我们制作大批视频课件的时候，如果采用手工制作的方式编写代码，会浪费人力物力，也不太现实。开发视频课件制作系统的目的就是提供课件制作平台，用程序的方式制作课件，节约开发的周期和成本。

(2)视频课件管理系统：借助数据库技术管理和组织视频课件。

(3)视频课件浏览系统：用来提供客户端浏览视频课件的界面。从设计可以看出这是一个集开发制作、管理维护和客户浏览于一体的完善系统。

远程教育平台中视频课件应用系统的实现一般包括远程教育中心、网络和远程教室。

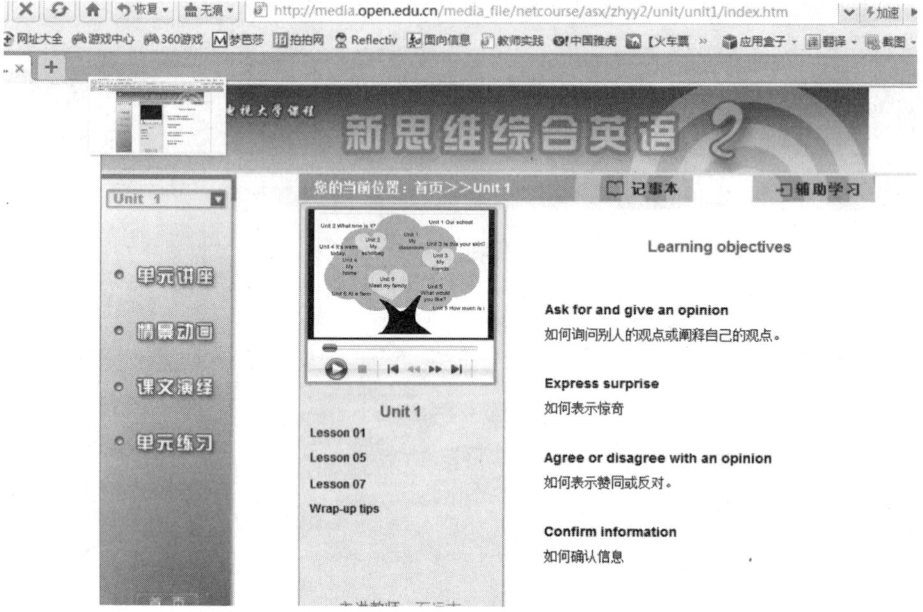

图 8-8　远程教育视频课件系统

远程教育中视频课件应用系统具有以下功能。

(1)教师在制作端通过制作系统，将合成后的视频课件上传到服务器，包括三个方面的内容：

①将视频课件上传到视频服务器。

②在 Web 服务器中保存视频课件的 Web 页。

③将课件访问路径保存到数据库服务器。

(2)管理人员在管理端通过管理系统维护视频课件。维护包括三个方面的内容：

①通过视频服务器管理并传输视频。

②通过 Web 服务器发布视频课件 Web 页。

③通过数据库服务器动态修改课件信息库。

(3)客户端通过客户端界面访问视频课件。访问包括三方面的内容：

①客户端通过 Web 服务器选择视频课件的 Web 页。

②通过服务器得到访问视频课件文件路径。

③与视频服务器联系上以观看视频课件。

专题三　计算机支持的协同技术

讲座：计算机支持的协同技术概述

计算机支持的协同工作(CSCW)定义是："在计算机支持的环境中，一个群体协同工作完成一项共同的任务。"它的基本内涵是计算机支持通信、合作和协调。这个概念是 1984 年美国麻省理工学院(MIT)的依瑞·格里夫和 DEC 公司的保尔·喀什曼等人在讲述他们所组织的有关如何用计算机支持来自不同领域与学科的人们共同工作时提出的。地域分散的一个群体，借助计算机及网络技术，共同协调与协作来完成一项任务。它包括群体工作方式研究和支持群体工作的相关技术研究、应用系统的开发等部分。通过建立协同工作的环境，改善人们进行信息交流的方式，消除或减少人们在时间和空间上的相互分隔的障碍，从而节省工作人员的时间和精力，提高群体工作的质量和效率。

依据史美林教授编写的《计算机支持的协同工作理论与应用》一书的内容，协同软件包含了工作流管理系统、即时通信系统、协同编著与协同设计以及协同出版四项核心功能。

一、工作流管理系统

工作流是指多人参与的工作事务中所使用的一系列步骤，这些步骤可以是顺序的或并行的。工作流是协同软件应用的重点和难点，对于协同软件有着至关重要的作用。目前国外有多款协同软件是以工作流为主，国内则是复旦协达率先提出以工作流为核心，同时复旦协达还在国内首次发布了"流程型"协同 OA，进一步确立了以工作流为核心的产品思路，对中国协同软件产业发展带来深远影响。

二、即时通信系统

即时通信包括了文字、语音、视频三种方式，因为其可以在一定程度上取代传统会议，有时也被称为多媒体会议系统。因为其能够处理音频、视频、协作数据等大量信息，提高了计算机的协同工作能力，是快捷高效、经济方便的协同工具。国外的 Groove 是市场推广比较成功的即时通信类协同软件，国内的北京点击和腾信相关产品，也属于以即时通信为核心的协同软件。

三、协同编著与协同设计

这类应用为不同时间不同地点的用户，提供了以协同工作方式完成文档编辑和产品设计的功能。美国 Michigan 大学的 DistEdit 就是典型的协同编著系统；依托复旦大学力量研发的协达软件，也提供了丰富的协同编辑功能，以面向公文管理的应用。

四、协同出版系统

这是一种基于 Web 的信息发布与集成系统，在实践工作中常常被直接称为“信息发布与集成系统”，新闻、公告等是常见的协同出版系统。优秀的协同出版系统，还能够动态更新内容。例如，复旦协达软件不仅可以采集局域网和互联网上的文本、目录、网页、程序等任意信息，还可以采集 ERP，CRM 等异构系统数据，并且可以指定动态更新的时间间隔期。

以上 CSCW 的四大核心功能，也是目前协同软件的主要功能，工作流系统以其重要性列为首要功能。国内外绝大部分主流协同软件产品，都是按以上四个核心来构建自己的软件功能，并且以工作流为核心的协同软件越来越受到“组织”用户的青睐。认清协同软件的核心，有利于帮助协同软件厂商和用户，依据科学规范的思想，设计和选择正确的协同软件产品，避免将企业关系管理(CRM/ERM)中的“信息网状”，甚至“人力资源”等当做协同软件核心，从而贻误用户迈向协同软件的成功应用之路。

理解：协同技术对构建网络虚拟学习共同体的作用

“学习共同体”(Learning Community)或译为“学习社区”，是指一个由学习者(群体)与对其学习提供支持服务的教育人员(包括教师、专家、辅导者等)共同体构成的团体，他们彼此之间经常在学习过程中进行沟通、交流，分享各种学习资源，共同完成一定的学习任务，因而在成员之间形成了相互影响、相互促进的人际关系。学习共同体具有社会强化与信息交流两种基本功能。

虚拟的学习共同体就是指在以计算机网络为主要技术手段为支持的合作学习环境中由学习者、助学者、共同任务等要素组成的特定群体。在共享的学习目标(或任务)的指引下，群体之间通过交流与合作进而达到提升成员学习水平的一种虚拟学习实体。

马良和孙海英(2008)提到虚拟学习共同体的四大构成要素分别是：学习者、助学者、共同任务和交互手段。

这里的交互手段可以分为同步的交互和异步的交互，这些交互手段包括一些界面友好的相互交流工具，如电子邮件、功能不同的BBS、聊天室、有声聊天工具、争论论坛、意见投票等；协作会话工具，如角色扮演工具、虚拟白板、应用软件共享等；追踪评价工具，如电子档案袋等。

而网络环境下的协作学习(CSCL)，可以使学生、教师和专家等从网上获取丰富的资源，同时，远程教育和协作学习是未来人们工作和学习的一种基本又非常重要的方式和环境。合作科学研究：信息交换、会议系统、合作协作系统等是提供给科学家之间进行密切的科研合作的有效手段。

此外，远程教育和网络学习是实现"终身学习"的一种行之有效的手段，也正是CSCW的理念和技术在教育领域中的应用。基于Web的CSCW系统，不仅与知识获取工具Web高度集成，而且它还提供了协同工作的环境。基于Web的CSCW系统是远程教育支持系统的一个重要发展方向。

基于Web的协作学习环境，主要提供给学习者一个集成的基于Web协作学习的工作空间，包括电子会议系统、虚拟教室、导师系统、协作支持等。其中，协作支持包括电子邮件、音频和视频会议系统、共享白板，可进行语音、图形、图像、视频、文本等交互的基于Web的交互式系统等。

活动一：分析实例，加深认识

<table>
<tr><td colspan="2">时间：70分钟
内容：结合本节所学习的新知识，分析实例，加深对计算机支持的协作学习环境和系统的认识</td></tr>
<tr><td>步骤：
□ 分析实例
□ 讨论实例的系统结构及作用
□ 尝试分析Wiki的系统结构</td><td>学习作品：
□ 分析报告</td></tr>
</table>

步骤一：分析实例

实例：CoEditor(一个支持群体协作的编辑系统)

CoEditor是一个以人与人交互观念为中心，用于探索计算机支持的协同工作方式下，群体成员协作过程中心理学问题的协同编辑器。它除具备一般协同编辑系统的基本功能外，结合心理学实验的要求，提供了更符合人们日常习惯的有利于提高群体协作的人人交互界面。为便于进行心理分析，该系统对协作过程中个人行为进行记录，并提供了如按人名或段落为主题的检索等多种分析工具。

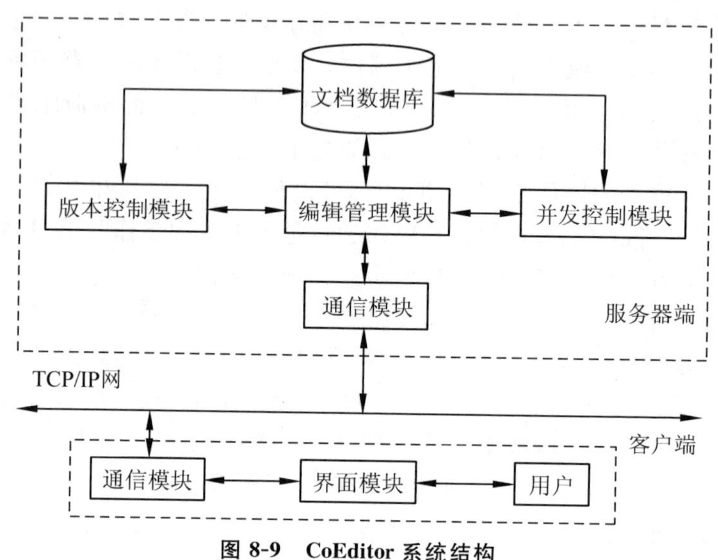

图 8-9 CoEditor 系统结构

➡ 步骤二：讨论实例的系统结构及作用

分析实例系统结构组成部分以及各模块的作用。

CoEditor 系统结构的组成部分：________________

____

____

____

各模块的作用：________________

____

____

____

➡ 步骤三：尝试分析 Wiki 的系统结构

Wiki 是一种多人协作的写作工具，Wiki 站点可以由多人(甚至任何访问者)维护，每个人都可以发表自己的意见，或者对共同的主题进行扩展或者探讨。与实例 CoEditor 不同的是，Wiki 是基于 Internet 的协同写作工具。结合对 CoEditor 的分析，查找相关资料，尝试分析 Wiki 的系统结构，并结合系统结构图，对各功能模块进行简要的分析。

分享：计算机支持的协同技术应用范例

首都师范大学虚拟学习社区智能网络教学支撑平台(以下简称首师大虚拟学习社区)是一种基于网络的智能教学系统，其中提供了很多计算机支持的协同学习的工具。它为学习资源提供基础支撑环境，面向高等教育和基础教育，提供多种教与学的工具，减轻教师网上开课负担和学生学习的认知负荷，提高教学效率和质量。与其他网络教学支撑平台相比，首师大虚拟学习社区具有较高智能性，这主要体现在：它能够通过网络虚拟人物电子导师告诉学习者应该学什么和怎么学；它可以主动提示学习者的学习状态以及推荐适合学习者本人特点的学习材料；它可以帮助教师更深入地了解他的学生，不仅仅了解学生的学习成绩，而且还能够了解学生的学习路径、认知过程和学习难点等，使教师可以为每位学习者制订最适宜的教学策略，帮助每位学习者学习。

此外，该平台能为教师提供完善的备课、授课、测评、管理和师生互动的网上教学工具，以开展多种教学活动；同时，也能为学生提供一系列的网上学习支持工具，以利用多种网络教学资源进行个别化学习和协作学习。教师可以利用首师大虚拟学习社区设计的多种自主学习和研究性学习形式，可以利用首师大虚拟学习社区进行备课、开课，组织小组教学和探索性学习等。学生可以利用首师大虚拟学习社区开展合作学习或个性化的个别学习。首师大虚拟学习社区支持实时和非实时两种结合的学习方式，除了具有一般网络教学支撑平台都具有的学习论坛(BBS)和聊天室(ChatRoom)外，首师大虚拟学习社区还具备虚拟电子白板支持的合作学习功能。学生可以在虚拟电子白板中，按学习者、评论者和观察者三种角色进行“角色扮演”和“结对评判”等形式的合作学习。此外，还提供了小组协作学习的功能，小组成员在小组长的带领下协作完成教师布置的小组任务，例如，小组成员可以协作完成小组报告，通过网络进行实时交流等。另外，该平台还提供了协作式写作的工具 Wiki，学生可以对感兴趣的论题进行资料的补充和提出自己的观点，不断地丰富、完善论题，逐渐形成与该课程相关的“小百科全书”。

专题四　虚拟现实技术

讲座：虚拟现实技术的概念与分类

虚拟现实(Virtual Reality，VR)，又译为虚拟实在、灵境、临境等，于 20

世纪80年代末走出实验室，开始进入实用化阶段，是近年来迅速发展的技术之一，研究内容涉及人工智能、计算机科学、电子学、传感器、计算机图形学、智能控制、心理学等。"虚拟现实"一词是在1989年由美国VRL Research Inc公司的J. Lanier创造的。它通常是指用立体眼镜和传感手套等一系列传感辅助设施来实现的一种三维现实。人们通过这些设施以自然的技能(如头的转动、身体的运动等)向计算机输入各种动作信息，并且通过视觉、听觉以及触觉设施使人们得到三维的视觉、听觉以及触觉等感觉的世界。随着人们动作的变化，这些感觉也随之改变。事实上，虚拟现实技术不仅仅是那些带着头盔和手套的技术，而且还应包括一切与之相关的具有自然模拟、逼真体验的技术和方法。它的最重要目标就是真实的体验和方便自然的人机交互，能够达到或部分达到这样目标的系统统称为虚拟现实系统。

虚拟现实系统的基本特征可以用三个"I"来描述。

沉浸性(Immersion)：人能沉浸到计算机系统创建的环境中，人由观察者变为全身心的投入者，成为虚拟现实系统的一部分，虚拟场景可随着人的视点做全方位的运动。

交互性(Interaction)：人能通过键盘、鼠标以及各种传感器与多维化信息的环境发生交互，人如同在真实的环境中与虚拟环境中的对象发生交互关系。为达到这个目标，高速计算和处理必不可少。

想象性(Imagination)：人可从定性和定量综合集成的环境中得到感性和理性上的认识，进而使人能深化概念、产生新意和想象，主动地寻求、探索、接收信息，而不是被动地接收，因此能发挥创造性。作为虚拟世界的创造者，想象力已经成为虚拟现实系统设计中的最关键问题之一。

可见，虚拟现实系统使参与者处于一个具有身临其境的、具有完善交互作用的、能帮助和启发构思的信息环境。人不只是靠听读材料获取信息，而是通过他与所处环境的交互作用，利用人本身对接触事物的感知和认知能力，以全方位的方式获取各种形式的信息系统。

参与者在虚拟环境中的活动或经历有两种形式，一种是主观参与(First-person activities)，另一种是客观参与(Second-person activities)。主观参与时，参与者是整个经历的中心，一切围绕参与者进行，利用桌面计算机或头盔式眼镜就是这种类型的参与；客观参与时，参与者则可在虚拟环境中看到他自己与其他物体的交互。

建立有效的虚拟环境，主要集中在两个方面：一是用虚拟环境精确表示物体的状态模型；二是环境的可视化表示及渲染出的景象。之所以将重点放在计算机视觉方面，是由于人们获取三维信息主要依靠视觉，而不是听觉或触觉。计算机视觉还可以建立有关景象内容的预言，这些景象或者来自空间，或者来自景象的时间先后关系。而只有它们有机结合才能构成视觉上身临其境的动态的三维环境。

现在，与虚拟现实有关的内容已经扩大到与之相关的许多方面，像“人工现实（Artificial Reality）”“遥在（Telepresence）”“虚拟环境（Virtual Environment）”“赛伯空间（Cyberspace）”等，都可以认为是虚拟现实的不同术语或形式。表 8-1 显示虚拟现实系统的简单分类。实现虚拟现实的物理设备也从复杂的数据手套、头盔、显示器到简单的键盘、鼠标。在 Internet 上主要是通过 VRML 来实现网上的虚拟现实。

表 8-1　虚拟现实的分类

	特点	实际系统
非沉浸类虚拟现实系统	又称桌面虚拟现实系统、窗口中的虚拟现实系统，采用标准的显示器和立体显示、声音技术，并可用多种空间操纵设备进行操纵	全景视频系统 桌面虚拟现实 CAD 系统
沉浸类虚拟现实系统	利用设备把参与者的视觉、听觉和其他感觉封闭起来，参与者能全身心投入和沉浸其中的感觉	基于头盔的系统 遥在系统（Telepresence） 投影虚拟现实系统
分布式虚拟现实系统	在以上两种系统基础上实现多用户参与，通过网络共享同一虚拟空间	Mud/Moo 协同实验室（Collaboratory） VRML
增强现实系统	增强操作员对真实环境的感受	飞机上的平视显示器

理解：虚拟现实技术在教育中的应用

教育是一个传授知识的过程，通过亲身经历能加速这一过程和巩固所传授的知识，为此设计的很多方法中，虚拟现实是最有效的。学生可在仿真过程中经历不同的时间和空间，可与各种仿真物体接触，还可与虚拟环境的各个部分接触。学生不必离开教室就可进入人类建立的数据库。就目前的网络情况而言，还不能将 VRML 大规模使用在教育上，VRML 技术还处在研究和实验阶段，可能的应用被分为以下四个方面：作为加强教学和研究的媒体，作为虚拟环境，作为新的研究主题，作为一种合作空间。当我们的网络硬件和软件以及相关科技得到提高后，就可能实现划时代的虚拟学习环境。

1. 作为教育和研究的媒体

Internet 一般被认为是促进教学和研究的手段。对于 VRML 而言，三维内容能被创建并分发给每一个学生，或者更广泛地被全球学习者得到。在简单的 VRML 1.0 中，VRML 本质上是一个图形表现。因此，任何课本和课程材料可得益于 VRML。如果课程要求多个三维物体或空间时，很明显 VRML 能起很好的辅助作用，促进学生理解，帮助学生记忆。

而更抽象的表示，就是 VRML 支持的数据可视化(Data Visualisation)。数据可视化的功能是将大量数字数据转换为比原始数据更容易理解的各种录像。数据的 VRML 模型可通过可视系统得到，如来自 IBM 的 DataExplorer, NAG 的 IRISExplorer。在系统中，目标能使用 WWW 的 Anchornode 去指向描绘文本的、表格式的材料。这样的能力扩展了 VRML 的使用范围，包括那些不能处理的空间目标，但能收集定量或定性的用空间表示的数据，例如社会科学。

2. 作为虚拟环境

VRML 能提供一种近似真实的环境，可使用在技能训练上，如医学解剖、飞行驾驶。例如虚拟解剖青蛙，不仅能将整个过程准确地呈现出来，而且能让学生在此环境中进行多次模拟解剖，这样就解决了原材料等问题。利用 VRML 技术构建的虚拟教学(实验)在理工科的教学中应有广大作为，尤其在建筑、机械、物理、化学、生物等学科有着质的突破。在远程教学中，利用 VRML 构建虚拟的学习空间，可使学习者获得真实的经验和知识。在自然博物馆的网点上，学生可穿越人体细胞的三维内部构成模型。而未来的虚拟教室则是有风、温度、压力以及振动、立体、色彩完备的模拟环境。

3. 作为新的研究主题

新技术，例如多媒体和计算机图形学为职业和课程提供了基础。同样，如果为了社会使用或数据可视化目的，功能完整的 VRML 技术将为虚拟空间设计和实现中的课程提供机会。因此，精通虚拟空间相关问题的设计者必不可少。

对于这样的课程需要懂得几种重要的技术：3D 建模、Internet 以及与它们相关的工具。但这里也需要特别的设计技术，例如人与空间的关系，要理解合作性，多用户空间认为需要社会学和心理学。一个叫 Westworld2000 (http：//www. byronpreiss. com/brook/westwld/west. htm)的游戏让使用者在与其他玩家、有人特点的机器人交互中探索三维主题公园，角色和环境随着玩者的行为做出动态反应。

4. 作为一种合作空间

如上所述，最令人激动的 VRML 则是用于远距离教学和项目合作的共享空间。通信世界将允许学生和老师参与分布式的会议、讨论、指导(http：//kiad. ac. uk/vrml/zone1. wrl)。已经有一些这样的技术处于尝试之中，如虚拟在线大学正使用 VRML 作为分布式学习的界面(http：//www. chaco. com/press/vou1. html)。

在虚拟课堂上，虽然学生和教师、学生和学生相隔千里，但每个人都有身临其境的感觉，可以互相讨论、交流、游戏，如同在一间教室中一样。VRML 提供给学生观看、修改、浏览在线三维世界并与之交互的能力。

另一个虽没有使用 VRML 的实验，但却给出了将来 VRML 使用的思想，这就是 CyberCampus，这个用感知和虚拟现实工具制作的系统提供了一个多用户空间。Marin 大学创建了一个教育项目，在其中，学生随着教师在一个事实上的地质模型周围行走(walk)，该模型指向了一些教学材料。

随着网络教育的兴起，VRML 技术能减轻一些远距离教学带来的孤单感问题，学生不仅能使用课程材料，而且能在社会空间中与其他学生和教师进行虚拟会晤。我们可以预见，将来的网络是虚拟现实的网络。

分享：虚拟实验室展示

1. 虚拟实验教学系统

福建省广播电视大学实验中心制作的“大学物理分布式远程虚拟实验教学系统”实现了基于 Internet 上的远程网络教学，并实现“大学物理分布式远程虚拟实验教学系统”的远程实验报告管理，具有一定的规模和水准，该软件通过计算机把实验设备、教学内容、教师指导和学生的操作有机地融合为一体，形成了一部活的、可操作的物理实验教科书。通过虚拟仿真物理实验学习，加深了学生对实验的物理思想和方法、仪器的结构及原理的理解，达到实际实验难以实现的效果，实现了培养动手能力，学习实验技能，深化物理知识的目的，同时增强了学生对物理实验的兴趣，大大提高了物理实验教学水平，是物理实验教学改革的有力工具。本实验软件可作为电大学生进行远程开放学习实验的辅助。该软件具有以下特点。

(1)增强实验环境的模拟，使未做过实验的学生通过仿真软件对实验的整体环境、所用仪器的整体结构能建立起直观的认识。仪器的关键部位可拆卸，可实时观察仪器的各种指标和内部结构的动作，增强了熟悉仪器功能和使用方法的训练。

(2)在实验中仪器实现了模块化，学生可对提供的仪器进行选择和组合，用不同的方法完成同一实验目标，培养学生的设计思考能力和对不同实验方法的优劣、误差大小的比较、判断能力。

(3)软件能通过深入解剖教学过程，设计上充分体现教学思想的指导，使学生必须在理解的基础上认真思考才能正确操作，克服了实验中出现的盲目操作和实验"走过场"现象的缺点，使学生切实受益，大大提高了物理实验教学的质量和水平。

(4)对实验相关理论进行演示和讲解，对实验的历史背景和意义、现代应用等方面都做了介绍，使仿真虚拟实验成为连接理论教学和实验教学，培养学生理论与实践相结合思维的一种崭新教学模式。

(5)实验中待测的物理量随机产生，以适应同时实验的不同学生和同一学生的不同次操作有不同的正确结果。对实验误差也进行了模拟，以评价实验质量的优劣。对学生的实验报告进行数据库管理，可以存储、评阅、查看和打印。

(6)具有多媒体配音解说和操作指导，易于使用。

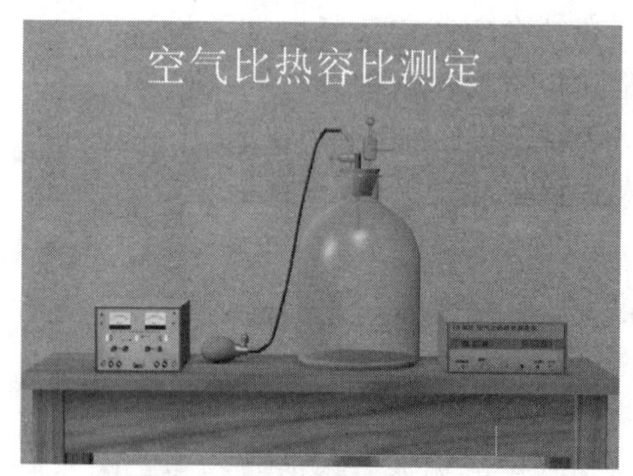

图 8-10　虚拟实验教学系统 1

图 8-11　虚拟实验教学系统 2

2. *游戏化学习展示*

首都师范大学与香港中文大学联合开发的《游戏化学习社区》是一款寓教于乐的游戏教学软件，该软件系统采用虚拟现实技术，构建了虚拟的学习和游戏情境。在系统中，学生通过 AVATAR 进入游戏场景，与游戏场景以及其他同学进行交互。信息收集模块不断地从游戏场景中收集变化的信息并存放在信息库中。教师通过监控模块可以适时或非适时地读取信息库中的信息，根据这些信息分析目前学生所处的状态以及游戏场景中的具体情况，做出决定或给出策略，并通过场景编辑模块向场景库中添加新的场景或修改已有场景。场景更新模块会适时地检查场景库的更新状态，并及时地更新游戏场景。学生在游戏场景中活动的同时也会修改场景库，并由场景更新模块对游戏场景进行更新。学生和教师通过系统各个模块进行交互合作，共同构成一个游戏化的学习社区。利用该游戏教学系统可以让青少年接触一些具有学习性质的游戏，不仅可以满足他们对游戏的渴望，而且还可以激发他们学习的兴趣。利用这款游戏化学习软件，可以正确地引导孩子，最终使其对各科知识的学习产生兴趣。

图 8-12　游戏化学习社区

活动一：了解虚拟现实技术的概念与特点

<table>
<tr><td colspan="2">时间：50 分钟
内容：利用网络搜索相关资源，结合本节讲座内容，充分了解虚拟现实技术的概念及特点</td></tr>
<tr><td>步骤：
□ 资料查找与学习
□ 小组讨论
□ 撰写小组报告</td><td>学习作品：
□ 小组讨论</td></tr>
</table>

➡ 步骤一：资料查找与学习

个人通过网络搜索引擎、数字图书馆或者查阅书刊，查找与虚拟现实技术相关的资料，开始的时候尽量找一些基础性的介绍及科普性质的资料。阅读和学习这些资料，对虚拟现实技术的概念和特点有较为全面的认识和了解。也可以在相关公司主页上查看相关产品的说明文档和技术文档等，以便了解当前虚拟现实技术的应用现状、应用领域和应用方式等。

➡ 步骤二：小组讨论

个人学习完成之后，小组长组织大家进行讨论，互相分享自己对虚拟现实技术的理解和认识，最终目的是让每个成员对虚拟现实技术有正确的了解。

➡ 步骤三：撰写小组报告

在小组成员统一认识的基础上，用自己的理解和自己的语言描述对虚拟现实技术概念和特点的了解和认识，要求描述清楚，图文并茂。

活动二：分析实例，加深认识

时间：70 分钟 内容：结合对虚拟现实技术的了解和认识，分析实例，加深对虚拟现实技术的认识	
步骤： ☐ 分析实例一 ☐ 讨论实例一的技术应用 ☐ 分析实例二 ☐ 讨论实例二的技术应用	学习作品： ☐ 分析报告

➡ 步骤一：分析实例一

实例一：参见“分享”中的“虚拟实验教学系统”

➡ 步骤二：讨论实例一的技术应用

结合实例一，分析实例一中提到的虚拟现实实验室技术，请总结一下该虚拟实验室使用了哪些虚拟现实技术：________________________________

____

____

____

____

➡ 步骤三：分析实例二

实例二：参见“分享”中的“游戏化学习展示”

➡ 步骤四：讨论实例二的技术应用

结合实例二，分析实例二中提到的游戏化学习平台，请总结一下该平台使用了哪些虚拟现实技术：____
____
____
____

专题五　搜索引擎技术

讲座：搜索引擎技术的概念

搜索引擎(Search Engine)是指根据一定的策略，运用特定的计算机程序搜集互联网上的信息，在对信息进行组织和处理后，为用户提供检索服务的系统。从使用者的角度看，搜索引擎提供一个包含搜索框的页面，在搜索框输入词语，通过浏览器提交给搜索引擎后，搜索引擎会返回跟用户输入的内容相关的信息列表。互联网发展早期，以雅虎为代表的网站分类目录查询非常流行。网站分类目录由人工整理维护，精选互联网上的优秀网站，并简要描述，分类放置到不同目录下。用户查询时，通过一层层的点击来查找自己想找的网站。也有人把这种基于目录的检索服务网站称为搜索引擎，但从严格意义上讲，它并不是搜索引擎。

全文搜索引擎，在搜索引擎分类部分我们提到过全文搜索引擎从网站提取信息建立网页数据库的概念。搜索引擎的自动信息搜集功能分两种。一种是定期搜索，即每隔一段时间(例如 Google 一般是 28 天)，搜索引擎主动派出"蜘蛛"程序，对一定 IP 地址范围内的互联网站进行检索，一旦发现新的网站，它会自动提取网站的信息和网址加入自己的数据库。

另一种是提交网站搜索，即网站拥有者主动向搜索引擎提交网址，它在一定时间内(2 天到数月不等)定向向搜索引擎网站派出"蜘蛛"程序，扫描搜索引擎网站并将有关信息存入数据库，以备用户查询。由于近年来搜索引擎索引规则发生了很大变化，主动提交网址并不保证网站能进入搜索引擎数据库，因此目前最好的办法是多获得一些外部链接，让搜索引擎有更多机会找到网站并自动将网站收录。

当用户以关键词查找信息时，搜索引擎会在数据库中进行搜寻，如果找到与用户要求内容相符的网站，便采用特殊的算法——通常根据网页中关键词的匹配程度，出现的位置/频次，链接质量等——计算出各网页的相关度及排名等级，然后根据关联度高低，按顺序将这些网页链接返回给用户。

目录索引，与全文搜索引擎相比，目录索引有许多不同之处。首先，搜索引擎属于自动网站检索，而目录索引则完全依赖手工操作。用户提交网站后，目录编辑人员会亲自浏览网站，然后根据一套自定的评判标准甚至编辑人员的主观印象，决定是否接纳网站。

其次，搜索引擎收录网站时，只要网站本身没有违反有关的规则，一般都能登录成功。而目录索引对网站的要求则高得多，有时即使登录多次也不一定成功。

此外，在登录搜索引擎时，我们一般不用考虑网站的分类问题，而登录目录索引时则必须将网站放在一个最合适的目录(Directory)。

最后，搜索引擎中各网站的有关信息都是从用户网页中自动提取的，所以从用户的角度看，拥有更多的自主权；而目录索引则要求必须手工另外填写网站信息，而且还有各种各样的限制。更有甚者，如果工作人员认为提交的网站目录、网站信息不合适，可以随时对其进行调整，当然事先是不会和网站所有者商量的。

目录索引，顾名思义就是将网站分门别类地存放在相应的目录中，因此用户在查询信息时，可选择关键词搜索，也可按分类目录逐层查找。如以关键词搜索，返回的结果跟搜索引擎一样，也是根据信息关联程度排列网站，只不过其中人为因素要多一些。如果按分层目录查找，某一目录中网站的排名则是由标题字母的先后顺序决定(也有例外)。

目前，搜索引擎与目录索引有相互融合渗透的趋势。原来一些纯粹的全文搜索引擎现在也提供目录搜索，如 Google 就借用 Open Directory 目录提供分类查询。而像 Yahoo 这些老牌目录索引则通过与 Google 等搜索引擎合作扩大搜索范围。在默认搜索模式下，一些目录类搜索引擎首先返回的是自己目录中匹配的网站，如国内搜狐、新浪、网易等；而另外一些则默认的是网页搜索，如 Yahoo。

理解：搜索引擎技术在网络教育中的作用

进入信息时代，先进的计算机技术和网络通信技术正以前所未有的动力推动着人类社会各方面的进步，尤其是 Internet 的迅速普及，深刻地改变了人们的生活、学习和思维方式。在信息时代，网上资源以指数速度增长，用于教育的资源同样在迅速地增长着，用户进行信息检索经常会出现“信息过载”和“资源迷向”。如何根据教育资源的特点开发针对教育资源的、有效的、个性化的搜索引擎，将对网络教育有重大的意义。目前出现了许多满足用户个性化信息需求的技术，如各类搜索引擎(垂直搜索引擎、主题网站等)、数据推送技术、过程跟踪技术、智能搜索代理和协同过滤等。

另外，我国网络教育资源市场上出现了各种各样的教育资源库产品，几乎每个资源库的开发者都自称有几十到几百 GB 的数据量。但是，这些资源库被安装到学校使用后，教师们反映适用于学与教的资源数量很少，需要的资源难以找到。其主要原因如下：一是教学资源库的架构过于复杂，资源的分类没有遵循相应的标准，整合失范；二是资源盲目堆积，缺乏与教学活动过程整合的观念；三是资源库中只是简单地提供资源。此外，网络教育资源形式多样，例如包括文本、图片、动画、音频、视频等其他组合形式，仅提供简单的文本搜索还不能很好地支持教师和学生的日常学习。因此有效的、形式多样的、符合教育资源规范的搜索工具在网络教育中是非常有必要的。

分享：搜索引擎技术在网络教育中的应用范例

基础教育搜索引擎(http：//www. berse. cn)：由南京师范大学李艺、杨晓江两位教授领衔的基础教育搜索引擎系统和基础教育黄页自动生成系统，由恽如伟高级实验师领衔的虚拟学习环境系统三个原型在南京成功通过了专家组验收。该引擎采用了最新网络信息获取技术，以教育改革领域用户实际需求为准则构建信息过滤系统，又结合了面向基础教育领域的特有信息分类体系，是国内第一个真正意义上的面向基础教育网络资源用户的专业搜索引擎。该原型考虑到用户的检索习惯，在关键词检索的基础上，还为用户提供了组合搜索，其中组合搜索有助于用户从学段、学科、资源类型三个方面方便、全面地获取与专业相关的资源。目前，系统原型在试运行中，其在稳定性、安全性、检索响应时间、数据更新、查准率等方面都达到了较高的指标。

微软大百科全书：全世界最畅销的电子百科书，一个巨大的电子图书馆。几万小时的录音和视频，上百万千万的图片文史资料，各种各样的科学知识尽在其中，它包括百科文章 68 000 多篇，图片和图示 26 000 幅，影像和动画 400 多段，声音和音乐片断 3 000 多段，地图中区域地点 180 万个，可视浏览器，交互世界地图，儿童百科等。对于如此庞大的资源库，该百科全书提供了多种搜索选项，供用户根据自己的需要来进行搜索，可以在最短的时间内搜索到用户需要的内容，是学习英语和应用英语以及进行其他各学科学习和研究的工具。

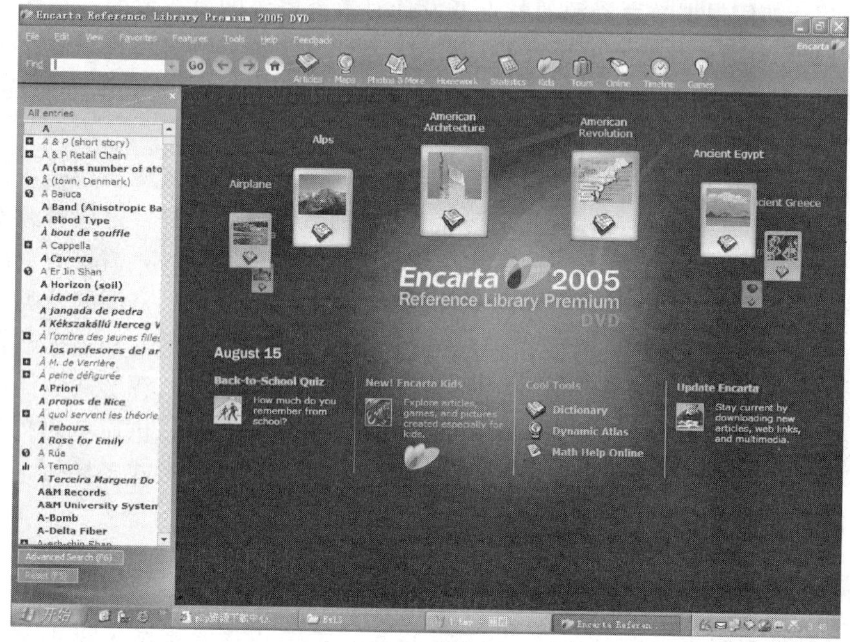

图 8-13　微软大百科全书

活动一：了解搜索引擎技术的概念

<table>
<tr><td colspan="2">时间：70 分钟
内容：利用网络搜索相关资源，结合本节讲座内容，充分了解搜索引擎技术的概念及其技术细节</td></tr>
<tr><td>步骤：
□ 分组进行资料查找与学习
□ 小组讨论、组间互评、教师点评
□ 撰写小组报告</td><td>学习作品：
□ 小组报告</td></tr>
</table>

➡ 步骤一：分组进行资料查找与学习

以小组为单位通过网络搜索引擎、数字图书馆或者查阅书刊，查找与搜索引擎技术相关的资料。阅读和学习这些资料，各组选定一种搜索引擎进行深入学习、分析，并探讨此类搜索引擎技术在教育中的作用。

➡ 步骤二：小组讨论、组间互评、教师点评

各组组长组织组员进行讨论，互相分享自己对本组选择的搜索引擎的理解和认

识及其在教育中的作用。各小组撰写一段教学设计，要求用到所选择的搜索引擎。

小组讨论后，在主讲教师的主持下，各小组向全班学员展示自己小组的教学设计。主讲教师给予点评。

主讲教师点评意见要点：____

____

小组还可进行组间互评，如果教学场地有课堂即时反馈系统，请使用投票器进行组间互评。

听了各个小组的展示，你认为第________小组的设计方案最好，因为：__

____

你认为第________小组的设计方案最差，因为：____________________

____

➡ 步骤三：撰写小组报告

各小组依据其他组以及教师的点评意见完善各自的教学设计后撰写小组分析报告。

专题六　P2P 共享技术

讲座：P2P 共享技术概念

一、什么是 P2P

P2P 是 peer-to-peer 的缩写，称为对等连接或对等计算，而 peer 在英语里有“(地位、能力等)同等者”“同事”和“伙伴”等意义。这样一来，P2P 也就可以理解为“伙伴对伙伴”的意思。简单地说，P2P 直接将人们联系起来，让人们通过互联网直接交互。P2P 使得网络上的沟通变得容易，更直接实现共享和交互，真正地消除中间商。P2P 就是人们可以直接连接到其他用户的计算机交换文件，而不是像过去那样连接到服务器去浏览与下载。P2P 另一个重要特点是改变互联网现在的以太网站为中心的状态，重返“非中心化”，并把权力交还给用户。

其实纵观互联网的发展历程，我们可以寻觅到 P2P 的影子。TCP/IP，这个创造奇迹的协议，处处都可以看到它在起作用，而在这个神奇的协议中并没有客户端和服务器的概念，所有接入网络的设备在通信过程中处于平等的地位。由于这显得有点散乱无序，让人有点无所适从，因此在 TCP/IP 之上的应用层，人们多采用客户机/服务器(C/S，Client/Server)模式，以适应人们在日常生活中形成的层次化、集中式的行为习惯。但也有一些应用是按照 P2P 模式来设计的，像 USENET，E-mail 等都是很成功的分布式对等网络。直到 2000 年，一个由不到 20 岁的学生(Shawn Fanning)编写的软件重新使 P2P 成为人们谈论的焦点，这个软件就是 Napster。随着 Napster 注册人数越来越多，大家渐渐地又重新注意到了 P2P 技术。不甘于寂寞的天才们发挥自己的智慧，使 P2P 和各项技术结合，取得了很多意想不到的效果。

Napster 是 P2P 发展史上的一座里程碑，正是它直接导致了 P2P 技术的复兴。Napster 提供服务允许音乐迷们交流 MP3 文件。它与先前也被推上被告席的提供免费 MP3 文件下载的网站 mp3. com 的不同在于 Napster 的服务器上没有一首歌曲，它只是提供了一个新的软件供音乐迷们在自己的硬盘上共享歌曲文件，搜索其他用户共享的歌曲文件，并到其他也使用 Napster 服务的用户的硬盘上去下载歌曲。Napster 一经发布在短时间内就吸引了 5 000 万左右的用户。最终，它被五大唱片公司以侵犯版权罪推上了被告席，Napster 从而成为世界的焦点，这也引起了人们对 P2P 理念的再认识和对 P2P 技术的持续研究。

Napster 的思想非常简单，成员们把他们硬盘上保存的音乐注册到一个中心数据库中，这个中心数据库位于 Napster 的服务器上。如果某个成员想要一首歌，他只要检查中心数据库，看看谁拥有这首歌，然后直接到这个人的机器上去取。在法庭上，Napster 辩称自己的服务器上并没有真正保存任何音乐，因此也没有侵犯任何人的版权；然而法官并不支持这种说法，所以最终还是关掉了 Napster。

但是，下一代的 P2P 系统不再需要中心数据库，而是让每个用户在本地维护自己的数据库，并且提供了一个列表，列表中包含了邻近的也属于该系统的成员，然后，新的用户可以到一个已有的成员那里看一看他那里有些什么音乐(或其他文件)，并且从他的邻近成员列表中了解到更多的音乐和更多的成员名字。这个查找过程可以无限重复，从而建立起一个庞大的本地数据库。这种行为要是让人来完成会非常枯燥乏味，但是对于计算机来说则是再合适不过了。

P2P 的优势在于：对等点之间通过直接互联实现信息、处理器、存储甚至高速缓存等资源的全面共享，无须依赖集中式服务器支持，消除了信息资源孤岛和 C/S 模型中的服务瓶颈问题。

目前 P2P 的应用种类繁多，几乎渗透到常见的各个领域，例如：

(1)即时通信软件，如 ICQ，QQ，Yahoo Messenger，MSN Messenger 等。两个或多个用户可以通过文字、语音或文件进行交流，甚至还可以与手机通信。

(2)实现共享文件资源的软件，如 Napster 和 Gnutella，eDonkey，eMule，Maze，BT 等。用户可以直接从任意一台安装同类软件的 PC 上下载或上传文件，并检索、复制共享的文件。

(3)游戏软件。目前的许多网络游戏都是通过对等网络方式实现的，例如 2AM，CenterSpan 等。采用 P2P 技术建立起来的分布式小组服务模型，配以动态分配的技术，每个服务器的承载人数将在数量级上超过传统的服务器模式，这将大大提高目前多人在线交互游戏的性能；同时每个游戏用户成为一个对等节点，各个节点可以进行大量的点对点通信，从而减少服务器的通信任务，提高性能。

(4)P2P 通信与信息共享，如 Skype，Crowds，Onion Routing，以及基于 P2P 技术的网络电视，如沸点，PPStream，PPLive，QQLive，SopCast 等。

(5)数据搜索及查询软件，如 Infrasearch，Pointera，用来在对等网络中完成信息检索。

(6)协同计算与存储共享软件，如 Netbatch，SETI@home，Avaki，Popular Power，Farsite 等。可以连接几千或上万台 PC，利用其空闲时间进行协同计算和存储资源共享。

(7)协同处理软件，如 Groove，JXTA，Magi 等。可用于企业管理，使得互联网上任意两台 PC 都可建立直接的通信联系，不再需要中心服务器，降低了对服务器存储以及性能的要求，也降低了对网络吞吐量和快速反应的要求，从而大大节约了成本，使低成本的协同工作成为可能。

二、P2P 的发展现状

1. 典型的 P2P 信息共享应用系统

P2P 技术于 20 世纪 90 年代后期起步，目前已成为占据 Internet 带宽的首要应用。典型的 P2P 信息共享应用系统有以下几种。

(1)Napster：最早的实用化对等计算系统。

Napster 也有中央服务器，但它的目的不在于成为 MP3 文件的集中仓库，而在于建立当前所有在线的 Napster 节点所存文件的目录索引以方便用户查询。实际的 MP3 文件存储在 Napster 节点本地硬盘上。节点每次加入 Napster 网络时，将自己当前的 IP 地址、服务端口号、所拥有的 MP3 及其存放路径等信息发送给服务器，这些信息被服务器组织成目录索引，以供别的节点查询并

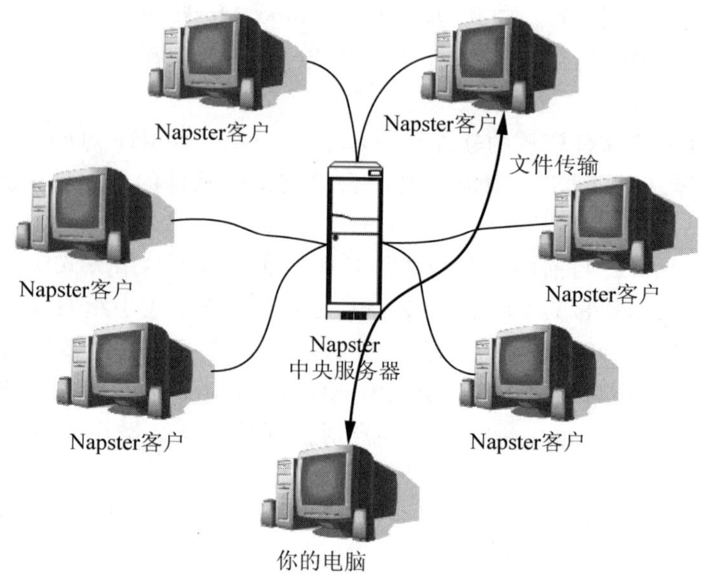

图 8-14 Napster 工作模式

指导后续的下载。虽然服务器的地位已经得到了弱化，但由于它的依然存在，Napster 并不算是真正意义的 P2P 软件，也带来了它的最大问题——可扩展性差、可靠性不强。

体系结构类似于 Napster，但使用了更多非集中式服务器的系统主要有 eMule，eDonkey 等。

(2)Gnutella：克服了 Napster 必须要有中央服务器的缺点，成为第一个真正意义的 P2P 软件。

对于无政府主义的组织方式，最大的难题在于如何让已存在成员知道某个成员的加入或退出，如何进行资源检索和定位。它的资源检索机制是通过对检索请求的消息广播来工作的，收到检索请求的节点在把检索结果提交给请求者的同时会把它转交给每个跟它相连的节点；新成员加入时会发送 PING 消息来通知已有成员，收到 PING 消息的已有成员会返回一个 PONG 消息给新成员，从而建立相互连接，PING 消息也同样是通过广播的方式进行的。

广播这种传播方式的弱点众所周知，当网络成员变得越来越多的时候，不但消息出现频率不断增加，由单个消息所产生的网络流量也急剧上升。这将会带来网络灾难——阻塞，也就使它的可扩展性成为大问题。

类似的客户端有 Limewire，BearShare，Xolox，Shareza 等。

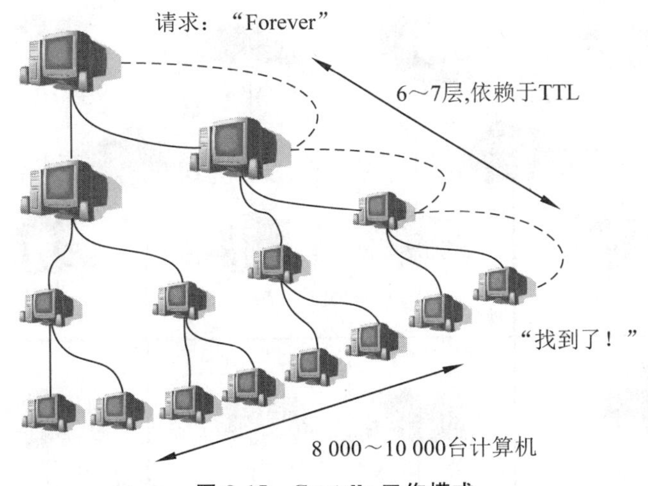

图 8-15　Gnutella 工作模式

(3)KaZaa：基于超级节点的两层结构 P2P 虚拟网络。

有的文献称为混合结构(Hybrid Structure)，它吸取了中心化结构和全分布式非结构化拓扑的优点，选择性能较高(处理、存储、带宽等方面性能)的节点作为超级节点(SuperNodes 或 Hubs)，在各个超级节点上存储了系统中其他部分节点的信息，发现算法仅在超级节点之间转发，超级节点再将查询请求转发给适当的叶子节点。半分布式结构也是一个层次式结构，超级节点之间构成一个高速转发层，超级节点和所负责的普通节点构成若干层次。最典型的案例就是 KaZaa。

KaZaa 是现在全世界流行的几款 P2P 软件之一。根据 CA 公司统计，全球 KaZaa 的下载量超过 2.5 亿次。使用 KaZaa 软件进行文件传输消耗了互联网 40%的带宽。之所以它如此成功，是因为它结合了 Napster 和 Gnutella 共同的优点。从结构上来说，它使用了 Gnutella 的全分布式的结构，这样可以使系统更好地扩展，因为它无须中央索引服务器存储文件名，它是自动地使性能好的机器成为超级节点，它存储着离它最近的叶子节点的文件信息，这些超级节点再连通起来形成一个覆盖网络(Overlay Network)。由于超级节点的索引功能，使搜索效率大大提高。

2. 国内外的研究现状

国外开展 P2P 研究的学术团体主要包括 P2P 工作组(P2PWG)、全球网格论坛(Global Grid Forum，GGF)。P2P 工作组成立的主要目的是希望加速 P2P 计算基础设施的建立和相应的标准化工作。P2PWG 成立之后，对 P2P 计

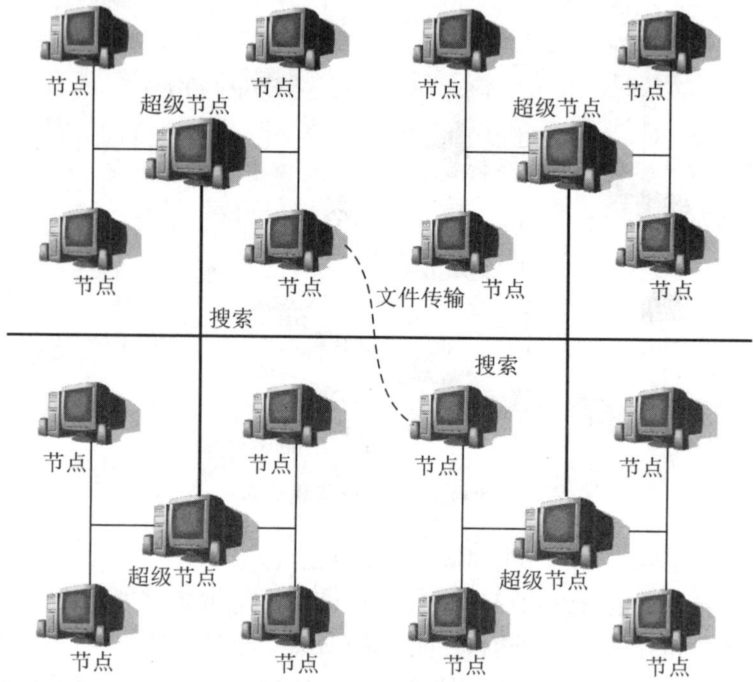

图 8-16　Kazaa 工作模式

算中的术语进行了统一，也形成了相关的草案，但是在标准化工作方面进展缓慢。目前 P2PWG 已经和 GGF 合并，由该论坛管理 P2P 计算相关的工作。

国外各大公司也都成立了 P2P 项目组，开展实用技术的研究。Microsoft 公司成立了 Pastry 项目组，目前已经发布了基于 Pastry 的软件包 SimPastry/VisPastry。Rice 大学也在 Pastry 的基础之上发布了 FreePastry 软件包。

在 2000 年 8 月，Intel 公司宣布成立 P2P 工作组，正式开展 P2P 的研究。2002 年 Intel 发布了 .NET 基础架构之上的 Accelerator Kit(P2P 加速工具包)和 P2P 安全 API 软件包，从而使得微软 .NET 开发人员能够迅速地建立 P2P 安全 Web 应用程序。

Sun 公司在 Java 技术基础上，开展了 JXTA 项目。JXTA 是基于 Java 的开源 P2P 平台，任何个人和组织均可以加入该项目。

国内开展 P2P 研究的科研机构主要有北京大学、清华大学、华中科技大学等。

(1)北京大学——Maze

Maze 是北京大学网络实验室开发的一个中心控制与对等连接相融合的对

等计算文件共享系统，在结构上类似 Napster，对等计算搜索方法类似于 Gnutella。网络上的一台计算机，不论是在内网还是在外网，可以通过安装运行 Maze 的客户端软件自由加入和退出 Maze 系统。每个节点可以将自己的一个或多个目录下的文件共享给系统的其他成员，也可以分享其他成员的资源。Maze 支持基于关键字的资源检索，也可以通过好友关系直接获得。

(2)清华大学——Granary

Granary 是清华大学自主开发的对等计算存储服务系统。它以对象格式存储数据。另外，Granary 设计了专门的节点信息收集算法 PeerWindow 的结构化覆盖网络路由协议 Tourist。

(3)华中科技大学——AnySee

AnySee 是华中科技大学设计研发的视频直播系统。它采用了一对多的服务模式，支持部分 NAT 和防火墙的穿越，提高了视频直播系统的可扩展性。

(4)广州数联软件技术有限公司——POCO

POCO 是中国最大的 P2P 用户分享平台，是有安全、流量控制力的，无中心服务器的第三代 P2P 资源交换平台，也是世界范围内少有的盈利的 P2P 平台。目前已经形成了 2 600 万海量用户，平均在线 58.5 万，在线峰值突破 71 万，并且形成了纯宽带用户的用户群。成为中国地区第一的 P2P 分享平台。

(5)深圳市点石软件有限公司——OP

OP 又称为 Openext Media Desktop，是一个网络娱乐内容平台，它可以最直接的方式找到用户想要的音乐、影视、软件、游戏、图片、书籍以及各种文档，随时在线共享文件容量数以亿计的“十万影视、百万音乐、千万图片”。OP 整合了 Internet Explorer，Windows Media Player，RealOne Player 和 ACDSee，是国内的网络娱乐内容平台。

(6)基于 P2P 的在线电视直播——PPLive

PPLive 是一款用于互联网上大规模视频直播的共享软件。它使用网状模型，有效解决了当前网络视频点播服务的带宽和负载有限问题，实现用户越多，播放越流畅的特性，整体服务质量大大提高。

其他商业软件这里不一一列举，请访问 P2P 门户网站 http://www.ppcn.net/。

如果从时间顺序来看，大学和研究机构有关 P2P 搜索技术的研究高峰出现在 2001 年左右，以 chord，CAN 等使用分布式哈希表搜索算法(Distributed Hash Table，DHT)的平台为代表，此后的研究逐渐转向应用层面，以 Skype，Steam 为代表的多媒体应用成为企业研发的热点。

P2P 文件共享产生的流量可能是今天互联网最大的单项流量，带来的是对带宽资源的有效利用，因为 P2P 用户之间可以不通过服务器互发消息和传递文件，每个用户在下载的同时也承担着服务器的角色。利用 P2P 技术可以对现有的一些业务和网络进行优化，提高性能，降低成本。

但是，P2P 技术也存在一些问题，例如版权问题、带宽问题等。就运营商而言，对于 P2P 的心态是矛盾的。一方面，P2P 业务吸引了大量客户；另一方面，P2P 导致流量急剧上升，运营成本上升并增加扩容的压力，收入和占用资源不成比例。如何对待 P2P 业务成为摆在运营商面前的重要问题。

3. P2P 与 C/S 的比较

目前互联网主要技术模式是 C/S 模式[图 8-17(b)]，这种模式要求在互联网上设置拥有强大处理能力和大带宽的高性能计算机，配合高档的服务器软件，再将大量的数据集中存放在上面，并且要安装多样化的服务软件。这类服务器在集中处理数据的同时可以对互联网上其他 PC 进行服务，提供或接收数据，提供处理能力及其他应用，客户机的性能可以相对弱小。而 P2P 技术的特征之一就是弱化了服务器的作用，甚至取消服务器，任意两台 PC 互为服务器，同时又是客户机，即对等[图 8-17(a)]。表 8-2 是 P2P 与 C/S 模式的一些比较。

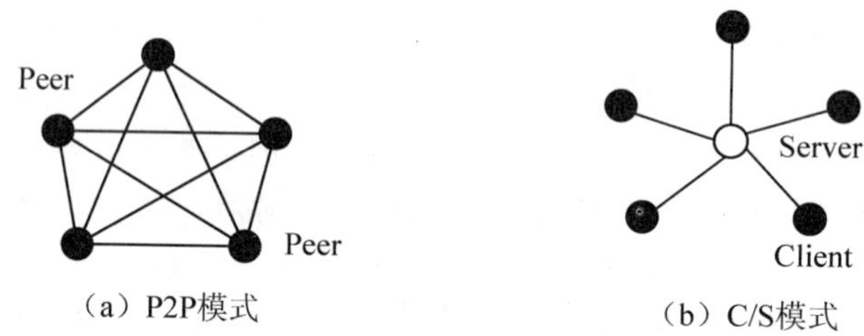

图 8-17　P2P 与 C/S 的比较

表 8-2　P2P 模式与 C/S 模式比较

比较项目	P2P	C/S
便于数据发布	好	差
便于数据接收	中等	好
数据传输速度	好	差
数据安全性	差	好
便于数据更新	好	差
服务质量	难以保证	有保证
数据版权控制	困难	容易
数据管理方便性	差	好

C/S 模式造成互联网络上的集中，无论信息资源还是成本资源均向同一方向集中，这样的模式符合一对多、强对弱的社会关系形式，如政府对个人、对企业，学校对学生，企业对职工等关系。所以 C/S 模式是符合市场需求的。P2P 模式将导致信息数量、成本资源都向互联网各点均匀分布，也就是所谓"边缘化"的趋势。此模式符合"一对一"的特点，以及彼此相当的社会关系形式，如个人对个人，规模相当的企业之间，等等，这也是符合市场需求的。因此，P2P 作为一种新型网络模式是可行的。鉴于 C/S 模式和 P2P 模式各有所长，所以这两种模式会共存。作为一种新型应用技术，P2P 有其独特的市场空间，它将成为现有互联网应用的有效补充。

三、P2P 所面临的问题

P2P 业务虽然发展速度惊人，得到了广泛应用，但是从目前的技术和应用来看也存在如下问题。

(1)版权问题：由于 P2P 技术缺乏有效的管理，并且具有匿名发布的特性，所以大多数 P2P 服务都将不可避免地和知识产权发生冲突。目前可以通过数字水印或信息隐藏技术，在文件中加入可识别签名，但不影响文件内容。例如，RIAA 技术把密码信息以不可见、听的形式隐藏在文件中，保护 MP3 声音文件。

(2)管理困难：缺乏管理的 P2P 网络在为人们带来方便的同时，也可能会为病毒入侵、非法交易等带来便利。许多 P2P 公司打算通过 P2P 网络开展电子商务，但是付费、流量计算、商品价值验证等诸多问题一时都难以解决。

(3)安全性差：从集中式转变到全分布式模型面临的最大问题就是安全问题。集中式的安全控制手段，能解决目前网络中许多安全问题，而在分布式环境中，不仅存在目前网络环境同样的安全威胁，也带来了动态环境中如何保障资源和系统安全的新课题。由于没有集中管理，P2P 需要安全环境来保证"无序"行为的"有序"化。与目前的客户/服务器模型中面临的安全问题相比，P2P 技术中的主要安全问题包括：路由安全、存储与访问安全、恶意破坏、故意欺骗、用户认证、数据加密与解密、应用安全以及个人隐私等问题。

保护节点机的强制方法包括：外部代码不能闯入主机箱或仅能以安全方式访问主机的数据；防止敏感数据泄露到恶意部件等。相关技术有：Sandbox 技术；使用安全语言(如 Java)；使用虚拟机(如 Internet C＋＋，POSIX 虚拟机，实时 Linux 等)；带验证的代码和保证编译器程序验证技术来验证机器代码的安全性等。

(4)垃圾信息：由于 P2P 网络的用户众多，当用户进行搜索时，会得到大量的搜索结果，除了少数有用信息以外，其他大多数信息可能都属于垃圾信息。在缺乏统一管理的情况下，P2P 客户端软件很难对搜索结果进行排序，按用户需求列出目录结构。

(5)带宽占用：因为 P2P 技术允许用户从网络上下载 MP3 等大型文件，所以这项技术可能需要大量的带宽。这一点可能会为 P2P 网络的推广制造障碍，但随着宽带网络技术的采用与发展，这一问题可能会得到缓解。

(6)标准之争：各大公司的利益分歧导致开发标准难以统一，这将成为目前 P2P 发展主要的困难之一。客户端不统一，功能比较雷同且比较单一，使用不同的服务需要上不同的客户端。

理解：P2P 共享技术在网络教育中的作用

P2P 协议的实质在于实现一种平等的网络关系，将网络资源的共享由中心向边缘发展，由集中式向分布式发展，避免资源管理的僵化。P2P 的这一特点完全符合教育资源所具有的分散、动态的特点，因此我们可以采用 P2P 协议来构造教育资源网络。由于全球的各个教育机构是独立、动态的，并且数量非常庞大，因此由某个机构提供权威的“教育资源目录服务器”来建立混合 P2P 模型的网络是不可能的。而由各个教育资源实体(拥有教育资源的个人或网点，即 P2P 网络中的对等体)“自组织”形成分布式、虚拟、动态和松散的纯 P2P 模型网络则是可行的。

另外，各分布资源库管理系统应相对独立，它们之间的连接应具有松散耦合关系，节点可自主方便地加入和离开网络系统；网络中应避免存在因部分节点负载过重而形成的通信或服务瓶颈。现有教育资源库管理系统主要是 B/S 和 C/S 架构，由于技术本身的局限性，它们尚难以实现上述目标。

P2P 通过在系统之间的直接交换实现计算机资源和服务的共享，可以使网络上的沟通变得更加容易。P2P 目前的应用主要体现在对等计算、协同工作、文件交换和搜索引擎等方面。在分布式的 e-Learning 环境中，采用 P2P 可以更好地向用户提供不同的服务，包括资源的搜索、文件的共享、个性化的学习环境以及安全性的保障等。

分享：P2P 共享技术在网络教育中的应用范例

现阶段 P2P 技术在网络教育中的应用主要集中在以下几个方面。

一、网络视频教学：包括点播、直播与教学资源下载

目前网络视频教学系统是高等学校教学的一个重要手段，清华大学、上海

交通大学、中央广播电视大学等众多高校已经开展了网络视频教学，但就现存的网络视频教学系统而言，绝大多数都采用C/S或B/S架构，网络应用集中在少量服务器上，虽然可以基本满足课堂教学的需求，但此种方法并不能满足课前教师对课程学习的反馈以及及时与学生开展交流的要求等问题，而且大量的客户端设备在使用后处于停用状态，造成有限资源的大量浪费。同时学生的高流动性也造成视频教学网络系统的高伸缩性，而我们的服务器必须始终满足最大峰值应用，进而造成浪费。随着用户数量的增加，相应服务器的增容也要随着增加，对服务器无故障运行的要求也会更高，维护难度加大，服务器崩溃后造成的危害也更大。高等学校的非盈利性，决定了不能单靠随意升级服务器来提供更多服务。而且C/S系统的费用比较昂贵，既需要客户端软硬件，也需要服务器软硬件，导致了过多的存储设备和软件，也带来更多的维护工作。

现阶段实现网络视频通信的工作技术方式主要有4种：单播、组播、广播和点播。单源组播是另一种解决方法，它用单一源的媒体流提供给有需求的用户，但其带宽占有率很高；IP组播技术以其多路复用的方式，能一定程度地减缓服务器和网络负载，但由于Internet是个异构网络，硬件平台千差万别，互联设备在对组播的支持上也存在差异，故而其复杂性使其在未来几年内难以广泛实施；广播方式不容易控制，常常会引起广播风暴；而点播会随着用户内容的选择而耗完带宽。

为此随着网络视频教学的不断发展，出现了更高的需求，它使得传统的网络视频教学系统不能很好地满足教育未来发展的需求。主要体现在以下三个方面。

1. 网络视频教学系统短期高负载特性

网络视频教学往往集中在某个有限的时间内进行，但大量学生用户集中在某个时间段进行视频访问时，突发的高访问量使得服务器和数据库服务器的负担都很重，造成系统响应速度变慢，响应时间增加，甚至导致系统崩溃。虽然目前有的系统已经采用了数据库连接池、内存缓存等性能优化技术，尽可能优化程序。但是在实际使用中，很高的访问量仍然使得网络变得很慢，甚至无法响应。

这种短期的高负载特性，使得网络视频系统在使用高峰期时性能降低，甚至无法正常工作。

2. 网络视频教学系统的可靠性差

有时在网络视频教学不是集中使用时，视频服务器的网络负载较轻松，因此运行良好，但是当学生用户集中使用时，突发的高访问量使得系统可能会出现瓶颈和失效问题，有时甚至会丢掉文件无法找回。这些都将影响系统的可靠性。

同时，由于视频服务器采用的是单一的服务器，在硬件方面限制了学生用户的系统扩展，使得原有的系统扩展性不强，随着教学资源的内容不断增加，访问用户的增多，系统的整体性能必然会受到影响。

3. 网络视频教学系统的扩展性低

随着教学的发展，参与网络视频教学的用户人数会迅速增多，各种教学资源的丰富，使得文字图形、课程课件、图像、动画、录音文件或教学视频文件成为学生用户可以全面了解自己所修课程的重要手段，为此我们需要对网络视频教学系统做更好地扩展，包括信息内容和并发访问能力两个方面。

将P2P技术引入视频学校电视点播系统中，一方面，解决传统客户机/服务器结构中服务器过载和资源瓶颈的问题，由于P2P技术具有"与生俱来"的可扩展性，可满足多用户的使用需要；另一方面，由于资源服务分散于各个客户机上，降低了学校服务器对电视直播和转播的负担。而且带给老师和同学的都是实时的信息和服务，充分体验数字化生活带来的乐趣。基于P2P的网络视频教学能够很好地实现以下几个方面的功能，并具有比C/S模式优越得多的性能：

(1)教学资源的点播。将学校已有的教学多媒体资源存放在不同的兴趣对等组中进行发布，随时供学生点播和浏览。

(2)网络教学直播。通过视频设备采集实时视频，可实现网络教学直播，还可将直播的多媒体文件转录成流媒体文件保存。

(3)教学资源文件共享。教师可将一些教学资源分发共享给学生，学生可以根据自己的需求下载这些资源。

二、协同学习：虚拟学习社区

在协同教学环境的开发中有着这样一些需求特征：用户的高流动性对应用的高伸缩性需求；用户网络环境的多样性、变化性对跨网络、跨平台的需求；协同教学环境对分布式体系结构的需求等。采用传统的C/S模式很难很好地满足这样的需求，而P2P计算模式恰好符合这些特征。

用户在虚拟学习社区开展学习时，是借由安装在学习者客户端的P2P代理软件来辅助进行的。它有点像我们所说的Agent技术，但是它又与Agent技术不同，这种在客户端的P2P代理软件不但可以按照学习者的要求，对传向客户端的学习内容进行过滤，排除一些学习者不需要的内容，同时还具备与其他客户端程序进行通信和沟通的功能。它是通过P2P技术在网络学习者之间构建一个 VPN(虚拟专用网)，只不过这种虚拟专用网是用于进行网络协作学习的。

基于 P2P 混合模式的虚拟学习社区，一方面可以充分利用中心服务器来管理和提供虚拟学习社区所需的公共资源；另一方面又可以利用 P2P 技术来开拓协同应用的领域。学习者可以仅通过 P2P 客户端软件的操作而不用登录到服务器，就可以选择不同的 VPN 并加入其中。这些网络虚拟小组是以中心服务器为依托，以 P2P 客户端为工具进行协同学习和交流的。以这种方式构建的虚拟学习社区可以充分结合中心服务器和 P2P 客户端的长处，从而有力地推动网络协作学习的进一步开展。

在 P2P 虚拟学习社区中，使用 P2P 技术把原本构建在服务器上的社区发布到各个客户机上。在这种新型社区中，所有的客户机节点都是构成网络虚拟学习社区的组成部分。学习者的远程学习都是在各自的客户端软件上进行的，这种客户端系统就像一个黑箱系统，它隔绝了学习者在网络虚拟学习社区中复杂的技术操作。这种分布式的系统架构不但避免了传统的虚拟学习社区学习效率低下的问题，而且不会因为一两个节点的崩溃而影响整个系统。使用这种基于 P2P 的虚拟学习社区可以大大降低服务器的负荷，减少因服务器崩溃而带来的损失。

三、使用即时通信工具增加师生交流

很多学生在面对教师时往往存在一定程度的沟通障碍，通过常规的家访或面对面的谈心很难解决这样的实际问题，如果长期这样发展下去，会对学生的学习甚至未来的发展产生不利的影响。使用 QQ 这类即时通信软件可以让教师采用非直接接触的方式与学生进行交流。另外，可以通过群组的方式，将有共同兴趣的师生聚集在一起，大家共同解决某一问题，调动学习热情，促进学生之间的交流。

专题七　Ajax 技术

讲座：Ajax 技术概念

Adaptive Path 公司的 Jesse James Garrett 这样定义 Ajax：Ajax 不是一种技术。实际上，它由几种蓬勃发展的技术以新的强大方式组合而成。Ajax 包含：

• 基于 XHTML 和 CSS 标准的表示；
• 使用 Document Object Model 进行动态显示和交互；
• 使用 XMLHttpRequest 与服务器进行异步通信；
• 使用 JavaScript 绑定一切。

Ajax 全称为“Asynchronous JavaScript and XML”(异步 JavaScript 和 XML)，是指一种创建交互式网页应用的网页开发技术。Ajax 用来描述一组技术，它使浏览器可以为用户提供更为自然的浏览体验。在 Ajax 之前，Web 站点强制用户进入提交/等待/重新显示范例，用户的动作总是与服务器的“思考时间”同步。Ajax 提供与服务器异步通信的能力，从而使用户从请求/响应的循环中解脱出来。借助于 Ajax，可以在用户单击按钮时，使用 JavaScript 和 DHTML 立即更新 UI，并向服务器发出异步请求，以执行更新或查询数据库。当请求返回时，就可以使用 JavaScript 和 CSS 来相应地更新 UI，而不是刷新整个页面。最重要的是，用户甚至不知道浏览器正在与服务器通信：Web 站点看起来是即时响应的。

虽然 Ajax 所需的基础架构已经出现了一段时间，但直到最近异步请求的真正威力才得到发挥。能够拥有一个响应极其灵敏的 Web 站点确实激动人心，因为它最终允许开发人员和设计人员使用标准的 HTML/CSS/JavaScript 堆栈创建“桌面风格的(desktop-like)”可用性。

通常，在 J2EE 中，开发人员过于关注服务和持久性层的开发，以至于用户界面的可用性已经落后。在一个典型的 J2EE 开发周期中，常常会听到这样的话，“我们没有可投入 UI 的时间”或“不能用 HTML 实现”。但是，像 BackPack，Google Suggest，Google Maps，PalmSphere 等 Web 站点证明了这些理由再也站不住脚了。

所有这些 Web 站点都告诉我们，Web 应用程序不必完全依赖于从服务器重新载入页面来向用户呈现更改。一切似乎就在瞬间发生。简而言之，在涉及用户界面的响应灵敏度时，基准设得更高了。

Ajax 的核心是 JavaScript 对象 XMLHttpRequest。该对象在 Internet Explorer 5 中首次引入，它是一种支持异步请求的技术。简而言之，XMLHttpRequest 使用户可以使用 JavaScript 向服务器提出请求并处理响应，而不阻塞用户。

在创建 Web 站点时，在客户端执行屏幕更新为用户提供了很大的灵活性。使用 Ajax 可以完成的功能有：

(1)动态更新购物车的物品总数，无须用户单击 Update 并等待服务器重新发送整个页面。

（2）提升站点的性能，这是通过减少从服务器下载的数据量而实现的。例如，在 Amazon 的购物车页面，当更新篮子中的一项物品的数量时，会重新载入整个页面，这必须下载 32 k 的数据。如果使用 Ajax 计算新的总量，服务器只会返回新的总量值，因此所需的带宽仅为原来的百分之一。

（3）消除了每次用户输入时的页面刷新。例如，在 Ajax 中，如果用户在分页列表上单击 Next，则服务器数据只刷新列表而不是整个页面。

（4）直接编辑表格数据，而不是要求用户导航到新的页面来编辑数据。对于 Ajax，当用户单击 Edit 时，可以将静态表格刷新为内容可编辑的表格。用户单击 Done 之后，就可以发出一个 Ajax 请求来更新服务器，并刷新表格，使其包含静态的、只读的数据。

理解：Ajax 技术在网络教育中的作用

同样将 Ajax 技术应用于网络教学环境中，可以改善教师和学生对网络教学平台的界面用户体验。例如，教师在使用 Web 页面讲授时，可以对自己要讲解的内容加标显示，这样可以让学生立刻跟上教师讲授的内容。同时学生在课后复习时，一方面通过动态生成下划线加标显示增加了学生网络阅读的乐趣；另一方面可以直接通过 Internet 访问课程网页，并将自己对某一处的疑问直接提交给教师。此外，网络教学平台经常涉及大量教学资源的显示，如果显示的结果很多，在传统网页中，当学生做某一功能时，这些显示结果就会被重新请求，并重新显示，这就影响了学生的学习时间，多次的重新请求与显示甚至还会影响学生的心情，因此会降低网络教学平台的可用性和教学的有效性。如果使用 Ajax 技术，将其应用于网络教学平台中，就可以有效地改善用户体验。使学生体验到流畅的学习界面，犹如使用桌面软件一样。这样可以保证学生的有效的学习时间。例如，在一些教学平台中会记录学生的学习时间等信息，用来分析学生对某些知识点的熟悉程度，或者感兴趣的程度。但是如果使用传统的网页形式，学生浏览网页的学习时间有一些将会是重复的申请和重新显示学习内容的时间，这样记录的数据是不可靠的。如果使用 Ajax 技术，则保证学生在做某些操作的时候，仍然能够继续浏览学习内容，而保证所记录时间数据的准确性和有效性。

活动一：了解 Ajax 技术的概念

<table>
<tr><td colspan="2">时间：70 分钟
内容：利用网络搜索相关资源，结合本节讲座内容，充分了解 Ajax 技术的概念以及它的技术细节</td></tr>
<tr><td>步骤：
□ 资料查找与学习
□ 小组讨论
□ 撰写小组报告</td><td>学习作品：
□ 小组报告</td></tr>
</table>

➡ 步骤一：资料查找与学习

个人通过网络搜索引擎、数字图书馆或者查阅书刊，查找与 Ajax 技术相关的资料，开始的时候尽量找一些基础性的介绍以及科普性质的资料。阅读和学习这些资料，对 Ajax 技术的概念和技术有较为全面的认识和了解，以及认识 Ajax 技术在教育中的作用。

➡ 步骤二：小组讨论

个人学习完成之后，小组长组织大家进行讨论，互相分享自己对 Ajax 技术的理解和认识，最终目的是让每个成员对 Ajax 技术有正确的了解。

➡ 步骤三：撰写小组报告

在小组成员达成共识的基础上，组员根据自己的理解来描述对 Ajax 概念和技术细节的了解，要求描述完整清晰。

分享：Ajax 技术在网络教育中的应用范例

活动一：了解 Ajax 技术在网络教育中的应用

<table>
<tr><td colspan="2">时间：70 分钟
内容：在充分了解 Ajax 技术的概念及其技术细节的基础上，利用网络搜索相关资源，充分了解 Ajax 技术在网络教育中的应用</td></tr>
<tr><td>步骤：
□ 资料查找与学习
□ 体验基于 Ajax 技术的网络应用工具
□ 小组讨论
□ 撰写小组报告</td><td>学习作品：
□ 小组报告</td></tr>
</table>

➡ 步骤一：资料查找与学习

个人通过网络搜索引擎、数字图书馆或者查阅书刊，查找与 Ajax 技术在网络教育中的应用的相关资料。阅读和学习这些资料，对 Ajax 技术在网络教育中的应用有较为全面的认识和了解。

➡ 步骤二：体验基于 Ajax 技术的网络应用工具

个人搜索并体验各类基于 Ajax 技术的网络工具，如 Adobe Flex，Google Maps，Google Gmail，Google Suggest 等，体验并深化理解 Ajax 技术实现页面局部刷新的功能。

➡ 步骤三：小组讨论

按照组内异质、组间同质的原则对学生进行分组，并由各组组员推选各组组长。各组组长组织组员进行组内讨论，探讨 Ajax 技术的优势有哪些，如何将它的优势发挥到网络教育中，从而实现复杂的用户交互和丰富的用户体验。

小组讨论后，可以进一步组织组间讨论，深化理解。

➡ 步骤四：撰写小组报告

在小组成员达成共识的基础上，组员共同撰写小组报告。

参考文献

[1]牛丽娜，丁新．基于网络交互的学习共同体的研究[J]. 远程教育杂志，2003(6)：49-51.

[2]马良，孙海英．虚拟学习共同体的认识与构建[J]. 中国科教创新导刊，2008(4)：100-101.

[3]张建伟．论基于网络的学习共同体[EB/OL]. http：//www. etc. edu. cn/.

[4]Gkantsidis C，Mihail M，Saberi A. Random Walks in Peer-to-Peer Networks [J/OL]. http：//www. stanford. edu/～saberi/rwp2p. pdf.

[5]Chord 工程[EB/OL]. http：//pdos. csail. mit. edu/chord/.

[6]Dynamic. Query 协议[EB/OL]. http：//www. the-gdf. org/index. php? title= Dynamic _ Querying.

[7]The Gnutella Protocol Specification v0. 4[EB/OL]. http：//www. stanford. edu/class/cs244b/gnutella _ protocol _ 0. 4. pdf.

[8]Steven D G，Eric A B，Joseph M H，et al. Scalable，Distributed Data Structures for Internet Service Construction[EB/OL]. http：//www. usenix. org/events/osdi00/full _ papers/gribble/gribble _ html/dds. html.

[9]Ripeanu M, Foster I, Iamnitchi. Mapping the Gnutella Network: Properties of Large-Scale Peer-to-Peer Systems and Implications for System Design[J/OL]. http://wenku. baidu. com/view/9756611c650e52ea5518981c. html.

[10]Napster 官方网站(http://www. napster. com/).

[11]OceanStore 工程[EB/OL]. http://oceanstore. cs. berkeley. edu/info/overview. html.

[12] Pastry 工程[EB/OL]. http://research. microsoft. com/~antr/PAST/pastry. pdf.

[13]Tapestry 工程[EB/OL]. http://p2p. cs. ucsb. edu/chimera/.

[14]陈丽霞. 构建基于 P2P 的网络虚拟学习社区[J]. 现代教育技术, 2006(1): 53-56.

[15]胡琳娜. 用 P2P 流媒体技术实现 IPTV[J]. 广播与电视技术, 2006(8): 82-85.

[16]罗杰文. Peer to Peer (P2P, 对等网络)综述[EB/OL]. http://www. intsci. ac. cn/users/luojw/P2P/index. html.

[17]刘杰, 王向辉, 张国印. 结构化 P2P 网络综述[J]. 信息技术, 2007(6): 143-144.

[18]薛颖, 王玲, 冷华. P2P 技术在智能小区视频点播系统中的应用[J]. 低压电器, 2007(8): 16-18.

[19]杨天路, 刘宇宏, 张文, 等. P2P 网络技术原理与系统开发案例[M]. 北京: 人民邮电出版社, 2007.

[20]王艳丽, 鲜继清, 白洁. 基于 P2P 的流媒体技术[J]. 计算机应用, 2005(6): 1267-1270.